江西财经大学会计系列教材

现代会计理论研究

蒋尧明等　著

中国财政经济出版社

图书在版编目（CIP）数据

现代会计理论研究/蒋尧明等著．—北京：中国财政经济出版社，2010.5
（江西财经大学会计系列教材）
ISBN 978-7-5095-2182-3

Ⅰ．现…　Ⅱ．蒋…　Ⅲ．会计学-高等学校-教材　Ⅳ．F230

中国版本图书馆 CIP 数据核字（2010）第 066838 号

责任编辑：王晓蕊　　　　责任校对：王　英
封面设计：耕　者

中国财政经济出版社出版
URL：http：//ckfz.cfeph.cn
E-mail：ckfz@cfeph.cn

社址：北京市海淀区阜成路甲 28 号　邮政编码：100142
发行处电话：88190406　财经书店电话：64033436
北京财经印刷厂印刷　　各地新华书店经销
787×960 毫米　16 开　19.5 印张　351 000 字
2010 年 7 月第 1 版　2016 年 7 月北京第 3 次印刷
印数：4 071—6 080　定价：40.00 元
ISBN 978-7-5095-2182-3/F·1730
（图书出现印装问题，本社负责调换）
本社质量投诉电话：010-88190744
反盗版举报热线：88190492、88190446

江西财经大学会计系列教材

编　委　会

序

人类进入了21世纪，世界经济日益走向全球化，我国加入了世界贸易组织（WTO），我国社会主义经济建设更加快速发展，举世瞩目。在新世纪、新经济、新环境中，在国际上，为了适应全球贸易经济和全球资本市场发展的需要，1973年创立的国际会计准则委员会（IASC）改组为国际会计准则理事会（IASB），促使全球的会计准则不断走向高质量，进一步提高了企业财务报告的透明度、可比性和充分披露。在国内，我国的会计事业蓬勃发展，2006年2月15日财政部颁布新的《企业会计准则——基本准则》及38项具体会计准则，并切实加强各方面的监管之后，以摧枯拉朽之势，生气蓬勃地向国际准则趋同。我国原任证监会首席会计师张为国博士，也遴选为国际会计准则理事会（IASB）的理事，从而大大提高了我国在国际会计准则理事会中的地位和话语权。

历史的发展昭示我们：发达的经济需要发达的会计（或簿记）为其服务，因此，一定时间、一定区域的经济发展，必须带动当时当地的会计的发展。15世纪后期地中海海上贸易的发达，带动了意大利半岛各城邦商业簿记的创新与发展；18～19世纪英国产业革命的兴起，产生了“英国簿记”；两次世界大战得天独厚的美国，其国民经济的发展，推动了现代会计在美国的高速发展。同样的道理，为经济各部门服务的会计的发展也必然驱动并促进会计学术和会计教育的发展。

我国在十一届三中全会以来，实施改革开放政策，国民经济各个方面齐头并进，飞速发展。经济越发展，会计越重要。1985年全国人大常委会通过我国第一部《会计法》，1992年我国财政部发布《企业会计准则》（基本准则），随后又发布了若干具体会计准则及征询意见稿，1993年全国人大常委会通过《注册会计师法》，1994年通过《审计法》，2000年国务院公布《企业财务报告条例》，2001年财政部又颁发了新的不分行业的《企业会计制度》，在连续经过多年的准则国际化和“特色化”的研讨之后，终于于2006年2月15日由财政部印发了修订的《企业会计准则——基本准则》和配套的38项具体会计准则，迈上与国际会计准则趋同的轨道。

五年来，随着我国加入WTO，社会主义市场经济一枝独秀。经济的增长，引发了人才、资金等资源的大量需求。在财务会计人才供不应求的形势下，全国各种类型的大专院校无不设有会计学专业，本科和专科的会计教育得到空前的发展。与此同时，面向21世纪的会计学各学科的课程教材也陆续上市，百花齐放，绚丽多彩。江西财经大学会计学院是这奇葩中亮丽的一朵，他从事会计学教学将近半个世纪，为国家和社会培养、输送了各种类型的财经人才。在张蕊博士出任院长期间，做大做强，已开创辉煌的业绩，并曾积极组织老师编撰符合新形势要求的会计系列教材，遴选的主编皆具有硕士、博士学位，他们将自己多年积累的较丰富的教学科研经验，凝聚于教材中，为连续多年来教学成绩的显著提高作出了贡献。在蒋尧明博士续任院长后，为了迎接今年颁发的新修订的企业会计准则在2007年1月1日起的施行，决定在总结原系列教材经验的基础上更新、丰富教材的内容，以推进教学质量的进一步提高，在新的起点上更创辉煌。

高质量教材的编撰，可以促进开展科学研究，提高科研能力，引发辩论，持续探索和研讨，浓厚学术研究气氛。编撰这套教材，要求以科学发展观和“三个代表”的思想教育为指针，贯彻邓小平理论“面向现代化，面向世界，面向未来”的教育思想，力求做到继承与创新并举，技能、素质培养与道德品质并重。在新教材出版首稿试用后，将尽快收集教师和学生的意见，根据形势的发展与需要，在再版之前再次更新，使教材能及时除旧创新，吸收新鲜的观点和内容，保持常新。

这套教材的编撰和出版，得到我校和我院党政领导的大力鼓励与支持，还得到中国财政经济出版社会计分社徐洁社长的鼎力支持，谨在此一并表示感激之情。再者，这套教材的编写，尽管我们是全力以赴，但限于能力和水平，差错在所难免，敬请批评指正。

裘宗舜

2006年12月

前言

会计是一门古老且应用性很强的学科，而会计理论是会计学科体系中的最高层次，它是人们在长期的会计实践的基础上产生的关于会计的系统化、条理化的理性认识，是对会计目标、会计假设、会计概念、会计原则、会计对象、会计要素、会计程序和方法及其对会计实务的指导关系所作的系统说明。由于会计理论对会计实践和会计教学的重要作用，学者们一直致力于对会计理论的探索，并取得了丰硕的成果。本书正是在系统总结现有会计理论研究成果的基础上，依据会计实践和会计教学的现实需要，再结合作者的理解和判断而完成的。

会计又是一门反应性的学科，会计理论是对实践的提炼和升华。由于受所处环境、研究者的素质、所取的视角、研究方法的限制，会计理论呈现众多流派，再加上会计学毕竟不是自然科学，随着其赖以存在的假设环境的变化，会计理论往往会事过境迁，难以验证，难以服人。因此，作者在分析、研究会计基本理论问题时，力求博采众长，融会贯通。

《现代会计理论研究》是会计学硕士研究生课程中最基础、最重要的专业核心课程。本书着重阐述了会计理论的性质、会计理论研究的方法论、会计目标、会计假设、会计原则、会计信息质量特征、会计确认、会计计量、会计报表中的要素等会计基本理论问题，并对当前会计理论界和实务界关注的热点问题，如会计的国际协调与国际趋同、基于资本市场的会计理论问题等进行了研究。

本书的主要特点：一是根据财政部2006年发布的39项企业会计准则和48项注册会计师执业准则以及国际会计理论研究的最新动态和国内会计理论的最新研究成果编著，因此具有较明显的先进性。二是本书作者致力于将学术研究成果转化为教学内容，体现科研为教学服务的宗旨。如对会计信息质量特征体系的构建、会计的国际协调与国际趋同、上市公司会计信息披露与资本市场的有效性、我国上市公司会计信息失真及其成因剖析、上市公司会计信息披露的监管等问题的论述，都是作者近几年来潜心研究的成果，也使本书能反映最现实的会计理论问题。三是本书的体例安排既能满足会计学统招硕士研究生教学的需要，也能满足会计专业硕士（MPAcc）、在职研究生、高校教师班等其他形式的会计学研究生教学的需要，同时兼顾会计学本科层次的教学需要，因此，具有广泛的适用性。

本书由蒋尧明主笔，负责全书总体框架的设计及提纲的拟定。各章节撰写的具体分工如下：蒋尧明，第1章、第5章、第6章及第11章的第2节；朱星文，第2章、第3章；吕晓梅，第7章、第8章及第11章的第3节；曹玉珊，第4章、第9章及第11章的第1节；蒋尧明、朱星文，第10章。最后由蒋尧明负责对所有初稿进行修订、总纂和定稿。

本书系江西财经大学研究生规划教材，在编写过程中得到了江西财经大学研究生部、会计学院及会计发展研究中心的帮助和支持，还得到了中国财政经济出版社会计分社徐洁社长的热心帮助和支持，在此一并致以诚挚的谢意！同时，对本书引用的参考文献的作者表示衷心的感谢。

限于我们的学识水平，书中定有不妥与疏漏之处，恳请广大读者提出批评和建议。

作 者

2010年2月

目录 CONTENTS

第一章 会计理论的性质

第一节 会计理论的含义

什么是会计理论，不同的组织、不同的学者对此有不同的解释。

美国会计学会（AAA）在1966年发表的《基本会计理论说明书》中对会计理论的定义为："一套紧密相连的假定性的、概念性的和实用性的原理的整体，构成了对所要探索领域的可供参考的一般框架。"美国会计学会（AAA）对会计理论的定义是直接引用了《韦氏新国际词典》对理论的定义，没有突出会计理论的特点。

美国会计学家莫斯特（K. S. Most）在1986年的著作《会计理论》（第二版）中认为："理论是对一系列现象的规则或原则的系统描述，它可视为组织思想、解释现象和预测未来行为的框架。会计理论是由与会计实务相区别的原则和方法的系统描述组成。①"莫斯特（K. S. Most）对会计理论的定义，突出了对会计原则与方法的描述。

美国会计学家亨德里克森（Eiden S. Hendriksen）在1992年的《会计理论》（第五版）中认为："会计理论可以定义为一套逻辑严密的原则，（1）它使实务工作者、投资人、经理和学生能够更好地了解当前的会计实务；（2）它提供了评估当前会计实务的概念框架；（3）它能够指导新的实务和程序的建立。②"亨德里克森（Eiden S. Hendriksen）对会计理论的定义，侧重于对会计理论的目的和作用的描述。

当代实证会计理论的代表人瓦茨和齐默尔曼对会计理论的理解是，会计理论

---

① K. S. Most. Accounting Theory. 2nd ed. , 1986, P. 55.

② E. S. Hendriksen and Michel E. Van Breda. Accounting Theory. 5th ed. , Richard D. Irwin, Inc. , 1992, P. 22.

的目标是解释和预测会计实务。解释是指为观察到的实务提供理由，预测是指会计理论应能够预测未观察到的会计现象。在瓦茨和齐默尔曼看来，假设和对数据的验证是发展会计理论的基本手段。

美国著名会计学家利特尔顿认为，会计理论通过为在会计中获得清晰的思维提供帮助来证实其自身存在的合理性，会计理论的职责是对信念和惯例加以批判性分析，阐明经验与推广最佳经验，并引导对会计工作的起源和结果的直接关注，理论的性质就是作出解释，理论的最主要特征通常就是解释。

美国财务会计准则委员会（FASB）对财务会计概念框架（CF）的研究，实际上就是对财务会计基本理论的表述："CF 是由互相关联的目标和基本概念所组成的逻辑一致的体系，这些目标和基本概念可用来引导首尾一贯的准则，并对财务报告的性质、作用和局限性作出规定。"

我国著名的会计学家葛家澍在 1986 年出版的《会计的基本概念》一书中认为："会计学是一门研究会计的科学，它把人们对会计这一实践活动的认识加以系统化和条理化，形成一整套的会计知识体系。"同时他认为，会计理论与其他一切理论一样，来自实践，又应再回到实践。来自实践，意味着我们在观察大量会计现象之后，从中发现某些带有共性的特征，通过理性认识，把它上升到概念。概念就属于理论的范畴。

我国著名的会计学家娄尔行在 1989 年发表的《研究我国会计理论和会计准则，促进会计实践》的论文中将会计理论定义为：会计理论是人们对会计实践的经验总结，是在理性的高度上对会计实践规律的认识，它一经形成就反过来指导和影响会计实践。

我国著名的会计学家阎达五在 1985 年出版的《会计理论专题》一书中认为："所谓会计理论，指的是人类积累起来的关于会计实践的知识体系。概括地说，这个体系应当完整地、准确地解决如何认识会计工作和如何做好会计工作这样两方面的问题。"具体地说，它应当科学地回答以下一些问题：（1）会计的本质、职能和作用；（2）会计与经济效果；（3）会计与价值运动、价值管理；（4）会计管理的内容、任务和方法；（5）会计工作的组织；（6）关于会计方法的理论；（7）会计学的研究对象及其科学属性；（8）会计发展的新领域，社会会计的产生与发展；（9）科学技术进步对会计理论与实践的影响；（10）关于会计史研究中的若干问题。阎达五对会计理论的定义是基于会计的本质是一种管理活动而作出的。

我国著名的会计学家裘宗舜在 2001 年出版的《财务会计概念研究》一书中认为："会计理论，指的是人类在长期的会计实践中积累起来的经验总结，是关于会计的系统化、条理化的理性认识，它是会计实践上升到理性高度的抽象，它来自于会计实践同时又反过来指导会计实践，服务于会计实践，使具体会计工作能够产生应用的效果。”

综合以上对会计理论的不同表述，我们认为，会计理论是人们在长期的会计实践的基础上产生的关于会计的系统化、条理化的理性认识，是对会计目标、会计假设、会计概念、会计原则、会计对象、会计要素、会计程序和方法以及它们对会计实务的指导关系所作的系统说明。

第二节　会计理论的目的和作用

一、会计理论的目的

美国会计学会在1966年发表的《基本会计理论说明书》中认为，会计理论研究的主要目的是：（1）确定会计的范围，以便于对会计提出概念，并有可能发展会计理论；（2）建立会计准则来判断评价会计信息；（3）指明会计实务中有可能改进的一些方面；（4）为会计研究人员寻求扩大会计应用范围，对因社会发展的需要在扩展会计学科的范围时提供一个有用的框架。

国际会计准则理事会（IASB）2001年采纳的《编报财务报表的框架》中认为，其编制本框架的目的是：（1）帮助国际会计准则理事会制定新的国际会计准则和审议现有的国际会计准则；（2）为减少国际会计准则所允许选用的会计处理方法的数量提供基础，藉以协助国际会计准则理事会推进与编报财务报表有关的法规、会计准则和程序的协调；（3）帮助各国会计准则制定机构制定本国的准则；（4）帮助财务报表编制者应用国际会计准则和处理尚待列作国际会计准则项目的问题；（5）帮助审计师形成关于财务报表是否符合国际会计准则的意见；（6）帮助使用者理解根据国际会计准则编制的财务报表包括的信息；（7）向关心国际会计准则委员会工作的人士提供关于制定国际会计准则的方法的信息。由于国际会计准则理事会（IASB）发布的《编报财务报表的框架》实际上起到了FASB概念框架的作用，因此，其《编报财务报表的框架》的目的，在一定程度上反映了国际会计准则理事会研究会计理论的目的及期待它应发挥的作用。

概括地说，会计理论的目的主要表现为五个方面：一是指导会计准则的制定；二是评价会计准则的有效性；三是预测和帮助开拓新的会计准则；四是抵制利益集团的压力；五是直接指导会计实务。

一是指导会计准则的制定。美国财务会计准则委员会（FASB）在财务会计概念结构框架研究计划中明确指出，这些概念“将能够指导首尾一贯的会计准则，并且将说明财务会计和财务报表的性质、作用和局限性……并应用会计准则反复引证这些概念。”可见，会计理论特别是财务会计概念结构框架的确立，可以帮助会计准则制定机构在制定具体准则时能保持相关概念的内在一致性，减少或避免不同准则之间的冲突，限制会计实务中相同交易的多种处理方法和程序，提高会计信息的可比性和一致性。

二是评价会计准则的有效性。衡量会计准则是否具有高质量，是否有效，尽管可用实践的标准去检验，但根据制度经济学的基本原理，既然会计理论是制定会计准则的理论基础，那么评价会计准则是否有效的标准也应该以会计理论为依据。这样能促使会计准则制定者在制定会计准则时自觉地遵循会计理论，并做到制定的基础和评价依据的一致性。

三是预测和帮助开拓新的准则。会计准则是对会计实践的科学反映和系统总结，对于许多新的和未知的会计实践领域，需要准则制定者尽快制定出相应的准则，而会计理论可以帮助制定者缩短探索新的和未知领域的时间，少走弯路，从而使会计准则尽可能接近于会计实践，甚至超越实践。正如美国财务会计准则委员会（FASB）前任主席唐纳德·柯克认为，“有了概念结构，会计准则的制定就有了方向。否则，它们的制定将是缓慢的。如果缺乏概念结构，势必招致外界集团的批评，比如指责会计准则的发展是毫无目标与宗旨的①”或者说“只有以概念结构为指导，将来的会计准则才能以更为合理和一致的方式制定②”。

四是抵制利益集团的压力。会计准则具有经济后果，它不仅对微观主体可能产生经济影响，还对政府的宏观目标或社会目标产生影响。因此，会计准则的制定过程既是不同利益集团博弈的过程，其本身也是一个政治化程序。研究经济后果学说的代表性人物，美国知名学者泽夫（Zeff）在《“经济后果”学说的兴起》一文中认为，所谓经济后果，是指会计报告将影响企业、政府、工会、投资人和债权人的决策行为，受影响的决策行为反过来又会损害其他相关方面的利益。美国另一位学者 Rappaport 在《会计准则的经济影响》一文中也认为，对规范公司必须报告什么和如何描述其经济活动的准则制定过程来说，需要以一个更宽的眼界——而不是从传统的会计技术角度来重新认识。会计立法者们必须具有更宽广

① Donald Kirk. FASB and Industry，The Journal of Accountancy，Oct. 1982.

② FAF. The Structure of Establish financial Accounting Standards，1977，P. 30.

的视野，仅仅作为一个会计专家是不够的。他们必须既谙熟会计，又能洞悉会计在经济环境中的作用及会计决策对经济环境的影响。而郝金斯（David M. Hawkins）于1973年11月在纽约所作的演讲《财务会计、准则机构和经济发展》中更是明确指出："联邦政府越来越意识到公司报告的行为性影响及其宏观经济后果。公司报告准则应当能引导个体经济行为与国家宏观经济目标相一致，美国财务会计准则委员会（FASB）的目标必须要考虑更多的内容，而不仅仅是会计理论或我们通常所持的经济有用数据的观念。公司报告准则应产生对经济决策有用的信息，前提是会计准则要符合政府宏观经济目标和经济计划，以便于达成这一目的。由于美国财务会计准则委员会（FASB）具有影响经济行为的权力，它就有义务支持政府的经济计划。"

因此，不同的利益集团出于各自的政治目的，都力图对会计准则的制定过程施加压力，使准则的制定朝着符合自身利益的方向发展。而建立一套能够为各方利益集团普遍认可、接受的财务会计概念结构框架（这是会计理论的核心），用于指导会计准则的制定，则可以在一定程度上缓和或抵消各利益集团的政治压力。

五是直接指导会计实务。通常情况下，会计准则是指导会计实务的直接依据，但由于会计准则的制定总是落后于会计实践，当会计实践的发展致使原有的会计准则不再适应或处于会计准则真空状态时，作为会计准则制定基础的会计理论将起到直接指导会计实务的作用。

二、会计理论的作用

美国会计学家利特尔顿在《会计理论结构》一书中，把会计理论的作用归纳为以下六点：1. 帮助我们研究已经完成的实务，以便使我们能够理解指导那种处理方法或建立另一处理方法的理由；2. 帮助我们在观念和思想之间寻找相互联系的思路、理由和目标；3. 帮助我们权衡可选择的观念、目标和方法；4. 帮助我们注意各种观念的相关性，帮助我们理解某些观念比其他观念更重要，以及有些观念与其他观念密切相关而有些观念则截然不同；5. 帮助我们增强运用观念工作能力，寻求与一个问题有关的观念，解决观念之间的冲突，展开并增进观念的意义；6. 帮助我们认识可以运用原则的场合，就像我们选择适合于某种情况的程序那样容易。

另一位美国会计学家亨利·沃克（H. I. Wolk）则强调会计理论的作用主要在于解释和预测不同事物或现象之间的关系。他认为，会计理论对会计实务的作用主要是通过会计理论对会计政策选择（或会计准则的制定）的影响而实现。

概括地说，会计理论的作用主要包括以下四个方面：

一是可用来解释和说明现有的会计实务。会计理论源于实践，但又高于实践，会计理论必须能够解释和说明为什么会计行为是这样的，为什么采用这样的会计处理方法，而不采用其他的会计处理方法，或解释和说明可以使用其他方法的理由。通过对会计实务的解释和说明，促使良好的会计实务的生成；同时，会计理论也只有在解释和说明会计实务中得以验证。所以，美国会计学家 Ahmed Belkaoui 认为："某种给定的会计理论应能解释和预测会计现象，但当这些会计现象出现时，它们又反过来验证理论。[①]"

二是有助于信息使用者更好地理解现有的会计实务和财务报告信息。会计理论可以增进报告提供者和使用者之间的沟通，帮助使用者了解财务会计报告的一些基本概念和基本原理及相关事项，理解财务报告的目标、作用及其局限，从而使使用者对财务报告信息有一个正确的理解，并据此作出恰当的分析判断和正确的决策。

三是能为评价现有会计实务提供一个概念框架。如前所述，指导和评价会计实务的主要依据是会计准则等一系列会计规范，但这些会计规范是依据会计理论制定出来的，"所以，评价会计实务的根本依据还是会计理论。"当一项新的会计事项产生，而没有相应的会计规范去约束，或原有会计规范不适合时，可以用会计理论对这一特定事项进行评价，并催生新的会计规范的产生。

四是可以用来预测会计实务发展的趋势。预测是对未来事项的反映，而未来事项具有不确定性、模糊性和风险性。会计理论应当能够预测未观察到的会计事项，并对未来事项进行描述和归纳，从而指导新的会计程序和方法的开拓。

第三节　会计理论的层次

根据对会计理论及其作用的不同理解，亨德里克森认为，会计理论可分成三个不同作用标志的层次：即结构性理论、解释性理论、行为性理论。

（一）结构性理论：它主要试图说明现存会计实务，并预测在某种情况下会计人员如何通过会计报告来反映既定情况产生的具体会计事项。由于这种会计理论着重描述会计的结构形式，在会计理论体系中起着类似于语言学中语句语法的

---

① Ahmed Belkaoui. Accounting Theory. 2^{nd}ed. , 1985, P. 10.

作用，所以也可以称其为“句法性理论”或语法性理论（syntactical theory）。

（二）解释性理论：即借助经济学概念来解释会计实务，使会计报表的编制者对会计概念、会计准则的运用和解释与报表使用者的理解相一致，与会计信息系统意欲反映的对象相一致。这一理论的作用在于坚持会计实务的逻辑性，其在会计理论体系中起着类似于语言学中语义的作用，所以又可称之为“语义性理论”（senantical theory）。

（三）行为性理论：在于强调会计信息使用者的需要，以及会计信息应如何影响使用者的决策行为。行为性理论也考虑面向管理决策的内部报告以及会计和审计人员在信息反馈中的作用。这种理论试图说明，如果企业采用一种新的会计政策和会计程序，必须运用行为性理论去计量和评估由此引起的经济的、社会的、心理的等各方面的影响。其在会计理论体系中起着类似于语言学中语用的作用，所以又可称之为“语用性理论”（pragmatical theory）。

第四节 会计理论的分类

在现代西方会计理论中，对会计理论的分类方法很多，如按学科领域进行分类，按研究方式进行分类，按推理方式进行分类，按语言关系进行分类等。下面主要对前三种分类方法进行简单介绍。

一、按学科分类

会计理论按学科分类可分为财务会计理论、管理会计理论和审计理论。

1. 财务会计理论。财务会计理论是关于财务会计学科领域的理论，迄今为止，大多数会计文献和会计理论的研究成果均属于财务会计理论。

2. 管理会计理论。管理会计是现代会计的一个分支，它是从传统的、单一的会计系统中分离出来，成为与财务会计并列的一门新兴的、独立的、综合性的边缘学科，是多种学科相互交叉、渗透的结合体。1988 年 4 月，国际会计师联合会在其发表的一份《国际管理会计实务》的征求意见稿——《论管理会计概念》中明确指出：“管理会计可定义为：在一个组织中，管理部门用于计划、评价和控制的（财务和经营）信息的确认、计量、收集、分析、编报、解释和传输的过程，以确保其资源的合理使用并履行相应的经营责任。”管理会计经历了 20 世纪 20 ~ 30 年代的萌芽阶段，40 ~ 50 年代的创建阶段，60 ~ 80 年代的发展阶段。在最近的发展过程中，管理会计理论引入了其他学科的一些重大研究成果，如委托代理理论、社会学理论、信息经济学理论、全面质量管理理论等，从而形成了许多新的分支学科，如社会责任会计、资源环境会计、作业成本理论、质量会计理论等，从而大大丰富了管理会计理论。

3. 审计理论。1991 年国际审计准则委员会对审计的定义是：审计是指对某一企业的财务报表或有关的财务信息进行独立的审查并进而发表意见。审计包括外部审计和内部审计两个方面，外部审计通常是指政府审计和注册会计师审计（或称民间审计、社会审计）。简单地说，审计理论就是对审计本质、审计目标、审计假设、审计环境、审计概念、审计准则、审计程序和方法等及对审计实务的指导关系所作的系统说明。

随着两权分离理论、委托代理理论、信息不对称理论、信号理论、保险理论、公司治理理论被引入审计研究领域，审计理论得到了极大的丰富和发展。

二、按研究方法分类

按研究方法分类，会计理论可分为规范会计理论、实证会计理论和行为会计理论等。

1. 规范会计理论。规范会计理论是指采用规范性方法，即强调演绎方法所建立起来的会计理论体系。传统会计理论大多属于规范会计理论。由于规范性研究方法所强调的是世界应该是如何运行的，而不关心世界是如何运行的，相应地，规范会计理论主张不应受会计实务的影响去发展会计理论，强调会计理论应高于会计实践，并指导会计实践。

2. 实证会计理论。实证会计理论是指采用实证研究方法建立起来的会计理论体系。实证会计理论研究的目的是解释所观察到的会计现象，并寻找出这些会计现象发生的原因。实证会计研究常用的方法有：问卷调查法、案例分析法、实验研究法（包括实验室实验研究和实地实验研究）、专家访谈法和数理统计研究法，用实证方法研究会计理论问题的一般程序是：提出命题、建立假设、收集资料、验证真伪。

实证会计理论研究的奠基人是美国的经济学家和会计学家鲍尔（R. J. Ball）和布朗（P. Brown），他们于 1968 年在《会计研究杂志》上发表的《会计数据的实证评估》是实证会计研究的起源。而比弗（W. Beaver）、瓦茨和齐默尔曼等学者在 20 世纪 70 年代开展的一系列开拓性的研究，促使实证会计理论在西方财务会计理论研究中获得普遍的认可和深入的发展。

实证会计理论研究经历了两个主要发展阶段，第一阶段主要是研究会计和资本市场的行为，主要讨论的是会计信息在资本市场上的作用，但未能对会计实务作出解释和预测，典型的是会计信息含量的研究；实证会计理论研究的第二个阶段着重于试图解释和预测企业的会计实务，即会计政策选择的实证研究——不同的会计政策选择会影响不同利益主体的经济利益，即会产生不同的经济后果。研究的重点集中在两个方面：一是试图解释企业在有选择余地的情况下为什么选择了某一特定的会计程序和方法；二是试图解释企业是为了效益的原因选择了某一会计实务，即会计政策是预先选定的，典型的是盈余管理的研究。

3. 行为会计理论。行为会计是研究特定约束条件下会计行为的指向及其变动规律的学科，它是会计学、行为科学、心理学、社会学、管理学等学科相互渗透、相互溶合的产物。行为会计理论认为，会计行为不是无序的，而是有规律并且可以控制的。会计行为是各约束条件的函数，即会计行为取决于各影响因素形成的约束条件。行为会计的基本特征是：行为会计是一门边缘性学科，行为会计具有会计学的基本特征，行为会计的目标是，揭示会计的行为动机和行为目的，以及会计行为对企业及企业利害关系者的影响和影响程度，以便寻找更加科学的会计行为。

三、按推理方式分类

按推理方式分类，会计理论可分为演绎推理理论和归纳推理理论。

1. 演绎推理理论。演绎推理理论是依据演绎推理程序建立起来的会计理论体系。这里的演绎推理程序是以会计目标、会计假设或其他概念为前提，推导出会计原则、准则及相应程序和方法的过程。运用演绎法进行推理的一般程序为：提出命题→推导结论→验证→具体问题；可以有两种不同的逻辑推演思路：第一，会计假设→会计基本原则→会计准则→具体会计程序；第二，会计目标→会计信息质量特征→会计要素→会计确认、计量与报告的标准。用演绎推理构建会计理论的优点是可以保持相关概念之间的内在逻辑关系，使理论构建具有逻辑严密性；缺点是如果假设或前提是错误的，则整个理论结构也是错误的。

2. 归纳推理理论。归纳推理理论是依据归纳推理程序建立起来的会计理论体系。这里的归纳推理程序就是从大量具体的会计实务归纳推理出具有一般性关系或结论的过程。运用归纳法进行推理的一般程序为：观察与记录全部的观察结果→分析与分类记录结果→从观察到的关系中推导出一般会计概念或会计原则→验证推导出的结论。用归纳推理构建会计理论的优点是可以不受预定模式或结构的约束，并把理论结构建立在大量具体事实的基础上；缺点是由于个别人的观察对象与范围有限，每个企业或经济组织的情况不同，有关的内在联系或数据关系也可能不同，从而使归纳推理的结论难免以偏概全。

第二章 会计理论研究的方法论

会计理论研究方法既是会计理论的重要组成部分，又是会计理论发展的前提条件。任何一门科学理论的建立和发展，都离不开科学的研究方法的运用。纵观会计理论发展的历史不难发现，会计理论的演变固然受到环境的变迁、理论的供给与需求等因素的影响，但会计理论研究方法的创新和发展显然也是推动会计理论发展的重要因素之一。本章主要讨论会计理论研究的“工具”，即会计理论研究方法。

第一节 会计理论研究方法的意义

按照《现代汉语词典》的解释，方法是指“关于解决思想、说话、行动等问题的门路、程序等”。在科学领域通常引申为人们在一切活动范围内从实践上和理论上把握现实，为达到某种目的而采用的手段、工具、技巧、方式和途径的总和。相应地，会计理论研究方法可以解释为会计理论研究者（认识主体）在把握构建会计理论（认识客体）的过程中所应遵循的原则、途径、手段、技巧与方式的总和。基于会计理论是“人类在长期会计实践的过程中，在取得感性认识的基础上，经过辩证的思维运动所产生的关于会计的理性认识①”。由这一基本界定可以推论出：会计理论研究方法是认识会计理论和会计实践的桥梁和纽带，其在会计理论研究中至关重要。“工欲善其事，必先利其器”，无论是现代自然科学还是社会科学，科学理论的产生和突破往往是从研究方法开始的。因此，科学、正确的研究方法是产生科学理论的先导。现代会计毫无疑问已经成为一门科学，其理论研究也离不开科学、正确方法的指导。

理论的产生和发展总是为了适应社会的需要，会计理论亦然。纵观会计理论的产生和发展过程，总是与一定的社会背景和经济发展需求相适应。一般认为，

---

① 吴水澎：《中国会计理论研究》，中国财政经济出版社 2000 年版。

1907 年美国纽约大学教授 Sprague 的《账户的哲学》是现代会计理论产生的标志。该书从账户和交易两个概念出发，系统地阐述了会计记录和报告的一整套方法和理论。此后，随着以股份制为主要组织形式的现代企业制度的建立，所有权与经营权的分离，为适应两权分离情况下经营者向所有者和债权人等企业外部利益相关者报告反映受托责任的财务状况、经营成果的需要，涌现出众多进行会计理论研究的著名会计学者和专著，如 Canning 的《会计学中的经济学》，Paton 的《会计理论》及其与 Littleton 合著的《公司会计准则导论》等，极大地促进了会计理论的研究发展。这一时期会计理论的研究属于传统的规范性研究。20 世纪 60～70 年代，实证会计理论在西方国家开始出现，并得到迅猛发展，势头盖过规范会计理论而成为当今西方会计理论的主流。

伴随着会计理论研究的深入和发展，会计理论研究方法已经不是单个、孤立的方法在会计理论研究的运用，而是一个方法体系。会计理论研究方法本身就是会计理论的重要组成部分，且在会计理论体系中位居最高层次，是一种更为本质的理论。根据马克思主义哲学的认识论，上升为理论形态的方法就是方法论。从一般意义上来讲，方法论是“关于认识世界、改造世界的根本方法和学说”。具体到某一学科而言，方法论则是“在某一门具体学科上所采用的研究方式、方法的综合”①。因此，会计理论研究的方法论是会计这一学科在理论研究中所采用的研究方式、方法的综合。

会计理论研究方法是以会计理论研究为其研究对象，旨在探索会计理论研究的模式和规律，以提高会计理论研究的效率。因而，其对于会计理论研究其有非常重要的作用和意义。

首先，会计研究方法是进行会计理论研究的前提。巴甫洛夫曾经说过，“初期研究的障碍，乃在于缺乏研究法②”。会计科学的研究需要运用适当的会计研究方法，从一定意义上讲，会计研究工作中最为重要的事情在于选择恰当的研究方法。也就是说，研究人员在进行会计研究之前，明确并正确地选择对所研究的问题采用的研究方法，是进行会计理论研究的必要的前提条件。

其次，会计理沦研究方法是形成会计理论的“桥梁”。方法是指人们在一切活动领域为达到某种目的而采用的途径、手段、工具和方式的总和。会计理论是人们对会计本质及其规律性的认识，作为探求会计本质及其规律性的这一有目的的会计理论研究活动，研究主体（从事会计理论研究的人员）为达此目标，实

① 《现代汉语词典》，商务印书馆 2007 年版。

② 《巴甫洛夫选集》，科学出版社 1955 年版。

现对客体（会计现象）的认识，方法充当了“桥梁”的作用。

再次，正确运用会计研究方法是提高会计理论研究水平的保证。如上所述，会计理论研究方法好比会计理论研究中的“桥”或“船”，是完成会计研究任务的重要手段。会计研究方法的多样性为会计研究工作者提供了广泛的选择性，会计研究方法运用恰当不仅可以圆满地实现会计研究目标，而且可以提高会计理论研究水平。

最后，会计理论研究方法的创新往往导致新的会计理论的出现。会计现象的客观性、运动性、复杂性，决定了人们认识会计的本质及其规律的艰巨性、长期性。人们对会计的本质及其规律性认识的深化，除了随着历史的发展，会计现象自身暴露的程度不断增大以外，在很大程度上取决于会计理论研究方法的创新。现代会计理论中各种学术流派的涌现，潮流的更替，无不打上会计理论研究方法创新的烙印。如早期会计理论研究中的归纳法被演绎法所取代导致了规范会计理论①的产生，而实证研究方法的运用使实证会计理论成为当今会计理论中的时尚和潮流。因此，会计理论研究方法的创新是新的会计理论产生的导引和基础。

第二节　会计理论研究方法体系

会计理论研究方法发展到今天已十分庞杂，种类繁多。这些种类繁多的会计理论研究方法决不是杂乱无章，彼此孤立的，而是一个有机的整体，并形成一个有内在联系的会计方法体系。所谓会计理论研究方法体系是指研究会计学发展规律和会计工作规律的各种会计研究方法相互联系、相互制约而形成的有机整体。这里所谓的“体系”，按我国《现代汉语词典》的解释是：“若干有关事物或某些意识互相联系而构成的一个整体。”按《韦氏大词典》的解释是：“有组织的或被组织化的整体；结合着整体所形成的各种概念或原理的综合；由有规则的相互作用、相互依存的形式组成的诸要素集合等。”会计理论研究方法体系是一个人造的复杂系统。按现代系统论的观点，系统是由“相互作用和相互依赖的若干部分和要素组成的具有确定功能的有机整体”。会计理论研究方法体系中的各种

① 在会计研究中应用演绎法的被称为“演绎会计学派”，这一学派也被称为“规范的演绎学派”（Normative deductive school）或直接称为“规范学派”（Normative theory），因为该学派总是要对实务提出一些规范性的建议或方法（葛家澍、刘峰：《会计理论——关于财务会计概念结构的研究》，中国财政经济出版社2003年版）。

方法不是互相孤立、互不相关、互相割裂的，而是互相联系、互相依赖，为完成共同会计目标而组成的有机整体。

会计理论研究方法体系应是一个由多个要素组成的分层次的大系统，在每一层次中，各方法应能自成体系，不会相互有所重复或包含，而上一层次的方法可以普遍适用于下一层次。然而，如何将众多会计理论研究方法按一定的逻辑组合为一个有机的体系呢？不同学者有各自不同的看法。当前比较有代表性的观点主要有：

1. 二层次论。吴水澎等（2000）将会计理论研究方法体系会分为方法论和具体研究方法两个层次①，前者在会计理论研究中主要提供抽象意义上的指导，它对理论研究所构成的影响是潜在的、间接的；后者既是对方法论基本精神的贯彻，又能为理论研究提供直接的、更具可操作性的指导。

2. 三层次论。杜兴强（1997）认为，总的来讲，会计理论研究方法体系由方法论、基本方法、具体方法三个层次构成，三层次之间既相互联系又相互区别，其中方法论是会计理论研究方法体系中的最高层次②。

3. 四层次论。裘宗舜、艾建明（2001）认为，会计理论研究方法可划分为四个层次③：第一层次为方法论，即马克思主义哲学；第二层次为系统理论，即亚哲学；第三层次为会计理论研究的一般方法；第四层次为会计理论研究的具体方法。

上述会计理论研究方法体系构建的观点都有各自的道理，通过比较和借鉴各家之长，我们认为，会计理论研究方法体系由以下三个层次构成：

一、会计理论研究的哲学方法——方法论层次

哲学方法是会计理论研究方法体系的最高层次，它对其他两个层次的研究方法具有指导意义。哲学是关于世界观和方法论的学问，它既是世界观，又是方法论，是世界观和方法论的统一。哲学方法是一切方法中最为一般的方法，具有源方法的特征。会计理论研究的方法论毫无疑问应以马克思的辩证唯物主义和历史唯物主义为基础，从而使哲学方法成为会计理论研究的方法论。哲学方法是马克思主义辩证唯物论的重要内容之一，其核心是对立统一规律、质量互变规律、否定之否定规律。但是，作为认识客观事物一般方法的哲学方法，如何与会计理论

---

① 吴水澎：《中国会计理论研究》，中国财政经济出版社 2000 年版。

② 杜兴强：“会计理论研究方法体系探讨”，《决策与借鉴》，1997 年第 4 期。

③ 裘宗舜、艾建明：“试论会计理论研究方法体系”，《当代财经》，2001 年第 5 期。

结合起来呢？杜兴强认为：哲学方法在会计理论研究中的应用如下：（1）主动观念。即会计能主动地揭示企业的社会效益和经营绩效。（2）空间观念。哲学方法将企业视为与外界各方面发生广泛联系的实体。（3）矛盾观念。哲学方法要求会计必须正确处理经济效益和社会效益，长期利益和短期利益的矛盾。（4）发展观念。新的会计理论并非对已有会计理论的抛弃，而是一种“扬弃”，是继承和发展①。

作为会计理论研究方法论的哲学方法在会计理论研究中的意义在于：一方面从哲学方法论、认识论的层次解决会计研究中的一些基本理论问题；另一方面如何根据会计科学的特点，自觉运用哲学的方法进行研究，即把哲学的一般理论具体化，以增强会计研究中的哲学意识。比如，（1）将马克思辩证唯物论运用到会计理论研究中去，从而形成：①会计的物质观。会计作为一项复杂的社会活动，其实践的对象即资金及其流转是物质的价值；会计作为一个信息系统，输出的会计信息的本源是客观存在的。②会计的运动观。会计作为一种技术，反映的是企业的资金营运状态和经营成果，也就是对运动中的资金进行描述，所以会计核算要坚持运动观。③会计的时空观。会计的几个假设就是建立在物质的时空观念上的。持续经营假设和会计分期假设是在时间观念的基础上提出的，会计主体假设是在空间观念上确立的。通过这几个基本假设，确定企业进行会计核算的时空范围，会计这门学科才得以产生和发展。（2）将唯物辩证法运用到会计理论研究中去，从而形成：①会计的对立统一观。会计的发展史实质上是会计中内在的矛盾相互对立又相互统一的发展史。②会计的质量互变观。在会计实践中，必须把握量度，树立起会计的质量互变观。③会计的否定之否定观。在会计研究过程中，要树立否定之否定的观念，敢于对存在及权威挑战，才能不断创新。（3）运用历史唯物主义观点来考察会计，树立正确的会计发展历史观。会计的产生和发展是一个历史过程，是历史与逻辑的统一，某种会计是特定经济政治环境的产物，没有脱离环境而孤立存在的会计；生产力与生产关系，经济基础与上层建筑之间的矛盾，依然是推动会计发展的基本力量。

二、会计理论研究的一般方法

会计理论研究的一般方法是会计研究中经常运用的最基本的科学思维方法，是会计人员在直接考察会计实务，构建会计理论时的思维原理或思维特征，给会计人员在分析会计实务、思考会计理论时提出了明确的必须遵守的方法要求，具

① 杜兴强：“会计理论研究方法体系探讨”，《决策与借鉴》，1997 年第 4 期。

有可操作性。从逻辑学的角度来看，会计理论研究的一般方法可以划分为三个方面：

1. 历史和逻辑相统一的方法

历史是指客观事物的发展过程或人类对它的认识过程，逻辑则是人的思维对客观事物发展规律的概括反映。历史是第一性的，是逻辑的客观基础；逻辑是第二性的，是对历史的理论概括。只有在会计理论研究中应用历史和逻辑相统一的方法，才能构建出相对完善的会计理论体系。一方面，在会计理论研究中，必须对研究对象进行系统的历史考察，不仅要了解会计理论的现状，而且要考查其过去，并展望其未来。另一方面，会计理论研究又不能仅局限于历史现象的描述和若干事例的堆积，而必须运用逻辑方法从纷繁复杂的历史现象中抽样出会计理论的发展规律，凭借思维的强大逻辑力量来把握会计现象以及会计实践背后的规律性和本质特征，即会计理论。

具体来讲，历史方法包括继承方法和分析（此处的“分析”不同于下文分析与综合中的“分析”）地批评（即发展或革新）方法。会计理论来源于会计实践，任何会计理论都不是空中楼阁，会计理论研究不能割裂历史，不能无视会计理论的继承性①。但是，会计理论的存在总是依存于一定的会计环境，不同国家、地区的经济、政治、文化、社会乃至风俗习惯的不同，都会造成会计理论的差异。这就要求在会计理论研究中不仅要继承，更要采取分析性的批判方法，对会计理论进行发展、革新。

逻辑方法具体也可分为分析与综合、归纳与演绎、由抽象到具体再由具体到抽象三对有机联系的方法。会计理论研究的分析法是将某一会计理论分解为若干有机部分加以研究的思维方法，而综合法则是在分析的基础上对某一会计理论的各个组成部分的认识结果联结起来形成对其统一整体认识的思维方法。以会计目标理论的研究为例，将会计目标分为谁是会计信息的使用者、会计信息的使用者需要哪些信息、会计如何来提供这些信息等问题就是会计理论研究中分析法应用的例子；而得出的会计目标是“向国家、企业外部和企业内部提供有助于实行宏观调控和优化社会经济资源配置、合理地进行投资和信贷决策、加强内部经营管理所必须的，以财务信息为主的经济信息②”则是综合法应用的例子。会计理论研究的分析和综合法是辩证统一的，系统分析的起点是综合，又最后统一于综合，其逻辑程序为：

---

① 葛家澍：“论会计理论的继承性”，《厦门大学学报》，1981 年第 3 期。

② 吴水澎：《会计学原理》，辽宁人民出版社 1994 年版。

综合 ⇄ 分析 ⇄ 综合

即分析与综合之间是双向并存与反馈的关系。

会计理论研究的归纳法是对大量会计现象、会计实践进行观察，然后加以分类，从中概括出有关会计概念的内在联系，再将之表述为会计理论；会计理论研究的演绎法是从若干会计基本概念出发，推导出会计理论体系的逻辑性结构①。例如从大量的记账现象中总结出复式记账原理就是归纳法应用的例子，而西方财务会计概念框架（CF）研究中以有关的财务报告目标为前提，推导出能指导会计实务的原则、准则及相应的会计方法程序则是演绎法应用的例子。归纳法和演绎法在会计理论研究中都具有其不可替代的作用，切不可厚此薄彼，有所偏废。在会计理论研究中，归纳法和演绎法的辩证关系如下：（1）归纳法具有获得新的会计理论的功能，而演绎法则具有科学证明、预见并构建会计理论体系的功能；（2）归纳法和演绎法在会计理论研究中互相依赖、互相渗透，并在一定条件下相互转化。演绎法的大前提来自归纳概括，归纳法过程的分析离不开演绎。

会计理论研究中从抽象到具体的方法体现着三位一体的关系，即思维既通过具体地再现抽象的规定性而再现具体的整体，又通过逻辑再现具体的整体过程，而具体地再现抽象的规定②。由抽象到具体的方法在会计理论研究中的意义在于：其不仅是获得具体会计理论的逻辑途径，而且提供了建立会计理论体系的逻辑手段。

2. 新老“三论”方法

老“三论”是指系统论、控制论和信息论，产生于20世纪40~50年代。老“三论”形成以后，各自向纵深发展而又相互渗透，影响涉及到自然科学的各个领域，社会科学如会计学也深受其影响。在老“三论”的影响下，人们对会计本质的认识发生了巨大的变化，提出了“会计是以提供财务信息为主的一个经济信息系统”（葛家澍，1986）的著名论断。“系统论”方法视会计为一开环系统，认为它和内、外部会计环境存在着普遍的联系，因而侧重于从整个社会效益和企业利益的最佳结合点上进行会计理论研究。“控制论”方法主要研究会计系统的信息变换和控制过程中有关会计行为方面的理论，并涉及到会计理论的评价。“信息论”方法则主要解决会计理论研究中关于会计信息效用性的问题，以便及

---

① 葛家澍、林志军：《现代西方财务会计理论》，厦门大学出版社1990年版。

② 陈宪：《经济学方法通览》，中国经济出版社1995年版。

时去除“伪信息”，集中精力于“真信息”，并有助于从某些模糊的会计信息中探索出较为完善的会计理论。

新“三论”是指耗散结构论、突变论和协同论。它是 20 世纪 70 年代在老“三论”的基础上发展起来的新型方法。新“三论”引入到会计研究领域后，对会计理论研究思维方法的更新起到了积极的促进作用。

鉴于学术界普遍认同于新老“三论”是一种亚哲学①，因而我们联系其对会计理论研究的巨大作用，将新老“三论”方法作为会计理论研究的基本方法。

3. 经济学方法

经济学理论是部分会计理论的基础，其中应用经济学和技术经济学为会计理论研究提供了部分方法基础。具体来讲，经济学方法主要包括微观分析方法、宏观分析方法和结构分析方法。会计理论研究中借鉴经济学的某些研究方法是承认会计的双重属性；吸收经济学的合理方法为会计理论研究所用，是承认会计的共性（技术性）；而用马克思主义政治经济学来分析会计理论的具体情况，即承认会计的个性（社会性）。会计理论研究中经济学方法的内涵是：会计政策和会计程序应当反映经济现实，会计理论、会计政策的选择应考虑经济后果。

三、会计理论研究的具体方法

会计理论研究的具体方法是为了使会计理论准确化和趋于完善，而对特定对象所采取的具有技术性的具体方法。具体方法随特定研究对象的不同而不同，它实际上是会计理论研究的基本方法在实务中的具体运用和体现。杜兴强将其划分为以下五个方面②：

1. 移植方法和开拓方法

所谓移植方法，是指在会计理论研究中广泛借用其他学科的研究成果来解决会计问题。事实上，任何一门学科包括会计都不可能在完全封闭的状态下大搞自己的一套所谓的理论，各学科之间相互借鉴某些研究成果实属客观必然。如行为会计理论、电算化会计理论等。

会计理论研究中的开拓方法主要是指在会计学科中的某些尚无人涉足、又不能相互借鉴的领域进行理论研究时的方法。开拓方法即创造性方法，无固定模式

① 王雨田：《控制论、信息论、系统科学与哲学》，中国人民大学出版社 1988 年版。

② 杜兴强：“会计理论研究方法体系探讨”，《决策与借鉴》，1997 年第 4 期。

可循。

2. 比较方法

比较方法是根据一定的标准，将彼此有某种联系的会计理论加以对照，从而更深刻地了解特定会计理论的内涵。比较方法在会计理论研究中的重大意义在于：（1）是会计分析的基本方法；（2）从表面上差异较大的会计学术观点之间找出其异同点，从而深化会计理论研究；（3）有助于不同国度之间会计理论的相互借鉴、引进和创新。

3. 规范方法和实证方法

规范方法就是在会计理论研究中，试图从会计活动的规则来概括会计的理论概念，并最终导致"良好的"会计实务。规范会计理论研究方法形成的规范性理论（Normatire Theory）着重于说明会计"应当是什么"（What should to be）。因而规范方法并不满足于现存的会计惯例，而一般总是先设定会计理论研究的逻辑起点（如会计假设、会计目标、会计环境等），然后运用演绎推理的方式（并不完全排斥归纳推理）从逻辑高度上概括会计理论，构建逻辑自洽的会计理论体系。在会计理论研究中规范法应用的例子有 ARSNOI"会计的基本假设"（The Basic Postulates of Accounting）和 20 世纪 70 年代美国财务会计准则委员会（FASB）发表的"财务会计概念公告"（SFACS）等。

会计理论研究中的实证法要求先提出一定的假说（hypothesis），然后应用实际证据来验证或驳斥，只有实际存在的才被认为是合理的。实证法在会计理论研究中应用的例子有收益预测、契约安排、会计收益与股票价格等，由此形成的实证会计理论旨在说明会计"是什么"（What to be），并解释和预测会计实务。

当然，会计理论研究中，规范法和实证法的应用不应厚此薄彼，应将两者有机地结合起来。规范会计理论研究方法的研究成果体现了会计理论发展的内在规律和必然性，而实证会计理论研究方法则运用了较为科学的方法论，他们重视实践对会计理论的检验，两者的有机结合才会产生更为完善的会计理论。

4. 系统法、伦理法、社会学法

系统法视会计为一开环系统，认为会计系统同内外会计环境存在着普遍的联系；系统法认为会计系统应有一明确的会计目标，它决定了会计系统应包括哪些会计要素，它们应如何相互作用以及推动整个会计系统的运行和实现预期会计目标；系统法要求重视相互联系、相互作用的构成要素以及它们之间的层次关系。

伦理法又称道德法，它是提出一些要求财务报告或会计信息应符合的道德标准，作为建立会计原则、准则或理论体系的依据。这些道德标准主要包括公允（fairness）、真实（truth）、不偏不倚（unbias）等。

用社会学法构建会计理论，强调企业所应承担的社会责任，并强调会计技术和方法的社会效应。社会学法认为，对既有会计理论的评价，应依据它们所规定的财务报告对各个社会利益集团的影响来作出。社会学法在会计理论研究中应用的例子如社会责任会计理论、增值表（value - added statement）和雇员报告（employment report）等。20 世纪 70 ~ 80 年代开始，对社会学法的支持与日俱增，可以预言社会学法很可能在未来的会计理论研究中发挥重要的作用。

5. 事项法和税务法

事项法作为一种新思路，它认为会计目标在于提供与各种可能的决策模型有关的经济事项，且会计人员的任务只是提供有关事项的信息，而让使用者自己选择适用的事项。因而，事项法将会计理论研究的重点放在揭示财务与投资事项的有关会计理论上，最终实现设定资本价值和最佳收益。

税务法要求会计理论的研究必须注意和相关税法的协调，因为会计政策应服从于宏观的经济政策。例如美国对“投资贷项”的会计理论研究中，迫于联邦政府税法的压力，由开始的“递延法”转化为后来的“流尽法”①。

我国目前的会计理论研究已呈现出百花齐放的喜人景象。一方面，传统的历史方法、比较方法以及归纳和演绎方法等仍然是会计理论研究中应用的主要方法；另一方面，一些比较新的研究方法如事项法、社会学法、实证法等越来越多地被采用。特别是：“一批中青年会计学者引进了西方实证会计理论的研究方法，利用中国证券市场的资料发表了一些实证研究的文章，填补了我国运用新方法、新工具进行会计研究的空白。②”根据以上对方法论、基本方法和具体方法的界定，并结合会计理论研究方法的具体内容，我们借鉴杜兴强的研究成果，将会计理论研究方法体系进行了归纳（见图 2 - 1）。

① 葛家澍、林志军：《现代西方财务会计理论》，厦门大学出版社 1990 年版。

② 葛家澍：“迎接二十一世纪，密切关注国内外财务会计的新动向”，《会计研究》，1999 年第 1 期。

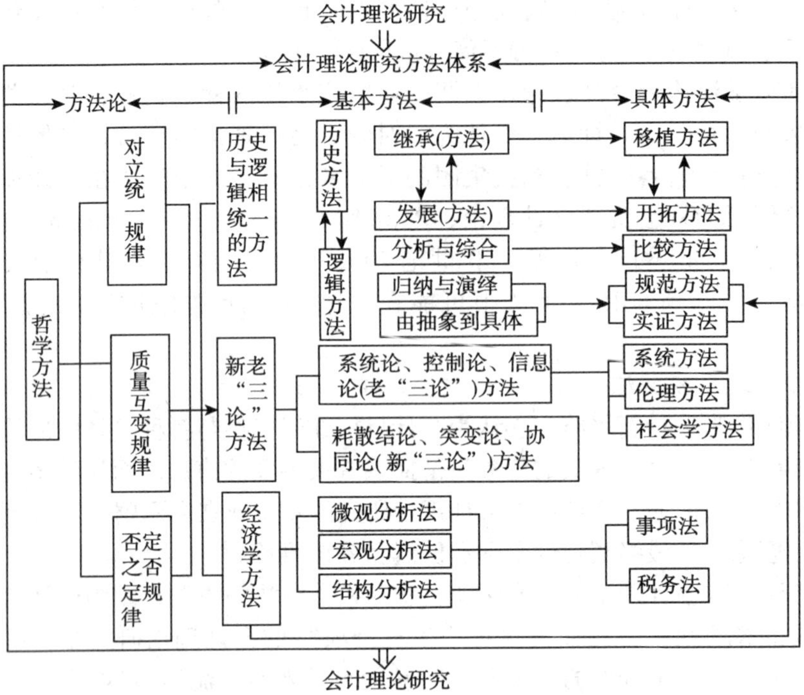

图2－1　会计理论研究方法体系

第三节　会计理论研究的规范方法与实证方法

规范研究方法和实证研究方法是当前会计理论研究方法体系中既相互对立，又相互依存的一对范畴。将会计理论研究方法区分为规范研究方法和实证研究方法是源于对两者研究成果的划分而得出的。早期的会计理论研究，人们并未将其称之为规范会计理论，只是出现了实证会计理论后，为了加以区别，才称之为规范会计理论。实证会计理论一出现，就呈现出了前所未有的强势，成为当前西方会计理论的主流。在其引进国内后短短的十多年间就已发展成为会计理论研究中的一支重要力量，大有步西方会计理论之后尘，取代规范会计理论之势。为了澄清会计理论研究中对两者认识的偏差和混乱，我们将在此专门探讨会计理论研究的规范法和实证法。

一、会计理论研究的规范法

如上所述，是先有了实证研究方法在会计理论研究中的运用，才有了规范和实证的分野，进而有了规范会计理论研究方法和实证会计理论研究方法之分。虽然 1907 年，Chartes E. Spra－gue 的《账户的哲学》一书的问世被认为是现代会计理论研究的开先河之作，但直到 20 世纪 20～30 年代，西方资本主义国家经历了经济大萧条，社会公众需要公司和企业提供高质量的会计信息，加强了对高标准会计原则的需求之后，才激发了会计研究人员对会计理论研究的积极性。例如基于对“真实收益”的探求，当时会计理论研究方向聚焦于探求高质量的会计原则（准则），因而属于规范性的研究。当时新古典经济学在西方盛行，受其影响，会计研究人员（大多为经济学家）将当时备受推崇的演绎主义方法论引入会计理论研究领域，形成日后的规范会计理论并逐渐走向鼎盛，在相当长的时期内一统会计理论研究的天下。

那么，什么是规范会计理论研究方法呢？广义地讲，规范会计理论研究方法是将实证会计理论研究方法出现之前在会计理论研究中所采用的研究方法都统称为规范研究方法。狭义地讲，规范会计研究方法是指通过确立命题（提出问题）——搜集资料——整理资料——逻辑分析，最后得出由文字描述的会计研究成果的方法体系。还由于其研究成果——规范会计理论是一套关于会计“应该是什么”的知识体系，旨在通过一系列的基本会计原则、会计准则的规范要求高度逻辑地概括会计实务，实现会计的规范化，而“真正的、用于形成会计理论的方法论，主要是归纳法和演绎法①”。因而规范研究方法又大体上可分为归纳法和演绎法两大类。

1. 归纳法。亦称归纳推理，是一种由具体到抽象、由个别到一般的逻辑方法。即通过“先观察大量的会计实务、会计现象，再从具体的实务、个别的经验中归纳出一般的概念、原理或原则”。在会计理论研究中的运用有两种情况：其一是从观察企业财务信息开始，以重复发生的关系为基础进而概括会计假设和会计原则，即从会计实务中归纳出某些结论；其二是广泛收集已有的会计文献资料，并就某个具体的认识进行概括和总结，即对已有的会计理论进行归纳。它的优点是可以不受预定模式的束缚，并把理论概念或结论建立在大量现象的基础上。但是归纳法也有一定的缺陷：由于个别人的观察对象与范围有限，每个企业或经济组织的情况不同，有关的内在联系或数据关系也可能不同，从而使归纳概

① 葛家澍：《财务会计理论研究》，厦门大学出版社 2006 年版。

括的结论难免以偏概全。因此，用归纳法下结论的正确与否取决于对事物观察的程度。当只观察有限的事物时，用完全归纳法往往能得出正确的结论；当观察对象的数量无限时，其结论的准确性就难以可靠。

2. 演绎法。亦称演绎推理，是由一般性原理推导与一般性原理有关的个别事实（或结论）的逻辑方法。即“先规定所要研究的命题或者前提，逐步推导出会计原则，再发展为符合会计原则的程序与方法”。它的常见形式是三段论（大前提、小前提、结论），其中大前提是应用归纳法而得出的一般性结论。20世纪70年代以前，西方会计理论研究主要是以会计假设为前提推导出能指导会计实务的原则、准则及相应的会计方法程序。而到20世纪70年代以后，由于新技术革命、决策理论、行为科学、信息论等新兴学科向会计领域的渗透，会计理论研究主要采用以财务报告目标为前提的演绎推导方法，其逻辑推理思路是：目标→信息质量特征→要素→确认、计量与报告的标准。演绎法的优点是可以保持相关概念之间的内在关系，使理论构建具有逻辑严密性。其关键是确定具有一般原理的前提。由于前提本身是需要验证的，因而所导衍出的理论体系具有或然性，即前提正确，则理论体系亦正确；前提错误，理论体系亦错误，但前提是否正确在演绎范围内是无法解决的。

规范会计研究方法作为现代会计理论研究中与实证会计研究方法相对称的一种类型，在具体的研究中遵循的一般程序是：先提出问题，然后搜集整理文献资料，最后通过严密的逻辑推理得出研究结论。即给出一套条件A，就应该选择方案B。规范会计理论研究的目的在于：指明会计实务“应当如何”，它关注的是怎样限制或规范会计系统怎样运行，解决的是经济现象“应该是什么”的问题。如规范会计理论认为：高质量的会计信息需要高质量的会计准则，那么高质量的会计准则就应该能规范会计实务，应该能保证高质量的会计信息。它表达的是人们的一种思想，一种理念或是一种愿望。因此，会计理论研究的规范法作为会计研究主体长期以来进行会计理论研究的主要方法体系，在研究过程中较强地体现了研究者对价值判断的主观性和对研究资料分析的逻辑性。这种会计研究方法所构建的规范会计理论，用以解决会计研究客体“是什么”——面向问题及“应当如何”——面向行动的有关问题。会计理论研究规范法的研究过程如图2－2所示：

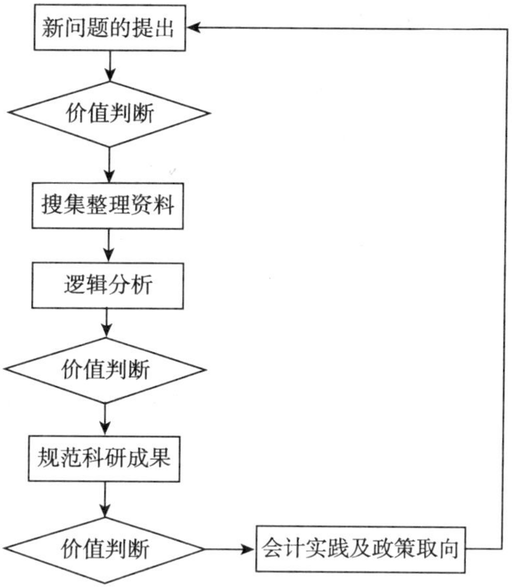

图 2-2 会计理论研究规范法的研究过程图

二、会计理论研究的实证法

实证会计研究就是将实证经济学的研究方法应用于会计领域进行的一种研究。最早将实证方法引入会计理论研究的是美国会计学家 M. C. Jenson。他在 1976 年发表的一篇题为“Reflection on the State of Accounting Research and the Regulation of Accounting”（“会计研究和会计规则现状的思考”）的演讲中指出，由于规范的理论占据优势地位，使得这种研究的中心任务只是找出会计的若干规则，并对许多会计概念下定义，而这些规则并不存在，概念也是主观的。而实证会计理论将能解释以下内容①：（1）已存在的会计现实或“为什么会计是这样”；（2）为什么会计人员从事这样的工作；（3）这些现象在人们和资源利用方面会产生什么效果。之后实证法即在西方会计研究中广泛使用。随后，瓦茨和齐默尔曼（Watts&Zimmerman）运用了与规范研究根本不同的实证方法，发表了“用于决定会计准则的一种实证理论”（1978）、“会计理论的供给与需求”（1979）等一系列文章，由此形成了所谓会计的罗切斯特学派（The Rochester School of Ac-

---

① 葛家澍、林志军：《现代西方财务会计理论》，厦门大学出版社 2001 年版。

counting）。1986 年 Watts & Zimmerman 的《实证会计理论》一书的出版，标志着实证会计研究的系统化。该书比较完整地介绍了实证会计理论的形成和发展过程，把实证会计理论提高到了一个崭新的水平。作者首先明确指出“会计理论的目标是解释和预测会计实务”①，然后详细阐述了有效市场假说与资本资产计价模式是如何导致实证会计理论和方法在会计文献上的出现和普及。作者在书的后半部分则论述了从 20 世纪 70 年代末起，关于信息揭示管制理论的争论推动了实证会计研究在引入大量的经济学理论之后获得的巨大发展，并提出“实证会计理论不仅以企业理论和政府管制理论为基础，而且是这两个经济学理论的衍生物”。而最近 20 年，实证会计理论几乎独领风骚！如在近 10 年美国的主要会计理论刊物——《会计评论》（Accounting Review）上，充满了实证研究的文章，规范研究成果则接近于销声匿迹！影响很大，欧洲和亚洲一些国家与地区也纷纷效尤。这是西方会计理论研究的一个重要转折②。

会计理论研究的实证方法主要包括基于大样本数据分析的档案研究（Arehival research）和单一（或几个）样本的案例研究（Case study）。无论是档案研究还是案例研究，研究思路都是从问题入手，提出一个理论假说来解释存在的问题，然后通过样本数据来检验所提出的假说。由此可见，实证研究方法可以归纳出一个基本（或标准）的研究范式。从研究步骤上或研究形式上实证会计研究方法的基本（或标准）范式一般分为六个步骤，如图 2－3 所示：

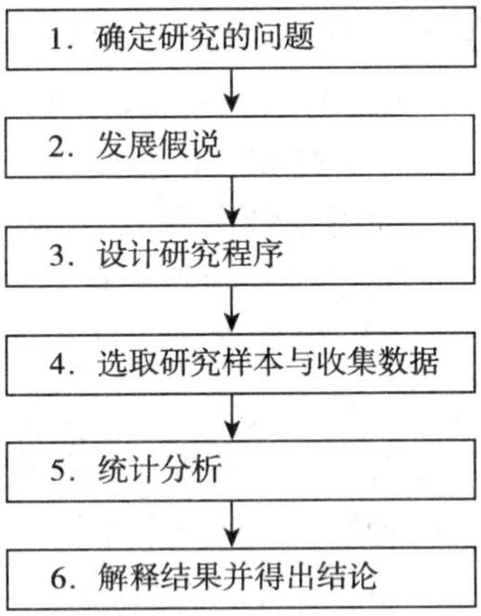

图 2－3　实证会计研究的基本（或标准）范式

① 瓦茨和齐默尔曼著，黄世忠、陈少华等译：《实证会计理论》，东北财经大学出版社 2006 年版。
② 葛家澍：“迎接廿一世纪，密切关注国内外财务会计的新动向”，《会计研究》，1999 年第 1 期。

1. 确定研究的问题

确定研究的问题，也就是研究的选题，是进行研究的第一步。研究选题一要有意义（Implication）；二要有趣（Interesting）①。所谓有意义，是指能对现实中的经济现象提供理论解释，要解释的经济现象越重要，研究的意义就越大②。以研究公司治理这一选题为例，在实证研究中，许多研究将信息披露、内部控制、资本结构以及管理层激励等传统的会计与财务问题都放在目前全球都在关注的公司治理这一框架下进行研究，这极大地拓展了传统会计的研究领域。所谓有趣，是指研究选题要给人耳目一新之感，一篇好论文类似于讲述一个好故事。从某种意义上说，实证会计研究形成的论文也是一种产品，读者就是消费者，研究选题激不起读者的兴趣，也就是没有市场，没有人引用，这篇论文就没有生命力。

研究选题要“大处着眼，小处入手”。公司治理这一问题很大，我们在研究时，往往从公司治理的某一方面入手。比如我们在研究公司治理时发现存在管理层持股这一经济现象，那么，管理层持股与企业价值有什么关系呢？这种关系，可用“如果X……，那么Y……”这一模式表示。也就是说，所谓确认研究的问题，就是要确认研究自变量X和因变量Y之间的关系。有的问题比较笼统，比如：资本市场是否有效，会计信息在投资决策时是否有用，不同的公司治理模式对企业价值的影响等等，这些问题在进行实证会计研究时要具体化为可检验的命题。在现实经济生活中，自变量与因变量的关系往往不那么明显，还受到其他因素的影响。因此，挖掘研究选题，一个主要的思路是以前人的研究为基础，力求有所创新，百尺竿头，更进一步。

2. 发展假说

确定要研究的问题之后，也就是确定要研究的自变量X与因变量Y之后，那么自变量与因变量之间的因果关系是什么呢？所谓发展假说就是对自变量与因变量之间的因果关系提出推测性陈述。仍以管理层持股与企业价值之间的关系为例，Morck，Slileifer和Vishiny（1988）提出两种对立的假说，一是利益趋同假说，管理层持股增加企业的市场价值；二是壕沟假说，管理层持股降低企业的市场价值，这两种对立的假说就需要经验检验。

发展假说与确定要研究的问题之间有什么关系呢？所有的研究都是从问题入手，如果问题不能转化为假说，那就无法进行经验研究。假说需要一个理论基础，需要进行检验，而问题却不需要。

① 李连军：“实证会计研究的方法与方法论：哲学基础与研究范式”，《会计研究》，2006年第8期。

② 林毅夫：《论经济学方法》，北京大学出版社2005年版。

一个好假说的标准是什么呢？一是假说要基于理论或者逻辑推理，理论是发展假说的基础；二是因变量与自变量之间的因果关系便于统计意义上的经验检验，比如自变量和因变量之间是正相关还是负相关关系；三是研究变量能被衡量，因为无法衡量就意味着无法进行统计分析检验。

3. 设计研究程序

提出理论假说后，就需要设计研究程序来对假说进行经验检验。设计研究程序中的一个重要环节是设计研究模型，在实证会计研究中，研究模型往往采用多元回归模型的形式，在多元回归模型中放进去哪些变量，需要有理论根据或者借鉴前人研究的成果。对于因变量 Y，除了自变量 X 这一因素之外，可能还有其他 A、B、C、D 等因素对 Y 变量产生影响。比如企业的市场价值（通常用托宾的 Q 比率衡量），除了管理层持股这一因素之外，还有企业的研究与开发支出、广告支出、企业所在的行业、企业规模等因素（Morcketal，1988），此外还有学者提出企业的投资支出也对企业的市场价值产生重要影响（Cho，1998）。设计研究程序的目的是为了确认是自变量 X 导致了 Y 的产生，而不是其他 A、B、C、D 等因素。

为了达到这一目的，可以采取下列三种方法：（1）最大化自变量 X 的方差。（2）控制住外生变量的影响，主要方法又有两种，一是采用样本配对的方法；二是在多元回归模型中包括外生变量。（3）最小化因变量 Y 的随机误差。减少变量的随机误差，主要的方法有两个：一是增强变量衡量的准确性；二是在成本效益的约束下，尽量增加样本数（陈建文，2001）①。

4. 选取研究样本与收集数据

进行实证研究时如何选择样本，以研究目的和研究设计而定，选取研究样本包括随机抽样、筛选和定向取样等三种基本方法。理论上说，样本越大越好，这样就更有代表性，但在社会科学研究中，研究样本往往受到现实条件的限制，在数量上或者代表性上总有不尽人意之处。比如研究我国管理层持股的上市公司样本，我们发现部分上市公司管理层持股比例为零，其余上市公司管理层持股的比例也很低，这与我国缺少股权激励的制度背景相关。因此，要验证我国管理层持股与上市公司市场价值之间关系的理论假说，研究样本上存在较大局限。

确定研究样本之后，就要收集相关研究变量数据。数据既可能包括定量数据，也可能包括定性数据。在有关财务或会计的实证研究中，往往使用年度截面数据，较少使用时间序列数据。比较理想的数据是面板数据（Paneldata），但是

① 陈建文：“实证会计研究导论”，上海财经大学会计学博士生课程讲义，2001 年。

成本较高，受到的限制较多。

5. 统计分析、解释结果并得出结论

统计分析通常使用统计分析软件，比如 SAS、SPSS 等，对研究设计所使用的多元回归模型进行描述性统计分析和多元回归分析。描述性统计分析主要是针对模型中的各个变量的属性，比如集中度与离散度的分析，通常包括最值、均值、标准误差等属性分析。多元回归分析，主要求出每个变量的参数、样本决定系数（R^2），并进行变量参数的 t 检验和回归方程的 F 检验。为了检验自变量之间的相关性，还可以采用方差膨胀因子分析等技术手段。需要指出的是，实证会计研究所进行的统计分析方法，主要来自计量经济学。

进行统计分析之后，就要解释结果并得出研究结论，这是水到渠成的最后一步。对于同一问题，或者同一经济现象，可以有不同的理论解释。也就是说，任何科学的研究，都是可以被证伪的。实证会计研究的优点在于用数据说话，具有可重复性，有利于学术积累，进而有利于辨明真理。

三、会计理论研究方法的规范和实证的融合

会计理论研究的规范法和实证法作为构建会计理论的两种方法各有利弊，有时甚至是互为优缺点。通过对两者的比较，可以得出以下各自的优缺点：

（一）会计理论规范研究法的优缺点

会计理论规范研究法的主要优点在于：

（1）规范法研究得出的会计理论可用于指导会计实务。规范法所形成的规范会计理论是一套关于会计“应该是什么”的系统知识体系，首先通过一系列基本会计原则、会计准则的规范性要求，从逻辑高度上概括或指明最优化会计实务应该是什么，进而指导会计实务，实现会计实务的规范化。

（2）规范法的适用范围较广。规范法既能适应会计基本理论的研究，也能适应会计基本概念及会计应用理论的研究；既可从理论命题推导出事实命题，也可用来解释已知的会计理论或会计行为。

（3）规范法的研究结论具有较强的针对性。规范法一般都是围绕确立的会计课题去搜集相关资料，然后通过对资料的整理分析得出具有针对性的研究结果，可以做到具体问题具体分析。

（4）规范法可以对已有的会计理论进行逻辑检验，以发现错误理论及现存理论的内部矛盾。

会计理论规范研究法的主要缺点在于：

（1）规范法忽略了对作为演绎逻辑推理起点的假设或前提的判别和检验。

（2）规范法往往忽略了会计信息具有一定的经济后果，不重视会计主体的行为因素，而仅将不同的利益集团简化为一个总体来看待。

（3）使用规范法进行研究时，研究者很难保证研究的价值中立，其价值偏好会影响所搜集的资料和对研究结果的解释，进而影响到研究结论的正确性，使得到的结果缺乏支持而仅代表个人论断。

（二）会计理论实证研究法的优缺点

会计理论实证研究法的主要优点在于：

（1）实证法从评价规范法所依据的前提入手，对前提的现实有效性进行检验，进而肯定或否定规范法所得出的成果。

（2）运用实证法得到的结论不仅对所观察到的会计现象提供解释，说明现存会计实务程序、方法在应用程序上存在差异的原因，而且还对未观察到的会计现象和那些虽已发生，但尚未通过数据搜集和分析获得系统性证据加以证实的现象提供解释，有助于会计研究人员有效实施会计预测。

（3）实证法重视对会计主体行为及其动机的研究，并大量引进了经济学的研究成果，如产权理论、契约理论、企业理论等，拓宽了会计研究人员的研究范围。

（4）实证法以数学模型为主要研究手段，以统计分析为主要方法，并采用计算机对数据进行处理，使定量分析法在会计研究中得以广泛的运用，可以精确描述会计研究客体，从而使会计理论的可信度大大提高。

（5）实证法的出现，增强了会计研究人员的科学化意识，使研究人员的研究水平由浅入深，由定性到定量，由微观走向宏观，开阔了研究人员的观察视野和思考范围，提高了会计研究人员的研究水平。

会计理论实证研究法的主要缺点在于：

（1）实证法力图使用有限的事实和现象去证明普遍命题，因而其研究结果不可避免地具有概率性或偶然性。

（2）实证法过分强调模型化和定量化，经常忽略某些想当然是次要的因素，有时会导致研究对象过于简化和研究的系统性偏差。

（3）在会计理论的研究过程中，完全排除价值判断的做法也有不尽合理之处。因为会计信息具有经济后果，作为“经济人”的会计研究者，在进行实证会计研究的过程中，不可能完全避免个人偏好所带来的先入为主的干扰。

（4）实证法与规范法相比，往往具有时间上的滞后性。如对某项具体会计准则相关问题的研究，总是在会计准则公布之后的若干年，即总是等到有足够的样本数据建立数学模型进行经验分析时才能得以实施。

(5) 从实证法的研究步骤来看，它的最后一步是得出研究结论，缺少了对研究结论的理论评价，即不能够指导会计实践。因此，它所形成的结论并不能称之为会计理论。

以上分析表明，无论是规范会计理论，还是实证会计理论，其产生发展都有其必然性。两者各有长处且应和谐共处，不能独尊一方而摒弃另一方。实证会计大师 Watts 和 Zimmerman 也认为，在会计研究中，规范理论和实证理论各有其作用，两者不可偏废。实证会计理论关系到会计实务“是什么”以及会计行为“如何运行”的描述；规范会计理论则涉及会计实务“应当如何”、“什么是最佳实务”的判断。所以，实证会计理论可以帮助我们正确解释和预测现实，而规范理论则能帮助我们在实证研究的基础上进行合理的判断。会计理论研究的正确方法应该是将规范会计研究和实证会计研究结合起来，形成一套完整互补的研究方法。针对当前会计理论研究中大有独尊实证会计理论的倾向，有不少学者进行了深刻的反思。如有的学者认为，美式实证会计研究的特征是：逻辑理性严谨、数学统计方法精密，但理论简单肤浅、充满猜想性；而且，美式实证会计研究也很追求理论的预测用途（实证研究认为，研究有三个层次：描述现象、解释因果关系、预测未来，并认为第三个层次的“预测未来”是最有价值的）①。

规范法和实证法作为构建会计理论的两种方法，它们之间虽具有本质的区别，但又相互缠绕在一起，两者对会计理论的研究都非常重要。不存在纯粹的规范法和纯粹的实证法。正如刘峰教授指出的那样，纵观所有的实证研究，都应该包括了假设和验证两大步骤。其中，假设的提出，就带有规范研究的特性，有些也是火花闪现的过程。比如，鲍尔和布朗试图验证股票市价与会计信息披露之间的关系，瓦兹和齐默尔曼假设会计选择与管理报酬方案等之间存在联系，这些思想的形成，都是不可重复的。然而，实证会计进入 20 世纪 90 年代，大量的研究都是重复一些前人已证实或证伪的命题，只是希望能从其中局部修正或“修误”某一命题，这实际上是实证会计研究自身的不幸：缺少有创意的研究。因此，未来实证会计的发展，需要的就是一些难以重复的思想火花。否则，这一研究将有可能走上末路②。

---

① 陈孟贤：“当代会计研究方法：检讨和反思”，《会计研究》，2007 年第 4 期。

② 刘峰：“实证会计的方法论基础与批判”，《会计研究》，1997 年第 7 期。

第三章 公认会计原则理论

公认会计原则（Generally Accepted Accounting Principles，GAAP）是上承会计法律，下接企业会计实务（西方国家更多的是使用“会计政策”一词）的会计规范的总称，其在不同的国家有着不同的称谓、结构、内容与作用。而对合理、科学的会计原则的追求，是推动会计理论研究的主要因素，它促进了美国会计界自20世纪30年代起全面研究会计理论，并形成观点丰富的财务会计理论体系。无论是从美国还是世界范围来看，“公认会计原则”都是20世纪会计理论的重要内容之一，它直接促进了会计理论的发展①。“公认会计原则”的制定实践，在会计理论体系的形成过程中，具有十分重要的地位。在本章中，我们主要讨论公认会计原则的产生、历史演变、形成机制及其构成体系。

第一节 公认会计原则的产生及其含义

一、公认会计原则的产生

一般认为，公认会计原则最早是在20世纪30年代美国产生的，因此，要研究公认会计原则的历史，必然离不开对美国会计的考察。在美国，大约在19世纪末会计界才有了“会计原则”的提法，美国早期著名的会计学家查尔斯·E.斯波拉格在1890年10月美国会计师协会（AIA）年会上的演讲中提出“把收益同支出（Income and outlay）恰当地进行处理是与同期性原则（Principle of Periodicity）相联系的”。这被认为是美国会计学界第一次使用“原则”的概念②。当时，这个概念的含义仅指可以应用的会计方法。在随后较长的时间内，会计原则是与会计实务（Accoounting Praetice）和会计规则（Accounting Rules）混同使

---

① 葛家澍、刘峰：“回眸：20世纪西方会计理论的发展与演变”，《财务与会计》，2000年第10期。

② 葛家澍：“公认会计原则在美国的发展”，《上海会计》，1996年第10期。

用的。

虽然无论是查阅美国的会计文献，还是查阅中国对美国会计的研究资料，我们都很难找到GAAP“出世”的确切年月。但普遍认为GAAP是美国1929~1933年经济危机的直接产物。1929~1933年经济危机的爆发，使会计界、特别是当时混乱的会计实务，受到了来自社会各界的指责和批评。为了改善会计职业界的形象，提高会计职业界在社会经济生活中的地位，1930年，美国会计师协会（即后来的美国注册会计师协会，AICPA）设立了一个由6名资深合伙人组成的特别委员会——“与证券交易所协调委员会”（Committee on Coorperation with Stock Exchange）①，任命乔治·梅（George May）为该委员会主席，负责同纽约证交所的沟通与合作以及对会计实务进行调查，并在1934年发表了《公司账户之审计》，第一次提出了上市公司必须遵循的6项会计原则。该文讨论了一种对公司和会计原则可行的审计报告的形式，从而为证交所要求上市公司接受年度独立审计提供了基础。1936年，美国会计师协会的一个下属委员会在“财务报表的检查”报告中，又加入了“一般的”（generally）一词，从而正式产生“公认会计原则”（Generally Accepted Accounting Principles，GAAP）的概念。

对于“原则”是如何变化为“公认会计原则”的？葛家澍教授认为，从建议和推理产生“会计假设”开始，由此形成的假设如证明是有用的，则被采纳为“会计原则”，当这些被接受的原则达到足够的普遍程度时，它们就变成“公认会计原则”的一部分，成为会计师从业的规则。1953年，美国会计师协会（AICPA）会计名词委员会对《会计研究公报》（ARB）第7、9、12、16、20、22、34、39号进行了修订和合并，改写为会计名词公报第1号（ATB第1号）。公报对“会计原则”和“公认会计原则”作了解释。该公报的基本观点是：建议和推理产生会计假设，有用的假设才会变成会计原则，而会计原则被普遍接受时再成为公认会计原则。公报还提到：“必须清醒地注意到原则并不是代表一个不得有所偏离的法则。从这个意义上说，一项原则可以与其他原则不一致，即原则是可以互相矛盾的。在许多情况下，问题在于：在几个相关的原则中，哪一个具有决定的适用性？我们就采用它。”从这里也可以看出，当时对公认会计原则（GAAP）并不强调权威性和可比性，只强调公认性。只要能被大家普遍接受，即使是矛盾的原则，也可以变成公认的会计原则。在早期，美国公认会计原则之间的分歧很大，与这一个观点有很大的关系。汪祥耀（2001）经过对相关资料的

① 葛家澍、刘峰：“回眸：20世纪西方会计理论的发展与演变”，《财务与会计》，2000年第10期。

分析考察后，将公认会计原则（GAAP）的产生及演变归纳为以下四个过程①：

1. 1918年，美国联邦储备委员会（FRB）将其在1917年4月发行的“统一会计：联邦储备委员会的暂行建议”修订后，改名为“编制资产负债表的认可方法”加以发表。在这里，首先出现了“认可的方法”（Approved Methods）一词。

2. 1929年，AICPA的前身美国会计师协会（AIA）将“编制资产负债表的认可方法”修订并改名为“财务报表的验证”后，再一次交由美国联邦储备委员会（FRB）发表。1933年，纽约证券交易所要求所有上市公司必须提交附有审计师证明书的财务报表。而对这些财务报表的审计，则要求遵守“财务报表的验证”并提出关于财务报表是否具有“公允性”、“一致性”以及是否符合“认可的会计实务”（Accepted Accounting Practices）的意见。

3. 1934年初，在“公司账目审计”中，美国会计师协会（AIA）推荐了一种审计报告格式，在其意见段的说明中提到了可采用是否遵守“认可的会计原则”（Accepted Accounting Principles）作为衡量财务报表“公允性”的标准。因此，在1934年开始出现了“认可的会计实务”一词。

4. 1939年，美国会计师协会（AIA）所属的审计程序委员会发表了第1号审计程序公告“审计程序的扩展”，该公告对“公司账目审计”中所推荐的审计报告格式作出了修订，并重新推荐了一种标准简短型报告的修订格式。在新修订格式的意见段中，首次出现了“符合公认会计原则”的措词。因此，可以认为，公认会计原则（GAAP）一词的第一次出现，应该是在1939年。

二、公认会计原则的含义

“公认会计原则”（Generally Accepted Accounting Principles，GAAP）在各种会计文献中被广泛的使用，有时它被解释为“会计原则”，有时它又被解释为“会计准则”。实际上，迄今为止，中外会计界对其真正含义的认识仍然是模糊不清的。

“原则”一词，在语义上含有“开始、起源、出发点、基础”等一类的含义。在The Randon House College Dictionary中，“Principle”的词义有两条：一是指可被接受的、专门的行为规范；二是指基本的法规或公理。布劳认为：“所谓原则（Principle），是指在某一领域内能够被该领域中所有人所接受的基本概念，否则，就只能称之为规则（Rule），当我们以公认（Generally accepted）两字来

① 汪祥耀：“公认会计原则”探析，《财经论丛》，2001年第5期。

修饰原则时，那么这将意味着有不能被公认的（not generally accepted）原则的存在。”因此他认为，“依据原则本身的含义推理，公认会计原则这一概念是不确切的，它使人困惑不解。1953 年，美国会计师协会（AICPA）的会计名词委员会对《会计研究公报》（ARB）第 7、9、12、16、20、22、34、39 号等进行了修订和合并，改写为会计名词公报第 1 号（ATB 第 1 号）。会计名词公报第 1 号认为：按照词典，Principle 至少有三个含义：第一，表示起源和原因，这一定义着重表明某些原则的基本属性；第二，表示一项供事物建立起来的基本原理，基本命题，或一项综合的基本真理，或形成若干附带真理的基础；第三，被采纳的一般法则或规则，或直接作为行动的指南或行为或事物解决的根据和基础。上述第三个含义最接近多数会计师关于会计原则的观点，特别是比较接近于注册会计师对 Principles 的描述。

首次对 GAAP 作出较为正式定义的是 1970 年美国注册会计师协会所属的会计原则委员会（APB）发布的第 4 号公告——“企业财务报表所依据的基本概念和会计原则”。该公告中给出了两个经常被人们引用的关于 GAAP 的定义。一是在第 137 段：“公认会计原则代表在某一特定时期下列有关事项的一致意见：何种经济资源和义务应由财务会计作为资产负债予以记录，资产与负债的何种变动应予记录，这些变动应在何时记录，资产和负债应如何计量，何种信息应予揭示，应如何揭示，以及应编制何种财务报表。”二是在第 138 段：“公认会计原则是财务会计上的一个专业术语，公认会计原则包括某一特定时刻公认会计实务所需要的种种惯例（Conventions）、规则（Rules）和程序（Procedures）。公认会计原则的标准不仅包括一般应用上的广泛的指南，而且包括详细的实务和程序。”这两段都是描述性的，但描述方法不同。前者是从财务会计的几个环节如确认、计量、记录、报告等方面来描述；后者则是从它所包括不同性质的组成部分如惯例、规则、程序等方面进行描述。

此外，第 4 号公告还指出：GAAP 是惯例性的。也就是说，它们是因为一致意见（通常是因为默契）而被公认的，并不是由一套假设或基本概念正式派生出来的。原则是根据经验、理由、习惯、惯例以及很大程度的实际需要发展而来的。

美国会计原则委员会（APB）第 4 号公告虽然试图对 GAAP 作出定义，但以上定义仅仅表明 GAAP 是一种达成“一致意见”的会计实务，并没有说明 GAAP 是以在特定情况下最恰当或最合理的会计实务为基础的，因此美国会计原则委员会（APB）的这种定义遭到不少非议。对其抨击最多的是认为第 4 号公告只是将 GAAP 看作会计实务的归纳，否定规范理论的演绎指导，也没有说清财务会计的目标、基本要素、以及普遍原则与具体原则之间的关系。

基于上述原因，尽管美国注册会计师协会经过努力，建立了制定会计原则的专门机构，充分肯定了会计原则在指导会计和审计实务中的重大作用，但是对GAAP这一概念的争论却从未中断。争论的结果是：20世纪70年代初期，美国广大的财务报告使用者对会计原则的制定由会计职业团体一手包揽十分不满，他们认为：由会计原则委员会公布的“意见书”具有职业上的偏好，它不符合广大公众的利益。1972年，美国注册公共会计师协会为此建立了一个由惠特领导的专门委员会，惠特委员会有一项任务就是指导、筹建财务会计准则委员会，替代会计原则委员会。当时，该委员会的报告《制定财务会计准则》中，曾建议将“原则”（Principle）改为“准则”（Standards）。其主要理由是，会计原则委员会公布的“意见书”，其内容大多数并非“原则”，而其实质是“准则”。这或许是为什么从名称上由原来的会计原则委员会改名为财务会计准则委员会的主要原因。

由于美国会计职业团体各个阶段发布的重要文告（《会计研究公报》、《会计原则委员会意见书》、《财务会计准则说明书》等）统称为“公认会计原则”，用“公认会计原则”一词包含各个阶段发布的会计原则和会计准则。因而，会计原则与会计准则并无明显区别，也不存在孰优孰劣。会计原则和会计准则的含义更多地取决于人们对它们的使用及习惯。以至有学者认为，公认会计原则与会计准则是两个含义相同的概念。会计准则的基本功能是对企业对外提供的报表加以引导和约束，市场经济要求信息提供遵守自律性和互律性的规则。所以，应当把会计准则看成是市场经济对企业加工与传输信息的约束机制，它不是可遵守也可不遵守的标准，只要它作为会计准则，就必须具有普遍接受性和权威性。因此，会计准则与公认会计原则应是含义相同的概念，即同一概念的两种不同提法。这从美国在1973年起使用FASB和SFAS的名称后，仍承认ARB和APB Opinions发布的内容为有效（除非明文作出修改或废止），也说明了这一点。我们不能设想，会计准则得不到公认又缺乏权威性时，它还能成为会计准则。

第二节　公认会计原则的形成机制及其作用

一、公认会计原则的形成机制

公认会计原则是在某个时期取得比较一致意见的、且被普遍接受的惯例、原则和规则，既包括广泛的指南，又包括详细的规定。它反映当前的会计思想和会计实务的发展水平，且随着时间的推移不断发展和完善。其形成机制主要取决于以下两方面：

1. 公认会计原则是市场经济法制化要求的产物

在1929～1933年经济危机之前，美国的会计发展过程中深受“自由放任主义”的影响，企业采用什么会计程序和方法以及如何编制财务报表等会计行为被看作是企业自己的事。“美国内战结束后主宰宪政思维长达半个多世纪的自由放任主义……自由放任主义所信奉的是有限政府、市场竞争和尊重人民财产权，自由放任主义者认为企业自由应受保障，政府如果以管理者身份制定规章，从而限制企业的竞争，是对人民自由的错误干预”①。

自由放任主义在当时美国会计中的表现是，尽管会计职业组织的发展壮大为美国公认会计原则的形成提供了必要的前提，会计行为已有较大的社会性，但在19世纪末20世纪初时尚未有统一的会计规范原则，如何进行会计程序和方法的选择，全由经营管理者决定，会计只能依据一般概念作出一定的判断，“20世纪早期的美国会计人员，在没有法典和统一会计科目作为指南的情况下，比起其他职业人员，更多地倾向于依据一般概念来对各种会计程序作出判断”②。会计被认为是一门艺术，是一门任经营者和会计师粉饰业绩的艺术，在这种会计观的影响下，美国各企业人行其艺术之道，对收益进行艺术再加工；企业财务报表所提供的财务数据几乎完全由管理者自行处理，他们随意提供自己认为应提供的信息，并按自己喜欢的方式安排数据，财务报告的报送也不能定期地进行，或者在会计年度过后很久才报送，甚至许多企业什么也不向股东们报告，“股票所有权的分散使管理者几乎完全控制了公司的财物和向投资者提供的会计信息”③。在自由放任主义思想的指导下，国家对企业实行不干预政策，以至“在大危机的前10年，美国的企业在财务上进行弄虚作假是没有任何障碍的”④。最终导致了美国1929～1933年的经济危机。会计职业界也被卷入这场大危机之中，会计职业界所遭受到的损失与打击同样是极其惨重的，信用危机对它们形成了极大的压力。会计职业界以往在会计、审计实务处理方面的随意性和多样性，在自由放任主义思想支配之下所发生的严重的会计

① 周天玮：《法治理想国：苏格拉底与孟子的虚拟对话》，商务印书馆1999年版。

② 迈克尔·查特菲尔德著，文硕等译：《会计思想史》，中国商业出版社1988年版。

③ 迈克尔·查特菲尔德著，文硕等译：《会计思想史》，中国商业出版社1988年版。

④ 葛家澍：《美国安然事件的经济背景分析》，中国财政经济出版社2003年版。

信息披露失真，以及长期发生在统一会计、审计规范方面的严重缺失，都被认为是引发资本市场混乱，使投资者权益遭受重大侵害，并最终成为导致资本市场走向大崩溃的重要而具体的原因。诚然，这场大危机是资本主义矛盾的总爆发，不完全是会计的混乱所致，但事实证明，在这场危机中，会计扮演了一个重要却极不光彩的角色。事后在对经济大萧条原因的查找中发现，“松散的会计实务是1929年市场崩溃和萧条的原因之一”①。制定统一的会计原则已迫在眉睫，呼之欲出。

1929~1933年的经济大萧条导致了完全放任的自由资本主义的结束。“1933年，罗斯福（Franklin D. Roosevelt）担任总统，推行新政（New Deal）。新政的基调是，政府扬弃以往有限政府的概念，以积极有为的风格，信守责任，推动社会福利。新政的手段，包括联邦政府积极抢救经济、以管理者的身份调整全国经济活动、控制企业行为、鼓励工会活动和积极协助弱势者取得应有的经济保障”②。自此，会计进入接受政府监管和制定统一会计制度的时代，会计监管的理论发展很快，监管技术和实务工作也越来越健全。

罗斯福的新政对会计的直接影响是：政府不断在会计规范上下功夫，整治经济危机造成的创伤。美国国会于1933年颁布了《证券法》，1934颁布了《证券交易法》，主要是对证券市场和证券交易进行整顿，但同时也整顿了上市公司所应披露的财务信息。从此，人们认识到市场经济是法制经济，对外提供的报表必须符合一定的原则。这些原则反映了市场经济的内在要求。在现代企业中，由于所有权与经营权的分离，投资人、债权人和其他的企业利害关系人与企业的管理当局之间，既存在着利益的一致性，又存在着利益的矛盾性。掌握企业的真实会计信息，不论对于加强企业内部管理还是实行外部管制从而作出有关的决策都是不可缺少的。但由于所有权与经营权的分离，导致了财务报告提供者与信息的使用者之间的分离。提供信息的管理当局不可避免地会站在利己的立场，去加工信息以保护自身利益，这就有可能损害投资人、债权人，甚至职工的利益。因此，对财务报告要求真实和公允，就是为了协调企业内部与企业外部之间的矛盾。保证企业财务信息的质量，不仅可保护外部信息使用者的利益，同时对企业管理当局也是有利的。企业所提供的信息只有得到市场的信任，企业的投资、融资、产品的市场占有率才会处于有利的地位。可见，公认会计原则的出现并非偶然，它是市场经济的必然产物。

---

① 迈克尔·查特菲尔德著，文硕、董晓柏等译：《会计思想史》，中国商业出版社1989年版。

② 周天玮：《法治理想国：苏格拉底与孟子的虚拟对话》，商务印书馆1999年版。

2. 公认会计原则是现代企业制度的本质要求

现代企业是在一定法律和法规的约束下，投资人和债权人、职工与企业管理当局之间各种合同（契约）的结合。因此，会计信息是用来协调各种合同关系使之能够顺利执行的一个重要手段。只有按照一定的规范来加工处理所形成的会计信息，才能做到这一点。

如果说公认会计原则是市场经济的产物，那么，同时也可以说它是现代企业制度的产物。如果说公认会计原则是用来维护市场经济的，那么，同时也可以说它是维护现代企业的会计制度。没有公认会计原则，证券市场、现代企业都很难正常运转。注册会计师确认一个企业的会计信息是否真实、公允，就是根据公认会计原则即财务会计准则。美国总统里根在 AICPA 成立 100 周年之际曾致贺说："没有你们的努力，我们的市场经济就会土崩瓦解。"虽然这是美国人所作的评价，但是，市场经济作为法制经济中的各种约束机制的相互联接与相互作用，不论在市场上或在现代企业中，都相互交错地规范着竞争者的经济行为。而在所有的经济机制中，公认会计原则应该是其中一个非常重要、不可或缺的部分。

必须指出的是，公认会计原则应只限于财务会计原则，公认会计原则规范的对象是对外提供的财务报表，以及财务报表的会计处理程序。财务报表的特点是提供者与使用者相分离，规范这种财务报表的主要目的是协调企业内外各方面的经济关系，保证使用者与提供者都能得到企业有关经营、理财等各方面的真实、公允的信息。因此，只有财务会计才有这样的需要，而管理会计一般没有这个需要。因为管理会计是对内提供信息的，不需要制定公认的会计原则来规范、约束企业相互独立的各自的决策行为，不需要在会计信息上谋求公开、可比。在市场竞争条件下，企业的很多信息，比如高科技新产品的研究和开发、成本和质量等信息都极为重要，却必须保密。因此，企业会计准则指的是财务会计准则。

二、公认会计原则的作用机理

关于公认会计原则的作用主要体现为其对会计的确认、计量、报告和披露四个方面作出的统一的要求。

确认：几乎所有的公认会计原则的文件都对某一特定项目规定了确认的时间、条件和方法。

计量：在公认会计原则的文献中，计量是重点，有确认就必然有计量。因为确认主要是指何时予以记录和报告，而要记录和报告就必须采用适当的计量属性。

报告：不是所有的公认会计原则都涉及到报告，只有部分涉及到报告。

披露：披露比报告的概念更广泛一些，包括表内与表外揭示。信息在表内披露就是确认；信息在表外披露，则不限于已确认的和可量化的项目，还包括未经确认和不可量化的项目。不少的公认会计原则涉及到披露，有的则主要是涉及披露。

公认会计原则作用的发挥主要取决于它的公认性和权威性。"公认"（General Acceptance），即认为被选择和采用的会计实务必须是能够得到"公认"的。但"公认"一词仍然是模糊的。美国会计原则公认性问题的提出主要是与其由民间机构制定有关。由于这种原则不具有法律的强制性，它要求的只是会计界普遍接受，成为流行的惯例。罗丝·斯盖纳（1972）认为，一种会计方法至少需要满足以下一个条件，并且通常是需要满足以下几个条件时，该会计方法才算得到公认①：（1）当环境适合时，该方法能在大多数情况下被实际使用；（2）该方法能够获得职业会计团体或其他权威机构（如美国证券交易委员会等）的文告的支持；（3）该方法能够得到一批受人尊重的会计教师或会计思想家的书面支持。

但实际上，公认会计原则的公认性和权威性应该是联系在一起的。因为，公认性并没有一个检验的标准，可接受程度很难被公正地加以衡量。在美国制定会计原则的早期，主要强调的是原则被普遍接受，当时没有提到权威性。为了使由民间机构制定的公认会计原则具有权威性，它必须得到"重大权威支持"（substantial Authority Support）。葛家澍教授将这种重大权威支持归纳为以下四个方面：

1. 1938 年，当第 1 号《会计研究公报》出台时，SEC 就发表了《会计文告集》（ASR）第 4 号，并在其中表示了一项政策："企业财务报表的编制所遵循的会计实务如果没有重大权威支持将引起误解，（报表）附注和其他信息披露都不能弥补这种可能的误解。"这里最先提出了"重大权威支持"的要求。SEC 的这个声明含蓄地支持了《会计研究公报》。

2. 1964 年 10 月，AICPA 理事会有鉴于 APB 在第 2 号意见书发表后遭到抵制而不得不进行修改的教训，通过了一项决议，发表了一份特别公报，明确地指出：APB Opinions 和过去的 ARBs 都具有重大权威支持。特别公报认为②：

（1）公认会计原则是指那些具有重大权威支持的会计原则。（2）APB Opinions 构成具有重大权威支持的会计原则。（3）ARBs 与 APB Opinions 具有相同的权威地位。（4）如果 AICPA 成员审计的财务报表所运用的会计原则与 APB Opin-

---

① Skinner Ross, Accounting Principles: A Canadian Viewpoint (Toronto: The Canadian Institute of Chartered Accountants, 1972).

② 葛家澍："公认会计原则在美国的发展"，《上海会计》，1996 年第 10 期。

ions 和 ARBs 的原则不同，则该注册会计师必须做到以下三点：第一，必须认真研究这些做法是否具有重大权威支持。第二，如果认为缺乏重大权威支持，必须在审计报告中按“保留意见”进行表态。第三，如果认为这些做法具有重大权威支持，则必须在审计报告中对这些做法所依据的重大权威支持加以说明，还必须用货币金额表示，由于这些做法偏离公认会计原则，会对年度的净收益（Net-Income）和编表日留存收益（Retained Earnings）产生影响。这项特别公报后来成为 APB Opinions 第 6 号的附录。

3. 1973 年，AICPA 重新修订了会员的职业道德守则。在职业道德守则的第 203 条中，再次重复了 AICPA 理事会 1964 年 10 月的特别公报，并把它作为会员的一项职业道德，成为对会员具有约束性和互律性的要求。到 1973 年，被认为具有重大权威支持的会计原则除 ARBs 和 APB Opinions 外，还包括 FASB 的《财务会计准则公告》（SFAS）和《解释》（FASB Inter Pretations）。

4. 最为重要的权威支持是美国证券交易管理委员会。它在 1973 年 12 月 5 日，即 FASB 成立之时，发表了 ASR 第 150 号《建立与促进会计原则与准则的政策说明》。它赞扬了 AICPA 以 FASB 取代 APB，肯定了 FASB 能够胜任制定会计准则的任务，同时它重申了支持民间机构制定会计准则的政策，最后则明确地表示支持 FASB。ASR 第 150 号指出：“FASB 所制定的会计原则、准则和实务具有重大权威支持，而背离 FASB 文件的则认为缺乏重大权威支持。”这是 SEC 作为美国联邦政府机构第一次公开支持民间准则制定机构，从而大大提高了 FASB 的权威性。因此，FASB 发表的《财务会计准则公告》和《解释》被会计界视为半官方的准法规。

第三节 会计基本原则体系

一、美国公认会计原则的内容体系

美国会计界认为 GAAP 是一种达成“一致意见”的会计实务，对 GAAP 内容作出更加详细规定的是美国审计准则委员会（ASC）。AICPA 职业道德规范第 203 条规则要求，每个审计师必须在审计报告中阐述财务报表是否按照 GAAP 作出公允表述。这迫使审计师职业团体不得不注重对 GAAP 进行研究，解决什么是 GAAP 的问题。但长期以来，美国公认会计原则的层次性是不明确的。直到 AICPA 所属的审计准则委员会在 1991 年公布了《审计准则公告》（Statement of Auditing standards, SAS) 69 号《关于在提供审计报告时遵守公认会计原则和公允地表述的含义》后，才明确了公认会计原则是由多层次的文件所组成的会计规范体系。对于 GAAP 来源的排列，中外会计学者根据审计准则第 69 号公告的精神，作过各种不同的分析和归纳，兹转引葛家澍（1996）之分析和归纳的如下五个层次：

第一层次：包括 FASB 的公告（SFAS）和解释（FASB Interpretations）；APB 的意见书（APB Opinions）；CAP 的会计研究公报（ARB）。

第二层次：包括 FASB 的业务公告（Technical Bulletins）；AICPA 的行业审计和会计指南（Industry Audit and Accounting Guides）；AICPA 的立场公告（Statement of Position）。

第三层次：包括 FASB 的新问题工作组的一致意见（Consensus Positions of the FASB Emerging Issues Task Foree）；AICPA 的实务公告（Practical Bulletins）。

第四层次：包括 AICPA 的会计解释（AICPA Interpretations）；FASB 的问题解答（Questions And Answers published by FASB）；FASB 工作组出版的问题与解答被广泛认可的相关行业会计实务。

第五层次：主要是其他会计文献，包括 FASB 的概念（Concepts）公告；APB 的公报（Statements）；AICPA 的有关会计问题的论文；国际会计准则；政府会计准则委员会的公告（GASB Statements）、解释（GASB Interpretations）和业务公告；其他职业团体、会计法规制定机构的文件；会计教科书、手册和论文。

美国公认会计原则规定了从高到低的层次性，其优点在于注册会计师运用会计原则进行选择时有一个权威性高低的顺序——第一层次文献中有规定的，应遵守第一层次有关文献的规定；第一层次文献中无规定的，才参看第二层次的文献；依次类推。

二、我国会计基本原则体系

在我国，会计规范体系的构建虽然深受美国公认会计原则的影响，但是从引入国际通用的会计规范模式那天起就采用了“会计准则”一词，即用会计准则来规范企业经济交易和事项的确认、计量、记录和报告。而对企业会计核算的原则性规定则在《企业会计准则——基本准则》中加以说明，构建了一个独具特色的会计基本原则体系。这一会计基本原则体系的内涵类似于美国注册会计师协会会计术语委员会在 1953 年公布的第 1 号《会计术语公报》第 16 段的论述：原则是“所采纳的或宣称的一般法则，当作行动的指针、行为或实务的一个确定的基础"[①]。根据我国 2006 年 2 月 15 日《企业会计准则——基本准则》的内容，我国会计基本原则体系的构成内容如下：

（一）与会计信息质量相关的会计原则

新会计准则与会计惯例保持一致，将原会计准则、企业会计制度中的会计一般原则及与会计信息质量有关的原则以会计信息质量要求的形式列示，具体包括：

1. 可靠性原则

可靠性要求企业应当以实际发生的交易或者事项为依据进行确认、计量和报告，如实反映符合确认和计量要求的各项会计要素及其他相关信息，保证会计信息真实可靠、内容完整。

但是，由于会计准则不是一种纯粹的技术手段，会计准则的制定过程是一个政治化程序，是各利益集团反复博弈的结果。因此，依据会计准则编制的财务报表信息具有明显的经济后果。这就导致了在财务报表信息的编制和披露过程中，要做到真正的真实、可靠和公允是十分困难的。鉴于此，国际会计准则理事会提出了如实反映原则，并以此来代替真实、可靠性原则。而"所谓如实反映，是指反映的是所希望反映的。它要求所反映的内容恰当、完整，能满足信息使用者的需要。需要注意的是它与真实反映性之间有着一定的区别：真实性要求能真实地反映经济现实，而如实反映则只是要求能恰当地反映出希望反映的内容（即能实现所设计的反映目标即可）。"（葛家澍，1996）

为了贯彻可靠性要求，企业应当做到：

（1）以实际发生的交易或者事项为依据进行确认、计量，将符合会计要素定义及其确认条件的资产、负债、所有者权益、收入、费用和利润等如实反映在财务报表中，不得根据虚构的、没有发生的或者尚未发生的交易或者事项进行确认、计量和报告。

（2）在符合重要性和成本效益原则的前提下，保证会计信息的完整性，其中包括当编报的报表及其附注内容等应当保持完整，不能随意遗漏或者减少应予披露的信息，与使用者决策相关的有用信息都应当充分披露。

2. 相关性原则

相关性要求企业提供的会计信息应当与投资者等财务报告使用者的经济决策需要相关，有助于投资者等财务报告使用者对企业过去、现在或者未来的情况作

① 丁文拯：《美国会计师公会财务会计准则》，大中国图书公司 1979 年版。

出评价或者预测。

会计信息是否有用，是否具有价值，关键是看其与使用者的决策需要是否相关，是否有助于决策或者提高决策水平。相关的会计信息应当能够有助于使用者评价企业过去的决策，证实或者修正过去的有关预测，因而具有反馈价值。相关的会计信息还应当具有预测价值，有助于使用者根据财务报告所提供的会计信息预测企业未来的财务状况、经营成果和现金流量。

会计信息质量的相关性要求，需要企业在确认、计量和报告会计信息的过程中，充分考虑使用者的决策模式和信息需要。但是，相关性是以可靠性为基础的，两者之间并不矛盾，不应将两者对立起来。也就是说，会计信息在可靠性的前提下，尽可能地做到相关性，以满足投资者等财务报告使用者的决策需要。

3. 可理解性原则

可理解性要求企业提供的会计信息应当清晰明了，便于投资者等财务报告使用者的理解和使用。

企业编制财务报告、提供会计信息的目的在于使用，而要使使用者有效使用会计信息，应当能让其了解会计信息的内涵，弄懂会计信息的内容，这就要求财务报告所提供的会计信息应当清晰明了，易于理解。只有这样，才能提高会计信息的有用性，实现财务报告的目标，满足向投资者等财务报告使用者提供决策有用信息的要求。

会计信息毕竟是一种专业性较强的信息产品，在强调会计信息可理解性要求的同时，还应假定使用者具有一定的有关企业经营活动和会计方面的知识，并且愿意付出努力去研究这些信息。对于某些复杂的信息，如交易本身较为复杂或者会计处理较为复杂，但其与使用者的经济决策相关，企业就应当在财务报告中予以充分披露。

4. 可比性原则

新会计准则将原来的可比性和一致性两个原则合并为可比性原则（第十五条），可比性要求企业提供的会计信息应当相互可比。主要包括两层含义：

（1）同一企业不同时期可比。为了便于投资者等财务报告使用者了解企业财务状况、经营成果和现金流量的变化趋势，比较企业在不同时期的财务报告信息，全面、客观地评价过去、预测未来，从而作出决策。会计信息质量的可比性要求同一企业不同时期发生的相同或者相似的交易或者事项，应当采用一致的会计政策，不得随意变更。但是，满足会计信息可比性要求，并非表明企业不得变更会计政策，如果按照规定或者在会计政策变更后可以提供更可靠、更相关的会计信息，则可以变更会计政策。有关会计政策变更的情况，应当在附注中予以说明。

（2）不同企业相同会计期间可比。为了便于投资者等财务报告使用者评价不同企业的财务状况、经营成果和现金流量及其变动情况，会计信息质量的可比性要求不同企业对同一会计期间发生的相同或者相似的交易或者事项，应当采用规定的会计政策，确保会计信息口径一致、相互可比，以使不同企业按照一致的确认、计量和报告要求提供有关会计信息。

5. 实质重于形式原则

实质重于形式原则是指企业应当按照交易或者事项的经济实质进行会计确认、计量和报告，而不应仅以交易或者事项的法律形式为依据。会计信息如果想要真实反映其所意欲反映的交易或者事项，就必须根据它们的实质和经济现实，而不是仅仅根据它们的法律形式进行核算和反映。因为，“交易或者事项的实质，与它们的法律形式或人为形式的明显外表并不总是一致的”。

多数情况下企业发生的交易或事项其经济实质和法律形式是一致的，但在有些情况下也会出现不一致。例如，企业按照销售合同销售商品但又签订了售后回购协议，虽然从法律形式上看实现了收入，但如果企业没有将商品所有权上的主要风险和报酬转移给购货方，没有满足收入确认的各项条件，即使签订了商品销售合同或者已将商品交付给购货方，也不应当确认销售收入。

6. 重要性原则

重要性原则是指在会计处理和财务报告中，对重要的交易、事项及其数据必须严格确认、计量、记录与报告，不重要或次要的交易、事项及其数据可以适当简化或省略。这样既可以保证会计信息的有效性，又可以节省财务报告的编制和报告费用。

这里的关键是要对重要性下一个准确的定义。国际会计准则委员会在 1989 年发布的《编报财务报表的框架》中对重要性定义为：“如果信息的省略或误报会影响使用者根据财务报表所作的经济决策，信息就具有重要性。重要性取决于需作判断的项目大小或在出现省略或发生误报的特定情况下，所导致差错的大小。因此，重要性与其说是信息要成为有用所必须具备的基本质量特征，不如说是提供一个分界线或取舍点。”FASB 在财务会计概念公告第 2 号《会计信息的质量特征》中指出：“根据其周围所处的环境，财务报告中漏报和错报的项目，如果其大小到这样的程度，包含或者纠正该项目将很可能会改变或者影响一个依赖于该报告的有理性的人的判断，那么它就是重要的。”美国会计原则委员会第 4 号报告认为，重要性的基本特征是：“财务报告是涉及那些重要得足以影响、评价或决策的信息。”微不足道的就没有重要性。英国会计准则委员会对重要性的定义是：错报或漏报可能影响到会计报表使用者的决策即为重要性。重要性可能在整个会计报表范围内、单个会计报表或会计报表单个项目中加以考虑。

我国《企业会计准则——基本准则》对重要性的定义与国际会计准则委员会《编报财务报表的框架》中对重要性的定义基本一致，即“如果财务报告中提供的会计信息的省略或者错报会影响投资者等使用者据此作出决策的，该信息就具有重要性。重要性的应用需要依赖职业判断，企业应当根据其所处的环境和实际情况，从项目的性质和金额的大小两方面加以判断。”

由以上论述可知，美国、英国等主要发达国家的会计组织及国际会计准则委员会（IASC）和中国对会计信息重要性的定义基本上是一致的，即都是以信息使用者的投资决策作为参照系，如果会计信息的省略或误报可能影响到会计报表使用者的投资决策，那么该信息就是重要信息，符合重要性原则；反之，则不是重要信息。因此，会计上的重要性原则被认为是“承认质量的起端”或“确认的门槛”。

7. 稳健性原则

稳健性原则又称谨慎性原则或审慎性原则，是指企业对交易或事项进行会计确认、计量和报告时保持应有的谨慎，不应高估资产或者收益，低估负债或者费用。即凡可能的损失、负债或费用，应充分予以估计，而可能的资产、收益或利得，一般不予估计或必须十分谨慎地加以估计。

稳健性原则存在的主要依据是：第一，为了抵消经理人员和业主的过分乐观情绪；第二，多报利润或多计价值对投资者而言比少报少计更为危险；第三，会计人员掌握的内情比传递给投资者或债权人的信息要多得多，为了降低不确定带来的风险，必须作相对准确和较保守的估计。但是，谨慎性原则的运用不允许诸如设立秘密储备、超额储备，故意低估资产或者收益，故意高估负债或者费用等。因为，这样做不符合会计信息的可靠性和相关性的要求，会损害会计信息的质量，扭曲企业实际的财务状况和经营成果，从而对使用者的决策产生误导，这实质上是背离了谨慎性原则的基本精神。同时，谨慎性原则只是在“破产、倒闭、舞弊和争议”的企业环境中，由于会计人员充满了灾难意识而形成的一种信条，即“在财务呈报上，悲观主义被假定优于乐观主义”。它与其他的会计理论没有必然的联系，也不是逻辑推理的必然结果，缺乏充分的理论依据，也在一定程度上与真实、公允、可靠、中立性原则相背离。因此，从构建规范化会计理论的角度出发，对谨慎性原则的应用必须附加限制条件，以避免具体操作中的盲目性和随意性。

8. 及时性原则

及时性要求企业对于已经发生的交易或者事项，应当及时进行确认、计量和报告，不得提前或者延后。

会计信息的价值在于帮助所有者或者其他方面作出经济决策，具有时效性。即使是可靠的、相关的会计信息，如果不及时提供，就失去了时效性，对于使用者的效用就大大降低，甚至不再具有实际意义。在会计确认、计量和报告过程中贯彻及时性，一是要求及时收集会计信息，即在经济交易或者事项发生后，及时收集整理各种原始单据或者凭证；二是要求及时处理会计信息，即按照会计准则的规定，及时对经济交易或者事项进行确认或者计量，并编制财务报告；三是要求及时传递会计信息，即按照国家规定的有关时限，及时地将编制的财务报告传递给财务报告使用者，便于其及时使用和决策。

在实务中，为了及时提供会计信息，可能需要在有关交易或者事项的信息全部获得之前即进行会计处理，这样就满足了会计信息的及时性要求，但可能会影响会计信息的可靠性；反之，如果企业等到与交易或者事项有关的全部信息获得之后再进行会计处理，这样的信息披露可能会由于时效性问题，对于投资者等财务报告使用者决策的有用性大大降低。这就需要在及时性和可靠性之间作相应权衡，以最好地满足投资者等财务报告使用者的经济决策需要作为判断标准。

（二）计量属性的应用原则

与会计要素计量属性相联系的原则是历史成本原则。所谓历史成本原则，是指历史成本是确认一切取得的货币、资产和服务或发生的费用、负债与权益的基础。或者说，财务报表的每一个项目，都要以取得、发生或者形成时的交易价格来计量。如果需要分配摊提，也要按历史成本为基础的摊余成本作为其现余价值即净值。按照历史成本原则进行计量，被认为有以下三个优点：第一，历史成本是交易发生时取得的，是曾经的公允价值，使会计数据真实可靠，具有客观性；第二，历史成本具有可验证性，因为它有会计凭证为依据，便于事后查核和验证；第三，历史成本的数据比较容易取得，便于核算。

然而，由于会计环境的深刻变化，内外部信息使用者对会计信息需求日益复杂化、多样化，致使历史成本原则赖以生存的优势正在逐渐丧失，而缺点却日益暴露出来，主要表现在以下几个方面：（1）由于历史成本原则是建立在货币计量假设及其附带假设——货币的单位价值稳定的基础上，而这两个假设都存在自身无法克服的缺陷，导致建立在其上的历史成本原则也先天不足；（2）历史成本原则无法满足对企业所有资产的计量要求，特别是对企业来说显得越来越重要的一些特殊资产，如土地、自然资源、自创无形资产等均无法用历史成本进行计量，必须借助于其他的计量手段，这已严重影响了历史成本原则的普遍适用性；

(3) 历史成本原则下主要提供历史财务信息的现状，也已无法满足用户对会计信息多层次、多方面的需要。

我国会计基本准则规定，企业在对会计要素进行计量时，一般应当采用历史成本，采用重置成本、可变现净值、现值、公允价值计量的，应当保证所确定的会计要素金额能够取得并可靠计量。

在企业会计准则体系建设中适度、谨慎地引入公允价值这一计量属性，是因为随着我国资本市场的发展，股权分置改革的基本完成，越来越多的股票、债券、基金等金融产品在交易所挂牌上市，使得这类金融资产的交易已经形成了较为活跃的市场，因此，我国已经具备了引入公允价值的条件。在这种情况下，引入公允价值更能反映企业的实际情况，对投资者等财务报告使用者的决策更加有用，也正因如此，我国会计准则才实现了与国际财务报告准则的趋同。

在引入公允价值的过程中，我国充分考虑了国际财务报告准则中公允价值应用的三个级次，即：第一，资产或负债等存在活跃市场的，活跃市场中的报价应当用于确定其公允价值；第二，不存在活跃市场的，参考熟悉情况并自愿交易的各方最近进行的市场交易中使用的价格或参照实质上相同或相似的其他资产或负债等的市场价格确定其公允价值；第三，不存在活跃市场，且不满足上述两个条件的，应当采用估值技术等确定公允价值。

我国引入公允价值是适度、谨慎和有条件的。原因是考虑到我国尚属新兴市场经济国家，如果不加限制地引入公允价值，有可能出现公允价值计量不可靠，甚至借机人为操纵利润的现象。因此，在投资性房地产和生物资产等具体准则中规定，只有存在活跃市场、公允价值能够取得并可靠计量的情况下，才能采用公允价值计量。

（三）与会计要素确认基础相关的原则

1. 权责发生制原则

权责发生制原则又称“应计原则”。即会计上对收入和费用应根据实际的影响期间来计量，而不是根据其发生现金收付的时间来计量。凡是已经实现的收入和已经发生或者应当负担的费用，无论其款项是否收付，都应作为当期的收入或费用处理。根据权责发生制编制的财务报表，不仅能告诉使用者过去的关系到现金收付的交易，而且能告诉他们未来支付现金的义务和代表未来将要收到现金的资源。因此，在经济决策中，这些财务报表能提供对使用者最为有用的关于过去发生的交易和其他事项的信息。

在我国 1992 年发布的《企业会计准则》中，权责发生制是作为会计核算的一般原则加以规范的。经过修订后，基本准则将权责发生制作为会计基础列入总则中，而不是在会计信息质量要求中规定。其原因是权责发生制是相对于收付实现制的会计基础，贯穿于整个企业会计准则体系的总过程，属于财务会计的基本问题，层次较高，统御作用强。

但我们认为，权责发生制既是企业会计确认、计量和报告的基础，也是必须坚持的一项基本原则，是构成会计基本原则的内容之一。企业会计的确认、计量和报告应当以权责发生制为基础。按照权责发生制的要求，凡是当期已经实现的收入和已经发生或应当负担的费用，无论款项是否收付，都应当作为当期的收入和费用，计入利润表；凡是不属于当期的收入和费用，即使款项已在当期收付，也不应当作为当期的收入和费用。

在实务中，企业交易或者事项的发生时间与相关货币收支时间有时并不完全一致。例如，款项已经收到，但销售并未实现；或者款项已经支付，但并不是为本期生产经营活动而发生的。为了更加真实、公允地反映特定会计期间的财务状况和经营成果，基本准则明确规定，企业在会计确认、计量和报告中应当以权责发生制为基础。

收付实现制是与权责发生制相对应的一种会计基础，它是以收到或支付现金作为确认收入和费用等的依据。目前，我国的行政单位会计采用收付实现制，事业单位会计除经营业务可以采用权责发生制外，其他大部分业务采用收付实现制。

2. 实现原则

实现原则又称“收入实现原则”，它有两方面的含义：一是如何确认收入；二是收入应在何时确认。因此，实现原则是指会计人员用于何时应该怎样确认收入的一个指导原则。这里的收入主要是指企业在日常活动中形成的、会导致所有者权益增加而与所有者投入资本无关的经济利益的总流入。而收入的确认至少应符合以下条件：一是与收入相关的经济利益应当很可能流入企业；二是经济利益流入企业的结果会导致资产的增加或负债的减少；三是经济利益的流入额能可靠地计量。另外，美国 FASB 的确认标准是：符合定义性、可计量性、相关性和可靠性。

3. 配比原则

配比原则是指当某项收入已经在某一会计期间确认时，所有与赚取该项收入有关的成本费用也必须同期予以确认，以便相互配比而正确地计算损益。这里的费用主要是指企业在日常活动中发生的、会导致所有者权益减少的、与向所有者分配利润无关的经济利益的总流出。且这里的费用必须是与该期收入具有直接关系的成本；根据与该收入发生直接关系以外的某一基础而与该期发生关联的成本；实际上无法归属于任一其他期间的成本（APB. Statement No. 4）。

成本费用与收入配比通常有三种方法：一是根据因果关系直接配比；二是系统和合理地分担；三是立即确认为费用。

新会计准则将配比原则列项在“费用”（第七章）中，第三十五条规定：“企业在生产产品、提供劳务等发生的可归属于产品成本、劳务成本等的费用，应当在确认产品销售收入、劳务收入等时，将已销售产品、已提供劳务的成本等计入当期损益。”这实际上就是原基本准则中所谓的“收入与其相关的成本费用应当相互可比”，但新的说法更加明确具体，可操作性强。

现行配比原则也存在一些固有的缺陷，主要表现为：一是收入与费用的配比基础不一致；二是在配比过程中需要依赖许多专业判断，从而导致会计信息的制度性失真。

4. 划分收益性支出与资本性支出原则

划分收益性支出与资本性支出的原则是指企业的会计核算应当合理划分收益性支出与资本性支出的界限。凡支出的收益仅涉及本年度（或一个营业周期）的，应当作为收益性支出；凡支出的效益涉及几个会计年度（或几个营业周期）的，应当作为资本性支出。

如果企业在会计核算中，没有正确划分资本性支出与收益性支出，将原来应计入收益性支出的计入了资本性支出，就会低估资产和当期收益；将原来本应计入收益性支出的计入资本性支出，就会高估资产和当期收益，这都不利于会计信息使用者正确地了解和分析企业的财务状况和经营成果。

新会计准则第三十五条规定：“企业发生的支出不产生经济利益的，或者即使能够产生经济利益但不符合或者不再符合资产确认条件的，应当在发生时确认为费用，计入当期损益。企业发生的交易或者事项导致其承担了一项负债而又不确认为一项资产的，应当在发生时确认为费用，计入当期损益。”这实际上反映了原基本准则中关于划分收益性支出与资本性支出的规定，但上述说法更能反映“实质重于形式”的原则要求。

第四章 会计目标

学术界普遍认为，直到1973年美国注册会计师协会（AICPA）下属的特鲁布拉特委员会（Trueblood Committee）的《财务报表的目标》（Objectives of Financial Statements）发表之前，现代财务会计的理论结构还未基本形成。特鲁布拉特委员会的这份研究报告构成了美国财务会计准则委员会（FASB）所发布的第1号和第2号财务会计概念公告的主要内容。而FASB自1978年11月至1985年12月发布的总共6辑的《财务会计概念公告》（Statements of Financial Accounting Concepts，SFACs）构成了现代财务会计理论结构的主要框架。第1号财务会计概念公告的名称正是《企业编制财务报告的目标》。在财务会计概念框架中，基本会计目标是最高层次的会计“概念”或理论要素，引导诸如会计信息质量、会计假设和会计原则等其他诸多重要会计概念。由此可以发现，自从人们不懈努力地建立会计理论体系以来，关于会计目标的讨论和研究就始终相伴其中，后来逐渐成为会计理论研究的首要问题。但是，尽管经过了漫长的讨论和研究过程，关于“会计目标是什么?”这一基本问题至今仍然没有一个公认的、完整的答案。

第一节 会计目标的演进

一、术语表达阶段

实质意义上的现代会计理论研究和美国会计规范的实质性进程有较强的对应关系。美国会计规范的实质性进程又以其主要职业团体（如FASB等）制定会计原则的工作进程为代表。美国最早的职业团体是会计程序委员会（CAP），致力于从当时众多的会计惯例中确认和描述“最佳”惯例。但它只是对已有会计惯例进行归纳与总结，并没有进行任何创新性的工作，比如合乎逻辑的解释，因此提出了数量过多的会计惯例，但又无法规范使用①。对应于此，这时的会计理论研究也处于零打碎敲的阶段，表现为许多会计概念晦涩难懂且自成一体，相互之间缺乏逻辑的一致性。会计目标概念的描述也是如此。早期的会计目标侧重于根据具体的实现和配比原则来计算并列报（presenting）净收益，即关心财务数据的收集程序和财务报表的格式。会计程序即收集凭证、复式记账、试算平衡和列报，以及配比规则、历史成本计量、收入、净收益、列报格式等都是一些会计人员创造并熟练使用的术语。采用会计术语来描述会计目标的代表性观点是，第1号会计名词公报将会计②定义为“以一种特别的方式和以货币单位来记录、分类和汇总至少部分具有财务性质的交易和事项并解释其结果的艺术”（Committee on Terminology，AAA，1957）。从这个定义中，可以推知会计目标是“记录、分类、汇总交易和事项并解释其结果”。但是，记录、分类、汇总、交易、事项等都是一些只有会计专业人士才心知肚明的专业术语，很难将其系统化和通俗化，只能强调它是“以一种特别的方式解释其结果的艺术”。当然，用会计术语来表达会计目标，确实能在一定程度上解释和预测真实世界的现象，比如人们可以据此知道会计有目的性地“以一种特别的方式”做某些事情，但是还不能完全揭示会计概念应有的学科属性（比如经济学属性）和达到在实务界的公认性，即不能实现这一概念在理论逻辑性和实践操作性方面的完美结合。

二、语义方法阶段

语义方法（Semantic Approach）是一种理论构建方法，强调将所阐述的概念和某种有效的规则紧密联系起来，以使概念及其所属的理论真实和具有意义（meaningful）。比如，在报表项目中使用现金术语就符合语义方法，因为人们可以很容易地将财务报表中的现金信息与现实生活中的现金概念相联系，从而理解报表中关于现金的信息。但是，递延借项等术语就做不到这一点。鉴于有些会计术语过于简略和自成一体，难以联系易于理解的概念或者演绎其他概念，更难以因此而形成一个理论框架，理论界（主要是会计职业团体）逐渐使用经济学理论来定义会计概念并形成会计理论框架。典型的例子是，美国会计原则委员会（APB）在其第4号委员会公告（APB Statements）中将列报财务报表的总体目标

① 美国会计程序委员会在规范会计实务中的消极做法最终导致该委员会的解体（1957年），也促使了其继任者——美国会计原则委员会（APB）致力于提出一套会计理论框架，从中演绎公认的会计原则。

② 会计是人的行为产物，而人的行为一般都是有目标性的。因此，在没有明确的关于“会计目标”一词定义的时候，可以从“会计”一词的定义中推断“会计目标”的含义。

界定为提供有关企业经济资源和责任（或义务）的可靠财务信息。相应地，在其另一种代表性成果发表方式《会计研究论文集》（Accounting Research Studies，ARS's）的第1辑《会计的基本假设》（The Basic Postulates of Accounting，1961）中，美国会计原则委员会将会计目标的具体内容阐述为：

（1）计量特定企业主体的资源；

（2）反映特定企业主体的责任（或义务）和权益；

（3）计量特定企业主体资源、责任（或义务）和权益的变动情况；

（4）在特定期间内分配这些变动所产生的影响；

（5）以货币作为一个通用计量单位来预测该主体将来的状况。

采用语义方法来定义会计目标兼顾了这一概念的理论逻辑性和实践操作性。其中，保持理论逻辑性是指上述定义中使用了主体、资源、责任（或义务）、变动、货币单位和预测等经济学理论中常用的术语，而经济学对这些术语的使用已经有一个符合逻辑的系统，至少经济学理论比会计学理论发展更为成熟，可以作为创建后者的基础。保持实践操作性是指上述定义中也体现了会计的特色，比如计量、反映、分配、财务信息等较为成熟且实务界（含非专业人士）广泛接受的会计术语，甚至可以引申为资产负债表（见上述第（1）、第（2）点内容）和利润表（见上述第（3）、第（4）点内容）等会计特有的范畴。不过，用语义方法定义会计目标比用会计术语描述会计目标似乎更侧重于加强定义的理论性——比如在后续的概念如会计要素等定义中依然要合乎逻辑地使用这些术语和这些术语在会计目标中的表达方式及内容，但是可能同时损害了这一定义的实践操作性——至少没有太多改进，比如能够合理反映资源、责任或权益状况所应包括的项目、应选择的计量方法以及特定期间等都是难以清晰表达的和难以达成共识的，甚至不如术语表达阶段的“特定方式”和“艺术”一词来得干脆。这是理论发展中常见的“扬弃”现象：保留合理因素而改进不足。事实上，增强一个概念表述的理论性不可能完全摒弃先前的感性认识。

三、行为方法阶段

美国会计原则委员会一直在努力将理论逻辑性和实践操作性完美结合，并树立理论框架对发展会计原则的权威性。但是，实践操作性在会计概念中的强势地位使得这种努力难以善终。在1962年的“投资税收抵免”事件中，会计原则委员会一开始坚持使用递延法，但后来向实务界妥协，允许采用包括直接冲销法在内的多种选择方法。这一事件以及后续事态的发展，使得会计原则委员会对会计原则的研究（从目标到原则）又回到了它原来曾想改革的起点（从惯例到原则），最终又迫使会计原则委员会解散。

美国会计原则委员会的继任者美国财务会计准则委员会（FASB，1973 年）总结了前者的经验和教训，它虽然不否定采用语义方法来界定会计目标，并以此来引导公认会计原则，但是却把重心转移到了会计的行为方法之上。可见，上述会计目标概念发展过程中的“扬弃”现象一直在继续着。然而，不同于 APB 侧重会计目标概念的理论性，FASB 在继承了这种理论性之后，重新又加强了会计目标概念的实践性——这似乎是术语表达阶段的螺旋上升。

在 FASB 发布的第 1 辑《财务会计概念公告——企业编制财务报告的目标》中，会计目标被概括如下：

（1）编制财务报告应为现在和潜在的投资者、信贷者以及其他用户提供有用的信息，以便他们作出合理的投资、信贷和类似的决策。对于那些对企业和经济活动具有一定程度的了解，而又愿意花费适当精力去研究信息的用户而言，这些信息应当是可以理解的。

（2）编制财务报告应为现在和潜在的投资者、信贷者以及其他用户提供信息。所提供的这些信息要有助于他们对以下各种期望的现金收入来源：股利或利息、出售或赎买证券所得、到期证券或借款的清偿等，估计其金额、发生时间和可能性。因为投资者、信贷者以及其他用户的现金流量与企业的现金流量有关，所以编制财务报告还应当提供信息以帮助投资者、信贷者以及其他用户去预测有关企业期望的净现金流入的金额、发生时间和可能性。

（3）编制财务报告应提供以下信息：关于企业经济资财、这些资财上的权利（企业向其他个体交付这些资财所拥有的债权或业主权益）以及引起资财和资财上权利变动的各种交易、事项和情况的影响。

这些会计目标在该公告的后文中得到了更为详细的说明。这些详细的说明与其说是界定了抽象的会计目标，倒不如说是规定了具体的会计行为。具体的行为规定总的来说要比抽象的“语义”阐释更具有可操作性，也更便于通俗的理解。

但是，FASB 注重会计目标概念中实践操作性的做法也没有获得期望中的普遍认同，理由如下：

第一，这个目标概念没有多少新意，不过是对分属术语表达阶段和语义方法阶段两个提法的有意撮合，虽有发展但无创新。

第二，这个目标概念和欲由其引导的会计原则之间仍然存在较大的距离，FASB 的努力没有达到预期的效果。

第三，暗示会计信息应具有预测价值，加大了会计功能的负担，因为传统的观点认为会计的作用只是证实，而非预测。

第四，最重要的一点是，FASB 定义的用户集团偏向于股东、潜在投资者和信贷者等外部用户，特别是那些缺乏权力、普遍化的资本市场投资者。这一来有悖于另一种广为流行的观点，它认为企业管理当局或雇员及社会公众应该是主要的用户集团；二来不符合关于有效市场假说的验证结论，它认为证券市场的价格是由老练的（sophisticated）投资者行动来确立的，特别是面向一般投资者提供的信息只会让那些得到内部信息的人获取非正常报酬（Abnormal Return），因此，信息提供应该完全地普遍化。

四、有限的争议阶段

FASB 定义的会计目标尽管遭受了上述多种批评，但是仍然作为一种主流观点沿用至今，并且为国际会计准则委员会（IASC）及后来的国际会计准则理事会（IASB）和许多国家的会计准则研究或制定机构所效仿。FASB 的定义为会计目标概念界定定下了一个基调：会计应是一个服务于用户的信息系统。事实上，自从现代会计理论研究先驱威廉·佩顿（William Paton）在 1922 年提出“会计应服务于用户”这一观点以来，这个基调走过了整整半个世纪才终于确定下来。在 FASB 提出这个概念的时代（20 世纪 70 ~ 80 年代），围绕着“会计应向哪个用户服务”这一焦点问题（后续的问题是“提供什么样的信息”，因为不同的用户要求不同的信息或者对象相同但质量不同的信息），逐渐形成了两个学派：受托责任论学派和决策有用论学派。30 年来，两个学派之间的争议一直没有停息过。但是，之所以将其称之为“有限的争议”，是因为：

（1）争议并不涉及基调的更改，比如将会计重新定义为一种艺术或者其他非信息系统之类的事物。

（2）争议并不妨碍以具体会计准则为代表的公认会计原则的颁布与强制执行。执行代表一方观点（主要是决策有用论）的会计准则也没有导致类似于 1929 年大崩溃那样需要由会计规范（会计目标与会计原则）来担负巨大责任的灾难性事件。2001 年华尔街丑闻的主要责任归因于无良经营者对会计规范的滥用及其与审计师的合谋，而 2008 年开始的金融危机则主要归咎于美国的经济政策不当。

（3）理论界和准则制定团体都在竭力调和争议涉及的矛盾之处，都本着务实的态度在具体准则的层面进行修补，力争产出成果而尽可能搁置争议。

关于两个学派争议的具体讨论以及相关调和的努力，将在下面详细阐述。

第二节　两大学派的会计目标

一、受托责任论

1. 基本观点

受托责任论学派的观点认为，“会计不仅要因资源的让渡而形成的委托代理会计关系提供信息，还要为因权利的转授而形成的委托代理关系提供信息”。基于此，会计目标可以表述为：以恰当的方式或尽可能准确的方式或如实地反映和报告经济资源受托者的受托经济责任及其履行情况。有学者（伍中信，1998）甚至进一步将受托责任确定为财务会计产生和发展的动因、会计本质和会计目标，并将受托责任视为受托方和委托方的利益冲突和“纳什均衡”的一对矛盾体。受托责任论的核心思想是受托方应对委托方所界定的受托责任履行情况加以反映和报告，反映的方式是如实、恰当或准确，报告的内容是受托责任的履行情况。这些受托责任包括“因宪法、法律、合同、组织的规则、风俗习惯、甚至口头合同而产生的一个公司对其股东、债权人、雇员、客户、政府或有关联的公众承担的受托责任”以及“公司内部下级对上级应承担的受托责任”（Jjiri，1975）。

受托责任论强调充分解释资源受托责任履行情况的会计信息应具有可靠性和客观性。从会计确认方面来看，受托责任论认为，会计人员在会计上应确认实际已发生的经济事项；从会计计量方面来看，受托责任论认为，会计报表应反映企业资源的保值与增值，由于历史成本具有客观性和可验证性，因此，坚持采用历史成本计量模式以有效反映受托责任的履行情况；从会计报表方面来看，会计信息使用者主要是企业资源的委托者，且其最关心的是经营业绩，因此，受托责任论认为：会计报表应该整体有效，而收益表的编制则显得尤为重要。

2. 思想渊源

受托责任源于西方国家广泛流行的一个概念“Accountability”，其英文原意是指经管他人财产者所负有的向财产所有者提交说明其行为过程的报告责任。“Accountability”一词还可以追溯至西欧封建庄园管理模式中的“Stewardship”一词，意指代理庄园主管理庄园尤其是财务状况的管家的职位、职责及其任期。而“Stewardship”一词又可以前溯至原始社会后期、奴隶社会时期，官厅会计及其早期的雏形对国家财政收支的核算与监督的职责。到了商品经济社会，随着社会大生产导致资本所有权和经营权的进一步分离及其委托关系的进一步复杂化，关于受托责任的界定、报告及其监督变得更为重要，更为规范，也更为困难。由此，形成了一个与“会计”一词有着高度亲缘关系的、含义更为丰富且更为专业化的“受托责任”（Accountability）一词。

总而言之，无论是先前的大到国家范围，还是后来的小到一个企业或者更小的经济实体范围，受托责任的概念是类似的，均指一定的经济主体赋予其财产保管和运用所有财产的权限，并要求他们负起管好、用好这些财产的责任。从会计与受托责任的关系来看，会计一开始就是围绕着受托责任的产生而产生，并随着受托责任的发展而发展。学者们普遍认同，会计从最初的原始计量形式，经历单式簿记、复式簿记、近代会计，进化到今天的现代会计模式，实质上是受到受托责任不断复杂化演变所驱动的。没有受托责任，就没有会计。受托责任是会计存在与发展的前提。

3. 受托责任论的缺陷

虽然受托责任概念和会计活动之间有着高度密切的因果联系，但是采用受托责任论作为解释会计目标含义的理论，却仍然不能达到人们对“理论”层次的逻辑严密的要求。究其原因，一是因为受托责任概念本身已经变得极为复杂，二是因为将抽象的理论概念转化为具体的会计行为本来就存在技术障碍。一般而言，按照受托责任论的词语结构三要素——委托方、受托方、责任报告，可将受托责任论的缺陷归纳为以下几点。

（1）委托方及委托责任不明。如果个体投资者购买企业的股份向其进行股权投资，那么委托方及委托责任是非常明确的。委托方甚至可以向受托方提出管理受托资源的具体要求，一旦受托方不能完成既定的受托责任，则委托方有权更换受托方。但是，这仅仅是受托责任论中能够描述得最为清晰、最为简单的一种情形。非自然人的投资者，尤其是国有企业的国有股出资人，往往是虚位的或者是缺位的。由于国有资产的共同所有者是全民，任何一家国有企业的财产并非本企业所有，而是全民所有。实际上全民所有财产的实际拥有者难以到位，全民对某一国有企业的经营者行使监督权难以操作，也无监督的兴趣。公司化改造后，各级政府部门、国有控股公司以及各类国有产权代表，虽通过各种方式被明确为国有资产的投资主体，但仍不是真正的所有者。国有产权控制者的权利和责任是不对称的，他们是国有产权唯一的代理人，但却不是投资的受益人，他们不能得到国有股权因其努力工作而带来的全部增值。因此，他们没有足够的激励去有效地选拔、监督企业经营者；同时，由于国有产权代表的背后仍没有所有者的强硬监督与约束，对其行为和绩效进行有效的监督与评估并依此追究其责任也是难以做到的。此时，资财的委托方及其委托责任在形式上可能是清晰的，但在实质上却是不明确的。

即使是个体投资者投资的企业，比如通常所说的民营企业，由于其经营资产的经营责任“扩大化”，也导致委托方及委托责任趋于不明确。典型的例子是现代企业经营的目标不再局限于企业资源的保值与增值，还包括实现政府满意（如执行了宏观经济政策）、雇员满意（如实现了本领域的充分就业）、客户满意（如提供了优质服务）和社会满意（如保护了环境、从事了公益事业等）等要求。此时，委托方除了显性的投资者之外，还包括隐性的（软性的）政府、雇员、客户和社会公众等。委托责任也从“纯经济责任”扩展到了非经济责任，如道德责任等。虽然，井尻雄士强调受托责任（对委托者而言即为委托责任）包括几乎涵盖所有范围的“因宪法、法律、合同、组织的规则、风俗习惯、甚至口头合同而产生的一个公司对其股东、债权人、雇员、客户、政府或有关联的公众承担的受托责任”以及“公司内部下级对上级应承担的受托责任”等，但事实上，除了法律、合同等强制规定的股东与债权人等委托方的委托责任可以得到保障之外，其他的委托人及相应委托责任都是不明确的或者虚位的。

特别地，对于通过证券市场筹集资金的企业而言，广大的流通股东是经常流动的，因此实质上的委托方（具体的委托人）也是不确定的。

在委托方及委托责任不明的情况下，“如实地反映受托责任”的会计目标也就显得有些冠冕堂皇。

（2）受托方界定不清。根据前述受托责任论的主要观点，可以推断受托责任的受托方应指“一个公司”或者公司内部的所谓“下级”。但是，按照信息经济学的代理理论，受托方应是拥有关于企业价值信息优势的一方，并非企业本身。这是因为，在受托责任产生及履行的过程中，会产生各种不同的契约，此时同一责任就会被层层下放代理或者被横向分散代理。比如：在股票发行交易中，受托方是作为控股股东的董事会成员；在经理雇佣合同中，董事会是委托方，而受托方是经理人员；在股票上市后的交易中，则经理等高层管理人员和董事会、监事会的成员甚至公司雇员都变成了受托方。

委托代理层次越多，就越容易导致特定受托方混淆次级或本级受托责任与上级或终极委托责任之间的界限，同时也越难避免逆向选择和道德风险的现象的发生——在信息不对称的情况下，受托方也可能出于自身的利益而故意混淆在代理关系中的位置。

受托方界定不清可以很好地解释现实中一个常见的操作性问题：会计人员的双重身份问题，即会计人员既要代表所有者，又要代表经营者，最终无所适从，或者在会计舞弊案件中与经营者之间的相互推诿。

总之，在受托方界定不清的情况下，“如实地反映受托责任”的会计目标可能会因为缺乏切实的执行者而陷入困境。

（3）报告责任履行情况的判断标准有失公允。如前所述，要使受托责任论有效，其前提是委托方、受托方及相互之间的委托受托责任界定清晰，其中的载体是一个企业或一个经济组织。一般而言，受托责任关系载体规模越小、边界越窄并且涉及的关系人越单纯，那么受托责任界定就越简单，也越清晰。只有在受托责任清晰的情况下，报告受托责任的产生及履行情况才是有效的，相应地受托责任论的会计目标才是有效的。但是，越清晰的受托责任关系越具有独特性。把相互之间具体关系特征（比如时间、地域和关系人的个性等）差异性很大的各种受托责任关系纳入到一个社会或者一个市场中，那么就很难形成一个用于界定受托责任关系的统一标准，进而也就很难形成一个判断报告责任履行情况是否恰当的统一标准。也就是说，受托责任论的会计目标很难形成“公认的”会计原则——这又违背了会计目标研究的初衷。

当然，如果会计行为本来就不可能存在规范标准或者没有必要制造规范标准，那么会计目标的研究就可以到此为止了。问题是现代会计发展至今，已经到了非有会计规范标准不可的地步：一是绝大多数国家都自愿或者被迫实行了市场化经济改革，而市场经济必需规范标准；二是广泛的国际间交流的需要，规范标准是其中应有的桥梁。因此，接下来要讨论的是：受托责任论下会计规范的运行成本（含制定成本、执行成本和监督成本）及其公允性的问题。有学者（伍中信，1996）运用现代博弈理论解释了这个问题，认为委托方（所有者、债权人等）和受托方（经营者）是博弈的双方，各自为了自身的利益而进行博弈，当博弈达到均衡（现实中的成本效益均衡状态一般是“纳什均衡”）时，会计规范便形成了。但是，这个答案还是没有解决一个技术问题，那就是：到底有多少对受托责任关系“组合”（每一对“组合”包括至少一个委托方和一个受托方）参加了这场博弈？或者相互之间具体关系特征差异性很大的各对“组合”能否真正走到一起进行博弈？如果很难走到一起，那么运行成本就很大；如果走到一起的人太少，那么公允性就很低。

需要指出的是，受托责任论的发展和中国的经验有些吻合。这可能也是许多中国学者偏好受托责任论的原因之一。中国传统上的中央政府强势地位理论上使得它可以出面召集所有的受托责任关系“组合”走到一起进行博弈，并且可以作为委托方的集中代表参与其中，因为对国有企业而言，国家既是所有者又是债权人（通过国有商业银行向其贷款），同时还是雇员、社会公众等其他利益相关者的集中代言人。有了强势政府的组织与参与，上述博弈过程变得比较简单，可以很快达到“纳什均衡”状态，此时称为“会计制度”的会计规范出现了。但是，这样的会计规范运行会出现至少以下两个问题：

第一，制定成本低，但执行成本与监督成本高。这是因为受托责任论在表面上是否认受托方利益的——受托方唯有履行责任的“责任”，却又无法防止道德风险和逆向选择现象的发生，因此需要强制执行与加强监督。这个问题同样解释了中国会计规范为何在短短 30 年内走过了“制度（1978～1993 年）——准则（1993～2001 年）——制度（2001～2007 年）——准则（2007 年至今）”的不寻常之路。

第二，国际协调难度大。由于世界各国的政治、经济、文化等会计环境存在差异，受托责任关系及其博弈方式必然千差万别，因此而形成的会计规范也必然相貌各异。国际协调不是没有可能，而是确有难度。这个问题从反面论证了会计目标研究的重要性——如果会计目标天下大同，那么相应的会计原则就不会相差甚远。

总之，由于现实世界中的受托责任关系高度复杂，根据受托责任论作出的报告责任履行情况的判断标准即会计原则就很难避免公允性的丧失。

退一步讲，即使上述“表面的”（形式上的）公允性因为会计规范的绝对权威性①而能够得到保证，即各受托方愿意认真地按照既定的会计原则报告受托责任的履行情况，其“内在的”（实质性的）公允性也未必能够实现，即受托责任论下的会计原则不能完全“恰当地”如实反映受托责任的履行情况，其中的理由有二：一是受托责任论面向过去的性质，即受托责任的履行及报告必须以受托责任的存在为前提，因此历史成本计量模式成为有效反映受托责任履行情况的常规选择，但众所周知，历史成本无法对付物价变动导致的受托责任变动条件下的履行情况；二是受托责任的期间性导致了收入与费用分配行为的短期化，以粉饰短期的利润表。

特别地，在一个极端情况下，所有者和经营者合一（事实上这是现代社会普遍存在的一种情况），委托者就是受托者，委托受托责任关系根本就不存在，自己向自己负责，此时关于报告受托责任履行情况的“公允性”说到底就是一种空谈。

---

① 有最大委托方或者绝大多数委托方的集中代表如政府机关等参与制定的会计规范必然具有绝对权威性，这一点也与中国的经验相符。

二、决策有用论

1. 基本观点

决策有用论学派认为，财务报表的目的是为了向信息使用者提供对他们的决策有用的信息。当不区分财务报表目标、财务报告目标、财务会计目标、会计目标这四个概念，并且明确信息使用者主要是资本市场中的投资者及潜在投资者时，可将决策有用论的会计目标表述为：应该为投资者及其他用户提供信息以帮助他们作出正确的决策。决策有用论也以资本所有权和经营权的两权分离为假想前提，但这种两权分离较之受托责任论的两权分离有所区别，即主要以资本市场为媒介。在这种环境下，投资者（尤指股权投资者）虽仍然参考受托责任的履行情况，但同时关心资本市场的平均风险与报酬以及所投资企业的可能风险与报酬。而潜在投资者因为还没有和企业建立起既定的委托受托关系，所以只关心后者。此时，会计的任务是既要反映有关受托责任履行的信息，更要反映对投资者进行投资决策有用的信息。按照决策有用论的观点，会计所提供决策有用信息的内容和方法还受到两个与资本市场密切相关的假设影响：有效市场假说（EMH）和投资理性假设。这两个假设认为，证券价格能够充分反映投资者从资本市场上获得的所有已知信息，而资本市场能够透视会计主体对会计政策的选择，会计政策选择不影响证券价格，投资者可以根据证券市场价格作出理性的决策。因此，管理当局不必关心会计政策的选择，而应该采用充分披露的原则，如储备确认会计、现行价值会计、公允价值会计、管理当局讨论分析书、盈利预测等，使股票价格能够反映企业的真实价值。

决策有用论强调有助于投资者正确决策的会计信息应具有相关性和有用性。从会计确认方面来看，决策有用论认为会计人员在会计上不仅应确认实际已发生的经济事项，还应确认那些尚未发生但即将发生且已对企业产生影响的经济事项，尽可能满足信息使用者的决策需要；从会计计量方面来看，决策有用论认为会计报表应反映企业财务状况和经营成果的动态变化，在主张以历史成本为主要计量属性的基础上，鼓励采用公允价值等面向现在或未来的计量属性，以提高信息的决策相关性；从会计报表方面来看，会计信息使用者主要是投资者及潜在的投资者，他们关注所有与其决策相关的信息，因此决策有用论认为，应对所有财务报表一视同仁，而财务报表应充分披露相关信息。

2. 思想渊源

决策有用论是典型的具有美国特色的会计目标理论。从美国会计规范的演进中可以找到决策有用论的形成线索。

美国会计规范源于19世纪中后期"西进运动"（类似于中国的"西部大开发"政策）开始后铁路工业的飞速发展。股份有限公司这种企业组织形式适应了铁路工业需要大量资本的特点。为了保护那些把铁路股票作为永久性投资的普通公民免受铁路公司活动所带来的损失，1906年，赫普本法（Hepburn Act）授权洲际商务委员会（ICC）建立统一会计制度，用以确立恰当的铁路费率。随着铁路、石油行业垄断问题的泛滥以及反托拉斯法的出台，在1913年联邦贸易委员会组建之后，1914年美国联邦储备委员会成立并首次建立了由政府控制的中央银行系统。1917年，出于银行家对信贷的需要以及联邦贸易委员会提出标准化财务报表的要求，美联储印发了被称为《统一会计》（Uniform Accounting）的小手册。至1929年，经由该手册两次修改而来的《财务报表的验证》成为1933年以后在纽约证券交易所上市公司财务报表审计的官方标准。

1930年9月，针对1929年大崩溃，纽交所股票上市委员会的执行助理J. M. B. Hoxsey在美国会计师协会（NAA）全国代表大会前夕的一次讲演中强烈批评会计实务中所缺乏的统一性，以及非充分披露的做法，最后他请求会计人员应向股东提供恰当的、可理解的信息，避免提供误导股东的信息，以帮助股东作出正确的投资决策。受该讲演的触动，以及1934年证券交易委员会（SEC）的设立并运转，NAA在1936年成立了会计程序委员会（CAP），以追求让股东和职业界双方满意的"公认"会计原则①。由于CAP的消极做法，在1959年被美国注册会计师协会（AICPA）设立的会计原则委员会（APB）所取代。如前文所述，APB致力于从会计（目标）理论出发来演绎公认会计原则，认为：将列报财务报表的总体目标界定为提供有关企业经济资源和责任（或义务）的可靠财务信息。这是一个受托责任论和决策有用论两者兼而有之的目标提法②。由于APB逐渐迁就于会计职业界的意见，所以尽管它所推荐的会计程序和方法（会计原则）产生了一定程度的统一性的客观效果，但是却偏离了从理论框架上考虑会计原则制定的初衷，最终失去了其权威性，进而失去了SEC对它的信任。

与此同时，由会计学教授组成的美国会计学会（AAA）也在积极行动，力图从理论研究出发参与会计准则（代替"原则"的新术语）的制定。1964～1966年，AAA发表了《基本会计理论说明》（A Statement of Basic Accounting Theory,

---

① 1938年，SEC首席会计师Carmen Blough曾威胁道，如果职业界（以NAA、AICPA两大公共会计师代表机构为代表）反应不快一点的话，SEC将自己制定会计原则。

② 无论如何，受托责任论比决策有用论的思想源头更早也更普遍。所以我们认为，APB的目标提法实质上是由受托责任论向决策有用论过渡的中间阶段提法。到了FASB时代，该提法就演变成了纯粹的决策有用论。

ASOBAT)，初步提出了将会计信息使用者、会计信息的用途和会计信息的质量和经济决策联系起来的会计目标思想。该说明所持的起点是“确认、计量和传输经济信息的程序应当满足信息用户进行充分的判断和决策的需要”。而其中，会计的第一项具体目标被描述成：为了“作出关于利用有限资源的决策，包括确定重要的决策领域以及确定目的和目标（objectives and goals）而提供有关的信息”。该说明开创了“以用户为导向”（User - oriented）来构建会计理论的先河，至今仍主导着会计准则的制定。AAA 的这一行动最终促成了由 AICPA 主导的财务会计准则委员会（FASB）的成立，但其中吸纳了学术界的成员。由此，结束了由会计职业界统治会计规范制定的历史。FASB 吸取了前几届会计职业团体专门委员会的经验教训，左右逢源，所发布的《财务会计准则公告》（Statements of Financial Accounting Standards，SFASs），构成了今天美国公认会计原则（GAAP）的主体，并被国际间广泛借鉴。一般认为，FASB 的成功取决于它所构建的会计理论框架（以《财务会计概念公告》为基础）。在这个概念框架中的首要概念就是“会计目标”——它被 FASB 按照决策有用论的“真谛”所描述（见前文的引述）。鉴于 FASB 和 SEC 之间的渊源关系，不难理解 FASB 为什么把投资者尤其是潜在的投资者作为会计信息的首要用户，也不难理解这类首要用户对会计信息质量特征的要求——一改受托责任论对面向过去（受托责任形成之后）信息的关注，而变为对面向过去、现在和未来全方位信息的关注。

3. 决策有用论的缺陷

虽然“决策有用”的概念和会计活动之间有着上述高度密切的历史联系，但是采用决策有用论作为解释会计目标含义的理论，却也仍然不能达到人们对“理论”层次的逻辑严密的要求。这一来是因为“决策有用”概念本身是美国会计界根据美国经验形成的“一家之言”，不具有普适性，人们甚至可以像质疑美国价值观那样质疑这个概念；二来是因为将抽象的理论概念转化为具体的会计行为本来就存在技术障碍。对应于对受托责任论的评述，一般而言，按照决策有用论的词语结构三要素——决策者（用户集团）、信息提供者（会计主体）、所提供信息及其提供过程，可将决策有用论的缺陷归纳为以下几点：

（1）用户集团界定偏颇。以 FASB 的表述为据，决策有用论将会计信息的用户集团界定为“现在和潜在的投资者、信贷者以及其他用户”，并且会计信息的作用是帮助这些用户集团“作出合理的投资、信贷和类似的决策”，暗示这些用户集团是以“作决策”为要务的。但是，现实中有许多用户使用会计信息并不是为了决策所用，比如：税务部门使用会计信息是为了合理征税；没有投资意向而只关注社会公正或者环境问题的社会公众使用会计信息是为了合理评价。

即使是那些以“作决策”为要务的用户集团，也未必使用会计信息来作决策。受信息使用的成本效益原则所限，也受投资者的会计、财务和投资知识所限，只有机构投资者（老练的投资者）才有条件进行理性投资决策，大量散户投资者（“幼稚”的投资者）没有条件进行理性投资决策——一般采用“自由跟庄”原则。但“自由跟庄”存在信息时滞问题，容易导致机构投资者获取超额利润即非正常报酬，而散户投资者遭受损失、决策失败。这至少表明，会计信息只对少数人有用，有负会计力图实现市场公正的历史使命。

对使用会计信息进行理性决策的投资者而言，在有效市场假说不成立的情况下，也可能因为证券价格不能充分反映所有已知信息而决策失败，或者说即使决策成功也未必是会计信息的全部功劳。因此，在有效市场假说和投资理性假设不完全成立的情况下，会计向那些不一定能够使用会计信息进行有效决策的用户集团“充分披露”自认为对决策有用的信息，未免有些自作多情。

当然，事实上，除了投资者，决策有用论界定的用户集团还包括信贷者以及其他用户，上述批评不足以说明决策有用论的不足。但是，各个用户的决策却是千差万别，在一个系统中提供对所有用户“决策有用”的信息，实属不易。其困难程度甚至超过了对受托责任论的信息提供。如同前述，虽然统一整个市场上的受托责任关系也非常困难，但就信息提供者（会计主体）而言，对付受托责任论下的委托方要比对付决策有用论下的用户集团要容易得多，这主要是因为委托方的委托责任是面向过去的、确定的，而用户集团的决策是面向未来的、不确定的。

总之，决策有用论对用户集团的界定有些偏颇。

（2）增加会计主体的盈余管理倾向。根据上述对受托责任论的分析可知，在委托受托责任明确的情况下，依然可能出现因为道德风险等问题导致反映受托责任的信息失真现象。决策有用论却进一步淡化了用户集团与信息提供者（会计主体）之间的受托责任关系（潜在投资者则根本没有形成与会计主体之间的受托责任关系），使之变成了一种需要第三方（比如 SEC）等资本市场管理机构自始至终进行监督的类似商业行为①。类似商业行为存在成本效益的权衡问题，因此，较之受托责任论，决策有用论下信息失真现象更甚。不过，此时可以美其名曰“盈余管理”——这也是为什么决策有用论下存在大量关于盈余管理合法性

① 受托责任论下，委托方与受托方之间的委托受托关系也需要第三方（如政府等国家权力机关）的监督，但是两者之间直接对话的成分更多。在政府已经是委托方的情况下，比如国有企业，第三方的作用几乎成为了摆设。

及其手段研究的原因之一。

盈余管理是指管理当局利用会计政策选择调整公司盈利指标以增强公司市场流动性的行为。大量实证研究表明，设有以盈利指标为基础进行分红计划的公司，签订了有限制性条款的债务契约并可能违约的公司，有可能发生政治成本的公司，有节税或可能获得关税保护的公司，以及准备上市、增发股票、可能退市、可能复市的公司，都有较大概率发生盈余管理行为。

但是，决策有用论认为，管理当局不应该关心会计政策的选择，或者会计政策选择的空间越小越好，以便投资者进行横向与纵向比较并据以作出正确的决策。因此，增加管理当局的盈余管理倾向，对“决策有用”的目标而言无疑是一个讽刺。此中矛盾，值得进一步研究。

（3）信息是否对决策有用的判断标准有失权威。前已述及，受托责任论下的判断标准（会计原则、会计准则或会计规范）似乎权威性有余而公允性不足。相对应的是，决策有用论下的判断标准却似乎公允性有余而权威性不足。出现这种情况的原因有二：一是会计准则制定的“民主化”过程；二是会计信息面向未来的性质。

决策有用论的现实代表FASB是一个为证券交易委员会（SEC）、会计职业界（AICPA和NAA等）以及学术界（AAA）等多方承认的民间专业机构。它的建立及其委员会的任命系由一个叫做“财务会计基金会”（Financial Accounting Foundation，FAF）的机构负责。财务会计基金会独立于其他机构，其理事来自于包括会计职业界、会计学术界、证券投资职业界及证券投资行业、财务经理职业界和各种政府会计组织的各个赞助单位。除任命FASB的委员之外，FAF还任命财务会计准则咨询委员会（Financial Accounting Standards Advisory Council，FASAC）的成员，这些成员不再要求一定是会计人员。由此可见，FASB在机构设置方面强调独立性和广泛的代表性，目的是使其制定的会计准则具有客观性和中立性。这当然符合美国所谓的“民主传统”。然而，这些民间利益集团无一例外地想通过控制会计准则的制定来达到影响联邦政府和公众的目的。因此，FASB被认为是个半独立的组织，在其实际运作过程中仍然难以根据自己的意愿（比如从统一的财务会计概念框架出发）来制定真正符合公众利益的会计准则。只不过由于组织形式上及会计准则制定程序上的改进，到目前为止，FASB避免了像其前任那样遭受猛烈的批评以至覆灭的命运。FASB通过发布更多的会计准则及其相关公告，来实现在这种半独立状态下的平衡。但所谓“言多必失”，太多的准则必然难以顾及前后的逻辑联系——几乎重蹈CAP和APB的覆辙。因此，这种做法反而降低了准则的权威性。美国工商业界形容这种情形是“准则超载”

（Standards Overload）或“会计消化不良症”（Accounting Indigestion）。

决策有用论下的会计信息，特别是对潜在投资者决策有用的信息，主要是面向未来的。这些面向未来的信息中，有些是诸如非专利技术、投资决策、公司战略、产品成本等与企业自身利益或商业秘密有关的信息，有些是诸如待决诉讼、未决仲裁等或有事项的信息，还有些是诸如公允价值会计等需要采用争议性非常大的技术计量的信息。虽然恰恰是这些信息最具有“决策有用性”，但是如果非要按照决策有用论要求的充分披露原则进行披露，那么很有可能加大会计主体（信息提供者）和相关审计主体因为泄密或者不确定性导致的法律责任。如此，又可能导致作为保护措施的谨慎性原则的滥用。这些反过来又损害了会计准则的权威性。

进一步讲，即使提供的会计信息有足够的证据表明是“决策有用的”，也有可能因为提供过程的“信号传递效应”（市场不完全有效的另一个表现）产生“过度反应”或“反应不足”等现象，减少了会计信息最终的决策有用性，进而间接地损害了决策有用论下会计准则的权威性。

近年来，在会计准则国际趋同的过程中，FASB 对国际会计准则理事会（IASB）及其他各国会计准则指定机构的（一改过去“唯我独尊”的姿态）灵活态度，也在一定程度上表明了决策有用论下会计准则的不足。当然，受托责任论下的会计准则也存在国际协调的困难。但两种“协调困难”的性质是不一样的。决策有用论下会计准则权威性的不足，虽然满足了美国人“爱打官司的脾气”，却不符合有些国家习惯于权威规范的文化心理。

三、两大学派的调和

通俗地讲，会计目标理论主要解决两个问题：一是会计工作为谁服务；二是这种服务达到什么要求即提供什么样的信息。如前文所述，受托责任论学派与决策有用论学派对这两个问题都有明确的回答，且各有实务方面的证据。虽然两大学派的答案各有千秋，但是两者之间还是有以下三个方面的相同之处：第一，都强调对外提供信息；第二，都以两权分离和受托经济责任的产生为前提条件，立论基础都是基于所有权与经营权的分离，如果是两权合一，则没有报告的义务；第三，报告的主要内容相同，即都是报告关于资产负债及所有者权益情况、收入费用利润情况以及资金流入流出情况。在两大学派都不能完全取代对方而单独存在的时候，这些相同之处成为两大学派相互融合的基础。

近 20 年来，会计界为会计目标概念及提法的统一化作出了不懈地努力。其努力的方向便是促进两大学派的融合。总结起来，调和的手段有以下四种：

1. 措辞层面的调和

这种调和是最简单的一种做法，它虽然难以触及实质，但至少表明了一种认为两大学派各有所长且希望两者融合的态度。

以国际会计准则理事会（IASB）的《编报财务报表的框架》（1989）为例，它将财务报表的目标（即会计目标）阐述为以下三点：

第一，财务报表的目标，是提供在经济决策中有助于一系列使用者的关于财务状况、经营成果和财务状况变动的信息。

第二，为此目的编制的财务报表，能够满足大多数使用者的共同需求。不过，财务报表并不能提供使用者为了经济决策所需的全部信息，因为财务报表主要是描绘过去事件的财务影响，而且不一定提供非财务信息。

第三，财务报表还反映管理层对交托给它的资源的经管成果或受托责任。使用者之所以评估管理层的受托责任或经管责任，是为了能够作出经济决策。例如，是持有还是出售其对主体的投资，是续聘还是调换管理者。

可见，IASB 是用决策有用论的“形式”表述了受托责任论的“内容”。之所以可以这样描述，是因为 IASB 认为评价受托责任也是一种经济决策，或者决策有用论包含了受托责任论，但又强调会计信息的决策有用性是有限的，“因为财务报表主要是描绘过去事件的财务影响，而且不一定提供非财务信息”——这一点更像是受托责任论的特点。

中国财政部会计司发布的《企业会计准则——基本准则》和 FASB 的《财务会计概念公告》，将财务报告的目标（也是会计目标）界定为：向财务报告使用者提供与企业财务状况、经营成果和现金流量等有关的会计信息，反映企业管理层受托责任履行情况，有助于财务报告使用者作出经济决策。

财务报告使用者主要包括投资者、债权人、政府及其有关部门和社会公众等，满足投资者的信息需要是企业财务报告编制的首要出发点。

由此可见，中国财政部会计司界定的会计目标是受托责任论，但又提出了“反映企业管理层受托责任的履行情况，有助于财务报告使用者作出经济决策”。这似乎暗示了受托责任论是从属于决策有用论的，但又强调受托责任论是第一位的。此中缘由，可参见前文对受托责任论的评述。

事实上，FASB 按照决策有用论界定的会计目标，也包含了受托责任论的一些观点：“编制财务报告应提供以下信息：关于企业经济资财，这些资财上的权利（企业向其他个体交付这些资财所拥有的债权或业主权益），以及引起资财和资财上权利变动的各种交易、事项和情况的影响。”不过，显然 FASB 认为决策有用论是第一位的。

综上所述，可以认为，任何一个会计目标概念的提法都包含两个学派的思想，只是在孰先孰后的顺序上有所差异。

2. 联合趋同框架层面的调和

如果说上述措辞层面的调和仅仅是思想上努力的话，那么联合趋同框架层面的调和却很有可能导致实际行动，因为联合趋同框架影响到各个国家会计准则的制定。

IASB 与 FASB 于 2006 年 7 月 6 日发布了联合趋同框架（初步意见），因为 IASB 和 FASB 都决定在改进各自现有概念框架（Concept Framework，CF）的基础上，联合致力于制定一份完整的、内在一致的趋同概念框架，并取代各自目前的 CF（葛家澍、张金若，2007）。

联合趋同框架（初步意见）又称财务报告的概念框架，因为是两个委员会合作的初步研究成果，所以仅包括财务报告目标（含对会计信息使用者的定位）和信息质量特征两部分内容，但却是概念框架中最重要的两部分内容——概念框架中其他诸如要素设置、要素定义及其确认计量的原则程序等概念均须由这两个首要概念来引导。

联合概念框架中的财务报告目标被定义为：提供有助于现在的和潜在的投资者、债权人以及其他信息使用者进行投资、信贷和类似资源配置决策的信息。联合概念框架还认为，财务报告的信息可能有助于那些希望估计主体价值的使用者对主体价值进行估计。从这一点来看，联合框架定义的财务报告目标接近 FASB 的观点，即决策有用性。但同时联合框架还认为，决策有用性包含了受托责任观，因为"类似资源配置决策的信息"包含了那些评价管理当局履行经管责任的信息。而 IASB 的观点早就认为评价受托责任也是为了经济决策，即受托责任观从属于决策有用性。因此，可以认为，联合框架表面上采用了 FASB 的行文方式，而实质上却容纳了 IASB 的观点。

3. 目标层次论（信息需求论）层面的调和

有学者（杨有红等，1998；吴联生，2001）提出用设立层次目标的办法来解决会计目标涵盖范围的问题，我们将其称为"目标层次论"，由于各层次目标都是致力于满足信息需求，所以也可将其称为"信息需求论"。用一种创立新论点的方式来调和两大学派，其理由在于：受托责任论和决策有用论都形象地描述了某一具体环境中会计信息使用者对会计信息具有特定需求的会计目标，但它们却未能概括会计的所有目标，其真正原因在于他们未能从整体上考察会计目标，而试图以某一具体目标代替整体目标。会计目标有两个层次，基本会计目标和具体会计目标。通过历史考察可知，处于不同历史时期的会计，其基本会计目标是一致的，具体会计目标则因历史环境的变化而不相同，因会计主体的不同而发生差异；基本会计目标适合于所有历史环境下的所有会计信息使用者，而具体会计目标仅仅适合某一环境下的某一具体会计信息使用者。事实上，我们对会计目标的认识，是从会计的具体目标开始的，只有通过具体目标的分析研究，才能最终抽象出具有共同性的特质。

财务会计具体目标的研究是在确定特定环境和企业治理结构下进行的：财务会计报告的使用者；各类使用者的意图及其信息需求；财务会计能够提供哪些信息。在当前同一历史环境下，可以根据会计主体的不同，设立不同的具体会计目标。以最有代表性及发展前景的三种企业组织形式——股份合作制企业、有限责任公司和股份有限公司为例，说明如下：

（1）股份合作制企业的具体会计目标。因为股份合作制企业的所有者和经营者合一，所以不存在受托责任关系也不存在潜在投资者。其具体会计目标应为：在满足国家宏观调控的前提下，为税务机关税收稽征和信贷机构的信贷决策提供信息，为企业内部管理和民主监督与决策提供信息。

（2）有限责任公司的具体会计目标。有限责任公司的股权相对集中，受托责任关系较为明显，除股东和债权人外，其他委托方均由国家代理。因此，可按简化的受托责任论描述有限责任公司的具体会计目标：向国家宏观管理提供信息的同时，向现有的投资者提供受托责任履行情况及履行结果的信息，向债权人提供有关企业偿债能力的信息。

（3）股份有限公司的具体会计目标。股份有限公司的股权相对分散，股东流动性大，尤其是上市公司。但是由于各国资本市场的发达程度不一致，国家宏观调控的力度也不一致。因此，基本可按决策有用论描述股份有限公司的具体会计目标：在满足国家宏观管理需要的前提下，向现在的和潜在的投资者及债权人提供决策所需的有关企业资产及利用效果、企业盈利能力及偿债能力、企业现金流量规模和时间及不确定性的信息；这些信息是受成本效益法则约束的尽可能广泛而详细的信息，通常涉及企业的背景信息、分部经营信息和前瞻性信息等。

在具体会计目标明确之后，基本会计目标可以大为简化：满足会计信息使用者的需求。

4.（模拟）管理决策论层面的调和

受 IASB 与 FASB 发布联合趋同框架（初步意见）的启示，我们认为，国际会计规范制定权之争，实质上是各国政治、军事、经济、文化等综合实力的较量。但是，在权力斗争之外，联合框架还应该有其构建的内在逻辑——一个让各方利益集团都可以接受的内在逻辑。我们认为，这种内在逻辑可以概括为：会计信息的（模拟）管理决策有用性（如果信息使用者是管理者本人，则为“真实管理决策有用性”）。根据这个内在逻辑，可以将“（模拟）管理决策论”的财务报告目标进行如下描述：提供有助于现在的和潜在的投资者、债权人以及其他信息使用者，通过（模拟）管理者决策进行投资、信贷和类似资源配置决策的信息。这些信息应假想管理者作为首要的需求者与使用者来制造。我们提出（模拟）管理决策论的主要理由有以下两点：

（1）会计目标与企业目标的对接。现代财务会计理论主要关注企业会计[①]，即企业（会计主体）是会计信息的提供者。没有企业就没有会计信息，更不必谈会计目标的问题。因此，会计目标应与企业目标对接才有实际意义。现有会计目标理论仅把企业目标（会计主体的持续经营）作为一个会计假设是远远不够的。

会计目标与企业目标对接之后的逻辑是，会计应向围绕着企业存在的包括投资者、债权人、管理者（经营者）、社会公众和政府等在内的利益相关者即用户提供决策有用的信息；利益相关者使用有用的信息改善决策即进行“理性的”决策；企业因为利益相关者“理性的”决策而发展或者不进入更差的状况；会计继续提供决策有用的信息，依此类推，实现良性循环。

那么，上述逻辑是否又落入到包含受托责任论思想的决策有用论之中去了呢？答案是否定的。尽管上述逻辑的起点和终点——决策有用的信息、用户的决策及其影响和决策有用论是一致的，但是上述逻辑强调了一个细节，即管理者的理性决策直接影响企业价值，其他利益相关者的理性决策必须通过管理者行动才能影响决策——两权分离即为明证。也就是说，没有管理者的理性决策，其他利益相关者的任何决策都将不影响企业价值，或者减损企业价值，以至于最终无法从企业获取利益——对“理性的经济人”来说，获取信息不过是获取利益的中间手段。因此，管理者应该是会计信息的首要或直接服务对象。

下面还可从正反两方面论证管理者作为会计信息首要服务对象的必要性和充分性。①在受托责任论和决策有用论下，由于会计信息的首要或直接服务对象是进行间接影响决策的其他利益相关者，所以，作为进行直接影响决策的管理者，往往为了引诱其他利益相关者作出对企业有利的决策或者防止不利的决策，而实施会计舞弊或者盈余管理的行为。如此，改变会计信息的首要服务对象是必须的。而直接制造和使用会计信息的管理者便是第一选择。②管理者作为会计信息的首要服务对象之后，就可以使用另一个标准判断会计信息的实质性真伪或“是

---

① 一般而言，现代财务会计即指企业会计，政府及非盈利性组织会计另题再议。

否决策有用"[①]。这个标准就是企业财务可持续发展的能力。如果会计信息显示企业不具有财务可持续发展的能力，比如显示出过高或过低的利润率和增长率，那么就可以判断会计信息失真或者管理者决策失误——当决策失误的代价极高（比如遭到解聘）或者可以假定管理者一直"理性决策"时，那就是"信息失真"。需要指出的是，在管理当局与审计师合谋的情况下，这个标准尤为重要。"蓝田"造假案等会计丑闻就是那些与公司没有任何利益关系甚至可能不知道会计准则具体操作程序的"纯粹"研究者，通过判断企业财务可持续发展的能力以及假定管理者一直"理性决策"，而推断结论并将其曝光的。总之，把管理者作为会计信息的首要服务对象是必要且充分的。

（2）对现有准则体系的承接与改进。当前，许多国家已经根据受托责任论或决策有用论发展了一套会计准则体系，如果因为目标理论的变化而彻底放弃，势必代价太高。所幸的是，（模拟）管理决策论并不产生全新的准则体系，只是对现有准则体系的承接与改进。

在财务管理学界，早有学者（加布里埃尔·哈瓦维尼、克劳德·维埃里，2000）提出"管理资产负债表"的概念，他们认为：对于公司主管人员，标准的（传统）资产负债表不能准确地评价他们对公司财务业绩的贡献，即他们理性决策的成果或起点。对管理有用的"管理资产负债表"的左边是投入资本，右边为运用资本。投入资本仅包括企业经营所必须的饱和状态的资产净值。因此，列示于标准资产负债表左边的闲置资产或投机资产（如交易性金融资产）应列示于管理资产负债表的右边（作为负债的扣减项），同样在企业经营过程中自动产生的大部分流动负债（短期借款除外）应列示于管理资产负债表的左边（作为流动资产的扣减项）。随着管理者对资产负债的价值创造能力的分辨更为仔细和准确，管理资产负债表的格式将更为具体、明确，也更为"管理有用"。可见，管理资产负债表的格式无非是对传统资产负债表的格式调整，并增加一些反映资产负债的价值创造能力的信息——决策有用论下的公允价值观可以看作是向其迈出的重要一步。相应地，模拟管理决策论的准则体系是对现有准则体系的承接与局部的改进。因此，根据（模拟）管理决策论界定会计目标并引导会计准则也是可行的。

综上所述，（模拟）管理决策论也调和了受托责任论和决策有用论之间的矛盾。它通过强调会计信息的终极作用——提升企业价值以使利益相关者获利，来

---

① 原来的判断标准是受托责任论和决策有用性引导的会计准则，它可以保留作为判断会计信息提供程序即形式上是否合规的标准。形式标准是第一步标准，形式不合规则可以否定实质。

明确界定合理的用户集团（确切地说，用户集团是所有利益相关者，管理决策论只是明确了它们的层次），可以在一定程度上抹平两大学派关于用户集团“特权”的表面化的、无休止的争议。事实上，任何用户集团（利益相关者）的“特权”包括管理者自身的权利都必须通过管理者基于会计信息的理性决策来实现。

作为尚未成熟的理论之一，（模拟）管理决策论也面临一个现实问题，即尚无足够的证据揭示管理者利用会计信息进行理性决策的程序究竟如何。关于这个问题，已有一些研究结论（曹玉珊，2008），但仍需努力寻找足够的证据并且作出更为合理的解释（见第十一章第一节的内容）。好在无论哪一个会计目标理论都普遍认同：“会计界今天面临的难题之一，就在于无法确知财务报表的使用者的决策方法或程序，以及会计信息在其决策过程中扮演何种角色。”（汤云为、钱逢胜，2004）

第三节　会计目标研究需要关注的主要问题

以上阐述了会计目标的演进、现在阶段的会计目标两大学派及其争议的调和情况。得到的结论是：争议仍在继续，调和已经开始但作用有限。因此，下面我们将讨论后续阶段会计目标研究需要关注的三大问题，希望通过对这三大问题的关注，超越目前争议的局面，从而进入到一个有创造性产出的领域。

一、选择会计目标研究的主攻方向

迄今为止，关于会计目标的概念有如下四个名词混用：会计目标、财务会计目标、财务报告目标、财务报表目标。其中，会计目标是最为通俗也最为笼统的叫法；财务会计目标是学术界使用的较为严谨的称谓；财务报告目标是 FASB 首创并广为效仿的名词；财务报表目标则是 APB、IASB 等组织习惯使用的术语。从字面上理解，四个名词的大小包容关系显而易见：会计目标 > 财务会计目标 > 财务报告目标 > 财务报表目标。从其内在含义上理解，上述顺序也是正确的，因为会计包括管理会计和财务会计；财务会计包括财务报告和其他信息报告；财务报告包括财务报表和相关信息报告。因此，严格地讲，本书所研究的“会计目标”应是“财务会计目标”。但是，一般地，为了增加所研究项目的准确性但又不至于失去有效性，人们往往首先针对和所研究项目关系最密切的下一级概念展开研究，然后将研究结论发展到所研究的项目本身。因此，人们通常用“财务报告目标”来替代“会计目标”进行研究。FASB 以及后来的效仿者都采用了这种做法。

鉴于各种会计目标提法的争议集中在对用户集团的界定差异上，采用“财务报告目标”一词研究会计目标，引导人们从财务报告形式和内容方面加以改进以满足各个用户集团的信息需求。有代表性的观点包括：增加财务报告中的信息内容；“事项”报告模式；差别报告模式。

增加财务报告中的信息内容主要是：在坚持财务信息为主要内容的基础上，增加非财务信息的披露；在不放弃历史成本计价信息的基础上，尽可能增加公允价值计价的信息；提高诸如知识成本、技术成本、人力资源成本、企业文化、管理模式、社会责任等对企业有重大影响的企业“软资产”的披露程度。

“事项”报告模式源自美国著名会计学家索特（G. H. Sorter）1969 年提出的“事项会计”（Events Accounting）理论。索特指出，在不完全明确信息使用者的信息需求以及决策模型的情况下，会计应立足于提供与各种可能的决策模型相关的经济事项的信息，从而由使用者从中选择自己感兴趣的信息，也就是说，把综合数据的任务直接交给信息使用者。因此，财务报告应包括足够的明细数据以帮助使用者重构发生过的经济事项。据此可以认为，资产负债表是企业创立以来通过账户分别汇总后以余额间接表现的各种事项的报表，利润表则是直接表现企业于某个期间发生经营事项的报表。事项会计以“事项”为数据处埋目标，当经济事项发生之后，通过各业务处理子系统进入数据库，根据各类事项的特征以及相互间的逻辑关系进行实时自动处理，以期达到反映和控制经济活动的目的。事项会计用两种方式来提供信息：一种是以更明细的事项信息编制的财务报表；另一种是建立和维护最原始的数据库，使用者各取所需进行有效链接。1998 年出现的 XBRL（Extendable Business Report Language，可扩展性商务报告语言）便是事项会计思想与互联网技术相结合的产物。理论上，XBRL 的运用可以提高会计数据的质量，同时降低信息提供者生成财务报告和信息使用者使用财务报告的成本，有利于财务报告目标的实现。中国的上交所和深交所分别于 2004 年和 2005 年开始了 XBRL 模式的财务报告试点。但是目前依然存在技术和观念上的问题。

差别报告模式可在两个层面上实施。第一层面是由信息提供者向不同使用者提供内容上有差别的财务报告。理论上，通过提供差别财务报告，既可以满足不同用户的差别信息需求，又可以避免单一报告的广泛披露导致对企业的不利影响。技术上，差别财务报告可以运用会计软件网站上提供的自助式会计系统来实现。第二层面是由会计规范组织建立差别信息披露制度，针对不同的信息使用者规定不同的信息披露的内容、数量、格式和详尽程度等。不过，在差别报告模式下，如何明确不同信息使用者的信息需求差异度并将其落实到操作层面上来仍然是一件困难的工作。

总之，尽管许多会计学者和实务工作者在财务报告的改进方面付出了大量的劳动也取得了一定的成果，但是距离完全实现财务报告的目标还有不小的差距。或许财务报告目标本身就设置得有些“好高骛远”。如果只把会计现象看作是一个客观存在或者只对会计赋予一些触手可及的任务，那么会计也有可能缓慢地、健康地向前发展。

二、探索特定会计环境下的动态化的会计目标

根据系统论的观点，会计应该有自己的目标，并且和外部环境有互动的关系。会计目标取决于相关的会计环境，尤其是会计环境中会计信息使用者的特征。研究会计目标应该从会计环境入手。这就是目前会计理论研究中比较流行的“环境起点论”。本章在阐述会计目标的两大学派时，也多次述及会计环境问题。但是，前文既没有强调环境分析的意义，也没有使用和会计环境密切相关的一些术语展开分析，更没有明确当前中国会计环境下的会计目标定位问题——没有体现本书为中国会计发展服务的宗旨。

有学者认为（梁爽，2005），政治、经济、文化、法律和教育等环境因素对会计目标都有一定的影响，但这种影响是分层次、分程度的：政治因素和法律因素等主要影响会计目标的存在，经济因素主要影响会计目标的定位；经济环境因素的内容非常广泛，但对会计目标有决定性影响的因素主要包括经济管理体制、企业资金来源和市场等三个方面。

从上述三个方面考察，可以认为当前我国会计环境的特征是：第一，我国实行的是社会主义市场经济，国家在多方面对企业进行监督、管理和控制；第二，企业所有制结构多元化，国有资本仍然占据主要位置，非国有经济已经成为国民经济发展的主流，集体、私人和外商等都是企业资本的主要供给者；第三，证券市场并不发达，证券资产占 GDP 的比重较小，职业投资人以大众散户为主，但其普通教育和专业素质普遍较低；第四，企业的外部融资主要从银行获得，银行资产占 GDP 的比重较大；第五，我国企业会计信息的使用者主要是国家、银行、企业法人和一般投资人为主的管理型投资人，证券市场上的职业投资人比例较小，但今后有较大幅度的上升趋势。

根据以上对当前我国会计环境的考察，可以将我国的会计目标分为三个层次：第一层次，会计应该提供有助于各类会计信息需求者进行各种决策所需要的会计信息，包括管理型投资人、职业投资人、企业经营者、贷款人、政府、公众

等；第二层次，目前，企业应主要为管理型投资人提供真实可靠的财务会计信息，且在相当长的历史时期内，这种信息可以同时满足各类信息使用者的信息需求；第三层次，随着会计环境的变化，在制度允许的范围内（指需要财政部出面指导，培育企业提供这方面信息的能力），企业可以适当提供对职业投资者进行投资决策有用的会计信息。

由此可见，从会计环境入手研究会计目标，可以得到一个动态的会计目标概念：在一定的会计环境下适用，却又随会计环境的变化而变化。这样的会计目标概念既不是受托责任论也不是决策有用论，既不是两大学派的现时融合，也不是两大学派的未来融合，虽然显得有些功利，但是比较务实，可以在一定程度上促使会计理论研究者摆脱对普适性的、亘古不变的会计目标概念的追求。

三、利用务实的会计准则推动会计目标的发展

会计是一门应用性很强的学科，人们对它的理性思考历时已久。先前就有无数的会计学者孜孜不倦地探讨会计的各个要素及合理的会计处理方法，然而迄今尚无定论。后来的会计学者改弦更张，试图确定一个会计目标和若干基本概念，从而演绎一个理论体系用以指导实务操作。这种努力值得称道，但其结果仍未得到人们的普遍认同。形成这种局面的原因有三：一是客观上会计环境的差异，影响人们难以达成对会计的共识；二是主观上人们研究会计的视角不同、方法不同，结论自然不得统一；三是会计在性质上不是自然科学，缺乏预定的逻辑线索，需要人们施以主观假设并自圆其说，且还要与时俱进。于是，会计研究者（含会计准则制定者）开始采用灵活的策略：在务实地产出会计准则的基础上，坚持会计理论（含会计目标）的逻辑，在理论逻辑得到验证和修正之后，再引导务实的会计准则的产出。鉴于会计的应用性，这种理论与实际相结合的辩证思想显得尤为重要。

需要指出的是，这种务实的态度与做法不同于上述会计目标概念形成过程的务实态度与做法：前者涉及会计准则和会计目标的相互作用与修正，过程是“初始目标——初始准则——修正目标——修正准则”；后者只是会计目标的确定和会计准则的修正，过程是“目标——初始准则——修正准则”。

这一点，可以从 FASB 的行为中看出：第一，FASB 按照规定程序制定会计准则并在吸取各方面意见（采用征求意见稿或开会讨论的形式）的基础上投票产生正式公告，即使财务会计概念公告也是如此；第二，废止了第 6 辑《财务会计概念公告——非营业机构编制财务报告的目的》（1980 年），用第 6 辑《财务会计概念公告——财务报表的各种要素》（1985 年）取代第 3 辑《财务会计概念

公告——企业财务报表的要素》（1980 年），并在时隔 15 年（1985～2000 年）之后发布第 7 辑《财务会计概念公告——在会计计量中使用现金流量信息和现值》；第三，发布大量的新会计准则；第四，与 IASB 进行交流，在 2006 年发布联合趋同框架。这些行为一方面淡化了会计目标和会计理论绝对的、一贯的指导性，甚至可以是应急之需；另一方面又强化了会计目标和会计理论的研究，以期加强它未来的指导性。总之，FASB 没有让不完全成熟的会计目标概念和会计理论成为制定会计准则的障碍。与此类似，中国财政部会计司也在时隔 14 年（1992～2006 年）之后，对基本会计准则进行了重大修改与调整。而且，基本会计准则中关于会计目标的阐述，较之 FASB 和 IASB 的单独一个公告的说明，显然要简单得多，甚至有敷衍了事的嫌疑。但它依然没有妨碍期间 8 辑具体会计准则的颁布与修订。

理论上，会计目标概念应该具有时间和范围的稳定性。即使是风格迥异的受托责任论和决策有用论，它们在基本的会计信息范围界定上也是一致的——都包括财务状况、经营成果和现金流量方面的信息。当然，不同的会计目标概念下，会计信息的质量特征和充分披露的程度是不一样的。但是，不能因为后者的一部分差异或者临时的细小差异而大张旗鼓地批判进而改进会计目标概念。只有这样，才符合会计理论研究和会计准则制定的成本效益原则。

总之，适当地搁置关于会计目标的争议，而在会计准则层面进行更多的务实工作，有利于会计目标概念的发展。

第五章　会计基本假设

会计假设又称会计假定，是指“对某些未被确切认识的会计现象，根据客观的正常情况或趋势所作的合乎事理的判断，而形成的一系列构成会计思想基础的公理或假定”。它是限定会计核算的范围、内容，据以对收集、加工处理的会计信息加以过滤和筛选，以保证会计工作正常进行和会计信息质量的基本前提和约束条件，也是设计和选择会计方法、程序的重要依据。

1922 年，佩顿（W. A. Paton）在其著作《会计理论》中最先提出会计假设的概念：“现代会计不但需要在许多场合运用估计和判断，而且整个结构是建立在一系列的一般假设的基础上，换句话说，要有一些基本前提和假定支持会计人员对价值、成本、收益等作出特定结论。否则，这些结论将难以成立。”他还认为，如果没有一定的假设，会计实务就不可能顺利进行。因此，会计假设是企业会计确认、计量和报告的前提①。

美国伊利诺斯大学国际会计教育与研究中心的一个研究小组在 1964 年发表了一份题为《基本会计假设与原则说明》的报告，该报告认为会计假设应具有以下五个特征：假设在本质上是普遍性的，而且是推导其他命题的基础；假设是不言而自明的命题，它们或直接与会计职业相关，或是其构成基石；假设虽是普遍认为有效的，但却是无法证明的；会计假设应具有内在一致性，它们不会互相冲突；每个会计假设都是独立的基本命题，并不会与其他假设重复或交叉。

我国著名的会计学家裘宗舜认为（2001），会计假设的本质特征是客观性、普遍性、难以正面证明性和独立性。所谓客观性是指会计假设不是人们凭空想象出来的，它是人们在长期的会计实践中逐步认识和总结而形成的，因此具有客观性；普遍性是指会计假设对所有的会计工作都适用；难以正面证明性是指会计假设不能对其本身作直接的验证，但可以由假设所演绎出的结论加以验证；独立性是指每一个会计假设都是独立的命题，不会互相冲突。

根据西方会计学者的解释，由于会计实务中存在着不确定性因素，在会计处

---

① 转引自 M. Moonitz and A. C. Littleton Edited. Significant Accounting Essays. 1965，P. 65.

理时难免要运用判断和估计，这就需要先作出一定的假设，会计假设正是会计人员对那些未经确切认识或无法正面论证的经济事项和会计现象，根据客观的正常情况或趋势所作出的合乎事理的推断。但是，尽管假设是对客观经济环境所作出的合乎逻辑的理性的抽象，但毕竟与经济现实存在一定的差距，当这种差距被限定在一定的范围内时，这种假设就可以被接受，可以认为是有效的；但当假设远离会计经济环境，已不是对现实理性的概括和总结时，会计假设固有的局限性就会充分暴露出来，会计假设的消极作用就会超过积极作用，据此假设所提供的会计信息的可靠性和相关性就很低，从而也使信息使用者的决策有用性降低，这又反过来加剧了会计环境的不确定性，扰乱了正常的会计秩序。这说明，会计假设存在和发挥作用的前提是假设与现实的脱节应保持在合理的限度内，当现实发生较大变化时，会计假设也必须作出相应的修正，以适应变化了的环境。

对会计假设构成要素的界定，不同的学者有不同的观点。佩顿（W. A. Paton）在其所著的《会计理论》一书中提出了七项会计假设：经营主体、持续经营、资产负债表恒等式、财务状况与资产负债表、成本与账面价值、应计成本、收益和期后影响。1940 年，佩顿和利特尔顿在其合著的《公司会计准则绪论》一书中又提出了六项会计假设：经营主体、持续经营、分期、价格积累、货币计量单位、收入与费用配比。

国际会计准则委员会在 IAS NO. 1 中认为，会计基本假设有持续经营、一致性和权责发生制，但在 1989 年发布的《编报财务报表的框架》中只保留了持续经营和权责发生制。

我国著名会计学家葛家澍教授在 2002 年第 1 期《会计研究》上发表的《会计基本假设的再认识》一文中，联系我国经济环境的现实特点，认为应将宏观调控、会计主体、以货币为基本计量单位、市场价格（或交换价格）四项作为会计基本假设，将持续经营、会计分期和权责发生制等作为会计基本假定，从而把会计假设区分为会计基本假设和会计基本假定。

我国财政部 2006 年 2 月发布的《企业会计准则——基本准则》认为，会计基本假设包括会计主体假设、持续经营假设、会计分期假设和货币计量假设，同时将权责发生制作为会计基础与上述会计基本假设并列入基本准则的总则中，认为权责发生制是企业会计确认、计量、报告的基础，必须贯穿于整个企业会计准则体系的全过程，属于财务会计的基本问题，其层次较高，统驭作用强，这实际上是把权责发生制放在与会计基本假设同等重要的位置。

目前，国内的极大多数学者仍坚持会计假设一般包括四个基本假设，即会计主体假设、持续经营假设、会计分期假设和货币计量假设。下面，本书将对这四个基本假设作简要阐述。

第一节 会计主体假设

会计主体是指会计工作为其服务的特定单位或组织，它为会计工作规定了活动的空间和范围。会计主体是随着社会生产力和经济活动组织形式的发展变化而产生的。在生产经营规模很小，业主独资经营的情况下，经营活动和业主的活动是合二为一的，其会计核算的内容既包括业主生产经营活动，也包括个人的收支。而当几个人合伙经营时，合伙经营收支活动就必须与各业主个人收支活动相区分，需要确定会计主体，即合伙会计的核算范围。这样，会计主体的概念便应运而生。

会计主体的作用在于界定不同会计主体会计核算的空间范围。为了向财务报告使用者反映企业财务状况、经营成果和现金流量，提供与决策有用的信息，会计核算和财务报告的编制应当集中于反映特定对象的活动，并将其与其他经济实体区别开来，这样才能实现财务报告的目标。因此，对企业来说，它要求会计核算区分自身的经济活动与其他企业单位的经济活动，区分企业的经济活动与企业投资者的经济活动。企业的会计记录和会计报表涉及的只是企业主体范围内的经济活动，而不核算反映企业投资者或所有者的经济活动，也不核算反映其他企业或其他经济主体的经济活动。这样通过界定会计核算的范围，才能正确反映会计主体的资产、负债和所有者权益情况，才能准确提供反映企业财务状况、经营成果和现金流量的会计报表，才能提供会计信息的使用者所需要的信息资料。也正是确定了会计核算的范围，企业的投资人、债权人及其他利益相关人才可能从企业的会计报表中得到有用的会计信息。

会计主体与法律主体并不是同一概念。一般说来，法律主体必然是会计主体，但会计主体并不一定就是法律主体。任何企业，无论是独资、合资或合伙企业，都是一个会计主体。在企业规模较大的情况下，为了便于掌握其分支机构的生产经营活动和收支情况，可以将分支机构作为会计主体，要求其每期编制会计报表。此外，在控股经营的情况下，母公司及其控制的子公司均为独立的法律主体，各为会计主体，但在编制合并会计报表时，也可将母公司和子公司这些独立的法律主体组成的企业集团视为一个会计主体，将其各自的会计报表予以合并，以反映企业集团整体的财务状况和经营成果。也就是说，会计主体可以是独立法人，也可以是非法人；可以是一个企业，也可以是企业内部的某一单位或企业中的一个特定的部分（如企业的分公司、企业建立的事业部）；可以是单个企业，也可以是由几个企业组成的企业集团。

然而，随着科学技术特别是信息技术、网络技术的发展和应用及竞争的日趋激烈，经济发展日益表现出多样化、复杂化，会计主体假设的典型形态——企业的边界也变得越来越模糊，具体表现为：

1. 企业的外延越来越难以界定。以知识为基础的信息技术革命不仅突破了地域空间对经济交往的限制，更重要的是导致企业组织之间的界限不再像工业时代那样清晰。企业能够轻易实现内部某些要素与外部相关要素的重新组合，从而构成新的功能，实现新的生产能力。这种“新组合”的实质是一种动态的合作关系，其表现形式有“战略联盟”和“虚拟企业”。所谓战略联盟，是指由两个或两个以上有着对等经营实力的企业为达到共同拥有市场、共同使用资源等战略目标，通过各种契约而结成的优势相长、风险共担、要素双向或多向流动的松散型网络组织。战略联盟多为自发的、非强制性的，联盟各方仍保持着原有企业的经营独立性。“虚拟企业”是指在信息社会中，企业在开发、生产、销售新产品时，通过信息网络在世界范围内形成的最佳合作伙伴组成的临时集团。当开发某个项目时，技术能力、生产能力、销售能力最强的企业主动组合到一起共同开发和生产，项目结束后，联合体立即解散。由于虚拟企业没有有形的办公场所、固定资产、雇员等，仅仅是一个抽象的联合体，它的最重要的资产只能是人力资源和知识产权。

虚拟企业的出现，突破了以往的空间概念，使会计主体不仅仅局限于现实生活中“实”的物理空间，还对应于网络中“虚”的媒体空间。这种“虚”的媒体空间，跨越了现实中的地域界限。更为重要的是，“虚拟企业”使企业的空间范围能够根据迅速变化的市场需要灵活地重构和分合，从而使会计主体具有可变化性。它可能根据业务需要随时膨胀或缩小，也可能立即解散。

可见，存在于网络中的虚拟企业与传统的会计实体相比，具有很大的不确定性。它极大地改变了会计主体的存在方式。它是一种新型的“相对会计主体”，一个具有“相对稳定”的网络上的组织——由各独立组织组成的临时联盟体。这种“相对”会计主体拓展了以往传统有形的会计实体假设。

由于虚拟企业外延界定的困难，导致会计主体假定的模糊，这样，如何真实、公允地计量这些虚拟公司的资产、负债、所有者权益，会计报表如何在形式和内容上适应这种变化，是会计主体假设理论必须解决的问题。

2. 不同利益主体对会计信息的不同需求，导致了现行会计主体编制的四大报表，即资产负债表、利润表、所有者权益变动表和现金流量表很难满足用户的个性化需求。会计报表信息公开的内容理应取决于特定的目的和对象。对于会计信息的主要使用者如投资者、债权人、供应商、政府、雇客、社会公众等来说，他们对信息需求的侧重点是各不相同的。如政府部门关心的是企业参与市场资源配置、履行社会职责方面的信息。因此，会计主体应重点提供有利于政府制定正确的企业政策、税收政策、宏观经济政策方面的会计信息；公众最关心的是企业对当地的贡献，如提供就业机会的多少、劳动报酬的高低、职业教育培训情况、对公共事业的捐赠、对环境治理的贡献等等，因此，会计主体应重点披露履行社会职责等方面的信息。上述内容，有的需要与主要的关联企业如长期供应商、客户、协作企业的信息和主要的竞争对手的信息一起进行分析比较并一起提供给信息使用者，信息使用者才能作出正确的决策；有些信息的形成是企业超越主体范围的空间限制，以社会的角色来筹划生产经营活动的结果，如对下岗职工的安置、增加再就业、对环境治理的贡献等。显然，上述信息的提供，不再单纯是基于会计主体的经济利益，而是在很大程度上根据使用者的经济利益来界定会计主体和包含在财务报表中的信息的界限。美国会计学会的概念与准则研究委员会在1964 年对企业主体的研究报告中指出，会计主体的范围界限可通过两种方式确定：一是利益相关的个别或整体使用者；二是个别或整体使用者利益的性质①。这样，会计主体的空间范围也可以有不同的界定：可以是企业内部的各个环节、各个部门直至整个企业，也可以是几个企业的联合体、关联方，还可以是一个地区甚至一个国家（如社会会计报告的编制）。

第二节 持续经营假设

持续经营假设是指企业在可以预见的将来不会破产清算，按照当前的规模和状态及既定的目标持续不断地经营下去，直到实现企业主体的计划和完成受托责任为止。国际会计准则理事会（IASB）于 2001 年采纳的《编报财务报表的框架》对持续经营作了这样的界定："财务报表的编制，通常是根据主体是经营中的主体并且在可以预见的将来会持续经营的假定，从而假定主体既不打算也没有必要实行清算或大大缩小经营规模。如果有这种打算或必要，财务报表就可能必须按照不同的基础编制，然而要是那样做的话，就应当说明所采用的基础。"在新修订的国际会计准则第 1 号——财务报表的列报中，对持续经营作了更详细的

① AAA. The Entity Concept. The Accounting Review, April 1965, P. 361.

界定："在编制财务报表时，管理层应对主体是否仍能持续经营进行评估。除非管理层打算清算该主体，或打算停止经营，或别无选择只能这样做，否则主体应以持续经营为基础编制财务报表。管理层在进行这种评估时，当意识到有关事项或情况的高度不确定因素可能引致对主体是否仍能持续经营产生重大怀疑时，主体应披露这些不确定因素。如果主体不是以持续经营为基础编制财务报表，则应披露这一事实，并披露其编制财务报表的基础和主体不被认为是持续经营的原因。"

对会计主体前途的这种稳定性的设想，反映了与主体有利益关系的所有集团的愿望。持续经营假设为会计工作的正常活动作出了时间上的规定，因为只有在这样的前提下，会计主体才能采用历史成本而不是清算价值来确认、计量、报告其资产要素，所有资产也将按照预定的目标在正常的生产经营过程中被耗用、出售，它所承担的债务也将如期偿还，企业提供的财务报表也就被理所当然地看成是一系列连续报告的组成部分。

可见，持续经营假设在会计理论中占据着极其重要的地位，会计核算上所使用的一系列会计处理方法，都是建立在持续经营的前提下的。例如，在持续经营的前提下，才能运用历史成本原则，企业才可以按照正常的情况使用它所拥有的各种经济资源和依照原来的偿还条件来偿还它所负担的各种债务。企业对于它所使用的机器设备、厂房等固定资产，只有在持续经营的前提下，才可以在机器设备的使用年限内，按照其价值和使用情况，确定采用某一折旧方法计提折旧。如没有规定这一前提，例如在清算的情况下，则不能运用历史成本原则，只能用清算价值来反映会计对象。因此，在持续经营的前提下，企业在会计信息的收集和处理上所使用的会计处理方法才能保持稳定，企业的会计记录和会计报表才能真实可靠。

如果没有持续经营的前提条件，一些公认的会计处理方法将缺乏存在的基础，也将无法被采用，企业也就不能按照正常的会计原则、正常的会计处理方法进行会计核算，不能采用通常的方式提供会计信息。

然而，我们应该看到，持续经营假设得以实现的基本前提是假定会计主体在可能预见的未来不被清算、终止，又假定它将持续到一个不能确定其结束的时间，且在持续经营期内，会计主体会按当前的规模和状况继续经营下去，其经营计划和目标均能实现，不会有大的变化。而事实上这些假设条件具有很大的局限性。具体表现为：

1. 目前会计主体所面临的经济环境发生了明显的变化。在工业时代，企业所面临的经济环境是一个相对稳定的结构（排除政治因素），变化平缓，风险较小，在这种环境下，只要企业在设立时能周密规划，其经营目标一般能够实现，这是持续经营假设很重要的外部环境条件。然而，今天我们已进入了信息技术时代，会计主体面临的是竞争日趋激烈、风险日益增大的经济环境，在这样的风险环境下，企业随时都有被清算、终止的可能。现实中巴林银行的倒闭案就是很好的例证。

2. 如前所述，“无实体公司”的兴起及迅速发展对“持续经营假设”提出了最直接的挑战。“无实体公司”的主要特点是根据业务需要，把许多个体通过网络联结起来，一旦业务完成即告解散。这种公司的外延变化频繁，而且它的负债和现金流量将按需要和效率分割成条块。对于这种“无实体公司”来说，建立在“持续经营假设”基础之上的许多会计处理方法显然不再适合，因为它违背了“持续经营假设”的根本前提——假定会计主体在可能预见的未来不被解散、终止。这就需要构建一种新的会计处理方法来反映“无实体公司”的结构和功能的变化。

3. 现实经济生活中兼并浪潮的迭起，增加了单个会计主体失去持续经营的可能性。在竞争激烈的市场经济中，企业有着强烈的发展扩张的欲望，一般运用两种基本方式进行，即通过内部投资新建生产能力和通过兼并寻求企业的重组和扩张。比较而言，兼并往往是企业发展效率较高的方式。其优势主要表现为以下几个方面：一是兼并可有效地降低进入新行业的障碍，大幅度降低企业发展的风险和成本，同时可充分利用被兼并企业的成功经验；二是通过兼并可以实现合理避税的目的，同时由于兼并的预期效应可以使兼并双方的股票价格大幅上扬，使股东财富增加；三是兼并可以不断扩大企业的市场控制能力，可以使企业获得某种形式的垄断，这样，既能带来一定的垄断利润，又能保持较强的竞争优势；四是通过兼并可以实现经验共享和优势互补，从而优化成本结构、降低产品价格、增加收入来源和增强抵御小规模地区性经济疲软的能力。正是由于兼并具有巨大的优越性，成熟的市场经济国家的代表——美国在近百年来掀起了多起兼并浪潮，其中 20 世纪 90 年代初发起的第五次浪潮，在兼并的数量、规模、垄断程度上都达到了历史最高水平，单在 1996 年就发生 1 万多起兼并行为。我国目前正处于改革的攻坚阶段，市场机制正发挥着越来越大的作用，很多优势企业通过兼并行为来提高自身对生产要素和资源的占有量，扩大名牌、主导产品的生产配套能力，利用被兼并企业的销售渠道、产品生产能力来扩大投资，提高技术水平，拓展新的领域和业务范围，提高市场占有率和规模经济程度。因此，兼并将成为我国市场机制发育完善过程中企业对外扩张的主要行为方式之一。而兼并则意味着一个会计主体的消失和另一个会计主体的变更或扩充。会计主体假设理论应对越来越多的兼并行为做好实务操作上的准备。

正是由于持续经营假设具有内在的和现实的局限性，西方一些会计学者不赞成把这一假设包括在会计理论的结构之列。例如，斯托尼（R. K. Stoney）（1959）认为，持续经营假设并不能证明存货按历史成本计价的合理性。“不是‘继续经营惯例’而是‘实现惯例’要求存货按成本计价”。而澳大利亚会计学家钱伯斯（R. J. Chambers）（1966）认为，持续经营不过是把一个企业看作是处于正常清算中的一个连续不断的状态，而不是把它作为已处于被迫清算之中。斯特林（R. R. Sterling）（1967）也认为持续经营与会计理论结构是不相关的，不能成为假设。以上事实和学者的观点都要求对持续经营假设重新作出科学的解释，使建立在其上的会计方法更具有合理性。当企业一旦获得不能持续经营的证据时，会计处理必须按照清算价值进行。

第三节　会计分期假设

会计分期假设是持续经营假设的逻辑延伸，指将企业持续经营期人为地分割为一个个连续的、长短相同的期间，以便结算账目、确定损益、编制报表、及时提供会计信息。由于持续经营假设已把会计主体当作一个长期存在的经营单位看待，而信息使用者为了短期决策却经常需要有关企业在某个时期的财务状况、经营成果和现金流量的各种信息。为了满足信息使用者的这种需要，企业应向有关各方提供信息，而不能等到经营活动结束时才去进行结算和编制财务报告，这样，就必须提出会计期间即会计分期假设。会计分期假设认为，凡是能描述一个企业财务状况、经营成果和现金流量的财务报告，就应该予以提供。会计期间分为年度和中期，年度通常是一年，称为“会计年度”。中期是指短于一个完整会计年度的报告期间，如月份、季度、半年度等。我国会计期间的起讫日期为公历日期。

会计期间的划分对会计核算有着重要的影响。由于有了会计期间，才产生了本期与非本期的区别；由于有了本期与非本期的区别，才产生了权责发生制和收付实现制，才使不同类型的会计主体有了记账的基准。采用权责发生制会计后，对于一些收入和费用也要按照权责关系在本期和以后会计期间进行分配，确定其归属的会计期间，为此需要在会计处理上运用预收、预付、应收、应付、预提、摊销等一些特殊的会计方法。

会计期间的划分，使企业连续不断的经营活动分为若干个较短的会计期间，有利于企业及时结算账目，编制会计报表；有利于及时提供反映企业经营情况的财务信息，能够及时满足企业内部加强经济管理及其他有关方面进行决策的需要。

然而，由于会计分期假设是人为地把持续不断的企业生产经营活动划分为较短的经营期间，为了分清各个期间的经营责任和业绩，在会计处理上就需要运用“应计”、“递延”、“分配”、“待摊”、“预提”等特殊的程序来处理一些应付费用、预收费用、各种折旧、各种摊销等项目，而这些特殊的会计处理程序，又是建立在一系列的会计假设基础上的，是人为的结果。这必然导致客观经济现实与会计反映结果的背离，是引致很多会计信息失实的制度性原因，是会计分期假设固有的理论上的缺陷。如固定资产折旧，对于当期应分摊多少固定资产损耗价值，会计上无法精确地加以计量。虽然固定资产取得时的价值是客观的、公允的，但固定资产可使用年限（尤其是经济年限）、固定资产的残值在事前是无法准确计量的。即使是在原值、可使用年限、残值已定的情况下，采用不同的折旧方法（直线法、加速折旧法等）确认的当期损益也截然不同。由此可见，要承认会计分期假设是合理的、必须的，就要承认会计处理上某些估计是难免的，而有估计就不可能精确，也就是说，要承认会计分期假设的合理性，就必须承认会计处理的结果——会计信息永远不可能是精确的，这也从另一方面印证了会计信息的真实性只能是相对的，是程序理性的结果。

第四节　货币计量假设

货币计量假设是指会计提供的信息主要以货币（即记账本位币）为计量尺度，会计是一个可运用货币对企业生产经营活动进行计量并把计量结果加以传递的过程。货币计量假设有两个含义：一是在诸多计量单位中假设货币是计量经济活动及其结果的最好单位；二是货币的单位价值是不变的。

货币计量假设可以使各种性质的会计主体（企业）的经济业务按同一标准计量反映，信息可比。企业的生产经营活动具体表现为商品的购销，各种原材料和劳务的耗费等实物运动。由于商品和各种原材料、劳务的耗费在实物上不存在统一的计量单位，无法比较，为了全面完整地反映企业的生产经营活动，会计核算客观上需要一个统一的计量单位作为会计核算的计量尺度。在商品经济条件下，货币是商品的一般等价物，是衡量商品价值的共同尺度，会计核算就必然选择货币作为会计核算上的计量单位。会计核算以货币计量，使会计核算的对象——企业的生产经营活动统一地表现为货币运动，能够全面完整地反映企业的财务状况和经营成果。

实践证明，上述基本假设对会计系统的正常运行是不可或缺的，如果违反这些基本前提的规定，现代意义上的会计就不能作为科学的信息系统为使用者提供服务。但是，就目前对实践认识的水平而言，人们又无法或不能证明它，因此将其界定为“假设”，“假设”所代表的前提和制约条件具有客观性，但人们却依靠判断来认识它，所以也不能排除基本假设中的主观和相对成分，当前，人们对会计假设所包括的内容看法不一致，原由就在于此。

货币计量假设有两个主要的限制因素：第一，会计信息应理解为基本上是可按货币定量或带有财务性的，这一假设导致人们把会计定义为“一门关于计量和传递货币性活动的学科”。第二，货币单位自身带有局限性，即它以币值稳定或币值变化甚微或者假定其变化不重要为附加条件（葛家澍、林志军，1993）。显然，货币计量假设固有的局限性已严重影响了会计学科体系的严密性及会计作为一门重要的计量科学在企业管理中应发挥的作用。

1. 把会计计量局限于货币计量，明显割断了会计计量的发展历史。恩格斯曾经指出：“历史从哪里开始，思想过程也应从哪里开始，而思想进程的进一步发展，不过是历史过程抽象的，理论上前后一贯的形式的反映；这种反映是经过修正的，但却是按照现实的历史进程本身的规律修正的。①”列宁也曾说过：对于每一事物，都要看它在历史上怎样产生，在发展中经过了哪些主要阶段，并根据它的这种发展去考察这一事物现在是怎样的。在原始社会时期，我国就出现了最原始的会计计量方式，即“结绳记事”、“简单刻记”。文字产生后，“会计”一词最早见于我国的西周，据《周礼》记载：“凡在书契版图者之贰，以逆群吏之治，而听其会计。”会计当时是直接用实物量度、劳动时间量度再加上必要的文字说明来计量财物收支情况的。而以货币计量作为会计计量的尺度，则是商品经济发展到一定阶段的产物。我们不能以某一特殊阶段的会计计量尺度来概括会计计量尺度的全部发展历史。

2. 即使在商品经济条件下，把会计计量局限在货币计量，也影响了会计作用的发挥。大家知道，社会财富一旦被赋予商品的属性，就成为使用价值和价值的统一体。而价值管理和使用价值管理的统一性随着管理空间的逐渐变小而愈益明显。例如，第一线的生产工人对其使用的原材料、工具设备等负有直接的管理职能，而这些生产资料本身既有一定的使用价值，又代表着一定量的价值。在这里，价值管理与使用价值管理是直接的统一。同样，对第一线的生产工人进行会计管理，用实物量度比用货币量度更为科学、方便。例如，炼钢厂的吨钢耗电

① 《马克思恩格斯选集》第2卷，人民出版社，1972年版。

量，在工人那里最直观的反映是电耗的实物量——度数，只有把度数乘以电价（货币计量）才是价值量。显然，对炼钢工人来说，最直观的指标是耗电度数，而不是耗用的电费，因为电费还要受到电价的影响。可见，把会计计量局限在货币计量上，不但人为割裂了价值与使用价值的紧密关系，也影响了会计作为一门最重要的计量科学在商品经济条件下应发挥的作用。

3. 货币计量假设实际上已把会计定义为“一门关于计量和传递货币性活动的学科”。而把大量的非货币性信息排斥在会计信息系统之外，这在市场经济条件下，尤其是在充满激烈竞争的信息时代，实际上是要强迫会计放弃社会经济信息主要提供者的角色，降低会计信息的作用。会计的现实情况充分说明了这一点。20 世纪 80 年代末以来，美国会计职业界受到来自学术界、国会、政府监管部门以及会计职业界自身的强烈批评，批评的焦点是：企业会计报告没有能够提供有价值的信息，报告未能面向未来，会计信息严重不完整，会计信息正在失去相关性。为此，美国注册会计师协会于 1991 年 4 月成立了企业报告特别委员会，并于 1994 年完成了题为《改进企业报告》的专题报告，该报告规定了企业报告应提供五大类信息：第一类，财务与非财务信息（企业经营业绩信息）。第二类，企业管理部门对财务与非财务信息的分析。第三类，前瞻性信息，其中包括三个信息要素，一是企业面临的机会和风险；二是企业管理部门的计划；三是将实际经营业绩与以前披露的机会和风险进行比较，以及与计划进行比较。第四类，有关股东、管理人员的信息。第五类，背景信息，其中包括三个信息要素，一是企业的广泛目标和战略；二是企业经营业务、企业资产的范围和内容；三是产业结构对企业的影响（陈毓圭，1996）。从这份研究报告中可以看到，增加了大量的非财务信息，并把财务信息与非财务信息紧密结合起来进行分析；增加了未来信息、前瞻性信息和背景材料，从而保证信息使用者在拥有最充分、最相关的信息基础上作出决策。这份报告发表后，在美国会计界、企业界引起了很大反响，它表明，会计要想巩固已有的地位，必须改进计量手段，扩大会计报告的信息容量，增加非货币性信息，为用户提供全面、综合的会计信息。

4. 货币计量假设为会计新兴分支学科的产生、发展设置了障碍。近几十年来，随着会计学科与其他学科的融合，出现了很多新的会计分支学科，有代表性的如社会责任会计、人力资源会计、资源环境会计、行为会计、质量会计等等。这些新兴会计学分支学科反映和控制的内容已远远超过货币计量所能涉及的范围，而深入到社会责任、企业责任、人的因素、环境资源、产品质量等许多方面。以社会责任会计为例，西方发达国家最为重视社会责任会计的法国于 1977 年以正式法令的形式要求职工人数超过 300 人的企业必须编制社会资产负债表，列示就业人数、工资福利、职工培训、行业关系、职工的住房和交通等有关方面的信息；以后欧共体第 4 号指令中就这一问题向各国提出了统一的基本要求。稍后于欧洲，美国政府和会计职业团体同样也就企业的社会责任提出了许多要求和建议。1976 年《幸福》杂志公布的 500 家企业年度报告中，有 456 家披露了社会责任履行情况的数据，所占比例达到了 91%。内容涉及到环境污染治理，对少数民族的雇佣，职工生活福利，对所在社区的捐献等诸多方面。通过对社会责任会计内容的扼要阐述可以看出，大部分内容是非货币性信息。其他会计分支学科的情况亦大致如此。可见，会计要想拓展自己的学科领域，与其他学科紧密融合，必须完善和拓展货币计量这一假设，把劳动量度、实物量度、质量量度等回归到会计计量体系中来，这样才能为会计在更广阔的领域发挥作用扫清障碍。

第六章 会计信息的质量特征及其结构体系

第一节 会计信息的质量特征

会计信息的质量特征是选择或评价可供取舍的会计准则、程序和方法的标准，是对企业财务报告所提供的会计信息质量的基本要求，是使企业财务报告所提供的会计信息对使用者决策有用应具备的基本特征，是对财务报告目标和原则的具体化。它主要回答怎样的会计信息才算有用或有助于决策。与财务报告目标和原则相比，会计信息质量特征能够更加具体地指导财务会计的确认、计量和信息传递。因此，研究会计信息质量特征及其结构体系对财务报告的正确列报至关重要。

要正确地把握会计信息的质量特征，首先应弄清楚质量的基本含义。国际标准化组织（ISO）在TC176/DIS8402《质量保证——词汇》一书中认为："产品、过程或服务满足规定或内在需要的特征和特性的总和。"英国标准BS4778《质量保证名词术语汇编》一书对质量下的定义是："产品或服务的全部特征和特性，能满足给定要求能力的总和。"我国国家标准GB6583·1—86《质量管理和质量保证术语》一书的第一部分对质量的定义为："产品、过程或服务满足规定或潜在要求（或需要）的特征和特性总和。"上述对质量的权威定义虽然在措辞上略有区别，但在本质上是一致的。因此，我们可以借鉴通用的质量概念，对会计信息质量下一个比较准确的定义，即"会计信息产品满足规定或潜在需要的特征和特性的总和。"而会计信息质量特征就是"会计信息为满足规定或潜在需要而必须具备的那些特征和特性要求"。

然而，要想全面、正确地理解上述会计信息质量特征的本质，还必须认识到会计信息质量是受到信息使用时间、使用地点、使用对象、社会环境、市场竞争等因素的影响的。具体来说，在使用时间方面，当时符合质量要求的会计信息会因报告时间的延误而失去本来应有的价值；在使用地点方面，不同的区域，因技术因素、人文因素、自然资源和环境因素等不同，对会计信息质量会有不同的要求；在使用对象方面，因使用对象的目标和用途及专业判断能力不同，对会计信息质量会有不同的要求；在社会环境方面，社会的发展，经济形势的变化，会使人们对会计信息质量的要求随之改变，即从偏重某一质量特征转为偏重另一或另几个质量特征；在市场竞争方面，原来认为符合质量要求的会计信息，会因为竞争对手的出现而使人们改变对其适用性的评价，从而对会计信息质量提出更新、更高的要求。综上所述，我们可以揭示出会计信息质量特征的本质：它是一个动态、变化、发展、相对的概念，而不是固定的概念，即要求内含的质量特征和特性均满足用户需要，并在一定条件下实现诸特征的最佳结合。

第二节　会计信息质量特征的研究成果评价

1. 美国对财务报告信息质量特征的研究

会计信息质量特征问题最初并未作为一个独立的问题引起会计学界的注意，如 A. C. 利特尔顿（1953）在《会计理论结构》一书中这样写道：充分披露所有重要和重大的会计信息是财务报表的一个重要规则，这表明作者认为财务报告披露的信息应该是重要的和重大的，但作者并没有专门讨论会计信息质量特征的问题，更没有将其与财务报告目标联系起来考虑。第一次将信息质量特征与财务报告目标联系起来研究的，是美国会计学会（AAA）在 1966 年出版的《基本会计理论说明书》，它认为“会计信息必须有助于目标的确定、决策和为实现目标而对资源进行管理的控制”，并提出了相关性、可检验性、超然性、可定量性等四个信息质量特征。而美国会计原则委员会（APB）在 1970 年发布的第 4 号《企业财务报表编报的基本概念和会计原则》报告，将财务会计目标表述为一般目标，将信息质量作为质的目标，它包括相关性、易懂性、可验证性、中立性、及时性、可比性和完整性等七个方面。美国会计学会对外财务报告概念与准则委员会于 1977 年发布的《会计理论与理论认可》报告中，也涉及到了会计信息质量特征的问题。该报告认为，为了做到对决策制定有用，会计信息必须具备几个标准的质量，首要的是相关性，其次是可靠性，客观性、可验证性、不偏不倚、精确性等是与可靠性部分重叠的术语，其他的质量如可比性、可理解性、及时性和节约性等也很重要。

1973 年 10 月，以罗伯特 · M. 特鲁伯鲁德为首的研究小组提出了一份研究报告。这份报告论述了 12 个财务报告目标，同时提出了会计信息质量特征的概念，认为能促使财务报告目标实现的信息质量特征有：相关性与重要性；形式与实质（实质重于形式）；可靠性；免于偏见；可比性；一贯性；可理解性。1980年，美国财务会计准则委员会在上述各项研究，特别是在特鲁伯鲁德报告的基础上，经过大量的调查研究，提出了有创见性的会计信息质量特征体系。FASB在财务会计概念公告第2号中认为：效益大于成本是会计信息质量的普遍性约束条件；可理解性是针对用户的质量；相关性和可靠性是针对决策的首要质量，其中相关性包括预测值、反馈值和及时性，可靠性包括可核性、中立性和反映真实性；可比性是会计信息的次要质量特征；所有的会计信息质量特征都要以重要性作为承认质量的起端。FASB在这一研究领域中的主要贡献在于，它把会计信息质量特征和财务报告目标加以区分。虽然这两个概念是相互关联的，目标决定会计信息质量特征，而质量特征又促使目标的实现。但是，这两个概念毕竟有所不同。因为目标的重点在于明确使用者对象及其特定决策的信息需求，而质量特征则是要使会计信息能有效地符合目标的质的规定性，也就是对财务报告目标中的一个问题——“使用者需要什么信息?”提出质量上的保证。通过会计信息的质量特征，目标才能贯穿于财务会计的有关确认、计量、报告等处理和会计选择之中，它可以看作是目标同会计程序与会计选择的中介。

2. IASC对财务报告信息质量特征的研究

IASC是以制定和发布国际会计准则（IAS），借以促进各国会计实务得以在国际上协调为目的的国际组织。在其1989年7月公布的《编报财务报表的框架》中，对财务报表的质量特征作了说明。《框架》认为，质量特征是指使财务报表所提供的信息对使用者有用的那些性质，可理解性、相关性、可靠性和可比性是四项主要的质量特征。可理解性是财务报表所提供信息的基本质量特征之一，就是便于使用者理解。相关性是指会计信息要想有用，就必须与使用者的决策相关，当会计信息通过帮助使用者评估过去、现在或未来的事项或者通过确认或纠正使用者过去的评价，影响到使用者的经济决策时，会计信息就具有相关性。可靠性是指当会计信息没有重要差错或偏向，并能如实反映其拟反映或理当反映的情况而能供使用者作为决策依据时，会计信息就具有可靠性。可靠性包括如实反映、实质重于形式、谨慎性、中立性和完整性等次级质量特征。相关性和可靠性相互制约，其限制因素为及时性和效益与成本之间的平衡及各质量特征之间的平衡。可比性是指对整个主体及其不同时点以及对不同的主体而言，同类交易或其他事项的计量和列报，都必须采用一致的方法。但对可比性的质量要求，不应当混同于单纯的统一性，并且不应当容许其成为引入经过改进的会计准则的障碍。如果采用的会计政策不符合相关性和可靠性等质量特征的要求，会计主体就不宜继续以相同的方法核算某一交易或其他事项，必须进行相应的会计政策的变更。

3. FASB 与 IASC 对会计信息质量特征研究的比较

（1）相似点。国际会计准则委员会和美国会计准则委员会所提出的会计信息质量特征具有如下的相同之处，也是它们共同的优点（吴水澎等，2000）：一是它们都是多层次的体系。IASC 提出的会计信息质量特征体系包括主要质量特征、次要质量特征和限制因素等三个层次，FASB 提出的会计信息质量特征体系包括首要质量特征及其构成、次要质量特征、针对用户的质量、承认质量的起端和普遍性约束条件。虽然它们在整个体系的构成上并不一致，但它们都体现了一种多层次的特点。这种特点能够明确体系构成要素之间的关系，便于人们对它的把握。二是它们都体现了会计信息使用者、会计目标与会计信息质量特征之间的关系。会计信息质量特征取决于会计目标，会计目标以会计信息使用者为前提。FASB 明确提出会计目标是提供决策有用的会计信息，虽然 IASC 没有明确这一点，而只是说明了有用性，但 IASC 在《编制和提供财务报表的框架》中提到：信息要成为有用的，就必须与使用者的决策需要相关联。可见，这种“有用性”也属于“决策有用性”，IASC 所奉行的会计目标也是“决策有用论”。

（2）差别点。国际会计准则委员会和美国会计准则委员会所提出的会计信息质量特征具有如下不同之处（裘宗舜，2001）：一是 FASB 把相关性和可靠性视为首要质量特征，且特别强调相关性，而 IASC 则平铺四项主要质量特性；二是 FASB 相关性的构成中包含及时性，而 IASC 则将及时性列为制约因素，将重要性视为相关性的成分；三是 FASB 的可靠性包含可验证性（可核性），而 IASC 则删除了它。也许他们认为，可靠的信息数据具有可验证性是必然的，既不能掩饰，也不必杜撰。

4. 我国关于会计信息质量特征的阐述

我国的会计规范并没有明确提出会计信息质量特征，只是在相关规范中进行了阐述。1993 年 7 月 1 日开始试行《企业会计准则》，与会计信息质量特征相关的规定集中在第二章《一般原则》中，它们的具体内容如下：（1）会计核算应当以实际发生的经济业务为依据，如实反映财务状况和经营成果。（2）会计信息应当符合国家宏观经济管理的要求，满足有关各方了解企业财务状况和经营成果的需要，满足企业加强内部经营管理的需要。（3）会计核算应当按照规定的会计处理方法进行，会计指标应当口径一致、相互可比。（4）会计处理方法前后各期应当一致，不得随意变更。如确有必要变更，应当将变更的情况、变更的原因及其对企业财务状况和经营成果的影响，在财务报表中说明。（5）会计核算应当及时进行。（6）会计记录和财务报表应当清晰明了，便于理解和利用。

(7) 会计核算应当遵循谨慎性原则的要求，合理核算可能发生的损失和费用。(8) 财务报告应当全面反映企业的财务状况和经营成果。对于重要的经济业务，应当单独反映。依据上述规定，可以把会计信息质量特征概括为：如实反映、有用性、可比性、一致性、及时性、明晰性、谨慎性、完整性和重要性等九个方面。

2001 年 1 月 1 日起暂在股份有限公司范围内开始试行《企业会计制度》，与会计信息质量特征相关的规定集中在第一章第十一条：企业在会计核算时应当遵循的基本原则中，共十三条，其中涉及的会计信息质量特征有：如实反映、实质重于形式、可靠性、相关性、可比性、一致性、及时性、明晰性、谨慎性、完整性和重要性等 11 个方面。

2007 年 1 月 1 日起在上市公司范围内开始试行《企业会计准则——基本准则》，与会计信息质量特征相关的规定集中在第二章第十二条至第十九条中，其中涉及的会计信息质量特征有：可靠性、相关性、可理解性、可比性、实质重于形式、重要性、谨慎性和及时性等八个方面。其中，可靠性、相关性、可理解性和可比性是会计信息的首要质量特征，是企业财务报告中所提供的会计信息应具备的基本质量特征；实质重于形式、重要性、谨慎性和及时性是会计信息的次要质量特征，是对可靠性、相关性、可理解性和可比性等首要质量特征的补充和完善。另外，及时性还是会计信息相关性和可靠性的制约因素，企业需要在相关性和可靠性之间寻求一种平衡，以确定信息及时披露的时间。

我国著名的会计学家葛家澍教授（2004）把会计信息质量特征分为两大类：一类是关于财务报表内容的质量，另一类是关于财务报表的表述和在其他财务报告中披露的质量。关于第一类，可靠性和相关性是主要的质量特征，可比性（含一致性）是次要的质量特征。不论是主要的质量特征还是次要的质量特征，都要具有可理解性。重要性是有用质量的前提，效益大于成本是选择信息的约束条件。关于第二类，则包括完整性、充分披露、实质重于形式、谨慎和透明度。

与国际会计准则委员会和美国财务会计准则委员会所提出的会计信息质量特征体系相比，我国对会计信息质量特征的研究尚存在以下不足，主要表现为：虽然已经提出了主要的质量特征和次要的质量特征，但它们之间只是一种松散型的关系，未能明确它们之间的内在勾稽关系，也未能形成一个有机的整体。这不仅不利于会计主体和会计信息使用者对会计信息质量特征的不同方面进行权衡，而且也不利于他们对会计信息质量特征的总体把握。

第三节　会计信息质量特征体系的构建

充分考虑和吸收国际会计准则委员会和美国财务会计准则委员会的相关研究成果，以及我国《企业会计准则——基本准则》对会计信息质量特征的界定，根据对会计信息质量特征的本质认识，我们认为，会计信息质量特征应包括以下几个层次：

一、第一层次：最重要的质量特征——有用性（适用性）

J·M 朱兰（1989）认为：产品在使用时能成功地适合用户目的的程度，称为“适用性”。“适用性”这个概念通俗地用“质量”这个名词来称呼，它概括了质量特征和特性的全部含义。SFAC NO. 2 也认为：对（用户）决策的有用性（适用性）应作为最重要的质量特征。如果没有有用性，就谈不上从信息中获得足以抵偿该项信息所需成本的利益。有用性的含义主要包括五个方面：①即对不同用户决策目标的适用性；②信息包含的各质量特性之间的相互适应性；③对不同用户职业判断能力的适用性；④对不同用户使用上的经济适用性；⑤对社会的有用性。当然，会计信息是否有用，是否适合用户需要，关键取决于其是否相关、是否可靠，是否能被用户理解、接受，这又构成会计信息质量特征的第二个层次。

二、第二层次：主要的质量特征——相关性、可靠性、可比性、可理解性

（一）相关性

相关性要求企业提供的会计信息应当与信息使用者的经济决策需要相关，有助于信息使用者对企业过去、现在或者未来的情况作出评价或者预测。因此，会计信息质量的相关性特征，要求企业在确认、计量、报告会计信息的过程中，充分考虑使用者的决策模式和信息需要。然而，在会计实践中，相关性是一个比较模糊的概念，很难具体说明，但它至少涉及到以下几个问题：

1. 会计信息应该与谁的需求相关。谁是会计信息使用者，不仅关系到会计目标的定位，还关系到会计信息能否达到特定的质量特征，包括相关性的要求。相关性最初是指一般相关性，也就是将财务状况、经营成果、现金流量信息都作

为与使用者经济决策有关的信息，向使用者提供通用的会计信息。

在现行会计模式下，通用会计信息的提供是通过编制标准化的、通用的财务报告来实现的，对不同的使用者提供相同的财务报告，并使之标准化、程序化，这种报告模式是基于以下基本假设：①不同信息用户对信息的需求是大量的、稳定的、同质的，并且这些需求对信息提供者来说是已知的；②满足这些信息需求的办法是用标准化的格式来报告企业的财务状况、经营成果和现金流量；③提供标准化的财务报告对于报告单位、审计人员和监管者是经济的、实用的和方便的，能够给他们带来规模效益。同时，标准化也简化了财务报告程序，并有利于保持不同企业提供会计信息的可比性。因为对一些人而言，可比性对信息使用者至关重要。另外，标准化使拥有有限资源的监管者和准则制定者更能有效地监督企业的财务报告行为。

其次，认为编制和提供标准化的财务报告能更好地满足不同用户的信息需求，其理论依据源于程序理性而不是结果理性是会计所可能实现的统一目标（Seal，1993）。当人们就会计规则制定权进行谈判并作出合约安排时，人们实际关注的不是这一安排能达到一个怎样的完美结果（实现目标），而在于这一安排是大家（至少是大多数）共同认可的，是遵循大家都能接受的决策规则与程序作出的，这是程序理性的思想。根据诺贝尔经济学奖获得者西蒙（1979）的解释，程序理性是指行为是适当考虑的、深思熟虑的结果，那么，该行为就是程序理性的。因此，行为的程序理性取决于它的产生过程，也即行为过程符合规定标准，该行为就是程序理性的；它强调的是行为机制（程序）的理性，而不是注重结果，因为结果总是一定行为程序的结果，只要保证了行为程序的理性，结果就是可以接受的。西蒙还认为，现实生活中的人受基本生理限制及由此引起的认知限制、动机限制，不存在完全理性，而是介于完全理性和非理性之间的有限理性状态。人的天赋所具有的有限信息处理能力和世界的巨大复杂性，导致人在不确定性下的选择无法按照实质理性的方式采取行动，只能依靠采用某一理性的程序来减少不确定性程度，因此，应以程序理性替代实质理性（结果理性）来进行经济学研究。

美国著名的哲学家约翰·罗尔斯也认为，不存在任何有关结果公平性的独立标准，但是存在着有关形成结果的程序公平性的标准，因此，只要这种公平性的程序得到人们恰当的遵循和执行，由它产生的结果就应该被认为是正确的和恰当的，无论它们会是怎样的结果。正是由于程序理性具有相对的优越性，各国在制定会计标准时主要遵循了程序理性思想。而依据程序理性生产和报告的会计信息，其真实性并不体现在它自身有多么“真实”，而在于依据的程序是否公允、是否严格遵循了公允的程序，如是，就是“真实”的，否则，就是“虚假”的。因此，依据程序理性生产和报告的会计信息的真实性与依据结果理性生产和报告的会计信息的真实性必然存在一定的差距。但在目前的客观条件下，立法者只能追求程序理性标准，因为“程序理性而不是结果理性是会计所可以实现的唯一目标”（Seal W B，1993）。

由于结果的正确或公平与否是人们主观上最难以评价与衡量的，特别是在标准多元化的现代社会，评价主体认知能力的差异以及主观期望与结果之间的反差程度的影响，相同的结果对不同的人有不同的感受。因此，程序公正替代结果公平成为衡量会计信息是否有用和有效的主要标准。

显然，基于程序理性思想，目前的财务报告提供的信息已经达到了相关的要求，基本能够满足“现有和潜在的投资者、雇员、贷款人、供应商和其他债权人、顾客、政府及其机构和公众”这样一系列信息使用者的需求。但是，使用者除了一些共同的信息需求外，还面临一些特定的决策问题，相比之下，他们更需要能够满足自己特定需求的信息。例如，投资者会更加关注投资报酬和投资风险，更需要能够帮助其作出正确“或购或持或售”决策的信息，提供评估企业股利支付情况的资料；贷款人则会重点关注企业的偿债能力信息；而政府及其机构更加关心有利于决定宏观经济政策和控制企业活动的信息等。会计信息只有真正满足了使用者的特殊需要，才能真正具有决策相关性，所以，我们必须在提供通用信息和特定信息之间作出选择。当然，要实现在提供通用信息的同时，提供特定的信息，必须具备一系列条件，主要包括会计数据处理和报告的电子化、信息化，数据库技术（尤其是数据仓库技术）在会计信息管理中的广泛应用，个性化信息服务系统的建立及会计信息系统安全保障制度的建立等。而目前我国有相当一部分企业尚未具备这些条件。因此，如何更有效地提供满足一般相关性要求的通用信息，依然是目前提高会计信息相关性的首要任务。而基于完善的网络环境，提供满足个性化需求的特定信息，则是实现会计信息相关性的理想目标。

2. 会计信息应该与什么相关。会计信息很难普遍具有决策相关的质量特征，那么，会计信息还可以与什么相关呢？会计学家埃尔登·S. 亨德里克森认为：相关性包括三种概念，即决策相关性、目标相关性、语义相关性。决策相关性是指会计信息应该与使用者的特定经济决策相关，具体内容如前所述。目标相关性是指会计信息要与使用者所要达到的目标相关。他还认为目标相关性是评价相关性的最好概念。由于使用者的目标要比他们的各个特定决策显得明确，而且比较容易把握，所以，目标相关性往往要比决策相关性更易于达到。目标相关性所带来的主要问题是目标本身都具有比较鲜明的主观性质，使用者有各种各样的具体目标，且随着使用者目标的不同，相关性的具体形式和标准会随着使用者的价值取向和参照系的不同而存在明显的差异。因此，在传统条件下，会计信息很难满足使用者的各种主观愿望所导致的不同需求。由此可见，目标相关性的实现在传统条件下也是比较困难的。语义相关性是指会计信息应该能够让使用者了解财务报告的用意，理解会计信息比了解使用者的决策和目标更为容易，所以，语义相关性比决策相关性、目标相关性更容易达到。但是，可以理解的会计信息是否对使用者有用值得怀疑，也就是说，使用者需要的会计信息必须具有语义相关性，但具有语义相关性的会计信息不一定是使用者所需要的。

3. 会计信息与决策的相关程度。在承认决策相关性的前提下，对相关性的理解可以归纳为以下四种：一是会计信息包括了企业股票的内在价值，股票价格会随着会计信息的发布而波动，即会计信息领先于股票价格的波动。二是如果会计信息能有助于使用者进行预测，它就是相关的。三是会计信息相关性是指其“俘获”或“汇总”能影响股票价格的信息的能力，而不要求会计信息是市场上影响股票价格的各种信息中最先发布的。这种理解与现有文献对会计信息相关性的讨论是相符合的。四是会计信息相关性是指在一个严格的实证研究环境下，会计信息的发布与股票价格的反应没有明显的关联，此时即认为会计信息不具备相关性。这需要同时考虑两个概念：其一，投资者是否关注会计信息；其二，会计信息的及时性和预测价值。

美国财务会计准则委员会认为，一项信息是否具有相关性，主要由三个因素所决定：即预测价值、反馈价值和及时性。

（1）预测价值。如果一项信息能帮助决策者预测过去、现在及未来事项的可能结果，则此项信息就具有预测价值。决策者可以根据预测的可能结果，作出最佳决策。因此，预测价值是相关性的重要因素，它具有改变决策反馈的能力。会计信息应具有预测价值，但不一定非要采取明确的预测形式。有关过去交易和事项的编报形式本身，就能提高根据财务报表进行预测的能力。

（2）反馈价值。一项信息如能帮助决策者证实或更正或修正过去决策时的预期结果，此信息即具有反馈价值。把过去决策所产生的实际结果反馈给决策者，使之与当初作决策时所预期的结果相比较，即知道过去的预期是否有误，将来再作同样的决策时可将其作为参考。因此反馈价值也有助于决策者的决策。

（3）及时性。及时性是指企业对于已经发生的交易或者事项应当及时进行确认、计量和报告，把会计信息在失去影响决策的能力之前提供给决策者，不得提前或者延误。信息具备了及时性，不一定能成为相关的信息，但是倘若不及时，原来相关的信息肯定会变为不相关。因此，如果要想影响决策，任何信息都必须在决策前及时提供。在会计确认、计量和报告过程中贯彻及时性，必须做到以下几点：一是及时收集会计信息；二是及时处理会计信息；三是及时传递会计信息。

（二）可靠性

会计信息可靠性要求企业应当以实际发生的交易或者事项为依据进行确认、计量和报告，如实反映符合确认和计量要求的各项会计要素及其他相关信息，保证会计信息可靠、完整，免于错误的偏差。会计信息如果不可靠，不仅无助于决策，而且还可能导致错误的决策。所以，可靠性也是会计信息的一个主要质量特征。按照美国财务会计委员会第 2 号财务会计概念公告，可靠性的主要标志包括反映真实性、可核性和中立性。国际会计准则委员会认为，会计信息“当其没有重要差错或偏向并能如实反映其所拟反映或理当反映的情况而能供使用者作依据时，会计信息就具备了可靠性”，这种观点偏重于把反映真实性作为可靠性的唯一标志。我们认为，应该把可证实性和中立性如实反映，同时将其作为可靠性的标志。

1. 如实反映。如实反映是指会计信息应当与其所要表达的现象或状况保持一致或吻合，会计信息若不能真实反映所计量的经济事项，就不会有可靠性。会计信息反映经济事项应遵循实质重于形式的原则，即会计信息应当恰当地反映所表述的经济事项的经济实质而不是其表面形式，这里所说的“如实”就是指恰当反映其经济实质。各种会计方法都是对经济实质的近似反映，在特定情况下，某一方法可能会优于其他方法，更接近于反映其经济实质，但这种比较在现实中是很难进行的。如实反映要求会计人员选择适当的会计方法，如实反映的特征旨在减少会计方法的偏差，使会计信息能更恰当地表达经济活动的真实情况，从而使其具有可靠性。如实反映是第一位的，可证实性是第二位的，适当的方法是前提，恰当的运用是条件，只有两者的结合才能得出可靠的会计信息，缺少任何一方都会导致会计信息缺乏可靠性。

2. 可证实性。可证实性是指具有相似背景的不同的人分别采用同一会计方法，对同一事项加以处理，就能得出相同的结果。可证实性能确保会计人员正确而无偏差的使用其选择的会计方法，不论该方法是否恰当，只要会计人员已正确使用了，并未掺杂个人偏见，会计信息就符合了可证实性的要求。可证实性的特征旨在减少会计人员的偏差，而不计较会计方法是否恰当。可证实性的实现要求有确定的会计方法和无偏见的会计人员，而会计方法是可以选择的，会计人员也是有偏好和理性的，所以，可证实性的达到也有一定的困难。

3. 中立性。美国会计原则委员会第4号报告在第91段第4条中立性中指出："中立的财务会计信息是趋向于使用者的共同需要，且与信息的特定使用者的特殊需要及其推断无关，不基于特定使用者的特殊需要而作推定及进行计量，才能增进信息对使用者的共同需要的相关性。财务会计信息的提供者，不应试图增加信息对少数使用者的有用性而伤害到可能具有相反利害关系的其他使用者。"FASB的SFAC. No. 2对中立性的阐述一共有13段，其中对中立性的定义是这样表述的：在执行和制定会计准则时，首先应关注所提供信息的相关性和可靠性，而不是它对特定利益者造成的影响，信息不应当有预定结果的偏向。

美国会计学家亨德里克森（Eiden S. Hendriksen）在他所著的《会计理论》（第四版）一书中指出，公允、正当和无偏见是指会计报告和报表不受不正当权势或偏见的影响，它们不应带着损害别人而为任何特定个体或集团服务的目的来编制，所有各有关方面的利益都应适当平等地加以考虑。

由上所述，我们不难发现，西方会计学者对真实、公允和中立性的解释意义相近，特别是公允和中立性表现得更为明显。

与可靠性密切相关的还有另外两个概念，即真实性和客观性。真实性指会计信息应真实反映经济事项，要求会计信息完全按照现实状况来反映；可靠性要求会计信息能恰当地反映经济事项以达到会计目标的要求，也就是说，可靠性是受会计目标限制的，只要求能恰当反映所希望反映的内容即可，这些内容是为会计目标服务的，并受使用者信息需求的限制。真实性则只要求客观真实地表述经济现实，不必受其他条件的限制。可靠是接近于真实性的，但真实的一定是可靠的，可靠的却未必是真实的。由于会计信息是一个人造系统，加上人的知识的相对性和认知的有限理性，这就决定了财务报告只能根据预定的目标恰当地反映经济事实，而不能做到完全真实地反映经济事项。因此，真实性只能作为会计信息理想的质量特征，而不能作为现实的质量特征，可靠性更能体现会计信息系统的本质要求。

对于会计信息的客观性，人们有不同的理解。当客观意味着公正、无偏见和不偏不倚这样一些所谓的道德标准时，客观性就演化为会计人员的职业道德问题，而很难直接的进行检验和分析；当客观是指会计信息的可验证性时，根据会计凭证能够得到证实的信息就未必是客观的。即使上述客观性无可置疑，由于会计方法选择、职业判断和估计等因素，会计数字从形式上虽然可精确到元、角、分，但其客观程度却是相对的，所以我们必须审慎地看待这种客观性（朱元午，1999）。

（三）可比性

可比性是指能使信息使用者从两组经济情况中区分其异同的质量特征，要求不同企业之间的会计政策具有相同的基础，会计信息所反映的内容也应基本一致。当经济情况相同时，会计信息应能显示相同的情况；当经济情况不同时，会计信息亦能反映其差异。可比性不应把有时相一致而进一步加以研究的结果当做是其差异性大于其相似性的这种现象而混淆起来。名副其实的会计信息的可比性不是靠更多地把不相似的事物看成是相似的，或把相同的事物看成是不同的事物来达到的。作为会计信息质量，可比性与相关性和可靠性不同，它是表明两个或几个信息之间关系的质量，在某些特定的情况下，会计信息可以是相关的或可靠的，但却不是可比的，为了加强可比性，可能会加强或削弱相关性或可靠性。可比性并不要求各企业均采用相同的会计政策，而应该按各企业的实际情况选用适当的会计政策，以如实反映为依据。可比性是以可靠性为基础的，只有可靠的信息才能使其真正具有可比性，不可靠性的信息的可比性也是不可信的。

（四）可理解性

可理解性要求企业提供的会计信息应当清晰明了，便于使用者理解和使用，它针对的是会计信息使用者的质量。可理解性受下列两个因素的制约：一是使用者的特点，如掌握经济知识的广度和深度，是否愿意相当努力地去钻研；二是信息固有的特征，只能为少数人所理解或使用的信息可不予提供，即不以通用报表的形式加以提供。但也不能仅仅由于有些人因自身知识的缺陷导致理解有困难，而把有关的重要信息排除在外。

相关性和可靠性的两难选择。相关性和可靠性是同等重要的会计信息质量特征，有用的信息一要可靠二要相关，这早已成为信息使用者和信息提供者的共识。然而，如果说信息的有用性是其相关性和可靠性的函数的话，那么相关性和可靠性之间就不一定是互为函数关系。在某种情况下，有的信息相关性很好，但可靠性较差；有的信息可靠性很好，但相关性较差。相关性和可靠性并非总在同一方向上影响信息的有用性，但又必须尽可能统一于信息有用性的原则之下。如果相关性失去可靠性的支持，就会降低甚至失去相关性，会对使用者产生误导作用；如果信息虽然真实可靠，却与使用者的需求相去甚远，也会因不具备相关性而失去可靠性存在的意义。可见，相关性和可靠性是紧密联系在一起的，既不能离开可靠性去谈论相关性，也不能离开相关性去谈论可靠性，它们总是在同时影响或决定着信息的有用性（朱元午，1999）。我们必须对两者给予同等程度的重视，它们的排列，孰先孰后并不重要，重要的是当两者不能同时兼顾时，是牺牲相关性还是牺牲可靠性？这要根据具体情况进行取舍，历史上的不同时期各有侧重，在某一时期突出对相关性的要求，而在另一时期则突出对可靠性的要求。英国会计准则委员会对此曾作了这样一个表述："假定在那些质量特征中出现矛盾，如位置的转换仍能符合财务报表的目标。即假如信息是最相关的，但不是最可靠的，或者情况相反（信息是最可靠的，但不是最相关的），则有用的信息项目是这些可靠信息中最相关的项目。"这就是说，可靠性是有用信息的基础或前提。我国现阶段的会计信息在相关性和可靠性方面还存在着很多问题。但是，在我国企业经济决策主要不是依据会计信息的情况下，或者说信息使用者对会计信息的相关性要求并不是很高时，会计信息的可靠性问题就更为突出，也显得更为重要。因此，在设计我国的会计信息质量特征时，应把可靠性作为最重要的质量特征。正如葛家澍教授（2004）所言："不相关的信息固然无用，但并非对所有人都无用。而不可靠的信息更为危险——所有使用者的决策都会被它误导，从而带来难以估量的风险。"当然，随着我国市场经济环境的日趋成熟，会计信息生产和报告系统的日趋完善，在会计信息的可靠性作为最基本的质量要求已得到有效解决的前提下，会计信息的相关性将恢复其作为最重要的质量特征的本来面目，因为决策相关性目标始终要求把会计信息的相关性放在首位。

三、第三层次，限制性和辅助性质量特征

限制性和辅助性质量特征主要包括效益大于成本，各质量特征之间相互协调和平衡，以及完整性、充分性、重要性、实质重于形式、审慎等特征。下面我们对上述主要的限制性和辅助性质量特征作简单说明。

1. 效益大于成本。效益大于成本是指财务报告提供的信息，只有当利用它所带来的效益高于提供它或取得它的成本时才是合理的。效益大于成本是一个普遍性的约束条件，而不是一个强制性的约束条件。在会计信用披露管制条件下，成本效益原则的作用极其有限。因此，我们把它视为辅助性的质量特征。

2. 各质量特征之间相互协调和平衡。各质量特征之间相互协调和平衡是指各质量特征虽然其所处的层次和重要性有所差异，但都应服务于财务报告目标，是财务报告目标的具体化。因此，在编制财务报告、提供会计信息时，应注意各质量特征之间的相互协调和平衡，不能因片面重视某一个质量特征而偏废其他的质量特征，这会导致整个质量特征体系的失衡。同时，各质量特征之间因具有内在的同质性，避免发生实质上的冲突。

3. 完整性。完整性是指无论是表内还是表外，财务报告不应遗漏会计准则、

制度规定的必须列报的所有事项。更准确地说，完整性包括两层含义：一是所有法律、法规、规章规定的重大会计事项，财务报告必须完整地、全面地披露，不得出现重大遗漏，但涉及商业秘密的重大会计事项，经过必要的批准程序可以暂不披露或延期披露；二是完整性并不是要求财务报告事无巨细地将有关信息一概公开，而是要同时遵循简约性原则，以提高信息使用者的决策效率。

4. 充分性。充分性是指财务报告不但要完整披露会计准则、制度规定的所有事项，还要尽可能披露对信息使用者决策有用的、非法定披露的其他事项和情况。充分性是基于用户导向目标而提出的，是对完整性的补充和延伸，它不像完整性那样具有强制性，而是更多地具有自愿的成分。

5. 重要性。重要性是指当一项会计信息被遗漏或错误的表达时，可能会影响到依靠该信息所作的决策，换言之，该项信息的重要性大到足以影响决策。重要性原则的使用具有一定的主观性，一项信息是否应单独提供或揭示，应视其本身的性质及相关情况而定。过多的信息和过少的信息一样会产生误导。在信息太多时，真正相关的信息就可能被掩盖，冗长而又充斥诸多无关细节的信息会影响预测和决策。所以，重要性也可被认为是特定用户在处理数据而无能为力时所设定的一个取舍条件。

6. 实质重于形式。IASC 认为，实质重于形式是指“信息如果要想如实反映其所拟反映的交易或其他事项，那就必须根据它们的实质和经济现实，而不是仅仅根据它们的法律形式进行核算与反映”。我国的《企业会计制度》基本上沿袭了这一概念，要求“企业应当按照交易或事项的经济实质进行会计核算，而不应当仅仅按照它们的法律形式作为会计核算的依据”。制定与实施实质重于形式原则的初衷，是为了防止会计人员在会计核算时忽视某些实质很重要但形式并非显示出其重要性的信息；或虽然形式很复杂，但实质并不重要的经济事项可能造成的会计信息反映的肤浅或失真，它是对会计人员会计确认行为的引导与约束。实质重于形式的内涵强调的是一种选择，即是在形式与实质不统一时，偏重于按实质进行修正的规范要求。实质重于形式的本质在于保证会计信息能够如实反映经济活动或事项的实质，使会计信息真实可靠。

7. 谨慎性。IASC 认为，谨慎性是指“在有不确定性因素的情况下作出所要求的估计时，在判断时加入一定的稳健，以使不虚计资产或收益，也不少计负债或费用，从而使各种经济活动中的内在风险与不确定因素得到最恰当的处理”。FASB 没有明确提及谨慎性原则。我国的《企业会计制度》对谨慎性的要求是：企业在进行会计核算时，“不得多计资产或收益，少计负债或费用，但不得计提秘密准备”。另外，我国许多著名的会计学者对谨慎性也提出了自己的见解。葛家澍认为："谨慎则在准则或制度允许选择的前提下，宁可多报可能的损失或负债，而不多报可能的收益或资产。"汤云为认为，谨慎性是指"在资产计价及损益确定时，如果有两种以上的方法或金额可供选择，会计人员应选择对本期净资产及利润较为不利的方法或金额"。同时他也指出："虽然谨慎冠以原则字样，实则为会计人员在处理相关事项时所持之态度。"裘宗舜认为，"当存在不确定因素的情况下，要作出所要求的预测与预计时，在推测的判断中应持有谨慎态度"。陈今池认为，"谨慎性原则是指某项经济业务有几种会计处理方法可供挑选时，应当选用对业主产权产生乐观影响最小的那种方法"。

我们认为，对谨慎性的理解是在遇到不确定性的情形时，会计人员应持有较为稳健的态度，它是对那些不是很相关与可靠的数据的约束，同时，"对一致性而言，也是一个相关的约束"（亨德里克森）。所以，将谨慎性作为对有关会计行为及其相关依据和影响因素的修正与限制是符合其内涵的。如谨慎性要求企业定期或至少每年年末，对可能发生的资产损失计提资产减值准备，就体现了谨慎性对历史成本原则的修正。

另外值得注意得是，由于对谨慎性的贯彻没有一个统一的标准，而是取决于会计人员的专业判断，因此可能导致可比性的缺乏。而且，"谨慎性通常会导致对企业财务状况、经营成果以及现金流量发生误解，因而受到越来越尖锐的批评，其在会计理论中的地位已大大降低"（汤云为）。因此，我们认为，对谨慎性原则的应用，应充分考虑到不对可靠性和可比性产生负面冲击。在这一点上，J. 小布鲁斯对谨慎性本质的认识似乎更加深刻、全面。他认为，"谨慎性原则要求会计确认收益与利润时要慢一些，确认费用与亏损时要快一些"。

第七章 会计确认

会计循环一般包括确认、计量、记录和报告，而会计的确认和计量正是会计核算的核心，它体现了会计核算进行定性分析和定量分析的技术特质，并贯穿于会计核算的始终。在纷繁复杂的经济世界中，企业的经济活动变得越来越复杂，越来越多的交易创新和金融创新层出不穷，使得人们必须重新认识原有的确认计量理论，通过大量研究不断拓展会计确认和计量的内涵和外延，并在实践中不断检验理论的应用，来提高会计信息的质量。

广义上的确认可以把会计上的记录、计量和在财务报表上的报告这三个过程都包括在内（汤云为等，1998），它决定了哪些交易与事项应当进入会计信息系统？所输入的数据又应当归入哪个会计要素？什么时候应计入该会计要素？又应当确认为多少金额？而狭义的确认定义将确认与记录、计量和报告三个过程区分开来，本书仅从狭义上探讨会计确认的含义。

第一节 会计确认的含义

会计确认是计量、记录、报告的前提，是会计循环的起点，贯穿会计信息加工的始终，它决定了会计数据的输入、加工和输出，因此会计确认是非常重要的。企业每天生产经营活动产生大量的、分散的、复杂的原始数据，会计确认需要根据既定的标准和原则进行分析、甄别和筛选，确认哪些交易和事项应当输入到会计信息系统中，什么时候输入到会计信息系统中，作为什么会计要素记录，又如何通过分类、汇总和压缩反映到会计报表当中。这些会计数据的加工不仅要遵循有关法律法规以及规章制度，而且要受到会计目标、会计假设、会计准则的约束。本节拟通过追溯会计确认定义的历史，比较各类对会计确认的已有研究，在此基础上结合知识经济时代交易创新、金融创新的特点，探讨当今会计确认概念的含义，以期推动会计确认理论研究在我国的发展。

会计确认一词的出现可以追溯到 20 世纪 30 年代，如佩顿（Paton，1938）

在《会计纲要》中使用了“收入确认”，并提出在账户中确认收入与费用的恰当时机问题。他与利特尔顿（1940）在《公司会计准则绪论》一书中也论述到了收入确认问题，并提出收入确认的两种基础：销售基础与现金基础，但是当时对确认的研究仅局限于对收入确认的研究上，很少应用“确认”来说明费用，更没有涉及到资产与费用的确认，而且佩顿所论及的“确认”是与“实现”混淆使用的。

美国会计原则委员会（APB，1970）颁布的第4号报告《企业财务报表的基本概念和会计原则》推动了“确认”一词在甄别经济业务并量化处理过程中的应用。该报告的6条普遍适用原则（pervasive principle）的第一条就是“初始入账原则”（initial recording principle），该原则决定了进入会计系统处理的数据资料，入账的时机，资产、负债、收入和费用被记录的数额。在具体的应用原则中，经济业务选择原则就要求辨认应予记录、报告的事项，并认为，并不是所有影响一个企业的经济资源和义务的事项，在其发生时就要记录与报告。该报告虽然没有明确提出“确认”一词，但它所体现的确认的基本含义已经和今天我们所应用的确认的含义非常相似了。该报告直接推动并导致了“确认”一词在会计中的广泛应用，然而会计确认的第一次权威定义则产生于1984年。

美国财务会计准则委员会（FASB，1984）发表了第5号财务会计概念公告《企业财务报表的确认和计量》，正式定义了会计确认：“确认是将某一项目作为一项资产、负债、营业收入、费用等正式记录及列入某一财务报表的过程，确认包括以文字和数字描述一个项目，其数额包括在报表的总计之中。对于一笔资产或负债，确认不仅要记录该项目的取得或发生，而且还要记录其后发生的变动，还包括从财务报表中予以消除的变动，还包括导致该项目从财务报表上予以剔除的变动。”会计确认应当涵盖三个阶段：（1）初始确认（Initial Recognition）；（2）再确认（Subsequent Recognition）；（3）终止确认（De－recognition）。而且，美国会计准则委员会（FASB）最早提出了确认的标准：可定义性、可计量性、相关性和可靠性，标志着会计确认的重要发展。

国际会计准则委员会（IASC，1989）在《编报财务报表的框架》一书的“财务报表要素的确认”部分第八十二段提出：“确认是将符合要素定义和第八十三段规定的确认标准的项目计入资产负债表和损益表的过程。它涉及到以文字和金额表示一个项目并将金额计入资产负债表和损益表的总额中。符合确认标准的项目，应当在资产负债表或收益表内得到确认。对于这类项目未被确认的，是不能通过披露所采用的会计政策或者通过附注或说明性材料来加以纠正的。”并且将确认的标准定义得更具有原则性，即“与该项目有关的未来的经济利益将很可能流入或流出企业；对该项目的成本或价值能够可靠地加以计量”。

英国会计准则委员会①（ASB，1999）在财务报告原则公告第五章“财务报表的确认”中认为，“当报告主体从事一项交易，当某种其他相关的事项发生时，如果满足某些标准，那么，该交易或事项对财务报表的影响在财务报表中确认。”“确认是同时用文字和货币数量对要素加以描述，并将其数量列入报表汇总”。并将确认分为三个阶段：初始确认、后续再计量和终止确认。初始确认指某个项目首次进入财务报表，所需满足的标准是有充分的证据表明该项目之中资产和负债的变化已经发生和能够用货币充分可靠地计量；再确认是改变账簿上的以前所确认项目的货币数量，所需满足的标准是有充分证据表明该资产或负债的变动确实已经发生并且新的金额能够充分可靠地计量；终止确认是将一个已经确认的项目从财务报表中移去，所需满足的标准是没有足够证据表明主体有取得未来经济利益的权利或转移经济利益的义务。我们在这里统一把英美的确认观称为三阶段观。

我国对会计确认的讨论研究始于20世纪80年代，葛家澍教授（1988，1995）提出：“所谓会计确认，是指通过一定的标准，辨认应予输入会计信息系统的经济数据，确定这些数据应加以记录的会计对象的要素，进一步还要确定已记录和加工的信息是否全部列入财务报表和如何列入财务报表。”而且认为：“确认包括初始确认和再确认两个步骤。初始确认解决的是经济业务数据是否应该输入会计系统以及输入会计系统的数据到底对哪些会计要素产生什么样的影响。再确认则是决定哪些项目是否以及如何列入财务报表的问题。”也就是说，会计确认第一次解决会计的记录问题，第二次解决报表表述问题，我们可以把它概括为确认的两阶段观。

关于会计确认，在我国2006年最新颁布的会计准则中，并没有专门关于会计确认概念的严格定义和专门论述。通过对上述各类公告对确认概念表述的比较，我们可以对确认这个概念概括如下：

1. 在整个会计循环中，确认是决定交易或事项是否能进入会计信息系统的第一道关口，而符合要素定义是判定是否确认的首要标准，可计量性是另一个必要条件。确认是将某个项目作为资产、负债等会计要素正式记录并列入财务报表的过程。

2. 确认，既要用金额又要用文字表示，并且还要将其金额计入财务报表的总计之中，那么其他的注释以及在财务报告中披露的信息不能够对表内信息形成

---

① ASB：“Statement of Principles for Financial Reporting”. 1999，Appendixz2：Par. 11 – 12.

替代。换言之，凡是依据所有的确认标准并通过严格的确认程序将交易和事项纳入报表的过程才能是表内确认，否则，在会计报表之外的信息属于披露的范畴，而对于披露的要求并不像确认的要求那么严格的。表内的信息是会计信息系统最核心的信息，而表外的信息仅仅是对表内信息的补充说明。

3. 确认的整个过程需要会计人员的大量职业判断，会计人员在确认的过程中，不仅需要运用相关确认标准判定是否应纳入表内确认，并且需要选用恰当的确认基础加以确认，不仅如此，确认时还应当依据相应的会计原则：是否效益大于成本，所应记录和计入报表的项目是否符合重要性原则，确认是不是谨慎，有没有高估资产、低估负债，有没有采用激进的会计方法等等。

4. 关于确认的步骤有三阶段论和二阶段论，通过概念比较我们发现，两者并没有实质性差异。二阶段论表述的是某个特定的会计期间，某一符合标准的项目被记录和列报的过程，记录的过程被称之为初始确认，列报的过程被称之为再确认；三阶段论表述的是在不同的会计期间内，某一符合标准的项目被列报、更新列报和从报表移除的过程，三阶段论中的初始确认实际上就包含了二阶段论的初始确认和再确认。由于当前的经济环境变化越来越快，越来越多的交易创新和金融创新的出现，为了更确切地全面反映企业在不同会计期间的经营管理活动的真实情况以及它所面临的风险，突出反映报表项目的终止确认是非常必要的，它有助于提高会计信息的相关性。

由以上分析可知，对于确认概念定义的差异主要反映在对确认标准的不同表述，关于确认的标准我们将在第三节详细讨论。

第二节　会计确认的基础

根据确认的定义，我们需要明确哪些交易和事项应该进入会计报表，还需要明确符合会计确认标准的经济业务和经济事项应当在什么时候确认、归入哪个会计要素、应予多少金额确认。现行的会计理论体系提供了几种会计确认基础：基于交易观的收付实现制（cash basis）和权责发生制（accrual basis），基于非交易观的现金流动制。

目前判定哪些交易与事项可以进入会计报表的主要依据是交易观（transaction approach）。关于“交易观”（transaction approach），APB（1970，1984）在有关资产和负债初始确认的“普遍适用原则”中已有相关表述，即“资产和负债一般是在交易活动基础上进行初始确认。在交易活动中，企业从其他经济实体取得资源或对其他经济实体产生义务，资产和负债均以发生转让的交易价格来计量”①。具体而言，交易可能发生在实体内部，也可能发生在实体与实体之间，这些交易导致了实体经济利益的流入或流出，或者使资产、负债等报表要素产生了增减变化，那么这些交易就应该进行会计处理，并在会计信息中得到反映。例如关于自创商誉的确认，尽管它是由长期经营积累而形成的超额盈利能力，但是如果没有实体和实体之间的交易，使得自创商誉无法可靠计量，则该自创商誉无法在表内确认。

“事项观”（events approach）又称非交易观，非交易观将对实体的权利和义务产生了影响的事项或情况纳入了确认的范围。美国 FASB 和英国 ASB 均有限度地采纳“事项观”作为确认的依据，FASB 的第六号概念公告将“事项”定义为“包括一主体所买卖物品或劳务价格上的变动”。英国 ASB 对于交易外事项的确认非常谨慎，在讨论交易外的其他事项时则举例说明，尽管企业所拥有的土地或其他财产的未来利益未变（从使用角度来看），但其市场价格水平已经发生变动，如果证据充足，就应当予以确认。ASB 强调确认对市场价格变动所带来的影响时要有充分的依据，并且确认时应主要确认因物价水平变动所带来的损失，而不确认收益。

传统的收付实现制确认基础纯粹是基于交易观的，即必须存在真实的交易，这个交易的影响才能确认下来。权责发生制基础将交易观进一步扩大，当存在一些对企业的权利和义务产生影响的事项或情况，即使没有明确的、独立的证据表明其是否发生或何时发生，只要对权利和义务的影响比较充分，那么就应当确认。现金流动制则不同，它完全摆脱了交易与事项的限制，不再分别确认已经发生的某个交易或事项各自产生的影响，而是从盘存制思想出发，采用现行市价或未来现金流量的现值来计量净资产，并通过比较期初净资产与期末净资产的差异来确认收益。

一、收付实现制（cash basis）

收付实现制又被称为现金制（cash basis），以收付实现为核心的会计方法又被称为“现金会计”，它是一种以现金收到与支付为确认基础的会计方法，在早期得到广泛应用，但随着产业革命的出现，工厂制度的建立和机器等资产的长期使用，使得简单的收付实现制不再能够适应日益复杂的经济业务，最终导致应计制成为账务处理的基本方式。

---

① FASB，1984，Par. 67；或 APB，1970，Par 145.

佩顿和利特尔顿（Paton and Littleton，1940）在《公司会计准则导论》中认为：“计量收入的现金基础将从顾客处收到的现金报告为收入，换而言之，如果收入是定期地按收到款项为标准，则一切所发生的成本应按此标准来分配。”

戴维逊、斯蒂克尼和维尔（Davison，Stickney，Well，1979）在《会计：商业语言》一书中指出，“现金基础是与权责发生制基础相对应，它要求收到现金时确认收入、支出现金时确认费用。收入确认无须对收入和费用进行配比”。

根据以上观点，收付实现制的特点可以归纳为：收付实现制作为确认的基础，它一般只用来确认收入与费用；根据收付实现制，当期收到的现金都作为当期收入，当期付出的现金都作为当期的费用，收益就是当期现金收入和支出相抵后的结果。因为纯粹收付实现制下只确认与当期的现金收支有关的事项，所以，收益的确认不需要进行收入和费用的配比，会计期末也不需要对收入和费用进行调整，没有对待摊、预提等应计项目的调整。根据收付实现制，会计主体的资产全部是现金，不可能有其他形式的资产，也不可能有债权与债务。因此，纯粹的收付实现制只适合无信用购买、信用销售的纯现金交易环境，而且经营主体没有大额的资产投入且营业活动极其简单。

纯粹的收付实现制只适合于简单的经济交易环境，随着现实经济生活中企业生产经营的不断复杂化，信用交易被越来越广泛地应用，特别是工业革命之后，机器化大生产大量出现，如果按照收付实现制原则对设备的大量资本性投入进行处理的话，将大幅增加当期费用，冲减本期利润。在这种情况下，纯粹的收付实现制逐渐失去了它所依赖的环境，难以正确反映企业的经营成果和经营状况，因此，纯粹的收付实现制为“修正的收付实现制”所代替。所谓修正的收付实现制，是指在遵循现金收支确认收入和费用的总体原则下，对债权债务、长期资产（如机器设备）等按照权责发生制的要求加以确认。从出现的时间上来看，对债权债务采用修正的收付实现制出现在先，对长期资产采用修正的收付实现制出现在后。

对债权债务采用修正的收付实现制，主要是因为信用交易的出现使得纯粹的收付实现制变得难以应用，应收账款或应付账款全部在当期不予记录可能导致虚减当期收入或虚增当期收入；另外，直接将借款往来记作收入或费用也违背常理。因此，实践中对于信用交易所产生的债权和债务处理有了一些修正，即部分接纳权责发生制原则，将信用销售业务所产生的债权确认为企业的资产并同时确认收入，将信用购买业务所产生的债务确认为企业的负债并同时确认费用；对于借出款项所导致的现金减少记入债权项目，对于借入款项所导致的现金增加记入债务项目。对债权、债务确认的修正，部分解决了商品经济所广泛涉及的信用交易问题，但它的应用还只局限于小规模的、经营较为简单的、以商品买卖为主的商业活动范畴，由于工业革命后大规模机械化生产企业的经营成果和经营状况记录还存在不适应的地方，此后逐渐产生了对长期资产确认的收付实现制的又一次大修正。

工业革命后，大量的大规模机械化生产企业不断涌现，机器设备投入巨大，而且投资回收期比商业企业长得多，因此产生了对长期资产应用收付实现制的修正，最典型、最具代表性的要数美国 18～19 世纪的铁路业所应用的重置会计了。修正后的收付实现制为：对长期资产支出予以资本化，作为永久性资产列示在资产负债表上，以后也不提取折旧；对长期资产的后续支出如修理、改良、添置附加设备等，一律都按所发生的期间进行费用化处理。长期资产的投资按照权责发生制来确认但不计提折旧的方法，使得铁路业有更高的业绩和投资回报并吸引了大量的投资，但是没有折旧的计提，没有资本保全概念的应用，实际上使得企业的持续经营能力受到损害，特别是后期投资的股东权益受到损害，后期投资的股东所受到的损失正是早期投资股东所得到的收益，而且高额的投资回报最终招致了政府对铁路行业收费的管制。因此，当铁路行业受到政府管制之后，该方法逐渐被废止。修正的收付实现制逐渐为权责发生制所替代。

二、权责发生制（accrual basis）

权责发生制（accrual basis）也被称之为应计制，虽然它的出现晚于收付实现制，但当今世界各国普遍以权责发生制作为会计确认的依据。关于权责发生制的界定，相关观点较多。

戴维逊（Davidson，1979）认为："权责发生制会计是按货物的销售（或交付）和劳务的提供来确认收入，而不考虑现金的收取时间；对费用也按与之关联的收入的确认时间予以确认，不考虑现金支付的时间。""交易的其他事项对企业资产和负债的影响，在其直接关联的时期内确认与报告，而不在现金收付发生时确认与记录。"

APB（1970）在其 4 号报告中将权责发生制定义为："交易的其他事项对企业资产和负债的影响，在其直接关联的时期内确认与报告，而不是在现金收支发生时确认与记录。"

"每期收益和财务状况的确定，取决于在变动发生时的经济资源和义务及变动的计量，而非货币收支的简单记录。"

FASB（1978）对于权责发生制的界定为："权责发生制试图把企业带来现金后果的交易及其他事项和情况对于企业的财务影响，记录于这些交易、事项和情况发生的时期，而不限于企业收到或付出现金的时期。权责发生制关注的是花费在资源和经营业务上的现金将以更多的现金（也可能是更少的现金）收回的过程，而不仅是这一过程的开始与结束。”

IASC（1989）对于权责发生制的界定为：“按照权责发生制，要在交易和其他事项发生时（而非现金或现金等价物收到或支付时）确认其影响，并且要将其记入与其相关期间的会计记录，并在该期间的财务报表中予以报告。”

我国《企业会计准则——基本准则》在总则第九条中规定，企业应当以权责发生制为基础进行会计记录、计量和报告。但是基本准则和具体准则以及指南中均没有对权责发生制的定义予以具体界定。

综合 IASC、FASB 以及 APB 的观点，我们认为：以权责发生制作为会计确认的基础，起码应当包括以下几方面的内容：

1. 权责发生制的应用需要职业判断，其判断标准是交易或事项对企业经济资源和义务确实产生了影响，而这一影响以权利或责任是否发生作为判定、甄别应该进入会计信息系统的经济业务的依据。

2. 将经过筛选、准予进入会计系统的交易或事项输入会计信息系统时，应按其实际影响的权利与责任的情况而决定应记入何种要素：资产、负债、收入、费用、所有者权益等。

3. 权责发生制不仅是指收入和费用的确认，它还应能广泛应用于全部的会计要素。

概括地说，权责发生制是用于确定会计要素归属期间的会计入账标准，它是以具体的权利或责任是否发生为判断依据，决定哪些交易与事项应当进入会计信息系统并记入何种会计要素。具体而言，在确认收入与费用时，凡是已经发生的收入与费用，无论款项是否收到，都应当作为当期的收入或费用进行核算；凡是不属于当期的收入与费用，即使当期收到款项，也不作为当期的收入或费用。在确认其他会计要素时，哪个会计期间的权利或责任发生，则将其影响归纳到那个会计期间受影响的会计要素中。

权责发生制的产生及应用是工业革命的产物，早期的权责发生制仅仅涉及到债权债务的确认，后来才开始尝试用于长期资产的确认。采用权责发生制的好处在于：可以使得收入和费用能更合理地配比，可以避免各期损益的剧烈波动。不仅如此，权责发生制还可反映会计主体的资产、负债及其变动信息，所以，后来会计报表的各个要素都以权责发生制为基础来加以确认。

虽然权责发生制基础在当今的会计确认中得以广泛应用，但是，权责发生制的应用依然面临许多问题。首先，权责发生制是基于持续经营和会计分期的基本假设，它需要会计人员以权利或义务发生与否为依据进行判断，而后进行计提、摊销等会计处理，但是这种判断容易受到各种因素的影响而失去客观性。如果有关人员迫于压力能找到舞弊的机会而且又失去了职业操守的时候，会计舞弊就很容易发生，这时，权责发生制就沦为会计舞弊的主要工具。例如，安然公司将未来不确定收益记入本期收益，施乐公司不仅提前确认收入而且违规调节利润，世通将期间费用资本化等等，这些会计舞弊都与滥用权责发生制有关。其次，权责发生制的应用使得应计制下的会计利润与企业真实现金流量脱节，使企业容易忽视流动性风险。再次，权责发生制的应用容易使会计信息透明度下降。与权责发生制相关的会计核算方法如应计、预提、摊销、递延等，与一系列相关性原则、可靠性原则等一起应用，使得会计信息的生产成为一个黑箱，不同的会计信息使用者难以得到与决策相关的信息。最后，权责发生制反映的是交易观，运用权责发生制不能反映自创商誉，也不能反映企业的人力资本，对于衍生金融产品，账面上也不能充分反映其巨大风险或收益。特别是在网络经济时代，权责发生制的会计基础——持续经营假设也受到了冲击，对于一些网络虚拟组织，它的存续期间极短，因此，持续经营假设根本不存在，当然，权责发生制也就失去了其应用的空间。

三、现金流动制（cash flow basis）

现金流动制以收付实现制为基础，从盘存制的思想出发，通过比较期初期末净资产的对等现金（可以是现行市价，也可以是未来现金流量的贴现值）来确认利润。现金流动制与收付实现制有密切关系，但又存在较大区别。用公式表达就是：

利润＝期末净资产－期初净资产

现金流动制的利润计算突破了原有的收入减费用的既定模式，而是通过比较期初期末的资产净值差异来确定利润，这种做法的好处主要体现在：其一，避免了权责发生制下的任意跨期确认收益及摊销费用，因此也可以避免人为的会计操纵。其二，现金流动制符合基于决策有用论的会计目标，依据现金流动基础所提供的现金流动信息，可以提高会计信息的决策相关性，并可增强同一时期不同企业之间会计信息的可比性，使得信息使用者可以作出正确决策。其三，利润不仅包括来自于交易活动的收益，而且包括持产利得和损失（比如存在活跃市场交易的可以采用用公允价值计量），可以反映企业净财富的变化，符合资产负债表中心说。其四，现金流动制从盘存的思想出发，建立在非交易观的基础上，可以全面反映衍生金融工具，在理论上自创商誉也可以得到反映（比如可以采用未来现金流量贴现），使风险与报酬揭示得更加充分，因此，以现金流动制为基础对企业经营状况的反映更加全面。

但是，在实务操作中，以现金流动制为确认基础还存在一些问题，例如，应当以什么价格来对资产计价，是以现行市价，还是以采用未来现金流量贴现值，抑或是其他计价方法，至今没有统一定论。不同类别的资产，其风险报酬是不一样的，不同类别资产的计价标准应如何区别对待，对此也没有定论。使用中的长期耐用固定资产价值如何确定，如果市场上已经有该资产的升级产品且价格更低廉，正在使用的固定资产应当采用哪种方法确定其价值也难以确定。所以，以现金流动制作为确认基础，最主要的问题在于所应用的计量属性的可靠性问题。根据 FASB 的公告，可靠性的主要标志包括反映真实性、可验性和中立性，而基于盘存思想的现金流动制恰恰是因为缺乏独立的证据可供事后验证，因此难以满足可靠性要求。

通过比较以上三种会计确认基础，可以发现它们各有其优缺点和适用的环境。但是，我们在选择会计确认基础的时候应当充分考虑到会计信息是有经济后果的，会计信息的加工和披露影响着企业的各个利益相关者的经济利益，它不仅仅与经济资源在企业利益相关者之间的合理分配密切相关，而且与企业能否有效缔约、能否有效降低契约成本密切相关。会计信息质量受到各方面的高度关注，而会计信息质量的高低正是与会计确认基础的正确选择密切相关的。从当前的经济环境来看，为了兼顾会计信息的可靠性与相关性，一些传统的会计模式将依然保持下去，权责发生制作为会计确认基础的这一基本原则尚不可能改变，而现金流动制可以作为必要的补充。

第三节 会计确认的标准

会计确认的核心问题之一是会计确认的标准设置，标准的设置不仅决定了何种信息进入会计信息系统，还直接关系到会计记录、计量和报告，而且也影响着财务会计报告目标的实现。通过对会计确认标准理论的大量研究，我国会计理论界逐渐趋向于将确认标准划分为两个层次①：第一层次是会计确认的基本标准，主要解决哪些交易或事项应进入会计信息系统；第二层次是具体标准，主要是在

① 于玉林：《基础会计学》，中央电大出版社 1996 年版；葛家澍：《会计学导论》，立信会计图书用品社 1988 年版。

基本标准的基础上解决基本标准的具体操作问题，是对基本标准的详细说明和补充规定。

一、会计确认的基本标准

美国财务会计准则委员会（FASB，1984）发表的第5号财务会计概念公告《企业财务报表的确认和计量》中不仅正式定义了会计确认，而且还提出了四个确认标准："1. 符合定义——项目要符合财务报表某一要素的定义；2. 可计量性——具有一个相关的计量属性，足以重复可靠地计量；3. 相关性——有关信息在用户决策中有举足轻重的作用；4. 可靠性——信息是反映真实的、可核实的、无偏的事项。"

国际会计准则理事会（IASB，2008）颁布的《编报财务报表的框架》一书在"财务报表要素的确认"部分的第八十三段规定，"如果符合下列标准，就应确认一个符合要素定义的项目：1. 与该项目有关的未来经济利益很可能流入或流出主体；2. 对该项目的成本或价值能够可靠地加以计量"。IASB同时指出，某一时点不符合上述确认标准的项目，由于随后出现的情况或事件，可能在较晚的日期符合确认的条件。第八十四段指出："评价一个项目是否符合这些标准从而是否有资格在财务报表中得到确认，应当注意第二十九段和第三十段所论述的重要性原则。要素之间的相互关系意味着一个项目符合某个要素的定义和确认标准，比如说符合资产的定义和标准，就会自动要求确认另一个要素，比如说收益或负债。"

英国会计准则委员会①（ASB）在财务报告原则公告第五章"财务报表的确认"中将确认标准界定为："如果一项交易或其他事项可以产生一项新的资产或负债，或者可以为现存资产或负债增添价值，那么，在同时满足以下条件的情况下，应将这一交易确认：1. 有足够的证据存在并表明新的资产或负债已产生，或者已为现有资产或负债增添了价值；2. 新产生的资产或负债，或者为现存资产或负债增添的价值，可以按足够的可靠性用货币金额加以计量。"关于中止确认，ASB作出以下规定："在以下任何一种情况下，一项资产或负债应全部或部分中止确认：1. 有足够的证据存在并证明，一项交易或其他过去的事项已经全部或部分消除了先前已确认的资产或负债；2. 虽然该项目继续作为一项资产或负债存在，但已经不满足确认标准。"

我国新颁布的《企业会计准则》（2006）中并没有专门界定会计确认的标

① ASB："Statement of Principles for Financial Reporting".1999，Appendixz2；Par. 11－12.

准，但是，在基本准则中分别叙述了资产、负债会计要素的确认条件为：1. 满足定义；2. 与该项目有关的经济利益可能流入或流出企业；3. 该项目的成本或者价值能够可靠地计量。只有符合以上条件的项目才能够列入资产负债表。可见，我国的新准则对确认条件的规定与IASB的观点几乎完全相同，只有第一条款中“未来”与“很可能”之间的细微差异，体现了我国在准则制定方面国际化趋同的趋势以及原则性导向。

二、会计确认的具体标准

会计确认的具体标准，是在基本标准的基础上主要解决基本标准的具体操作问题，是对基本标准的详细说明和补充规定，具体包括以下几点：

1. 时间基础性

时间基础性是指在进行会计确认时，应该在哪个时点将交易或事项记录到会计信息系统中。现代会计研究以四个基本假设为前提，其中持续经营、会计分期假设使得资产、负债、权益、收入、费用等会计要素的确认有了上期、本期和下期的区分，因此产生了两个不同的时间基础即两种确认标准：权责发生制和收付实现制。

2. 空间主体性

会计基本假设中的会计主体假设，决定了对会计对象在范围上的确认标准，即空间主体性。会计主体假设为会计确认提供了重要标准，决定了会计确认只能在特定的会计主体空间内进行，不属于特定会计主体内发生的交易和事项，不能进入会计信息系统。所以说，会计确认的对象只能是特定会计主体内的各项会计要素。

3. 相关性

相关性是指与信息使用者的决策相关，它是对会计信息质量的要求，也是会计确认的标准之一。它要求在进行确认时，交易和事项经过加工进入会计信息系统之后形成的有关信息应当满足各方面信息使用者的要求，会计信息系统应能针对使用者的具体要求确认相关性强的数据，排除相关性差的有关交易及事项数据，增加会计信息的决策有用性。为了提高相关性，会计核算还应当及时地搜集并记录符合确认标准的交易与事项，及时地对交易与事项予以加工处理并计入相关的会计要素，列入会计报表之后及时向有关方面报告。

4. 真实性

真实性既是对会计信息质量的要求，同时也是会计确认的标准之一。在会计确认时要求有切实可靠的依据，确认之前不仅要核查原始凭证的来源是否可靠，还要核查原始凭证的记录是否真实，只有进入会计信息系统的信息在源头上是真实的，会计信息系统最终所提供的财务会计报告才可能是真实的。进入会计信息系统的信息必须是对企业经营情况的真实反映，不允许以计划或是预算的数字代替实际数据输入会计信息系统，更不允许假账真算或是真账假算甚至主观臆造，对会计数据变更应当有合理的依据，并且必要时应充分披露，所有的记录与计算应当是可以验证的，最终所有列示在财务报告上的信息必须如实反映企业的财务状况和经营成果，不能歪曲、隐瞒和造假。

5. 合法性

合法性是指进行会计确认时，应当依据国家的有关法律法规、政策制度进行审查，保障合法的业务数据进入会计信息系统。合法性是会计确认的重要标准，如果在进行会计确认时发现违法的经济业务应予以制止并报告有关部门。

三、会计确认标准的发展展望

随着经济环境变化的加剧，企业的交易活动日趋复杂，依据现有的确认标准，越来越多的交易或事项被排除在财务报表之外，无法在报表之内完整反映（例如利用金融工具表外融资的披露），这种做法使得会计信息的决策相关性受到极大影响，导致会计信息不完整、不真实。例如，根据现有的确认标准，一些无形资产如人力资本、商誉等因无法满足确认标准而无法纳入报表，这样就表现出市场价值与账面价值的严重背离。例如微软公司从资产负债表上看只是一个很小的公司，但是从市场价值来看，它却是一个市值庞大的巨型公司。解决这个问题的方法有两种：一是引入“事项法会计”（Sorter，1969），即改变现有的财务会计只报告最终的综合性信息的模式，提供原始形式的经济事项信息，让决策者自己根据决策需求加工成所需的决策信息；二是重新定义会计报表的某些要素，使得必要的表外项目能够列入表内。但是两种方法都具有相当的风险性，一旦在实务中操作不当，可能会更大程度上影响会计信息的质量。因此，有学者建议，加强表外披露的管制，作为对表内确认不足的补充，例如可以规定必须要在表外披露的事项，并且规定表外披露的项目应包含哪些内容，以及确定表外披露项目的金额等等。

还有观点认为（Wallman，1996），传统的会计确认标准的局限性是固有的：其一，那些潜在的相关项目由于不符合确认标准而被忽略（通常是由于可靠性原因）；其二，由于计价或其他方面的原因，越来越无用的项目却依然包含在报表当中；其三，人们并不总是清楚为什么一些信息包含在财务报表中，而其他信息被排除在报表之外。因此，会计确认标准的选择应以是否能提高信息的相关性为标准，重点应在于披露而非决定是否在财务报表中予以确认。因此，建议将单一确认标准扩展为多层次结构的会计确认标准体系，核心层为按现有标准确认的财务报表；第二层为对满足定义标准但可能存在可靠性不足的项目的确认，如研发费用、品牌创立的资本化；第三层为可能存在可靠性和定义双重问题的项目，如客户满意度信息；第四层为不符合要素定义标准的项目，例如风险计量实践（risk measurement practices）、前瞻性信息；第五层为存在定义、可靠性及可计量性问题的项目，如人力资本等。

第八章 会计计量

自20世纪30年代以来，“会计就是一个计量的过程”这一观点越来越得到普遍认同，我们从中也透视出会计计量在会计理论和方法中所占有的重要地位。因为财务会计信息是对企业经营状况和经营成果的一种数量化表达，所有会计要素都需要经过计量才能够在财务报告中得到反映。以货币为基本计量单位，将企业的经营状况和经营成果用金额的形式反映出来，并且通过加工和转换，在财务报表中集中反映，这正是会计的根本特征。

第一节 会计计量的含义

关于会计计量，各类财务会计文献中的表述各不相同。美国心理学家斯蒂文斯（S. Stevens，1946）曾对计量下了一个定义：“计量是根据特定的规则把数额分配给物体或事项。”具体而言，计量应当包括：（1）计量尺度，或是计量单位；（2）计量规则，即计量哪一方面，计量的精度如何；（3）分配具体数量，即执行数量分配活动的过程。

美国会计学会（AAA，1966）在《基本会计理论说明书》一书中定义了会计计量，认为“会计就是要计量和传递一个经济主体活动中数量方面的信息，虽然定性信息是重要的，但会计职能强调通过数量表示有意义的定量信息来增进有用性”。其中特别强调了数量信息是提高决策有用性的基础。

美国财务会计准则委员会（FASB，1976）也提出了类似的观点，它在讨论备忘录《财务会计与报告的概念结构：财务报表要素及其计量》一书中写到：“财务报表要素（资产、负债、权益、收入、费用、利得和损失）是关于企业的经济资源，其转移资源的义务以及这些资源的投入、产出或变动的数量表现。”“计量基本包括计量属性与货币单位或计量尺度两个方面”。

美国会计学教授Yuri Iriji（1979）在其专著《会计计量理论》一书中对会计计量做了非常系统的研究，认为“会计计量是会计系统的核心职能”。

国际会计准则委员会（1989）在《编报会计报表的框架》一书中认为，“计量是指为了在资产负债表和收益表中计列财务报告的要素而确定其金额的过程”。

我国《企业会计准则——基本准则》（2006）一书中专门将会计计量单列为第九章，并明确指出：“企业在将符合确认条件的会计要素登记入账并列报于会计报表及其附注（又称财务报表）时，应当按照规定的会计计量属性进行计量，确定其金额。”但是，新准则中并没有确切地给出计量的定义。

所有会计报表所提供的信息都是货币化的信息，它是对企业经营活动的货币化计量，企业的经营成果、财务状况以及财务状况的变动都应当被量化、加工后，转换成综合的信息在企业财务报表中集中反映，可见会计系统的核心职能正是计量。

从表现形式上看，会计计量包含两大部分：资产计价（assets valuation）和收益决定（income valuation）。资产计价，是指用货币数额来取得和表现各个资产项目的获取、使用和结存，这一个过程就是一种计量形式，例如某企业拥有A资产价值1万元，表示的就是企业在某个特定时点获取或持有A资产的货币金额。不仅如此，资产计价还可以应用于负债和权益的计量，因为负债反映的是债权人对资产的求偿权，可以称为负资产（negative assets），而权益是资产减去负债后的净资产。综合来看，资产、负债和权益都离不开计量，企业在任何时点的全部资产项目都可以通过计价从数量上反映，所以，资产计价是反映经济主体财务状况的重要手段。

收益决定也是计量的重要组成部分，收益决定是指经济主体经过一段时间的经营活动之后，经济主体所拥有的经济资源会发生消耗、折旧、转移，对资源变动的状况和结果进行量化的过程就是收益决定。

会计计量与会计的基本功能密不可分，从会计发展的历史来看，有不少学者认为：正是会计计量成为现代会计发展的动力之一。从早期的会计经管责任反映来看，实际上就是以定量化来反映经管责任，只有通过对委托资源在各个时点的量化（资产计价）和对委托资源使用效果的量化（收益决定），受托人才能向委托人报告经管责任。之后相继出现了成本计算、存货计价、折旧处理、递延摊销等，所有这些会计核算方法无不与会计计量的发展密切相关。可见，会计计量的确是会计系统的核心职能。

在会计计量的长期发展历史中，计量的重心发生过转移。以损益表为主的计量被称之为“收益计价观”，以资产负债表为主的计量被称之为“资产计价观”。“收益计价观”专门定义损益表要素，重点放在损益表、收入确认原则和收入计量上，资产和负债的定义、确认和计量被放在从属的位置上。“资产计价观”却强调资产和负债的定义、确认和计量，收益的计量处于从属的地位。

20 世纪 30 年代的会计计量是以“收益计价观”为重心的，会计政策主要是关于收益的定义、确认和计量的，收益是当期的会计收入和费用配比的结果，损益表和资产负债表主要就是应用收入确认原则和配比原则编制出来的。收益计价观的应用，导致一些不符合资产负债定义的项目被列入资产负债表，因为这些项目在资产损益表中是递延确认的。例如：开办费属于递延费用，它本身并不符合资产的定义，因为开办费属于沉没成本，不会带来未来的经济利益流入，但它却被列入资产负债表中。

第二节 会计计量属性

广义的确认可以把会计上的记录、计量和财务报表上的报告这三个过程都包括在内，因为确认、计量及报告之间存在着非常密切的关系。狭义的计量（Measurement）仅指为了在资产负债表和损益表中确认和列示有关财务报表的要素而确定其货币金额的过程，这一过程涉及到具体计量基础的选择。计量过程包括两方面的内容：一是某一项目的实物数量；二是项目的货币表现，即金额。金额取决于两个因素：计量单位（unit）和计量属性（attribute）。

一、计量理论的发展历史

在早期的会计活动中，人们计量时所采用的计量单位多是实物计量单位，而且计量的过程主要就是直接计量。在西方，2000 多年前的计量就是以实物计量为主的，但几乎是在同时货币计量也出现在高利贷商人的账簿上（文硕，1987）。复式簿记产生之后，虽然货币已经作为主要的度量单位，但是仍保留着实物计量。在中国，直到宋代，货币计量和实物计量仍然在混合使用，只是到明清时期商品经济有所发展之后，实物计量才退居其次，货币计量才逐渐成为主要计量单位。可见，由于早期商品经济不发达，经济业务简单，会计计量只需根据实际产生的情况直接记录货币金额。

逐渐地，人们意识到运用同一货币计量变得越来越重要，特别是复式簿记得到了普遍应用之后，统一量度计量属性成为一种必然，因为为了期末结账与平衡，不采用统一的货币为量度单位是无法加总和抵消的，卢卡·帕乔利在他的复式簿记论中多次强调了统一货币度量的重要性。自此，会计计量进入统一度量单位时期，统一的货币量度单位成为会计计量的基础。

西方国家的产业革命出现后，会计计量的性质发生了巨大的改变，会计计量不仅作为资产计价，而且它还作用于收益决定，应计、递延项目会计核算以及收入和费用的配比等逐渐成为会计惯例，使得会计计量日趋复杂。大规模机器生产需要大量的资本投入导致了间接计量的采用。以前对资本投入的计量都是采用直接计量，但是直接计量将使得当期的会计收益波动巨大，因此配比思想逐渐产生，折旧概念相继提出，折旧费用的计提使得间接计量也成为会计计量的组成部分。在此基础上，一系列跨期会计处理的方法也相继产生：如预提、应计和摊配。

20 世纪 30 年代后，会计计量理论得到了长足的发展，有关会计计量理论方面的研究越来越丰富。在会计计量理论发展的同时，计量方法也变得越来越多样化。随着世界经济环境变化、物价持续波动、交易创新特别是金融创新层出不穷，会计单一计量属性不断受到挑战，因此会计学界探讨的会计计量属性不断丰富起来。

概括地来看，会计计量理论可以分为四大流派：真实收益学派、规范的归纳学派、决策有用学派和信息经济学派（刘峰，2003）。真实收益学派要求计量的结果应当能真实地反映企业的收益，报告受托责任，因此他们首先定义“真实收益的含义是什么”、“真实收益的具体内容又包括什么”，继而将这些概念逐一具体地运用到各会计要素上去，并设计出用于具体操作的计量模式。但是由于真实收益学派的学者们对各自所持的收益观点不同，因此他们所设计出来的计量方法也各有差异，他们的计量模式通常带有理想化的色彩，与现实相距甚远。归纳学派以现行的实务为依据，按照一定的目标和条件进行归纳，所以他们认可大多数现实的计量模式，只是对实务中存在的明显不合理之处加以修正，归纳学派仅仅是对现实计量模式存在的合理性进行了再次确认。而决策有用学派要求计量的结果应当能满足信息使用者的决策需要，所以是否对会计信息使用者的决策有用成为判断会计信息质量高低的唯一标准，并以此为依据，构建会计计量模式，但是由于不同的会计信息使用者有不同的会计信息需求，而认定不同的信息需求将导致不同的会计计量模式。信息经济学派将会计信息看做信息渠道的一种，它与其他信息渠道形成竞争关系，主要研究会计信息应当向谁提供、如何提供等问题，有关计量理论的讨论较少。

二、会计计量属性的选择

计量属性是指被计量客体的特征或外在表现形式，即将被计量对象予以数量化的特征或方面，从某种意义上讲，一种计量模式区别于另一种计量模式的标准就是计量属性。在财务会计中，计量属性是指资产、负债等要素可用财务形式定量化的方面，即能够用货币单位计量的方面。交易与事项可以从多个方面予以货币计量，从而有不同的计量属性。例如，资产的计量就有历史成本、现行成本、未来重置成本等。

企业的资源计价即使是以统一的货币计量，也可能得出不同的货币金额：

（1）过去购买的价格——过去在取得该资源时的初始交易价格或支付的货币。

（2）现时购买的交易价格——类似资源在现在的交易市场上购买价格，相当于现在尚未持有但为取得该资源而在现时支付的货币金额。

（3）现时出售的交易价格——现时出售该资源时可能收回的货币金额。

（4）未来交易价格——在未来该资源的交易价格或者是与该资源有关的未来现金流量折现。

因此，各类准则制定机构规定了内容各不相同的会计计量属性。

（一）各准则制定机构所确定的会计计量属性列示

1. 国际会计准则委员会（IASC）

国际会计准则委员会在《编报财务报表的框架》一书中指出，财务报表在不同程度上并且以不同的方式采用若干不同的计量基础，具体包括历史成本、现行成本、可变现价值（结算价值）、现值。

（1）历史成本。资产的记录，按照其购置时支付的现金或现金等价物的金额，或者是按照为了购置资产而付出的对价的公允价值。负债的记录，按照承担义务而收到的款项的金额，或是在某些情况下（如所得税），按照在正常经营中为偿还负债预期支付的现金或现金等价物的金额。

（2）现行成本。资产的列报，按照现在购买同一或类似资产所需支付现金或现金等价物的金额。负债的列报，按照现在偿付该债务所需支付的现金或现金等价物的不予折现的金额。

（3）可变现价值（结算价值）。资产的列报，按照现在正常变卖资产所能得到的现金或现金等价物的金额。负债的列报，按照其结算价值，即在正常经营中为偿还负债将会支付的现金和现金等价物的不予折现的金额。

（4）现值。资产的列报，按照其在正常经营中所能产生的未来现金流入净额的折现价值。负债的列报，按照其在正常经营中予以偿还所需的未来现金流出净额的折现价值。

在《编报财务报表的框架》一书的第101段还特别指出，主体编制财务报表最为常用的计量基础是历史成本。应用历史成本时常常结合其他计量基础。例如，存货的列报常常按照成本与可变现净值孰低计量，有价证券的列报可以按照市价计量，而养老金负债的列报则按其现值计量。此外，有些主体为了处理非货币性资产价格变动的影响，还采用现行成本基础来弥补历史成本会计模式的不足①。

2. 美国财务会计准则委员会（FASB）

美国财务会计准则委员会在《企业财务报表的确认和计量》一书中认为，现行实务中有五种不同的计量属性，即历史成本（或原始成本）、现行成本、现行市价、可实现（清偿）净值和未来现金流量的现值（或贴现值）。具体表述如下：

（1）历史成本——财产、厂房和设备及大部分存货是按历史成本报告的，历史成本就是取得一项资产时支出的现金数额或其他等值，在取得之后通常要以摊销或其他分配方式调整，包括向顾客提供商品和服务的责任在内的负债。一般是按其历史成本收入报告的，也就是在该项责任发生时收到的现金数额或其他等值，随后可能采用摊销或其他分配方式进行调整。

（2）现行成本——某些存货是按它们的现行（重置）成本报告的。现行成本是指假如在本期取得相同或类似的资产时将支出的现金数额或其他等值。

（3）现行市价——某些有价证券是按其现行市场价格报告的。现行市价是指在正常清算情况下销售各该项资产时可望获得的现金数额或其他等值。现行市价往往也应用于那些预计要以低于原有价值的价格销售的资产。某些涉及可销售商品或证券的负债，例如并不拥有作为其基础的商品或有价证券的约定购买数的承诺者或普通股的出售者所承担的费用，也是按照现行市价报告的。

（4）可实现（清偿）净值——短期应收款和某些存货是按照它们的可实现净值报告的。可实现净值是指资产在正常业务进程中可望变换为非贴现的现金数额或其他等值（应扣除直接费用）；涉及未来的不确定时期的应付款的已知或估计数额的负债，例如应付货款或商品保证责任，一般是按它们的清偿净值报告的。清偿净值是指在正常业务进程中为清偿各项债务应予支付的非贴现值的现金数额或其他等值（如果有的话，还要包括这项偿付的直接费用）。

（5）未来现金流量的现值（或贴现值）——长期应收款是按照它们的现值（根据内含的或历史的贴现率计算）报告的。未来现金流量的现值是指资产在正常业务进程中可望变换成未来现金流入的现值或贴现值减去为实现这一流入所需

① 《国际财务报告准则2008》，中国财政经济出版社2008年版。

的现金流出的现值。长期应收款同样是按照它们的现值（根据内含的或历史的贴现率贴现）报告的，也就是在正常业务进程中为清偿该项负债所需的未来现金流出的现值或贴现值。

3. 中国的《企业会计准则——基本准则》

《企业会计准则——基本准则》中的“会计计量”部分是这次发布的新准则中比较突出的部分，旧准则中没有这部分内容，它明确了会计计量的概念和五种计量属性的定义。

（1）历史成本。在历史成本计量下，资产按照购置时支付的现金或者现金等价物的金额，或者按照购置资产时所付出的对价的公允价值计量。负债按照因承担现时义务而实际收到的款项或者资产的金额，或者承担现时义务的合同金额，或者按照日常活动中为偿还负债预期需要支付的现金或者现金等价物的金额计量。

（2）重置成本。在重置成本计量下，资产按照现在购买相同或者相似资产所需支付的现金或者现金等价物的金额计量。负债按照现在偿付该项债务所需支付的现金或者现金等价物的金额计量。

（3）可变现净值。在可变现净值计量下，资产按照其正常对外销售所能收到的现金或者现金等价物的金额扣减该资产至完工时估计将要发生的成本、销售费用以及相关税费后的金额计量。

（4）现值。在现值计量下，资产按照预计从其持续使用和最终处置中所产生的未来净现金流入量的折现金额计量。负债按照预计期限内需要偿还的未来净现金流出量的折现金额计量。

（5）公允价值。在公允价值计量下，资产和负债按照在公平交易中熟悉情况的交易双方自愿进行资产交换或者债务清偿的金额计量。

另外，《企业会计准则——基本准则》第四十三条还明确规定：“企业在对会计要素进行计量时，一般应当采用历史成本，采用重置成本、可变现净值、现值、公允价值计量的，应当保证所确定的会计要素金额能够取得并可靠计量。”

（二）各会计计量属性的特点及其适用环境分析

以下就各准则制定机构所涉及的会计计量属性的内容及特点进行详细比较和分析：

1. 历史成本

历史成本计价是以企业持续经营为前提的会计计量方法。该价格是指经济事项实际发生的全部支出，或取得资源的原始交易价格。历史成本计价是寻求不断变化的环境下以常态的形式记录会计事项的方法。

历史成本计价法的优势在于：第一，历史成本的计量可靠性高，因为历史成本的计量依据的是交易主体的实际交易，所发生的交易以双方自愿为原则，交易额以双方承认为原则，因而非常客观、可靠；第二，历史成本计价方便可行，实际数据容易取得，只需要按照其交易的原始凭证记录即可，可操作性强；第三，历史成本信息与传统的配比观念一致，收益决定比较简单，计量理论与实践也非常丰富；第四，如果市场价格发生重大变化，历史成本虽不能反映市价变化，但是可以通过表外披露的方式弥补历史成本计量的不足。

但是历史成本计价也存在一些不足，主要表现在以下几个方面：第一，当市价发生波动时，基于各个交易时点的历史成本代表不同的价值量，严格地说，他们没有直接的可比性。第二，如果当期物价变动，当期的费用支出仍按照历史成本计量，而收入以现行价格计量，那么收入与费用难以配比。第三，在价格上涨时，费用如果按历史成本计量，则无法区分企业管理当局的真正经营业绩和价格变动所导致的持产利得，也无法有效地保全资本。第四，当价格上涨时，以历史成本计价的期末资产负债表中，除了货币项目之外，所有非货币资产和负债都会低估，这样就降低了会计信息的决策相关性。

2. 现行成本

现行成本又可称为“重置成本”（replacement cost）或现时投入成本（current input cost），它通常反映现时重置或重建所持资产的金额。以下方法都可以看成是采用现行成本计量的，实际上现行成本的计量形式也可以是多种多样的，具体表现在以下几个方面：

（1）现行成本可以代表重新购置同类新资产的现时市场价格；

（2）现行成本可以代表重新购置同类新资产的现时市场价格或扣减持有资产已使用年限的累积折旧；

（3）现行成本可以代表重新购置具有相同生产能力的资产的市值；

（4）现行成本可以代表重新购置或制造同类资产的成本；

（5）现行成本可以代表重新生产或制造同类资产的成本减去持有资产的累积折旧。

除非在原始交易日，现行成本与历史成本代表相等的数量，否则两者代表不同的数量。即使市场价格没有波动，资产的现行成本也不可能等同于其历史成本。因为对资产的预期和供求关系都可能发生变动，使得重置成本与历史成本不等，而且技术进步和生产成本变动也可能造成历史成本和现时成本脱节。

现行成本属性的主要优点表现在以下几个方面：第一，最主要的优点就是能在实物资本保全的前提下，避免价格变动导致的虚计收益，能确切反映企业维持再生产能力所必需的生产耗费的补偿。第二，期末财务报表提供以重置成本为基础的现时信息，可以反映现时的财务状况，而不是过去的历史信息。第三，现行成本与现行收入配比更具有逻辑上的一致性，可以增加相同会计期间的收入与费用配比的可比较性和可靠性。第四，便于企业区分营业收益与持产利得，有助于正确评价企业管理当局的经营水平和管理业绩。

但是现行成本也存在缺点，主要表现在以下几个方面：第一，现行成本计量的形式可以是多种多样的，现行成本的含义本来就不够明确，由于技术进步导致的产品更新换代，或是币值变动等各种因素的影响，现实中很难存在与原来持有的资产完全一致的重置成本。第二，现行成本的可靠性下降，因为在有的计算中还是离不开主观判断，特别是在缺乏有效证据的情况下，现行成本的可靠性将受到影响。第三，如果币值波动，重置成本与持产的历史成本之间还是缺乏可比性。第四，如果将“持产损益”列示到收益表中，则无法解释资本保全，不能保证已消耗的生产能力得到补偿和更新。

尽管现行成本存在诸多缺点，但是，按现行成本计量能够保证会计收益与经济收益趋于一致，这一特点决定了现行成本计量属性仍是最合理的通货膨胀会计模式。

3. 现行市价

现行市价又被称为“脱手价值”（exit value），它主要指“资产在正常清理条件下的变现价值或现时现金等值”。过去的交易价格与企业现时的经营决策相关性不强，而未来的交易价格又具有太大的不确定性，因此，现时的企业在正常清理条件下的变现价值与企业现时的经营决策最为相关。如果将现行市价作为计量属性，那么变现价值应当是等于市场价格扣除相关的交易费用，这个市场价格与现行成本反映的市场价格不同，现行成本反映的是购买价格，而现行市价反映的是销售价格。

以现行市价作为计量属性，那么全部资产和负债都应该按照他们的变现价值重新估计，经营收益由两部分组成：一部分为本期销售收入，另一部分为本期持产利得。会计期末在确认本期销售收入和费用的同时，如有价格变动则将持产利得和损失当即按照现时的脱手价予以确认。换言之，以现行市价作为计量属性，就意味着收入的实现原则被全部放弃。

现行市价计量属性的优点在于：第一，现行市价表示的是现时市场中的脱手价，反映了企业持有这项资产的机会成本，更有利于企业管理当局作出是否继续持有、继续经营或是停产出售等相关决策。第二，现行市价计量，不仅有利于企业管理当局比较继续持有还是出售资产，而且有利于企业所有者更好地评估企业管理当局的经管责任。第三，现行市价可以提供变现价值，有助于企业科学地评估企业面临的风险，评价企业的财务应变能力。第四，采用现行市价计量时，资产按照现时的价格计量，那么资产的跨期摊配就没有必要了，这样就避免了费用分配上的主观任意性，所以它比历史成本和未来价格更能实现可靠性与相关性的配合。

现行市价计量属性的缺点在于：第一，它无法反映企业预期使用资产的价值，不是所有的资产、负债都有变现价值（例如无形资产或专用设备等）；第二，现行市价计量不能消除通货膨胀所带来的影响；第三，现行市价计量违背了持续经营假设，主观上假定企业随时处于清算状态，故而通常只适合于短期证券等特殊项目的计量。

4. 可实现净值

可实现净值又被称之为预期脱手价值（expected exit value），可实现净值是指资产在正常营运当中可望带来的非贴现的未来现金流入或未来现金流出（应包括费用扣除），货币的时间价值则不予考虑。例如：应收账款按照应收账款总额扣除合理坏账损失后的未来可实现净值列示，应付账款按照未来的清偿价值计算。可实现净值与现行市价有类似的地方，他们都反映的是脱手价，但是可实现净值反映的是未来的脱手价，而现行市价反映的是当期的脱手价。假如一项已完工产品需要在当期出售，那么它的可实现净值和现行市价是一致的；但是假设某一项在制品在出售前还需要继续加工，那么可实现净值反映的是完工后的销售所得现金流入扣除继续加工的费用，而现行市价反映的是在制品即时处置所获得的现金流入。

可实现净值的优点在于其充分体现了稳健性原则，能反映预期的变现能力，因此更具有决策相关性。缺点是它认为期末利润是期初资产和期末资产的差额，否认了传统意义上的收入确认原则和配比原则，所以，可实现净值的计量只适合于预定期间将完成的交易，如计划销售的资产或未来清偿既定金额的负债，在流动资产的计价中经常采用，可实现净值计价方法并不适合于全部资产。

5. 现值、公允价值

现值计价指的是将未来的现金流量在考虑货币时间价值的基础上加以折现，折算成现在的价值。因此，现值只是未来现金流量与贴现率的计算产物，不同的未来现金流量估计与不同的贴现率估计可以计算出不同的现值结果，以现实价格对某些非流动资产项目的计价。例如，对投资期限较长的非流动资产投资项目计价，最大的问题是如何计量投资期限长所带来的风险和不确定性，对此，运用现值计价可以较真实地反映该项投资的价值。确切地说，现值不能单独作为一项计量属性，因为现值不能应用于初始计量，但是现值技术却可以推算出无法观测到的、直接由市场决定的一种计量属性——公允价值，它可以作为一种摊配方法存在。

公允价值指的是一项资产或负债在自愿的双方之间，在现行的交易当中，不按强迫或清算销售所达成的购买、销售或结算的金额。公允价值计量的目标就是在缺少真实交易（absence of an actual transaction）的情况下为资产和负债估值，估计资产和负债的公允价值所应用的估值技术有三种：市场法，收益法和成本法。市场法主要指将应用市场上的真实交易中可以观测到的资产或负债的价格或是类似可比的资产或负债的交易价格作为公允价格。收益法则是应用一些估值技术，例如现值法或是期权定价模型等将未来的现金流量转换成为一个贴现值作为公允价值。成本法则是将重置成本作为公允价值的估计值。

FASB 和 IASB 都强调在估计公允价值时，最优先应用的应该是市场价格。IAS39 中（国际会计准则第 39 号）就把市场价格（活跃在市场上的公开标价）作为公允价值的首选标准，FASB 还将公允价值的估计值分为三个层次：首先，是相同资产或负债在活跃市场上的交易价格，以这个交易价格作为公允价值估值被认为是可靠性最高的。但是应用的前提是，这个市场应当是活跃交易的市场，市场交易者进入和退出市场没有任何障碍，所有的交易者都应当是理性的，所有交易都必须是交易者自愿达成的。其次，是同类资产或负债在活跃市场上的交易价格。当无法取得估值对象在活跃市场上的交易价格时，只有采用同类或类似资产或负债在活跃市场上的交易价格来估计公允价格，对于同类或类似资产与估值对象之间存在的差异应当作出合理的调整，这个调整应当是客观的。最后，应用其他估值技术来估计公允价值，即收益法、成本法。

按照 FASB 的财务会计概念公告第七号的说明，现值和公允价值的关系可以概括为以下四点：

首先，现值是未来现金流量和折现率的结合，未来现金流量是个估计值，折现率也是个估计值，这样计算得出来的现值不可能和每个决策都相关。而一个符合确认标准的计量属性应当是不仅具有可计量性，还具有相关性。所以，现值仅仅是表达某种计量属性的手段，而不是计量属性本身。

其次，现值要成为某种计量属性，就必须能够反映被计量的资产或负债的某些可观察的计量要求；而且交易双方是持续经营的，交易金额是双方自愿的交易所形成的，这样，现值就变成了公允价值。

人们在初始计量时运用现值只不过是一种假象。实际上是通过现值计算来寻找公允价值，并以这个公允价值作为初始计量的计量属性。一旦初始计量采用公允价值，其后续计量所用的公允价值必须重新开始计算。

第三，通过现值运算，应当能捕捉到构成公允价值的各项要素，并能确认这些不同的要素所导致的不同类型的未来现金流差异。具体而言，这些要素包括：

（1）对一系列未来现金流量按其发生的不同时期估计；

（2）对这些现金流量的金额，与时间安排的可能变量的预期；

（3）用无风险利率表示的货币时间价值；

（4）内含于资产或负债中的价格上的不确定性；

（5）其他难以识别的因素。

第四，运用现值技术估计公允价值时应当遵循以下一般性原则：

（1）在可能的范围内，对未来现金流量的估计应当反映未来事项和不确定性的假设，这些假设是市场参与者在决定是否通过“一项公允的现金交易”（in an arm's length transaction for cash）去取得一项或一组资产时必须考虑的。

（2）用于现金流量的折现率的内含假设，应当同估计现金流量时所内含的假设相一致。否则，一项假设的影响将被重新考虑或者被忽略。例如，一项借款合同现金流量的利率为10%，而另一项欠款合同的利率也是10%，但是这一借款在预计现金流量时已考虑违约拖欠。在后一种情况下，10%的利率就适宜用作后一借款的未来现金流量的折现率。

（3）现金流量与利率的估计应当中立而无偏见，被估计的资产、负债或一组资产或负债总会有无关的干扰因素影响客观估计，我们要摆脱这些因素的影响，否则，计量将不可能公正。例如，为了表示一项资产表面上的未来盈利能力，故意压低所估计的净现金流量就是计量中的偏见。

（4）估计的现金流量或利率，应反映一系列可能的结果（即考虑到每一个估计数及其出现的概率）而不是单一的、最可能的、最小或最大的可能金额（这是针对估计现金流量的传统法而言的）。

现值计量有两种方法：折现率调整法和预期现金流量法。

（1）折现率调整法。按照折现率调整法计算现值时，通常在可能的概率中只选取一组与估计现金流量呈正比的概率。例如一次现金流量有10元、600元、6 000元三种可能，出现的概率分别是10%、80%和10%，按照折现率调整法，只考虑一种可能，即最大可能或最优的现金流量。那么，此例中，最大可能的概率是70%，应按600元的现金流量并选用恰当利率折现。

折现率调整法的优点是简单易行。如果具有合同约定的现金流量的资产和负债，运用折现率调整法计量的结果同市场参与者对该项资产或负债的数量表述能够趋于一致。采用折现率调整法的关键在于识别和选择“与风险成正比”的利率，因此要找到两个可比较的因素：一个是被计量的资产或负债；另一个是市场中存在的、相应的、可观测到的利率，具有相似的未来现金流量特征的另一参照性质的资产或负债。在较复杂的计量问题中，寻找该利率相当困难，例如，某非金融资产，可能既无市场价格，也找不到类似的参照物。

（2）预期现金流量法。计量未来现金流量时，应考虑每一种现金流量可能发生的概率，通过加权平均，确定可能的现金流量的平均期望值。那么上例中，现金流量的期望值应当是：$10 \times 0.1 + 600 \times 0.8 + 6\ 000 \times 0.1 = 1\ 081$（元）。FASB 也在 SFAC 中推荐了这一方法。

对于预期现金流量法，有两种相反的观点：一种观点认为，预期现金流量法对未来现金流量的估计不能如实反映现金流量的实际情况。例如上例中，预期现金流量是一个平均值，1 081 元不能代表最终可能收入或支出的金额。但另一种观点支持预期现金流量法（SFAC No. 7，1984），在会计计量中的现值计量是以估计公允价值为目的的，600 元的出现概率为 80%，似乎代表最可能的流入或流出现金流量，但是它不能代表公允价值，因为它排除了概率 10% 的两种现金流量出现的可能性，也就是说，它未能完全反映未来现金流量的不确定性。在市场上交易的主体认为公允价值应该是 1 081 元的折现值，而不是 10 元、600 元、6 000元的折现值，因为在上述情况下，既没有人愿意以 10 元、600 元折现的价格出卖这项资产，也没有人以 6 000 元折现的价格购买这项资产。

（3）在现值计算中，如果未来现金流量的时间安排是不确定的，预期现金流量法也可以应用。例如，未来现金流量 1 000 元可能在 1 年、2 年、3 年收到，出现的概率分别为 10%、70%、20%，1 年、2 年、3 年的折现率分别为 5%、5.25%、5.5%，那么按照预期现金流量法计算出的现值为 896.81 元（$1\ 000 \div 1.05 \times 10\% + 1\ 000 \div 1.0525^2 \times 70\% + 1\ 000 \div 1.055^3 \times 20\%$），而按照折现率调整法计算出的现值为 902.73 元，两种结果是不同的。

以上 SFAC NO. 7 关于现值计算的表述是为了说明，如果会计计量时无法采用某种可以观测到的、由自由市场客观决定的市场价格信息时（例如其转化形式是历史成本、现行成本或现行市价），就只能转向未来现金流量估计值，但现金流量的简单加总或是现金流量的现值都不是计量属性，运用现金流量折现计算出来的公允价值才是计量属性，现值计算只不过是为寻求公允价值这一计量属性的手段。在会计计量中运用现值方法，目的是为了捕捉一系列现金流量中不同范围的经济差异，运用现值进行初始计量之后，还需要在后续期间重新开始计量。运用现值方法探寻公允价值的过程包括三个步骤：首先，估计未来现金流量；其次，计算未来现金流量现值；再次，确定现值是否可以反映公允价值。

现值计量还可以用于负债的计量。对于债权人而言，来自一笔贷款的收入就是债权人将未来现金流（入）量的承诺作为一项资产而付出的代价，那么应付债券的公允价值就是该债权在市场上作为资产交易的价格，这时使用现值技术去评估该债权的公允价值，可以把它转换为资产的估计。但使用现值技术计量负债时，不同于计量资产的特点是必须反映借款人的信用状况。信用的好坏决定借款利率的高低。对于负债企业而言，负债意味着未来的现金流出，现金流出量大时负债企业违约可能性大，现金流出量小时负债企业违约可能性小，那么利用现值计算可以将企业的信用状况反映在预期现金流量的折现中。

以上介绍了财务报表有关项目的计量属性，分别反映了被计量对象的不同特征或方面，主要表现在交易的性质、时序、现金流方向、信息的可靠性与相关性、可操作性上，具体内容如表 8－1 所示。

表 8－1　　会计计量属性特征表

属　性	时　序	现金流方向	是否发生	可靠性	相关性	可操作性
历史成本	过去	流出	已发生	强	弱	强
现行成本	现在	流出	假设	弱	弱	强
现行市价	现在	流入	假设	弱	弱	强
可实现净值	未来	流入	预期	弱	弱	强
现值	未来	流入	预期	弱	强	弱

第三节　会计计量单位

计量单位是指计量尺度的度量单位。计量单位可以是只、个、吨等，也可以是美元、英镑等。在以货易货交易的时代，没有产生货币也就没有货币计量。商品经济产生之后，货币逐渐成为交易的媒介，货币替代了其他计量单位成为标准计量尺度，继而在会计计量中产生了“货币计量”基本假设。货币作为一种计量尺度，就必须保持自身度量上的一贯性，货币本身应当单位统一、可比，并在不同的时期保持稳定。货币的度量单位就是它的购买力，在现实商品社会中，货币的购买力会因为货币发行量的大小、所交易商品的稀缺性变化（例如农产品供应就有丰年和歉收年的差异）等因素而发生变动，这就使得财务会计的计量不能只引用单一的计量单位，理论上就有两种形式的货币单位可供选择：名义货币单位和一般购买力。

1. 名义货币单位（nominal unit of money）

名义货币或称为“面值货币”，指的是各国主要流通货币的法定单位，如美国的美元、欧元区的欧元、中国的人民币等。名义货币单位的购买力在一定时期内是会发生变动的，所以又被称为变动的货币单位。

目前，世界上绝大多数国家的会计实务都普遍采用名义货币单位作为会计计量的量度单位。作出这样的选择主要是基于“币值稳定”的假设：一方面，正常的经济环境下，不同时期的货币购买力变动不大，财务会计可以忽略购买力的变动，会计计量全都采用法定的货币单位，这样编制出来的财务报表，比用其他计量单位，如一般购买力单位或商品单位（如黄金的单位盎司）等，更为简便也更为可靠。另一方面，经济波动是有周期性的，购买力的上升和下降可以相互抵消，在一定时期内，名义货币单位相对而言还是比较稳定的。所以，长期以来，在传统的会计计量中名义货币单位得以广泛应用。

2. 一般购买力单位（general purchasing power unit）

一般购买力单位又被称为“不变货币单位”或“固定的货币单位”，它是以各国货币的一般购买力或实际交换比率作为计量单位。不同时期的货币购买力会因为各种因素的影响而发生波动，以一般购买力单位作为货币计量单位，就是以一定时日的货币购买力（以一般物价指数近似地表示）调整或折算不同时期的名义货币单位，从而使得不同时期的货币保持在不变的计量基础上。

一般物价指数反映的是范围广泛的商品综合价格的变动情况，即一般物价水平变动或购买力水平变动。一般物价指数可以表示为某一时日的一组商品和服务的平均价格水平相对于另一特定时日的同类商品和服务的平均价格水平的比率。

例如：某公司于2000年12月以20 000元购入电脑一台，2001年12月以22 000元购入另一台电脑。假定2000年一般物价指数为105，2001年一般物价指数为120，为使得这两年的财务数据可比，可以以某一年的一般物价指数进行换算。

如果以2000年为基年，则这两年购入该电脑的成本可以折算为：

$20\ 000+22\ 000\times105\div120=39\ 250$（元）

如果以2001年为基年，则这两年购入该电脑的成本可以折算为：

$20\ 000\times120\div105+22\ 000=44\ 857$（元）

采用一般购买力单位和名义货币单位将得出不同的计量结果如表8－2所示。

表 8 - 2 单位：元

	2000 年购入电脑	2001 年购入电脑
名义货币单位	20 000	22 000
一般购买力单位	22 857	22 000

2001 年与 2000 年相比，一般物价指数上升了 14%，也就是说货币购买力下降了 14%。反过来说，就是 2000 年的 1 个单位货币购买力等于 2000 年的 1.14 个货币购买力。经过换算，可以使得 2000 年和 2001 年（当然可以推广到更多的年份应用此类换算）的货币计量单位基于同样的货币购买力，这样就可以保持会计计量结果的可比性。

当物价变化比较大时，法定流通货币的购买力会有很大的不同，这时基于不同时日的名义货币单位的会计计量结果就难以相互比较，采用一般购买力单位进行会计计量就成为必然。因此，FASB 在《企业财务报表项目的确认和计量》（SFAC No. 5）的第 72 段中提出："本委员会预期，在财务会计报表中确认的各种项目，将会继续使用名义货币计量单位计量。然而，现存环境变化（例如通货膨胀率增大到偏差程度无可容忍时）可能会促使本委员会另选较为稳定的计量尺度。"

第四节　会计计量模式

一、计量模式的可能组合

1961 年，美国会计学家莫里斯·穆尼茨（Maurice Moonitz）在《会计基本假设》一书中提出的会计计量特点逐渐得到越来越广泛的认同，他指出："会计计量有三点条件，一是时间因素，二是数量因素，三是单位因素。简而言之，就是在适当的时候，以特定的单位作出的数量表示。"美国财务会计准则委员会在 1976 年关于概念结构研究的一份讨论稿《财务报表的要素及其计量》一文中指出："会计计量就是要解决何种属性应予以计量以及采用什么单位进行计量。"所谓会计计量，也就是根据具体经济环境和信息使用者需求，正确地确定恰当的计量属性与计量单位的组合，即确定恰当的计量模式。通过以上讨论可知，5 种计量属性和 2 种计量单位可以形成 10 种不同的计量模式，具体内容如表 8 - 3

所示。

表8-3 计量模式组合表

	历史成本	现行成本	现行市价	可实现净值	公允价值
名义货币	历史成本/名义货币	现行成本/名义货币	现行市价/名义货币	可实现净值/名义货币	公允价值/名义货币
一般购买力	历史成本/一般购买力	现行成本/一般购买力	现行市价/一般购买力	可实现净值/一般购买力	公允价值/一般购买力

虽然说计量模式可以形成10种组合，但是，只有5种模式在现实中独立存在并应用，具体内容如下：

1. 历史成本/名义货币单位会计计量模式。这是世界各国会计实务中普遍采用的计量模式。通常在物价变动不是很明显的情况下，这种模式比较有效；但是，当物价水平发生显著变动时，这种模式就不太适应了。

2. 历史成本/一般购买力货币单位会计计量模式。这是一种试图在计量单位上消除物价变动因素的计量模式。在这种情况下，日常的会计计量与第一种模式相同，只是在编制报表时，将在历史成本/名义货币单位下编制的会计报表换算成为一般购买力货币单位，以便使不同时期的会计信息具有可比性。

3. 现行成本/名义货币单位会计计量模式。这是一种试图从计量属性上来解决物价变动所带来的影响的计量模式。所有的会计计量都以现行成本计量属性作为计量基础，但不改变名义货币单位。此模式考虑了个别物价的变动，但没有考虑一般物价水平的变化，主张采用这一模式的理由是一般物价水平的升降对各个企业的影响并不相同。对某个具体企业而言，大家更关注其持有资产的现时价格。该模式增加了报表的可分析性，理论上较为合理，所提供的信息相关性更强，但是其缺点是主观性强，难以验证，而且应用及管理困难。

4. 现行成本/一般购买力货币单位会计计量模式。这是试图从计量属性和计量单位两个方面来消除物价变动的影响。日常处理中采用现行成本计量，然后对以现行成本为基础的财务报表按照一般购买力货币单位进行换算，最后得出以一般购买力货币单位为计量单位的财务报告。此模式所花费的信息搜集加工成本较大，同样是主观性较强，可行性不强。

5. 现行市价/名义货币单位模式。这种计量模式是以现行市价为计量属性，以名义货币单位作为计量单位的模式。这里的现行市价可以认为是公允价值。

二、计量模式的选择

1. 计量模式的选择与会计信息使用者的决策需求相关

不同的决策者所需要的与决策相关的信息不同。对于所有者而言，采用历史成本/名义货币单位计量模式，有利于考核管理者的经管责任，因为这一模式客观可靠，主观随意性低，而且易于操作，企业管理当局也乐于提供这类信息。但是，当企业面临与未来的风险和不确定性相关的投资决策时，企业的所有者和债权人更需要的是可以用来评估未来现金流量、时间分布和不确定性等方面的信息。而对于一般社会公众而言，他们需要的是企业的生产经营活动对社会环境造成的影响等方面的信息。基于不同决策者的不同决策需求，计量模式的选择自然就各不相同。不同的决策者重点关注的项目不同，所以不同的项目采用不同的计量模式，这就导致了资产负债表中以历史成本/名义货币模式为主，同时以现时成本、重置成本、可实现净值及未来现金流量现值等诸多计量属性作为辅助的混合计量模式。

2. 计量模式的选择是企业利益集团博弈的结果

企业的利益集团包括企业的所有者、企业的债权人、银行、政府机构、员工等等，不同的利益集团有不同的决策需求，虽然可以有多种会计模式组合的备选方案可供选择，但是，最终的会计计量模式的确定只能是其中的一种组合。计量模式的选择范围首先受到会计准则的制约，计量模式的选择只能是在会计准则许可的范围内进行选择；计量模式的选择受到会计准则的制约，而会计准则的制定是有经济后果的，计量模式的选择也会影响经济利益在不同利益集团之间的分配，因此，最终的计量模式选择是一个折衷的结果而不一定是最优的结果，这个结果取决于各利益集团的谈判能力。在不同的政治经济环境中，计量模式的决定是不一样的，通常在成文法国家，政府对计量模式选择的影响力大于判例法国家。

3. 计量模式的选择与会计主体所依赖的外部经济环境相关

会计主体所依赖的外部经济环境主要是指外部的物价变动幅度、币值稳定情况、市场交易是否理性、市场交易的复杂程度等等。如果币值比较稳定、物价波动幅度不大、市场交易比较平稳、市场交易的复杂程度不高时，那么采用历史成本/名义货币单位这种传统计量模式还是比较合适的，因为采用其他的计量模式将导致更高的计量成本，这个计量成本将会抵消或超过采用其他计量模式所产生的收益。但是，如果外部经济环境发生急剧变动时，例如通货膨胀急剧增长时，传统的计量模式将会导致会计信息严重失真，无法切实反映企业所拥有的资产状况及其盈利能力，此时，为了提供与特定决策相关的信息，就必须采用不同的计量模式。或者，市场交易的复杂程度提高时，例如对衍生金融工具的确认和计量，就需要及时反映其巨大的风险和不确定性，根据所计量项目的特点选择相应的计量模式。再者，当市场交易不够理性的时候，计量模式的选择更需要慎重。例如20世纪80年代末，对衍生金融工具采用历史成本计量曾导致2 000多家从事衍生金融工具的金融机构陷入财务困境，为此，美国证监会主席布雷登呼吁使用公允价值作为新的计量模式加以应用，随后FASB出台了一系列关于金融工具的公允价值计量准则和公允价值应用于资产负债计量的准则，但是在2008年席卷全球的金融危机中，许多观点认为公允价值的应用加重了金融危机，因为公允价值的计量原则应按照市场价格对金融工具计价，在市场已经失去理性、市场定价功能瘫痪的情况下，整个金融体系的资产会陷入循环性大跌的怪圈之中，对此，美国证监会并没有简单地终止公允价值计量，而是对非理性市场和非活跃市场下的公允价值计量应用发布了指导性意见，同意通过内部定价、合理的主观判断来确定公允价值。

4. 计量模式的选择与信息加工的成本密切相关

信息技术的高速发展降低了信息搜集和加工的成本，促进了多重会计计量模式的应用。在传统环境下，会计信息的记录均由手工完成，会计信息搜集加工的成本非常高，虽然理论上可以不必拘泥于传统的计量模式，根据不同的决策需求采用多种方式应用不同计量模式，但是高昂的会计信息搜集加工成本阻碍了其他计量模式的应用。而今，随着计算机技术的不断发展和广泛应用，会计信息搜集加工的成本越来越低，信息搜集的内容也越来越丰富，在会计信息系统内不仅可以记录货币化信息，还可以记录交易的时间、交易的数量等非货币化信息。因此，计算机技术的发展和应用为非传统会计计量模式的应用提供了可能性。

第五节　会计确认计量的原则及其发展

一、会计确认计量的基本原则

会计确认与计量的关系非常紧密，确认的标准之一就是能够可靠计量，否则不予在表内列示。不仅如此，会计实务中在记录交易和事项的时候，既要确定借贷所涉及的科目，又要确定金额，确认和计量是难以分割的。因此，我们把确认和计量的原则一并讨论说明。

确认计量原则是用于指导会计事项的确认和计量的一般性方法，会计原则来自于会计实务的经验及惯例，也同时是会计实务的理论升华，但是关于会计原则应当包含的内容，中外学者莫衷一是，尚未达成统一的认识。FASB 在概念公告第 5 号《企业财务报表的确认和计量》中定义了确认并建立了确认的四个标准的同时，还规定了收益的两个确认原则：一是在实现或者可以实现时确认；二是在赚取时确认。我国财政部在 1992 年公布的企业会计准则中并没有明确提出会计要素的确认标准，只是规定了几个基本原则，它们是："权责发生制、配比、历史成本、划分资本性支出与收益性支出等。"我国财政部于 2006 年 2 月 15 日发布的新会计准则没有关于会计确认原则的专门论述，但在基本准则中做了原则性的规定。我们认为，会计确认计量所涉及到的原则可以分为基本原则和补充原则两个部分，基本原则应当包括以下几个方面：

1. 权责发生制原则。既是会计确认的基础和时间标准，也是会计确认需要遵循的原则，它以权利和责任发生的时点确认交易与事项，并将其影响归纳到受到影响的会计要素中去。

2. 配比原则。是指将一个会计期间的收入和为产生这些收入所发生的费用进行比较，从而计算出当期损益。比如，会计的应计和递延项目的账务处理方法，就是在会计分期假设、权责发生制和配比原则的基础上产生的，它恰当地将收入和为产生这些收入而发生的费用相配比，使会计信息所反映的期间经营成果更加合理，避免了收益的大幅波动，因而也更容易被理解和接受。

配比原则应当包括三层含义：（1）因果配比，是指一定时期的收入与为取得该项收入所发生的费用之间存在因果关系，两者比较可计算出企业经营业务终了时总的财务成果；（2）期间配比，从会计分期角度来看，每期的收入应与每期产生这些收入所发生的费用相配比，从而计算出每期的财务成果。（3）从计量属性来看，计量属性也应当相互配比。例如，当期的收入如果采用现行市价而与之配比的费用采用历史成本的话，则违背了配比原则，但实际上会计报表是多种计量模式混合的报表，并不能完全体现这种属性的配比。

3. 历史成本原则。又称实际成本原则，是指对企业的各项财产按取得时的实际成本计价，即按取得该项财产物资时所实际支付的货币总额计价，而且，一般来说除非国家法律、法规或国家统一的会计制度有特别的规定外，即使物价发生变动，也不得调整其账面价值。所以，历史成本原则也称做实际成本原则或原始成本原则。

根据历史成本原则，资产的取得、耗费和转换，必须以交易时发生的实际价格计量，而不考虑随后的市场价格变动情况。外购的资产按照交易价格计量，产品按实际生产成本计量，对于个别财产物资，由于无法得知其原始成本（如盘盈）时，可以按重置成本计价。

但是历史成本原则是建立在持续经营、币值稳定的假设之下的，当物价发生较大变动的时候，历史成本原则不能反映出企业资产的现值。因为在这种情况下，历史成本用于资产的计量可能导致错误的决策。物价发生变动，历史成本原则所表现的“客观性”反映的只是历史，对于现时的资产价值来说没有太大的意义，换言之就是会计信息的相关性下降。比如，一项资产的历史成本为 2 000 元，而由于物价变动，其现时重置成本已达 2 500 元，这样，期末该项资产在资产负债表上所反映的资金存量就已严重脱离了实际情况。物价大幅变动所导致的资产低估或高估，将会给投资人、企业管理者造成决策困难，甚至导致决策失误。历史成本原则以企业持续经营假设为前提，并不适合清算环境的确认和计量。如果企业实施清算，一切资产只能按清算价格计量。

虽然说历史成本计价原则存在诸多缺陷，但是，历史成本可靠性和真实性是不容置疑的。因此，为了总体上实现会计目标，历史成本为主、其他计量属性为辅已成为现行会计实务的基本格局。

4. 划分收益性支出与资本性支出的原则。在会计核算中划分资本性支出和收益性支出，就是为了在会计核算中将这两类费用区别处理：将收益性支出计入当期损益，列示于利润表中，正确地反映企业当期的经营成果；将资本性支出作为资产反映，列示于资产负债表中，真实地反映企业在某一时点的财务状况。

收益性支出是指为了取得当期的收益而发生的支出，它从当期已实现的收入中得到补偿，例如当期的工人工资、水电费、租金等。资本性支出是指为了取得当期及今后若干个会计期间的收益而发生的支出，其受益期间是跨越几个会计期间的，这部分支出形成企业资产的价值，例如购置固定资产、无形资产等。总而言之，凡为取得本会计期间的收入而发生的支出，应当作为收益性支出，收益性支出应直接计入当期损益；凡为取得本期及以后几个会计期间的收入而发生的支出，应当作为资本性支出，资本性支出不能在支出的当期全部作为费用处理，应在其后受益的若干个会计期间按照一定的方法分摊，逐步转换为其后受益的若干会计期间的费用。例如，根据以上定义，固定资产购置应属于资本性支出，固定资产购置费用应通过每月计提折旧费用，分摊到它所受益的所有会计期间去。再比如，企业为销售而购进一批商品，在购进时其支出形成库存商品（存货）的价值，列作资产。但到会计期末，已售出的部分就是收益性支出，作费用处理（结转已售商品成本），未售出的部分仍是资产，其原始支出仍属资本性支出。

划分收益性支出与资本性支出，其目的是为了正确地反映企业的财务状况和经营成果，以便会计核算所提供的信息能满足各方决策的需要。如果将收益性支出列作资本性支出，就会减少当期的成本费用，虚增当期收益（这也是会计造假常用的手段之一），增加企业当期所得税负担；反之将资本性支出列作收益性支出，则会增加当期的成本费用，虚减当期收益，少缴所得税费用。但是在划分收益性支出和资本性支出的时候也应当考虑到，对于那些数额较少或单位价值较低，虽然其支出的效益涉及多个会计期间的支出，根据重要性原则，也可以简化核算程序和方法，作为收益性支出处理。

5. 实现原则。实现原则主要是用于决定何时确认收入的，如果当期的收入或利得已经实现或是可以实现，就在当期予以确认，或者当期的收入已经赚得，就在当期予以确认。例如，通常情况下，收入确认时点为公司将商品或服务交付给客户时，不管是否收到现金，都应当确认为当期的收入。但是在特殊情况下，如果需要确认跨越几个会计期间的收入如长期建筑工程，或是确认分期付款销售收入时，就应当采用特殊的办法，例如按工程进度百分比法以及分期实现销售收入法来确认本期收入。

二、会计确认计量的补充原则

补充修正原则是对以上所列的一般原则的修正与补充，这些补充原则的应用可以提高一般原则的适应性，正确使用一般原则及其补充原则，可以提高会计信息质量。补充原则主要包括谨慎原则、重要性原则和实质重于形式原则。

1. 谨慎原则

谨慎原则也称稳健性原则、保守主义原则，也就是指某项经济业务有几种处理方法可供选择时，应当选用对企业净利产生有利影响最小的那种方法，在处理会计业务时确认一切可能的损失，避免预计任何可能的利润；不高估资产，也不低估负债。具体来说，对资产的计价，当有两种价格可供选择时，就应选用较低的价格入账；如果是负债，则相反，所有者权益也要尽少列示。同样，假使有可能发生某种损失，应当在本期内予以确认；但如果有可能获得收入或利得，则宁可不计或少计。

谨慎原则主要应用于以下几个方面：（1）固定资产折旧应尽可能提高折旧率或采用加速折旧法，从而将固定资产投资尽快收回来，避免物价上涨对企业造成损失，使固定资产有及时更新的资金。（2）充分估计坏账产生的可能性，计提足够的坏账准备，以应付可能带来的损失。（3）对存货的计价，应采用“成本与市价孰低”规则，在期末计算销货成本时，按存货成本与市价中较低的一个来计量，充分估计存货价格变动所带来的损失。

但是，对谨慎性原则的采用，本身就应该是谨慎的，因为其合理性、科学性已经引起了人们的怀疑。过去，会计师主要为银行家及企业的短期债权人编制报表，不高估资产不低估负债的做法有利于保障债权人的安全，会计师也可以藉此避免诉讼风险。但是，随着企业规模的扩大，会计报表的使用者范围也随之扩大，投资者也成为会计报表的主要使用者之一，谨慎性原则的应用，导致对损益表报告失实，使得股东可能以低于企业价值的价格出售证券，谨慎原则的应用可能损害投资者的利益，而且谨慎原则的应用也违背了配比原则和可比性原则。

2. 重要性原则

重要性原则是指在会计记账过程中，对所发生的经济业务采用哪种会计处理方法和程序，要取决于会计信息的重要性。所谓重要性是指该信息对决策者的影响程度的大小。对于重要的、能够影响信息使用者决策的会计信息，必须在财务报表中予以充分反映；对于那些相对次要的会计信息，在不影响信息客观真实的情况下，可适当简化核算手续，采用较简便的会计处理方法进行处理，将其合并反映；如果某一信息达不到重要性的水平，或汇总起来仍达不到重要性水平的项目，就无需确认。这样，以便使会计信息使用者对公司的经营状况和未来前景能够作出正确的评价和决策。

判断一项信息是否具有重要性，可就其性质和数量两个方面加以衡量：（1）性质方面，当某一会计信息对决策人的决策会产生重大影响时，则该信息具有重要性；（2）数量方面，当某一会计信息的数量达到一定标准会对决策产生重大影响时，则该信息具有重要性。在运用该原则时还应注意到，数量标准的确立与企业的规模、企业的性质有关，不同的企业规模、不同的企业性质，其重要性数量标准有很大差异。重要性原则的应用不仅有利于节约信息加工成本，而且可以避免信息过载，防止信息使用者淹没在信息的海洋之中。

3. 实质重于形式原则

实质重于形式原则要求企业应当按照交易或事项的经济实质反映交易与事项，而不必仅仅依照其法律形式作为会计核算的依据。在经济活动中，有些交易或事项所表现出来的法律形式能够完全真实地反映其实质，但有时正好相反，特别是在出于某种目的的人为作用，法律形式往往会掩盖经济事实，此时按照法律形式与按照经济实质去处理交易与事项，就会获得不同的结果，此时应当依据交易与事项的经济实质进行会计处理。这种实质重于形式原则体现在会计确认的诸多方面，如果运用不当，就会造成高估或低估企业的相关会计要素；如果一味简单地按照交易或事项的法律形式来进行会计确认，甚至严重歪曲事实，就会造成重大会计差错，形成虚假的会计信息而误导会计信息的使用者。

三、会计确认计量原则应用的发展

随着市场经济的不断发展，企业的经济活动变得越来越复杂。为了适应日趋激烈的市场竞争，维持企业的生存与发展，企业必须不断进行创新。因此，一些新的交易形式逐渐产生出来，例如在信用交易的基础上产生了分期付款交易形式，法律形式与经济实质背离的融资租赁、售后租回等等，种种交易创新层出不穷。不仅如此，在传统金融基础上的许多金融创新也不断产生出来，例如金融远期、金融期货、金融期权、金融互换等等，这些金融创新从根本上冲击了现有的确认计量原则。依据现有的确认计量原则，是否应当予以确认？何时予以确认？确认的金额应是多少？随着交易复杂程度不断提高，交易的风险激增，交易的不确定性增大，现有的确认计量原则不断受到挑战。

传统会计模式的建立是基于交易观的，即实际的交易发生之后，按照历史成本原则记录交易，并按权责发生制原则、实现原则、配比原则确认收入、费用、成本及利润，将其对会计要素的影响记录到应归属的会计期间。而对于事项的记录及报告是非常有限的，更多的时候，稳健主义和可靠性思维导致了会计信息的相关性下降。随着市场交易复杂程度的提高，金融创新不断出现，会计报表的表外业务和表外项目不断增加，使得会计报表内的确认计量不能充分披露有用的会计信息，不能有效满足会计信息使用者的未来决策需要，无法充分反映企业未来所面临的风险及机遇。例如，对于衍生金融工具如期权期货等，它是待实现的远期合约，合约签订时双方只是拥有了某种权利或是承担了某种义务，由于存在杠杆作用，签约时只需要缴纳较少的保证金（例如 10% 甚至更少），合约中所包含的交易发生在未来，未来的交易存在极大的风险和极大的不确定性。合约中所包含的交易尚未发生，如果按照实现原则就不能确认，按照历史成本原则也无法计量，衍生金融工具所形成的金融资产和金融负债就无法及时在表内反映，这种会计处理将严重影响会计信息的质量。

对于大多数会计要素项目的确认计量而言，权责发生制原则、配比原则和历史成本原则、划分收益性支出和资本性支出、实现原则这些基本原则在今后相当长的一段时期还应当继续坚持，但是为了充分反映某些企业所面临的巨大风险和不确定性，应当以发展的眼光灵活地应用这些原则，对于某些会计要素的特别项目，这些基本原则应当结合其他补充原则一起应用，并且适当的时候，其他补充原则可能替代基本原则的主导地位，成为会计报表要素项目确认计量的主要依据，具体内容如下：

1. 对于某些特别项目运用及时性原则对基本原则进行补充修正。例如对于衍生金融工具，应当在其合约签订、金融资产和金融负债形成之时及时确认计量，而且，还必须在合同签订直至合同交易完成期间，及时对金融资产和金融负债进行再确认和终止确认，为了充分反映其风险及不确定性，应当在资产负债表日和持有期间，按照公允价值计量并报告。

2. 对于某些特别项目充分运用全面性和重要性原则对基本原则进行补充修正。根据全面性原则和重要性原则，企业应当全面报告经营成果、财务状况以及现金流量，并应当区别会计事项的重要性程度，采用不同的会计核算方法。例如为了全面反映所持有的金融衍生工具的价值及风险，就应当按照持有金融衍生工具的目的进行不同的会计处理：对于为了套期保值而持有的金融衍生工具所产生的相关损益，应当按照套期保值会计核算方法处理，不一定直接计入当期损益；对于为了投机而持有的衍生金融工具所产生的损益，应当根据公允价值的变动直接确认为当期的损益。对于企业所持有的衍生金融工具，当其数量上发生改变，使得持有的目的实质上已经从以风险对冲、套期保值为目的转向以投机为目的，那么损益确认的方式也应当改变。

3. 谨慎性原则与充分披露原则相结合对基本原则的补充修正。由于企业所面临的市场竞争日趋激烈，风险也在不断增加。因此，企业在确认计量时必须遵循谨慎性原则，但是企业在不高估资产不低估负债的同时，也不能违背充分披露原则与可靠性原则。当面临重大不确定性的交易及事项的时候，可以结合数学的、统计的、信息工程的方法来辅助会计职业判断，恰当估计交易与事项发生的可能性，并以此为依据判断其是表内确认还是表外披露，何时确认以及如何确认。

因此，在运用会计原则进行会计要素的确认计量的时候，应当充分注意企业生产经营的特点、企业的性质以及企业所处的经济环境，灵活应用相关的会计原则，以表内确认与表外披露相结合的方式，充分披露企业的财务状况、经营绩效以及所面临的机遇及风险。

第六节　会计要素的确认与计量

一、资产的确认与计量

（一）资产的确认理论

通过对国际会计准则、美国公认会计原则和中国 2006 年新会计准则对资产确认标准的比照，我们发现，资产确认标准的共同之处在于符合资产定义并且能够可靠计量，但是，关于资产的定义，三方还是存在一些差异。虽然三方都将资产的定义归纳为三个特征，即代表未来经济利益的流入，主体拥有或控制，是过去交易与事项的结果。但是，细微的差别也是存在的，具体表现在以下几个方面：中国的2006年新会计准则第20条规定，预期发生在未来的交易或事项不形成资产；FASB没有论及预期发生在未来的交易或事项是否应当形成资产；而IASB则表述为："主体的资产源自过去的交易或其他事项。而预期在未来发生的交易或事项本身不一定形成资产。"通过比较我们发现，中国的会计准则把预期发生在未来的交易或事项完全排除在资产确认范围之外，这实际上就从概念上完全否定了衍生金融工具表内确认的可能，但是，FASB和IASB还都为衍生金融工具的表内确认保留了一定的余地。事实上，如果关于未来交易的合约一旦产生，双方的权利义务由此确立，那么即使是交易或事项发生在未来，也应当满足可定义性的标准。

具体而言，对资产确认标准的解释包括以下几个方面：

1. 法定权利与资产确认密切相关

在确认资产时，法定权利是关键的依据之一。根据资产概念的定义，能为主体带来未来经济利益流入的资源，如果不是主体所拥有或控制的，就不能够确认为主体的资产。具体而言，拥有就是一种法定权利，包括对未来经济利益的所有权、使用权、流通权、处置权、租赁权等等，通常会计实务中普遍采用这个标准作为确认的依据。例如，虽然企业使用水路运输可以给企业带来未来的经济利益，但是，水运航线不被企业拥有或控制，企业不能排除其他组织使用水路运输而获得经济利益，那么水运航线不能确认为企业的资产。但是，如果企业获得了排他性的法定水运权利，那么企业可以将它确认为无形资产，并在企业受益的年限摊销。

2. 控制也与资产确认密切相关

有时，虽然没有法定所有权，但是实质上已经控制了未来经济利益，这时该项目也可以确认为资产。例如，作为融资租入的设备，虽然企业不能拥有其所有权，但实质上该设备的所有相关风险与报酬均已转移。因此，可以将其确认为资产。

3. 资产的实质是预期能够带来未来经济利益

根据合理预期，能给主体带来未来经济利益流入的项目才能够确认为资产。这就要求在资产确认时，应当据实判断未来是否能真正带来经济利益，这种产生未来经济利益的能力是否能全部保持并将继续保持下去。例如，对于一些已经没有产品销路的产品生产线，未来已经没有产生经济利益的能力了，就不能确认为资产。

4. 可靠计量是资产确认的重要标准

资产负债表项目需要以货币金额反映出来，如果某一项目符合资产定义，但是由于缺乏相关的依据导致无法可靠计量，那么，该项目就不能确认为资产。例如关于自创商誉、人力资源等，由于无法可靠计量，通常不被列为资产。

5. 发生支出与资产确认没有必然联系

虽然资产形成与发生支出存在密切联系，但是资产确认并不一定需要以发生支出为条件。也就是说，发生支出并不一定形成资产，因为发生支出并不一定保证有符合资产定义的项目出现；同时，资产的形成也并不是一定要发生支出，例如接受捐赠可以形成未来的经济利益，符合资产的定义。

（二）资产的计量理论

1. 资产计量的目的

资产计量和收益决定是会计确认计量的两个主要内容，资产计量的目的是多方面的。

首先，资产计量是计算收益和资产增值的基础。资产的计量与成本费用的计量密切相关，因此，按照配比原则将收入与成本费用配比来计算企业收益的时候，必然涉及到资产的计量，资产的正确计量是成本费用正确计量的基础。而且，当资本没有变化的时候，企业期初的净资产价值与期末净资产的价值之差就是当期企业的收益，体现了企业当期的资产增值。

其次，资产计量可以向企业的利益相关者传达相关的信息。对投资者而言，他们所关心的资产负债表就是资产计量的直接表现和结果，通过资产负债表他们可以了解企业的财务状况，不仅如此，资产负债表还可以作为考核企业管理当局履行受托责任的依据，通过对比企业期初、期末的资产计量结果，反映投入企业的资源是否完整保持以及是否增值。对债权人而言，他们最为关心的就是贷款的安全性问题，因而他们更关心企业的偿债能力，资产负债表所反映的企业期末价值计量能够提供他们所需要的信息。对企业管理当局而言，资产计量可以提供与经营管理决策相关的信息，不过他们所掌握的信息远比投资者和债权人要丰富得多。例如企业管理当局可以比较资产继续使用所带来的效益与资产处置效益，判断是否继续使用该资产，另外机会成本、边际成本、差别成本等都与各种类型的管理决策相关。

资产的计量受会计目的的影响。在经管责任观的影响下，资产计量的主要目的就是要求尽可能可靠、客观地计量，并且为了避免风险，通常受谨慎性原则的影响比较严重，资产计量倾向于采用历史成本原则；在决策有用观的影响下，资产计量的主要目的是服务于经营决策，它要求会计信息尽可能新鲜有效，资产计量倾向于采用现时成本计量。

2. 资产计价基础

资产计价基础是指计量企业资产价值的依据或标准，那么资产的价值计量究竟应当以什么为依据？对此有两种观点：一是以产出价值为计量基础；二是以投入价值为计量基础。

（1）产出价值基础（output value base）。产出价值是指以企业的产品或劳务通过交换或转换而最终脱离企业时所收到的现金或现金等价物的价值为计量基础，并经过折现来表示，它反映的是企业在未来可收回的预期现金数额的现值。如果可以合理预计资产的未来市场交易非常活跃，该资产具有相当确定的产出交换价值，并且可以合理预计能够按照这个价值收到款项，那么该资产可以视同应收账款；当未来的交换价值不确定时，可以用现行交换产出价值代替未来交换产出价值；当不存在正常交换市场或根据形式需要在不同的市场上处置时，清算价值可以作为恰当的计量基础。

①未来现金流量现值。资产具有服务潜力，可以带来未来的现金流入，由于存在货币时间价值，因此未来的现金流入需要折现，以此来反映其现时的价值。现值计算的有效性受到以下一些因素的影响：预期的现金收入受主观判断的影响，现金收入的性质难以验证；折现率的确定受到报表编制者个人风险偏好的影响，不一定与会计信息的使用者相关；企业的现金流量是多个因素共同作用产生的结果，要将计价结果合理分配于各项服务要素是不可能的；即使每个服务要素所带来的现金收入能够予以确认，但是却不能通过加总的方式得出该企业的价值，因为有些资产（如无形资产）是不能加以鉴定的。

②可实现净值。如果预计企业的产品一直能够在市场上活跃交易，那么现在的销售市价就可以作为将来销售市价的合理估计，那么现行产出价格就可以作为未来预期现金流量现值的替代。但应用的前提是，该产品应当能在短期内出售，否则应予折现。但是，运用可实现净值计价有严重的局限性：它仅适用于为销售而持有的资产，如存货，并非适用于所有的资产；以可实现净值替代未来售价，就是假定现在的市场交易情况将延续下去并将延续到未来，但这个假定并不一定成立；企业资产并不都根据售价来计价，这样计算出来的资产总额没有意义；使用这种计价方法将使得产品和服务在最终交换之前就申报收益，违背了收益确认的实现原则。

③现行市价。现行市价是指在正常的情况下，当前市场上出售每项资产可以获得的现金数或其等价物，它可以用类似性质和类似状态的资产的市场价格来计量。这种计价方法保证了资产计价时间基础的一致性，避免了把过去、现在和未来的价格加总的不合理做法。但是，现行市价的缺陷在于：这一方法其实并不具有相加性，各项资产现行市价的简单加总并不等于各项资产作为一个整体的现行市价，而且，对于资产负债表日无市价的项目也无法计量，而采用替代方法又会损害现行市价计价基础的一致性。

④清算价格。清算价格是一种被迫出售的价格，它远远低于正常出售价格。正常情况下，应用清算价格没有太大的意义，通常清算价格只适用于以下几种情况：商品或其他资产已经丧失了他们的正常用途，或者太过陈旧以致于失去了正常的市场；或者是企业预计在近期内终止营业，以致于不能按照正常市场条件出售资产。

（2）投入价值基础（input value base）。资产投入价值是指为了取得资产而支付的价格，它可以是实际发生的价格，也可以是预期的价格。资产的投入价值可以用实际历史成本、重置成本或未来预期成本折现来表示。

①历史成本。历史成本是应用最广泛也最容易被接受的计价方式，根据历史成本概念，资产在初始取得时一般根据其交易发生时的交换价格入账，它代表企业为取得某项资产而付出的所有相关代价。历史成本最大的优点是具有可验证性，历史成本的形成是交易双方自愿交易的结果，以原始凭证为依据，客观性很高，而且企业的收益决定也离不开历史成本，企业的收益实际上是企业现时收入与历史成本计价所计算出来的成本费用配比的结果。但是，历史成本的缺陷也是显而易见的：它是有关过去的、过时的信息，它不能用于辅助决策；它不能真实反映企业的财务状况，因为资产的账面价值是资产的历史成本与资产成本在各期间摊配、比较的结果，资产成本摊配的过程并不客观；运用历史成本法不能单独确认利得与损失，而且资产负债表所表示的资产是企业在不同时期的获得成本的简单汇总，各期物价水平变化时，资产负债表难以保持一致性与可比性。

②重置成本。重置成本是指现时为了取得相同的资产或其等价物所需支付的价格。在资产取得的那天，历史成本和重置成本是一致的，但是随着时间的推移，资产的历史成本和重置成本会产生差异。重置成本非常适宜通货膨胀环境下的资产计量，与历史成本相比，它的优势表现在：它代表了企业现时投入的价值，反映的是企业现时可支配的资源，更真实地反映了企业的财务状况；现时的收入与现时的成本相配比，更符合配比原则，而且以现时成本计价，有利于区分营业收益与持产利得，更有利于考核管理当局的业绩。

③未来预期成本折现。大多数非货币资产代表预先购取的货品或服务，这些货品或服务将在未来的时日被逐渐消耗掉。因此，这些货品或服务在被使用时的等量成本就可以被认定是最恰当的计量属性，资产的成本可以以未来每期的使用成本折现来计算，实际上表示的是折现后的未来投入成本。

总之，无论是投入价值基础还是产出价值基础，应用时都不是尽善尽美的。所以普遍的做法是，虽然大多数资产都是按照历史成本计量的，但是，都会根据需要或多或少地掺杂了其他的计量模式，对于报表中不同的会计要素，允许采用多种计量模式，报表报告的是混合计量的结果。

二、负债的确认与计量

（一）负债的确认理论

广义地讲，负债既包括企业债权人的权益，也包括企业所有者的权益。而一般情况下，负债仅包括资产总额中属于债权人的那部分权益。关于负债的确认标准，表述上没有太大的差异，首先是符合定义，其次是与该义务有关的经济利益很可能流出企业，再者能够可靠计量。具体而言，关于负债确认标准的解释主要包括以下几个方面：

1. 法定债务标准是常用标准

法定债务是由交易双方所签订的合同中的规定而产生，并由法律强制力保证实施的义务。法定债务是确认负债的常用标准，以此来确认负债更为公正，也更为客观和可靠。根据法定债务标准，企业在破产清算时所应偿还的债务仅是法定债务。

2. 公平义务或推定义务标准

公平义务是指由债权人和债务人双方同意，并且不需要由法律强制力作保障即可执行的债务，它执行的动力主要是源自行业惯例和社会习俗。例如，FASB的财务会计概念公告第3号中举例，公平义务包括企业在发货过程中，因货物遭受损失，在不必承担法律责任的情况下，主动退回客户货款的义务。推定义务是指没有法定合同或政府强制，而是在特定情况下因推断而产生的义务。例如，FASB的财务会计概念公告第3号中举例，推定义务包括企业因常年惯例而负有向其员工发放休假工资和年终奖励的义务。

3. 经济业务的经济实质标准

如果某项经济业务的实质决定了它与决策相关，那么它应当予以确认，否则不予确认，即所确认的负债应当具有相关性。根据经济业务实质，尚未执行的合同中所承担的债务就不应当确认为负债。比较有代表性的例子就是“无条件抵消权合同”，它是指未来购置商品或劳务而现在签订的合同，根据合同约定，购货方允许货到付款。这是一个在企业经营业务中发生的并且在收到商品或劳务时引起的未来支付义务的会计事项，在存在无条件抵消权的情况下，企业所承担的支付债务不应包括在负债内。因为商品尚未使用之前，买方所承担的合同义务被它的收货权抵消了。只有在特定情况下，例如，企业签订的是承租专用设备的合同，即使企业不使用这项设备，也不能取消合同规定的债务，此时，它确实能影响到企业的未来现金流量，与投资者和债权人的决策相关，所以，企业承担的义务应当确认为负债。

4. 负债金额的可靠计量标准

大多数情况下，负债的金额是确定的，但是在某些情况下，负债的计量具有一定的不确定性。如果负债的计量带有一定的不确定性，但是可以合理估计，那么该负债应予确认。但是，如果负债具有高度的不确定性，在确认时会计人员如果不采用非常武断或主观的方法就不能确定负债的金额，那么该项负债则不予确认，因为很难说它与财务报表使用者的决策是相关的。或者，计量所花费的费用非常高，根据成本效益原则，虽然某些项目在定义上可以归于负债，但是并不确认为负债。

（二）负债的计量理论

1. 负债计量的目的

负债是负资产，是债权人对资产的求偿权。因此，负债计量的目的类似于资产计量，目的是为了服务于费用与损失的记录并确定当期的收益，这是负债计量的目的之一；此外，在会计报表上正确的反映企业所承担的债务，从而为报表使用者提供有利于其决策的相关信息，例如财务风险信息、未来现金流量预测信息等等，这是负债计量的另一个目的。

理论上讲，负债的计量应当是以未来应支付的金额为基础，未来应付的金额应当以负债发生日签订的合同所规定的金额为依据。但是在会计实务中，负债的计量有所简化。对于负债的不同项目，由于其发生的时间不同，确定性也有较大差异，因此有不同的处理。

2. 负债的计价基础

（1）流动负债的未来值计量。对于流动负债的计量，仅以未来应付的金额列示。流动负债是指一年或一个营业周期内的支付义务，大部分流动负债都是货币性的，由于流动负债在短期内偿还，其折现值并不重要，因此，负债的金额可以按照其义务确立之日的面值计列于资产负债表。而对于一些非货币性负债项目，即那些将在未来提供一定数量和质量的商品和劳务的义务，一般应当根据预定的或双方认可的价格来计量，而不管以后提供商品或劳务时相应的货币价值是否发生变动。

（2）长期负债的现值计量。长期负债的偿还期比较长，由于货币的时间价值对其影响比较大，所以应当予以折现处理，长期负债应根据未来将支付的所有款项的折现价值来计量。但是折现率的选择比较困难，因为市场利率是频繁波动的，如果要采用现时的折现率来计算折现金额，将导致频繁调整资产负债表所列的负债项目；如果采用负债发生日的市场利率折现，又将导致负债金额的列示相关性下降（类似于历史成本）。为了简化，目前实务中普遍的做法是采用负债发生日的市场利率作为折现率，虽然这一方法使得长期负债的持产损益难以确认，但是它客观真实，而且简便可行。

（3）或有负债计量。或有负债与其他负债的最大不同就是：该项负债是否发生以及发生的金额是多少难以确定。这种债务可能未来将导致企业经济利益的流出，也可能不导致未来企业经济利益的流出，负债的发生与否、发生的金额多少具有很大的不确定性。或有负债的计量应遵循稳健性原则，尽量确认可能的损失，而不预计可能的收益。现行的财务会计实务倾向确认或有事项产生的损失或费用，是否确认计量或有事项应依据对可能性的判断。FASB 第 5 号准则《或有事项会计处理》中将可能性划分为三个层次：极有可能（probable）；尚有可能（reasonable）；不大可能（remote）。只有极有可能而且数额能够合理预计的或有负债应当在资产负债表上列示；对于极有可能但数额不能合理预计的，或尚有可能的或有负债，仅需在资产负债表上以注释的形式披露；对于不太可能的或有负债则不必列示。根据中国 2006 年会计准则第四条和第五条的规定，只有金额能够可靠计量的预计负债才能够确认，并且第十三条规定，企业不应当确认或有负债。其中，或有负债被定义为："或有负债是指过去的交易或者事项形成的潜在义务，其存在须通过未来不确定事项的发生或不发生予以证实；或指过去的交易或事项形成的现时义务，履行该义务不会导致经济利益流出企业或该义务的金额无法可靠计量。"

（4）可转换债券的计量。可转换债券具有负债和权益的双重特征，它具有一般债券的所有特点，同时它又允许可转换债券的持有人自行决定是否在一定时期内按照设定的转换价格和转换比例将其转换为股票。可转换债券计量的难点就在于无法确认债券持有人是否行使转换权利，对此计量方法可以有以下几种选择：

第一种方法：将可转换债券销售的一部分贷记资本公积账户，这一部分计价金额为可转换债券的销售收入与不带转换权的类似债券销售收入的差额，贷记资本公积账户之后的剩余部分才计列为负债。

第二种方法：可转换债券全部计列为负债，理由是债权和股权不可分离，换股权本身无论是归类于负债还是归类于权益，均没有市场价值，这是美国会计原则委员会第 14 号意见书上所建议的。

第三种方法：根据可转换债券的主导特性来决定其分类与确认。美国 FASB 在 1990 年的一份讨论备忘录《负债与权益性融资工具的区别对同时具有两者特征的融资工具的会计处理》一文中提出，应根据发行日的四个主导特征来确定可转换债券应列作负债还是权益，这四个特征包括：如果发行日的合同规定，倘若不换股则发行企业必须偿还本金并支付利息的，应确认为负债；如果合同规定企业要向债券持有人在实行换股权时负有转移融资工具的义务，应确认为负债；如果债券性融资部分的价值大于权益性融资部分的价值，应确认为负债；因为换股权使企业承诺向债券持有人转移股票的义务，自身也可以视为一项负债，企业可能回购自己的股票以满足这一支付义务，所以，债券和换股权是两个分开披露的负债项目。

三、所有者权益的确认及计量

（一）所有者权益的确认理论

所有者权益代表所有者对企业的一种静态要求权，它与经营主体财务状况的确定与报告以及经营收益的计算和分配相关，但是所有者权益又不能单独确认计量，它通常被看作是按照一定的会计程序对资产和负债计量后所形成的结果，是资产减去负债后的余额，它的计量是从属于资产负债的计量的。

关于所有者权益的含义，尚未形成统一的定义，现在主要的观点有业主权益理论、企业主体理论或实体理论、企业理论、剩余权益理论、基金理论等五种理论。而且，随着企业的资产规模愈加庞大、产权关系日趋复杂，为了向企业的利益相关者提供有关管理效率、经管责任和涉及他们利益的信息，将所有者权益信息分类陈报是非常必要的，分类陈报可以提供更加详细的业主权益方面的信息。分类方法主要有四种，包括为反映公司的资金来源而做的分类、为反映对公司法定资本的限制而做的分类、为反映对公司股利分配的限制而做的分类、为反映对公司清算分配的限制而做的分类，实务当中最普遍的做法是按照来源分类。

（二）所有者权益的计量理论

所有者权益是资产减去负债后的剩余权益，它从属于资产负债的计量。企业在生产经营过程中，所有者权益会由于所有者投入、营业产生的收入或损益、收到的捐赠、企业合并等原因而发生变动，在计量时，应根据其变动原因分别计量。

1. 投入资本的增减变化

所有者投入资本和可转换债券转换成股票都会增加投入资本。所有者投入资本，可能采用现金投资、实物投资，也可能采用无形资产投资和其他投资，在所有者权益计量时应当区分不同的投资形式采用不同的计量方式。债券转入的投资资本，可以按照约定将债券的市价按股票的发行价转换成相应的股数，以股票的面值作为公司的股份增加公司股本，超过面值的部分作为股本溢价，计入资本公积。

特殊情况下投入资本会调减。通常情况下，为了企业持续经营，投资人投入的资本金是不允许抽走的，一个企业的投入资本通常被看作是永久性资本。但特殊情况下，如企业清算分配、企业累积亏损、赎回股票时，会引起实际投入资本减少。关于回购发行在外的股票，如何记录所有者权益的减少存在争议：第一种是成本法，第二种是面值法。在成本法下，购回股票以及以后的重新发行被视为单一的经济业务，企业以一定的价格回购发行在外的股份之后，按照回购的价格重新出售给另外的股东，如重售价格超过了成本，则差额部分反映为资本公积，但低于回购成本价重新出售时，差额部分将表示为投入资本的偿还或留存收益的分配，不确认为利得或损失；在面值法下，股票的回购以及以后的重新发行被视为两笔独立的、互不相同的经济业务，企业购进自己的股份被视为资本结构的收缩，库存股在重新发售时，视同新股发行处理。

2. 经营收益或损失

各期的经营收益将增加股东权益，经营损失将减少股东权益，由于经营收益或损失的确认计量是财务会计的主要内容，因此，股东权益的收益确认计量通常是由经营收益或损失的确认来决定的，股利的宣告也会减少留存收益继而减少所有者权益。

3. 企业的合并

通常认为，企业间的合并也可能导致所有者权益发生变化。虽然一个企业通过支付现金或资产交换而获取另一个企业的资产时，不会引起所有者权益的变动（因为换入资产按照所放弃资产的账面价值计算），但是，如果合并中存在少数股东权益，那么合并企业的权益总额会增加，因为在编制合并报表时，被购企业的少数股东权益并不能由于企业的购买合并而抵消，而且，在合并资产负债表上，少数股东权益通常不作为权益总额的一部分来列示报告，合并企业的权益总额将会增加。

另一种情况是，如果购入企业通过发行权益性证券交换获得被购入企业的资产，则购入企业的股东权益要相应增加。美国 FASB 提供了以下三种方法以备选择：

（1）购买法。这一方法假定，合并的过程是母公司（购买方）对子公司（被购买方）的交易，尽管是母公司通过发行股票交换子公司的资产、负债和权益。因此，对被并入企业的资产和负债，需要改变其原有的计价基础，按合并日的公允价值入账。具体会计处理包括两部分：其一，对购入企业的净资产根据购买企业在交换时发行股票的市价进行计价，并将其分配给可确定的购入资产和负债项目，余额部分确认为商誉或无形资产；其二，将交换时发行股票的总值贷记缴入资本账户，并且区分股本和缴入资本溢余。

（2）权益集合法。这一方法假定，合并过程中所涉及的企业只是合并其经营职能，各企业在法律意义上和经济意义上依然存在。它们仅仅是将各自权益合并为单一的经济实体，并无资产或负债交易的重大事项，因此，它的特点主要包括以下两点：其一，被购并企业的资产负债按原账面价值入账，不改变原有会计基础，个别项目除外；其二，被并入企业的留存收益应加总并入合并企业的留存收益，因此，合并后企业的所有者权益大致上应等于合并中所涉及的各企业所有者权益的总额。

（3）重新开始法。这一方法假定，通过合并实际上产生了一个新的会计实体，原有的合并方均应视为解体。那么，对于这个新企业而言，它在起始日获取的资产或负债都要按照其现行的市价入账。在会计处理上，就是将各有关企业的资产和负债按照合并日的公允价值重估后，转入合并后的新企业。重新开始法与购买法的不同之处在于，购买法只是被购买方的资产负债按照公允价值入账，而重新开始法是被购买方与购买方的资产负债都按照公允价值入账。在实际应用中，购买法和权益集合法应用较多，重新开始法应用较少，但是理论上还是可行的。

在我国的会计准则（2006）中，确认通过发行权益性证券交换获得被购入企业的资产对所有者权益的影响，首先需要区分合并与非合并，合并又要进一步区分同一控制下的企业合并和非同一控制下的企业合并，并分别作出不同的处理。

如果是非合并，企业通过发行权益性证券交换获得被购入企业的资产，应当按照发行权益性证券的公允价值作为初始投资成本，并以权益性证券的发行费用冲减溢价部分。

如果属于合并，而且是同一控制下的企业合并，合并方如果以发行权益性证券作为对价的，应当在合并日按照被合并方所有者权益账面价值的份额作为长期股权投资的初始投资成本，发行证券的手续费、佣金等直接费用应冲减资本公积。

非同一控制下的企业合并，合并方以发行权益性证券作为对价的，购买方应当按照确定的企业合并成本作为长期股权投资的初始投资成本。一次交换交易实现的企业合并，合并成本为购买方在购买日为取得对被购买方的控制权而付出的资产、发生或承担的负债以及发行的权益性证券的公允价值以及为进行企业合并发生的各项直接相关费用之和。通过多次交换交易分步实现的企业合并，合并成本为每一单项交易成本之和。

四、收入的确认与计量

（一）收入的确认理论

收入（revenue）作为FASB定义的10个会计要素之一单独列示，表示它因持续的、主要的或核心的业务而产生；而IASB所定义的7个会计要素中，收入是收益（income）的一部分，它和利得一起构成收益；收入是中国会计准则中的6个会计要素之一，它仅由日常活动所导致的经济利益流入形成，与所有者投入资本无关，非日常活动形成的利得和损失被计入所有者权益。总之，不管收入是作为会计要素单列，还是包含在其他会计要素之中，收入都指的是与企业日常活动相关的经济利益的流入。

现行的收入确认基本上都是基于交易观的，依据的是实现原则。关于实现的理解，美国FASB在1985年的第6号财务会计概念公告中认为，“实现的最确切的意义是指非现金资产或权利向货币的转化；而其在财务报告中最确切的用法，是指出售资产换取现金，或收取现金的要求权。”FASB在《企业财务报表项目的确认和计量》公告中指出，收入确认的时点分别是：（1）收入已经实现或可以实现（realized，or realizable）；（2）收入已经赚得（earned）。关于收入确认的时点，IASB的表述是，以所出售的资产在所有权上的重大风险和报酬是否已经转移给买方为基本依据，判断收入确认的时点。虽然在表述上FASB和IASB有所差异，但是实际上都是试图对实现的可能性作出判定，当实现的可能性较高时，就可以确认收入；当实现具有较大的不确定性时，则要推迟或递延收入确认的时点。在实务操作中，大多数企业应当在销售时点确认收入，特殊企业在非销售时点确认收入。具体而言，收入的确认时点包括以下几种：

1. 在销售时确认营业收入。这是绝大部分商品销售收入确认的时点。因为，在销售时营业收入已经实现，商品已经转移，取得了现金或是现金的要求权；或者说，营业收入已经赚得。销售这个关键性事项已经发生，大部分的交易不确定性已经消失，所以应当确认。当然，在确认收入的同时，还应当根据以往的销售经验数据，合理预计退货的可能性、保修义务以及收回货款的可能性。

2. 在收到货款时确认收入。一些零售业或服务行业，由于收款期比较长，收回账款存在较大风险时，销售货款收回的不确定性增大，这时就不再适合以产品销售作为收入确认的时点，此时将交付商品或提供劳务并收到货款的时点作为确认时点更为适宜。在收款时确认收入不同于现金收付制，它虽然以货款的收到作为收入实现的标志，但是并不要求有关费用也一定按照现金是否支出来确认。

3. 在生产期间确认营业收入。大型的制造、工程项目通常需要跨越几个会计期间才能完成，例如建造飞机、轮船、修建高速公路等，如果按照完工时才确认营业收入则会导致制造期间无营业收入，完工当年出现巨额营业收入的情况。因此，可以采用完工百分比法或是完工进度法，根据完工的进度确认工程收入。

4. 在生产完成时确认营业收入。某些产品具有稳定的市场，其市场价格是预先决定的，如贵金属以及政府保障价格的农产品或矿产品等。这些产品具有共同的特点：一是售价可以确定且市场稳定；二是销售费用相对较小，有些是国家定向收购的产品；三是产品具有较强的不可替代性，有的甚至无法（或很难）确定其单位成本。这样，产品生产完成就是企业盈利产生的关键环节，因此，在生产过程结束时即可确认收入而无需等到销售时确认。产品的入账价值，可以按照收入，也可以按照产品的净变现收入确认。

（二）收入的计量理论

通常，收入应当以企业提供商品和服务时发生的交易价格来计量。当现金交易发生的时候，收入的计量就是交易的价格；当信用交易发生的时候，销售到收款需要间隔很长的一段时间，理论上需要考虑收入的折现。但是，在会计实务中，这一折现常常被忽略，通常是由于重要性原则的运用，一些折现金额较小、销售收款间隔时间短的销售收入并不需要折现计算。

对于销售收入而言，应当以其最终能收回的货币或其他等值来计量，一些相关的销售退回与折让、商业折扣、现金折扣应当扣除。如果是信用销售，还应当合理估计坏账损失，坏账损失的处理方法有两种：直接冲销法（direct write - off method）和备抵法（allowance method），会计实务中通常采用备抵法来预计可能发生的坏账，备抵法主要是依据配比原则，根据本期的销售或期末的应收账款余额来合理估计坏账费用，提取坏账准备，把坏账费用与当期的收入进行配比，当确认坏账已经发生时，则通过坏账准备账户冲销。

五、费用的确认与计量

（一）费用的确认理论

费用与收入相对存在，费用代表企业为取得收入而发生的资源的流出或负债的增加，最终结果是导致所有者权益的减少。费用的确认通常是与收入联系在一起的，具体来说，费用的确认有时可以与商品使用、劳务耗费同时发生，也可能与商品使用、劳务耗费不同时发生。根据配比原则，费用应当在收入被确认的会计期间予以确认。在实务中，主要有两种方法：因果对应法和系统分配法。

因果对应法是最常应用的方法，主要是找出收入与费用之间的因果关系然后加以配比。例如，本期的销售收入与本期的销售成本和销售费用就存在直接的因果关系，所以，可以根据这些因果关系，通过确认销售收入来确认因此而发生的销售费用。不过，因果关系有时是直接的，有时则是间接的。虽然因果对应法比较常用，但有时因果关系的判断很困难，例如：商品使用或劳务耗费应当如何与企业当期的产品保持一致，例如质量保证费用应当如何合理预计，使得它与当期的产品销售收入一致；当某项支出与企业的未来收入直接相关，但却与当期特定的产品价值增值无关时应如何报告，例如企业的研发费用，它发生在当期，但是所研发出来的产品却产出在未来，但它与现有产品的销售收入无关；当预计的有关费用发生在相关收入列报之后，该项费用应该如何确认，例如当预计或有事项时应如何确认。所以，因果关系是否存在，有时具有很大的不确定性，很难准确地加以判断；有时即使存在，也很难归结到某产品所产生的收入上去。

系统分配法也是确认费用的方法之一。系统分配法就是根据一定的方式，系统地将某些费用分摊至各个收益期。系统分配法的依据是，一项资产在企业中长期使用，各会计期间所带来的经济利益流入形成了收入，因此各会计期间应当分摊它的费用。所以在采用系统分配法时，应当首先确认各个会计期间的受益情况，然后将已耗成本分摊下去作为本期的费用。对于一些无法判断因果关系的费用确认，系统分配法是比较适用的。例如，折旧费和保险费，它们不能直接与既定期间的收入形成对应关系，只能通过系统分配的方法，将其在一系列的收益期间摊销。

（二）费用的计量理论

费用代表的是为取得收入而牺牲的资源，其计量主要表现为所减少的资产的价值。由于资产可以从不同的角度来计量，所以费用的计量也有多重计量属性，主要包括历史成本、现行成本（重置成本）、变现价值或现时现金等值。

1. 历史成本

传统方法中，费用是按照企业资源的历史成本属性来计量的，即企业过去所发生的实际交易成本。历史成本比较客观，可以验证，而且从会计收益的计算角度来看，历史成本代表企业的实际投入价值或现金流出，正好与实际产出配比。但是对于资本性支出在后期分摊并转为费用的计量，使用历史成本计量则存在一些问题。如果按期分摊的资产的价值变动，经过一段时间之后，历史成本计价就会与企业的利益相关者对企业资产的评估价值脱节，会计信息的相关性下降。

2. 现行成本（重置成本）

由于收入通常是根据产品交换所取得的现行价格来计量的，从时间配比来看，与收入相配比的费用也应该根据所耗用的商品或服务的现行成本来计量。采用现行成本更有利于收入费用的属性配比，有助于已耗资产的实物属性补偿，同时，有助于区分经营业务产生的收益和持有资产的利得或损失，有助于对未来经营活动及其成果的预测。但是，现行重置成本的确定比较困难，缺乏可靠性且难以验证，所以，与原持有资产完全吻合的重置成本事实上难以存在。

3. 现行售价（变现价值）

现行售价（变现价值）计量费用的方法被认作是较为恰当的方法，因为它表示企业耗用特定资产时的机会成本，而且这种费用的计量不需要预测未来重置的可能性，只要资产具有可在较少损失情况下进行交易的市场，其变现价格就很容易找到。采用现行售价可以提高决策的有用性，对于企业管理当局来讲，可以根据已耗资产的机会成本及相关机会收益来评价企业的净收益。

第九章　会计报表中的基本要素

在美国财务会计准则委员会（FASB）的概念框架（CF）中，“财务报表（即会计报表）的基本要素”是仅次于“基本会计目标”，而与“会计信息质量特征”相并列的重要会计概念。以下，我们将阐述与会计报表中的基本要素（简称“会计要素”）有关的几个主要问题：划分会计要素的理论基础；会计要素的分类与定义；与会计要素有关的几个重要理论。

第一节　划分会计要素的理论基础

按照 FASB 第 6 辑《财务会计概念公告——财务报表的各种要素》（1985）的有关定义，可将“会计要素”的概念阐述如下：会计要素是对会计对象的基本分类；会计对象是指在每一个会计主体范围内，财务会计能够反映和控制的经济事项与经济行为。会计对象的分类应该服从于财务报表的目标，即财务报表构成内容的基本分类即构成了会计要素的基本内容。

IASB 在《编报财务报表的框架》（1989）一书中指出：财务报表反映交易和其他事项的财务影响，并根据交易和其他事项的经济特性把它们分成大类，这些大类即作为财务报表的要素。与资产负债表内财务状况的计量直接联系的要素是资产、负债和权益，与收益表内业绩的计量直接联系的要素是收益和费用；财务状况变动表通常反映收益表要素以及资产负债表要素的变动，所以，本《框架》不确定财务状况变动表特有的要素；这些要素在资产负债表和收益表内的列示，涉及次一级的分类过程。例如，资产和负债可以根据其性质或其在主体经营中的作用进一步作出分类，以便按照在经济决策上对使用者最为有用的方式提供信息。

由于主要是基于对 FASB 和 IASB 框架的借鉴，中国《基本会计准则》（2006）对会计要素的界定较为简单：企业应当按照交易或者事项的经济特征确定会计要素。会计要素包括资产、负债、所有者权益、收入、费用和利润。

从以上概念阐述来看，会计要素既是对会计对象的分类，又是对会计报表内容的分类。因此，会计对象和会计报表是两个不可分割的概念。但会计对象本质上是独立于会计系统之外的客体，它只是通过主观的财务报表编制行为得以反映出来并为“关系人”（会计信息的使用者）这一主体所认识。如果说会计报表属于会计理论的范畴，经济事项和经济行为（会计对象概念中的主要元素）属于经济理论的范畴，那么，“会计对象”便是连接会计理论与经济理论的桥梁。从经济学理论上讲，会计的对象是指会计主体的资金及其运动。具体而言，会计对象包括会计主体占有和使用的资源以及资源的所有权；因使用资源而产生的收入、费用以及由此而得到的净收益。因为会计理论形成于经济理论之后且远未成熟，所以通过运用“会计对象”这一术语可以将“会计要素”这一概念与经济理论联系起来——体现“会计要素”的语义性（Semantics），使之更具理论性和可理解性。

但是，我们还可以看到，尽管会计理论的形成晚于经济理论，但是会计行为和经济行为的出现与发展却几乎是同时且同步的。由此，产生了两个问题：第一，经济学理论中，比如对会计对象或者经济事项及经济行为的认识中，是否天然就包含有会计思想的元素？第二，会计（尤指会计报表）为什么愿意、为什么能够以及何时开始采用精简的项目分类（即会计要素）来反映经济事项和经济行为？然而不幸的是，这两个问题是经济学理论不愿意回答而会计理论也没有回答的。因此，关于划分会计要素的“理论基础”，我们还要遵循一种历史逻辑：会计要素的划分与确定源自人们长期的会计实践以及由此总结并发展的会计观念（思想）。

至于会计要素是“基本分类”而不是更粗或者更细的分类的说法，则符合会计活动的成本效益原则。特别地，如果划分得过细，就会导致同种性质的项目可能划归两个不同的会计要素，从而使其不具有严密的概念特征。对会计要素的充分揭示可以通过再分类的方式进行，即将会计要素细分为账户（会计科目）和报表项目，且会计科目应从属于报表项目。

第二节 会计要素的分类与定义

下面，我们按相关定义出现的时间顺序，分别列举 FASB、IASB 和中国基本会计准则给出的会计要素分类及定义，并给予简要的评述。

一、FASB 对会计要素的分类与定义

FASB 在其第 6 辑概念公告（1985）中，将会计要素分为资产、负债、权益或净资产、业主投资、派给业主款、综合收益、营业收入、费用、利得和损失共十类。它们的定义分述如下：

1. 资产（Assets）

资产是指可能的未来经济利益，它是特定主体从已经发生的交易或事项所取得的或加以控制的。

2. 负债（Liabilities）

负债是指将来可能要放弃的经济利益，它是特定主体由于已经发生的交易或事项，将来要向其他主体转交资产或提供劳务的现时义务。

3. 权益或净资产（Equity or Net Assets）

权益或净资产是指以某一主体的资产减除其负债之后的剩余部分。在企业中，权益就是业主利益。而在非营利性组织中，不存在业主权益，其净资产根据是否存在出资人规定的用途分为三类：永久限定、暂时限定和未限定。

4. 业主投资（Investments by Owners）

业主投资是指在特定企业里权益的增加，它是由于其他主体转入有价值的东西以便从其中取得或增加业主利益（或权益）的结果。业主投资最常见的形式是投入资产，但投入的标的物也可以包括劳务或抵偿、转换的本企业的负债。

5. 派给业主款（Distributions to Owners）

派给业主款是指在特定企业里权益的减少，它是企业向业主转交资产、提供劳务或承担债务的结果。派给业主款减少了企业的业主利益（或权益）。

6. 综合收益（Comprehensive Income）

综合收益是指企业在报告期内，对业主以外的交易以及其他事项或情况中所产生的权益变化。它包括报告期内除业主投资和派给业主款外，一切权益上的变化。

7. 营业收入（Revenues）

营业收入是指某一主体在其持续的、主要的或核心业务中，因交付或生产了货品，提供了劳务，或进行了其他活动而获得的或其他增加的资产，或因而清偿的负债（或两者兼而有之）。

8. 费用（Expenses）

费用是指某一主体在其持续的、主要的或核心业务中，因交付或生产了货品，提供了劳务，或进行了其他活动而付出的或其他耗费的资产，或因而承担的

负债（或两者兼而有之）。

9. 利得（Gains）

利得或称溢余，是指某一主体来自营业收入或业主投资之外的，来自边缘性或偶发性的交易，以及来自一切其他交易和其他事项与情况的权益的增加。

10. 损失（Losses）

损失是指某一主体除费用或派给业主款之外的，产生于边缘性或偶发性交易，以及产生于一切其他交易和其他事项与情况的权益的减少。

上述十类要素，又可分为两大类。前三类属于存量指标，代表特定的资源以及对资源的求偿权，构成资产负债表的主要内容；后七类属于流量指标，说明交易、事项及情况在一定期间内对企业的影响，其中，业主投资和派给业主款是业主权益变动表（国内习惯将“业主权益”称为“所有者权益”，所以，该表的国内名称是“所有者权益变动表”）的主要内容，而营业收入、费用、利得、损失、综合收益等则为损益表的主要内容。需要指出的是，综合收益是FASB独创的一项新名词，泛指所有业主投资及派给业主款之外的业主权益的变动。与综合收益相关的理论或观点、计量方式等内容见本章第三节。

相比于其前任APB，FASB的定义有很大的改进，即表述更为简略和精干。但是这些定义因此又招致了一些批评——有学者认为，这些定义不足以涵盖每一要素的全部特征，致使有些会计事项难以归类，比如递延税款通常被列入负债一方，但是又可能不需要偿付。不过，也有学者为FASB辩护，认为列举定义或者规定标准时，不可能做到绝对完整或充分，因为这样会导致行文的重复冗长，而定义完全性的缺失可以通过会计人员或审计人员的职业判断能力来弥补。总而言之，FASB对会计要素的分类与定义被后来者广为效仿。

二、IASB对会计要素的分类与定义

IASB在其《编报财务报表的框架》（1989）一书中将会计要素分为资产、负债、权益、经营业绩、收益、费用和资本保全调整等七类。它们的定义分别简述如下：

1. 资产

资产是指由于过去事项而由主体控制的、预期会导致未来经济利益流入主体的资源。

资产中包含的未来经济利益，是指直接或间接地导致现金和现金等价物流入主体的潜力。这种潜力可以是生产性的，也可能采取可以转化为现金或现金等价物的形式，或者采取能够减少现金流出的形式。主体通常将其资产用于生产能够

满足顾客欲望或需求的产品和劳务。许多资产（如不动产、厂房和设备）都具有实物形态，但实物形态并不是资产的存在所必不可少的。许多资产，例如应收账款和不动产，都与法定权利（包括所有权）相联系，而所有权并不是必不可少的，例如根据租约持有的不动产。尽管主体控制利益的能力通常来自法定权利，但是即使是在没有法定控制权的情况下，一个项目也可能符合资产的定义，例如非专利技术。主体的资产源自过去的交易或其他事项。而预期在未来发生的交易或事项本身并不一定形成资产。发生支出和形成资产之间有密切的联系，但两者不一定同时发生。同样，没有相关的支出，并不说明一个项目不符合资产的定义，比如获得的捐赠。

2. 负债

负债是由主体过去事项而承担的现时义务，该义务的履行预期会导致含有经济利益的资源流出主体。

负债的一项基本特征是：主体承担着现时义务。该义务可能是法定的，也可能是出于正常的业务活动、习惯以及为了保持良好的业务关系或公道行事的愿望，比如产品售后的保修义务。在现时义务和未来承诺之间，需要划一条界线。通常只有在资产已经交付或是主体已经签订了不可撤销的购买资产协议时才产生义务。现时义务的履行通常关系到主体放弃含有经济利益的资产以满足对方的要求。负债产生于过去的交易或其他事项。有些负债的计量，只能采用很大程度的估计。有的主体把这些负债称为准备。

3. 权益

权益是指主体资产扣除主体全部负债以后的剩余利益，在资产负债表中可以进一步分类，例如公司制主体中的股东投入资本、留存收益、反映留存收益分拨的公积和反映资本保全调整的公积。公积的设立有时是法定的或其他法律所要求的。

权益金额取决于资产和负债的计量，在正常情况下，它只是偶然符合主体股份的市场价值总额，或者只是偶然符合分项处置主体净资产或是将主体作为持续经营主体处置所能得到的资金总额。本定义主要针对公司制主体而言，但同样适合于独资、合伙、信托等主体和各种形式的政府经营机构等。

4. 经营业绩

利润常常用来作为经营业绩的指标。与利润计量直接联系的要素是收益和费用。利润的确认和计量，部分地取决于主体在编制财务报表时所采用的资本和资本保全概念。为了提供与经济决策相关的信息，收益和费用在收益表内有不同的列示方法。例如，常见的方法是，将主体正常活动过程中发生的收益和费用项目与非正常活动发生的收益和费用分开。这一界限的划分，依据的是一个项目的来源是否关系到评价主体未来产生现金和现金等价物的能力。对收益和费用项目加以区别并且以不同的方式予以组合，还可以反映主体经营业绩的若干指标，例如毛利、正常经营活动的税前损益、正常经营活动的税后损益以及损益。

5. 收益

收益是指会计期间内经济利益的增加，其形式表现为资产流入、资产增加或是负债减少而引起的权益增加，但不包括与权益参与者出资有关的权益增加。

收益的定义包括了收入和利得。收入在主体的正常活动中产生，有各种不同的名称，包括销售收入、服务费、利息、股利、特许使用费和租金等。利得包括了符合收益定义的其他项目。利得和收入在性质上没有什么不同，因此不把两者作为不同的要素。举例来说，利得包括处置非流动资产所发生的收益。收益的定义也包括了未实现的利得，比如资产重估增值所发生的持有收益。收益表内确认利得时，通常予以分项列示，且扣除了有关的费用。通过收益可以收到或增加各种资产，也可以清偿负债。

6. 费用

费用是指会计期间内经济利益的减少，其形式表现为资产流出、资产消耗或是发生负债而引起的权益减少，但不包括与对权益参与者分配有关的权益减少。

费用的定义既包括那些在主体正常经营活动中发生的费用，也包括损失。主体正常活动中发生费用的例子有销售成本、工资和折旧费。它们的形式常常表现为现金、现金等价物、存货和不动产、厂房和设备的流出或消耗。损失是指在主体正常活动之中或之外发生的符合费用定义的其他项目。损失是经济利益的减少，它和费用在性质上没有什么不同，因此不把两者作为不同的要素。损失包括自然灾害损失，也包括在处理非流动资产时所发生的损失。费用的定义也包括未实现的损失，比如外币借款的汇率上升导致的损失。收益表内确认损失时，常常分项列示，且通常扣除了有关的收益。

7. 资本保全调整

资产负债的重估价或重述，引起权益的增加或减少。虽然这些增加或减少符合收益和费用的定义，但是根据特定的资本保全概念，它们并不被列入收益表，而是作为资本保全调整或重估价公积计入权益。

在进行完上述定义之后，IASB 特别强调：会计要素的定义只是确定了它们的基本特点，但不能保证它们能够在会计报表（财务报表）中得到确认，除非还继续符合会计确认的标准（《框架》第50、第71 段）；在评估某一项目是否符合资产、负债或权益的定义时，应当注意其内在实质和经济现实，而不仅仅是其法律形式。比如，融资租赁租入的资产可在资产负债表内确认（《框架》第51段）；按照国际会计准则（IAS）编制的资产负债表，可能包括不符合资产或负债的定义，同时又没有被列示为权益的项目，但目前的定义是未来改进的依据（《框架》第52段）。由此可以看出，IASB似乎注意到了FASB遭受的批评，或者出于作为国际间共同遵循的会计规范的困难，而对自身定义的科学性、严谨性作出了一个保护性的评价。

对比IASB和FASB对会计要素的分类与定义，可以发现其基本内容是接近的，尤其是资产、负债和（业主）权益三大基本要素方面，表述几乎是一致的。如此表明会计要素理论存在许多共同的认识。两者的差异之处及其原因阐述如下：

第一，IASB的分类更为简略一些，只有七类，而FASB有十类。其中，关于“权益”，IASB只设了一个要素（权益），而FASB设了三个（业主权益、业主投资、派给业主款）；关于“收入”和“费用”，IASB只设了两个要素（收益、费用），FASB则设了四个（营业收入、利得、费用、损失）；IASB的业绩要素对应FASB的综合收益要素，IASB还增设了一个资本保全调整要素。FASB设置更多的要素，客观上应该可使对要素特征的描述更为全面，但依然遭到关于其描述的完整性存在欠缺的批评。而IASB的要素更少，不完整性应该更甚。但是，IASB可能更注重遵循一个原则，即会计要素不宜设置太多。当然，也不能就此完全断定FASB没有遵循这一原则。其实，在双方都经过深思熟虑的情况下，会计要素设置的多寡并不重要，关键是要符合各自的体系。

第二，FASB针对利润计量设置营业收入、利得、费用、损失等四个要素，似乎在为当期收益观向综合收益观过渡做准备。IASB针对利润计量只设置收益、费用两个要素，又把利得和损失的概念包容其中，且其含义描述与FASB几近一致。这一点上，IASB的做法似乎更为经济。不过，IASB采用这种做法更多的原因是其“业绩”即利润计算采用资本和资本保全概念——在该概念下不必把收入和利得当作两个要素来着重区别对待，而只需认真区分“资本保全调整”这个事项。

第三，无论是在形式上还是在内容上，IASB设置资本保全调整要素完全不同于FASB的分类，而且这是两者唯一的实质性差异。资产和负债的重估价或重述，在FASB看来，应归入综合收益；而在IASB看来则应作为资本保全调整或重估价公积计入权益。两者的差异取决于分别坚持的综合收益观和资本与资本保全概念的差异。如果说IASB设置资本保全调整要素是为了凸显资本与资本保全概念的话，那么，FASB设置业主投资、派给业主款要素（还有营业收入、利得、费用、损失等四个要素）则是为了凸显综合收益观。但无论如何，两者均在设计自己的体系。

三、中国基本会计准则对会计要素的分类与定义

中国基本会计准则（2006）将会计要素分为资产、负债、所有者权益、收入、费用和利润六类。它们的定义分别简述如下：

1. 资产

资产是指企业过去的交易或者事项形成的、由企业拥有或者控制的、预期会给企业带来经济利益的资源。其中，过去的交易或事项包括购买、生产、建造行为或其他交易或者事项，预期在未来发生的交易或者事项不形成资产；由企业拥有或者控制，是指企业享有某项资源的所有权，或者虽然不享有某项资源的所有权，但该项资源能被企业所控制；预期会给企业带来经济利益，是指直接或者间接导致现金和现金等价物流入企业的潜力。符合资产定义、但不符合资产确认条件的项目，不应当列入资产负债表。

2. 负债

负债是指企业过去的交易或者事项形成的、预期会导致经济利益流出企业的现时义务。现时义务是指企业在现行条件下已承担的义务。未来发生的交易或者事项形成的义务，不属于现时义务，不应当确认为负债。符合负债的定义、但不符合负债确认条件的项目，不应当列入资产负债表。

3. 所有者权益

所有者权益是指企业资产扣除负债后由所有者享有的剩余权益。公司的所有者权益又称为股东权益。所有者权益的来源包括所有者投入的资本、直接计入所有者权益的利得和损失、留存收益等。直接计入所有者权益的利得和损失，是指不应计入当期损益、会导致所有者权益发生增减变化的、与所有者投入资本或者向所有者分配利润无关的利得和损失。所有者权益金额取决于资产和负债的计量。所有者权益项目应当列入资产负债表。

利得是由企业非日常活动所形成的，会导致所有者权益增加的、与所有者投入资本无关的经济利益的流入。

损失是由企业非日常活动所发生的，会导致所有者权益减少的、与向所有者分配利润无关的经济利益的流出。

4. 收入

收入是指企业在日常活动中形成的、会导致所有者权益增加的、与所有者投入资本无关的经济利益的总流入。符合收入定义和收入确认条件的项目，应当列

入利润表。

5. 费用

费用是指企业在日常活动中发生的、会导致所有者权益减少的、与向所有者分配利润无关的经济利益的总流出。符合费用定义和费用确认条件的项目，应当列入利润表。

6. 利润

利润是指企业在一定会计期间的经营成果。利润包括收入减去费用后的净额、直接计入当期利润的利得和损失等。直接计入当期利润的利得和损失，是指应当计入当期损益、会导致所有者权益发生增减变化的、与所有者投入资本或者向所有者分配利润无关的利得和损失。利润金额取决于收入和费用、直接计入当期利润的利得和损失金额的计量。利润项目应当列入利润表。

作为后来者和效仿者，中国基本会计准则（2006）的上述会计要素定义明显兼有 FASB 和 IASB 两者概念框架的痕迹。但值得一提的是，中国基本会计准则（2006）有三大自身的特点：第一，利润的计算既不是综合收益观（FASB），也不是资本保全理论（IASB），具体表现为利得和损失被区分为“直接计入当期利润的利得和损失”和“直接计入所有者权益的利得和损失”两部分；第二，精简会计要素的数量（只有六个），且资产负债表和损益表（或利润表）各分配三个要素，符合“对称描述”的一般规则；第三，要素定义的行文也非常简略，几乎没有解释性和举例说明方面的语句，也没有对定义涵盖范围不足的评述性语句，显得更为武断或者更具权威。

第三节　与会计要素有关的几个重要理论

对会计要素进行定义一般要依据相应的会计要素理论，这些理论的一部分会在会计规范的制定组织发布的概念框架或解释性公告中得到阐述，但更多的是在“会计理论”著作中加以梳理。以下将简要阐述几个重要的会计要素理论，包括资产的性质理论、折旧的性质理论、商誉的性质理论、负债的性质理论、资产与负债的分类理论、所有者权益的性质理论、所有者权益的分类理论、收入的性质理论、费用的性质理论和利润的性质理论。

一、资产的性质理论

资产是最基本的会计要素之一。长期以来，人们一直试图分析所有资产的共同性质进而给资产以明确的定义。迄今为止，关于资产的性质，有三种看法：经济利益观或者经济资源观；成本观；物质观。

经济资源观的较为完整的表达，可以追溯至美国会计学家坎宁（J. B. Canning）在其著作《会计经济学》（1929）一书中对资产的定义：资产是指任何货币形态的未来服务或任何可转换为货币的未来服务（对于那些用合同而明确的未来服务要扣除合同双方都未履行的部分），并且这种服务只有当对某人或某批人有用时才能作为一项资产。这一定义是对先前的一些思想的总结，但坎宁认为还不够完善。真正正式的和完整的经济资源观是 FASB 的定义（1985）：资产是指可能的未来经济利益，它是特定主体从已经发生的交易或事项所取得的或加以控制的。

成本观以美国会计原则委员会（APB）对资产的定义（1970）为代表：资产是指根据公认会计原则确认和计量的经济资财和不能归入资财的某些递延费用。

物质观是一种浅显的、通俗的观点，该观点认为资产是人们都可以看到的实实在在的物质实体。

上述三个观点中，物质观用通俗的观点来描述理论概念，明显欠妥，比如无形资产是众所周知的重要“资产”，但是鲜有“物质实体”。成本观有一定可取之处：第一，与收益的计算以及资产的结转数额计量密切相关，而这些工作是会计的主要任务；第二，使用了公认会计原则、确认、计量、递延费用等会计术语，体现了会计概念的特点。但是，正如人们对 APB 后期工作的总体批评那样，这个定义强调了会计惯例而忽视了会计理论的作用——按照 APB 的最初设想，应该是先有会计理论（或概念框架），后有会计原则（或会计准则）。而本定义中却是先有“公认会计原则”，后有“资产的确认和计量”。

从存在的时间长短以及被仿效的广泛程度来看，经济资源观是相对更为科学的解释：第一，将资产定义为预期的未来经济利益，比较符合盈利性企业持有资产的目的；第二，由于第一点的原因，可以把资产的定义和经济学理论联系起来，使之更具有语义性（Semantics）；第三，能够突出资产的共性，从而使得资产的计量问题可与资产性质的讨论分开处理，如此可以体现会计概念框架对会计原则的指导作用（资产的性质是“会计概念”，资产的计量是“会计原则”）；第四，能够使资产的特征得到更全面的归纳，包括收益性（可导致可能的未来经济利益）、排他性（特定主体控制或拥有的）和可靠性（相关的交易和事项已经发生）等。

然而，仍有学者认为经济资源观存在不足（葛家澍，1996）：会计学上的资产定义应与经济学上的资产定义有所区别，因为会计学上的资产定义受会计基本假设和原则的制约。也就是说，按经济性质来定义资产，虽然能够指出它的经济实质，但是不能解决会计确认和会计计量的问题。因此，对资产定义中的“经济利益”一词应加以限定，即“可以用取得它所耗费的成本或价格来计量的经济利益”，而对一些需要用复式记账的平衡机制来解释的“资产负债表项目”（或称“财务项目”），如递延项目等，则不必强调它们的“经济利益”，应该另行定义。但倘若如此，所有的项目，包括所有的要素，恐怕都必须重新定义。

由此看来，IASB 采取折中的做法似乎更为合理，即按照经济资源观对资产进行定义，但又承认“所编制的资产负债表，可能包括不符合资产或负债的定义，又没有列示为权益的项目”。至少，按照经济资源观对资产进行定义，与会计目标的界定保持了高度的逻辑相关性，因为所有利益相关者使用会计信息进行决策或其他行为的目的都是为了获取经济利益，而这些经济利益必须依赖特定主体运用它所控制的经济资源去创造、去分配。

二、折旧的性质理论

固定资产是资产要素中非常重要的分类。因此，与固定资产概念①不可分割的折旧概念或折旧理论是资产要素理论中的一个重要方面。有学者认为，折旧是所有会计名词中讨论得最多而又最有争议的一个问题。折旧问题的复杂性表现在，到目前为止对折旧尚没有一个能为人们共同接受的定义，尽管人们可以在字面上认同“折旧是固定资产的系统和合理的摊销”，但在“系统和合理”的判断方面存在诸多争议。折旧问题的兴起还与一段会计实践经历密切相关：在 20 世纪之前，许多企业并不计提折旧，从而使股利分配中包含有相当一部分的投资返还，但是当企业需要重置其资产时，又发现已无力重置，由此发现了计提折旧的重要性。到了 20 世纪初期，许多企业处理折旧事项时，一般是定期对资产进行重估或者在重置或报废的当期作为费用处理，但又发现不够系统和合理。直到 20 世纪 30 年代，折旧才被认为是资产成本（或资产价值）在其使用期限内的系统和合理的分配，但其系统性和合理性仍然备受质疑。

1. 折旧的定义

与许多会计概念一样，折旧的定义一般分为两类：一类是强调会计假设和会计原则的约束，即强调折旧计提的实践可操作性；另一类是强调会计概念的语义性或理论性，即强调折旧计提的逻辑合理性。前者一般符合系统而不够合理，后

① 严格来讲，固定资产理论也是会计要素理论中的重要方面，但是较为成熟。本书只在第七章、第八章两章“会计确认”和“会计计量”中有所涉及，本章不再赘述。

者则偏重合理性而系统性较为牵强。但两者都认为折旧与资本保全概念相联系。资本保全概念见后文的阐述。

第一类定义以 IASB（1976）和 AICPA 的会计术语委员会（1953）的定义为代表，分别是：折旧，指在资产的使用寿命内系统地分摊其应折旧额；折旧是以系统的、合理的方式将有形固定资产的成本或其他计价基础减去残值（如果有残值的话）后的净额，分配到资产（也可能是一组资产）估计使用年限中去的会计处理方法，它是一个分配过程而不是计价过程。总之，这类观点认为折旧是人为的、保持严格系统性的成本分配过程。

第二类定义以 FASB（1980）的定义为代表，它虽然也认为折旧是固定资产的价值分摊，但同时指出了折旧的主要原因是因使用而引起的磨损，并且承认折旧既非与特定的营业收入、也非与特定的报告期直接有关。AAA 的概念与财务会计准则委员会的定义相似，只不过折旧的主要原因是资产价值即服务潜力（Service Potential）的降低，而服务潜力的降低是由于实物损坏、使用消耗或因过时或需求量发生变化而使资产的经济价值发生损失而引起的。总之，这类定义认为折旧不是人为的成本分配过程，而是受到客观力量（如磨损、服务潜力降低等）推动的价值分摊过程。但是，该“客观力量”为难以预料的诸多因素所支配，其影响是不规则的，因此很难保证在这类定义下计提折旧的系统性。换句话说，如果要在这类定义下保持一定程度的系统性，那么这种“系统性”将有别于上一类定义下的纯粹人为的“系统性”，因为前者要兼顾更多的“合理性”。

2. 折旧的计提方法

在诸多会计概念中，折旧是少有的几个需要在定义中着重描述或暗示确认和计量方法的概念之一。因此，讨论折旧的计提方法是折旧理论中重要的内容。

（1）早期的方法。早期的方法是在良好的会计理论（折旧概念等）出现之前，被会计实务广泛运用的一些便利方法，比如盘存法和重置法。

盘存法通过定期的资产重估来确定各期的折旧数。由于资产的价值变化是不规则的，所以盘存法非常缺乏系统性。但是它力图避免武断的分配，所以有一定的合理之处。不过，又因为引发资产价值变化的因素太多，把它们全部作为折旧也不够合理。

重置法，顾名思义是用现时重置成本作为当期的折旧费用。如果资产的重置行为是很有规律的，那么重置法就有一定的系统性。但是，如果因为各种因素导致资产的重置行为无法保持足够的规律，并且重置时的成本发生很大的变化，那么这种方法就不能称之为“系统和合理的方法”。也就是说，这种方法的使用有严格的先决条件，不宜在理论上加以概括和推广，只能在资产重置行为较有规律的行业，比如铁路业的枕木、铁轨等方面使用。

（2）系统和合理的方法。当较为正式的折旧概念形成之后，与之相匹配的、声称是“系统和合理的”折旧方法便应运而生，包括：直线法（Straight - line Methods）、变动折旧费用法（Variable Charge Methods）、递增折旧费用法（Increasing - charge Methods）和递减折旧费用法（Decreasing - charge Methods）等四大类方法。显而易见，这些方法的名称显示了它们的“系统性”。因此，关于这些方法的讨论都集中在其合理性方面。

①直线法。直线法是使用最广泛的折旧方法，又称为年限法，它假定折旧是时间而不是使用量的函数。尽管上述第二类定义认为折旧的产生源自使用导致的有形磨损或者服务潜力的降低，但是依然可以假定有形磨损和服务潜力的降低在各个会计期间内是等量的。具体的假定包括：利息因素可忽略不计；修理和维护费用每期固定不变；资产的操作效能自始至终保持不变；资产所产生的收入或现金流每期固定不变；各项必要的估计如预计使用年限等相当准确。不过，这些具体的假定显然与现实不可能完全吻合。因此，直线法得以广泛使用的原因很可能是它的简便易行。对于实践性极强的会计学科来讲，或许方法的简便易行也是一种“合理性”，尤其是在（折旧与收益或报告期之间的）绝对的、合理的联系无法建立的时候。

②变动折旧费用法。与直线法相对应，变动折旧费用法假定折旧是使用量而不是时间的函数，又称“工作量法”。折旧数额的大小因使用情况而定，在使用情况不规则的时候，它是一项变动费用。变动折旧费用法对许多类型的资产而言是合乎情理的，尤其是当某项资产的有形损耗比经济损耗更为重要的时候更是如此。这就是实务中为什么有人认为不应对未使用的资产计提折旧的原因所在。虽然就像作业成本法（Activity - Based - Costing，ABC）因为详细描述了成本动因而成为合理的成本会计方法那样，变动折旧费用法因为指出了折旧的动因而显得更为合理（AICPA 等组织就强调折旧是“分配过程”而非计价过程），但是若要维持严格的系统性，变动折旧费用法就显得困难重重。其中，最大的障碍来自很难估计资产所能提供的服务数量的总量。倘若能够准确估计该服务数量的总量，那么变动折旧费用法实质上和直线法并无太大区别，只不过将总成本平均地分配于每一服务单位上而已。此外，变动折旧费用法还未能考虑到修理等费用递增以及操作效能或收入递减等因素。

③递增折旧费用法。递增折旧费用法是指考虑资金时间价值即利息费用的一种折旧计提方法，又称偿债基金法（Sinking Fund Method）或年金法（Annuity Method）。由于资金时间价值是随着时间的推移而不断呈几何级数递增的，所以

各期实质上相等的折旧额（类似于年金）在各期时间点上的名义金额是不相等的。递增折旧费用法的简要计算步骤是：首先，确定资产的必要投资报酬率，通常与取得该资产时的投资决策所采用的内含报酬率相一致；然后，用该报酬率作为贴现率，并将资产的成本看做是未来经济利益的现值，在估计的资产寿命期内，求出每期相等的“实际折旧额”即年金；最后，按复利计算列表得出每期的“名义折旧额”。比如，报酬率为10%，第一期“名义折旧额”为10 000元（据“实际折旧额”计算，如果第一期即为现在，则与“实际折旧额”相等），则第二期“名义折旧额”为11 000元（10 000×1.1），第三期为12 100元，依此类推，折旧费用递增。

递增折旧费用法特别适用于以资产的入账价值作为计费基础的某些公用事业，如自来水设施等折旧费率的计算，也适用于那些在资产使用寿命期内保险费用和财产税递减，而同时修理与维护费用、收入与操作效能都较为稳定的资产计提折旧。但是，当资产的使用情况不符合这些假定时，递增折旧费用法就显得不够合理——只留下一个看上去非常“系统”但是计算繁琐的会计操作程序。

④递减折旧费用法。递减折旧费用法是指使得折旧费用在资产使用年限内按照某种规律逐渐递减的一种折旧计提方法，常见的有双倍余额递减法（Double - declining - balance Method）和年数总和法（Sum - of - the - years - digits Method）等。由于递减折旧费用法下前期的折旧费用多而后期的折旧费用少，看起来折旧费用可在短期内提足（等于资产成本或可折旧价值），所以习惯上人们又将递减折旧费用法称为“加速折旧法（Accelerated Depreciation Methods）”。但实际上，递减折旧费用法下的折旧计提是在减速而非加速，似乎更宜称为“快速折旧法”。

递减折旧费用法的合理性体现在以下假定上：即使不考虑资本成本，资产每年的服务贡献额也是逐渐递减的；资产操作效能或性能逐渐递减；修理和维护费用逐渐递增；以剩余服务价值的现值来表示的资产价值在前期降低较多，而后期较少；现金收入逐渐递减，且伴随着无形损耗（即陈旧）的发生，不确定性逐渐加大。这些假定大多得到了经验研究的证实或者人们通过常识判断而给予认可，因此，递减折旧费用法可以被认为是合理性的。但是，要将这些合理性转化为系统性并不是件容易的事，直接的证据来自双倍余额递减法（递减的折旧呈现等比数列特征）和年数总和法（递减的折旧呈现等差数列特征）之间的差异——相同的“合理性”（原理）却有不同的“系统”。于是，有人提出上述关键假定为“修理和维护费用逐渐递增”，其中的逻辑是：修理和维护费用维持了资产的正常运行。资产正常运行的总体支出应该是均衡的；所以，用递减的折旧费用来抵消递增的修理和维护费用是合理的；修理和维护费用的支付系列特征是显性的，可以替代计提折旧费用的隐性系列特征。但是，修理和维护费用的支付系列特征也是存在疑问的：第一，正常与非正常的修理和维护费用也是难以区分的，因此资产是否得以正常运行难以判断；第二，修理和维护费用通常采用预提或待摊方式，本身亦为“人为的”系统，不足以支持他人。同理，用“资产的服务贡献额递减”或“现金收入递减”规律来说明折旧费用的递减也是难以服众的，因为每年的服务贡献额或现金收入难以计量。总之，递减折旧费用法未必比前述三种方法更为合理，即使听上去很合理，那也是“理论上的合理”，可能于实践无补。

鉴于以上对递减折旧费用法系统性进而合理性①的批评，有人认为，递减折旧费用法实际上是稳健原则的产物。但稳健原则的合理性与可操作性也备受争议，至少有人认为它是试图避税和盈余管理的代名词。

综上所述，可以认为，所有的折旧方法包括哪些声称“系统和合理的”折旧方法都存在逻辑上或者操作上的缺陷。因此，学术界有一种呼声，即通过下列选择摆脱折旧问题的困扰：第一，使用现金流量表来代替收益表；第二，按资产的期末市价来计量资产的剩余价值以取代武断的分配；第三，不管其内在逻辑性如何，规定一种大多数人接受的折旧方法，以增强企业间财务报表的可比性；第四，采用折中的折旧方法。其中，第一种选择似乎已成为首要选择，因为现金流量表已被广为接受。

三、商誉的性质理论

无形资产（Intangible Assets）问题是会计理论的难题之一。无形资产问题的集中代表就是商誉（Goodwill）问题，因为一般认为商誉是最能代表无形资产特征的不可明确辨认的（Unidentifiable）无形资产。

1. 商誉的定义

不同于绝大多数会计概念，包括上述争议颇多的折旧概念，严格来讲，并没有一个像样的按照定义书写“模式”描述的商誉概念出现在各个会计规范制定组织及其制定的各种会计准则之中。学术界普遍讨论的是著名会计学家亨德里克森（E. S. Hendriksen）所归纳的三种观点（1992）：好感论；超额盈利论；计价账户论。

（1）好感论。好感论的详细表述是：商誉是指企业的关系人对企业具有的

---

① 系统性实质上也是一种“操作的合理性”，对会计这样一个实践性很强的学科而言尤为重要。所以，在会计术语中，“系统”与“合理”二词经常相提并论。

好感的价值。企业的关系人包括了利益相关者及其以外的各种与企业有某种关系尤其是业务和利益关系的主体，比如供应商、雇员和客户等等。好感应该是指能够促使这些关系人在与企业的交易中努力配合甚至让利的态度，比如供应商愿意提供价廉物美的原料、雇员愿意提供低廉的加倍劳动、客户愿意接受超乎平常的价格等等。好感可能源自企业所拥有的优越地理环境、良好的口碑、独占特权和管理有方等。当这些好感很有可能导致或者已经导致了实际的行动之后，企业可以获得超额的盈利或者资产价值升值（持有收益）。超额盈利和持有收益都是企业创造的价值或者增值（因为平均报酬和资产现有价值已经体现在企业账面价值之中）。

（2）超额盈利论。超额盈利论的详细表述是：商誉是指企业可能获得的未来超额盈利的贴现值。前已述及，企业获取超额盈利的能力源自其关系人对企业的好感。因此，超额盈利论实际上是好感论的翻版，只不过因为描述了计量的方法而更像是一个计价概念。当然，用计价的方法来描述商誉可能比用明确性质的方式（如好感论）来描述商誉更易为崇尚计量或实务工作的会计人员所接受。从贴现现金流方法（DCFM）上讲，会计人员只需预计未来超额盈利能力对应的现金流、未来的必要报酬率以及产生超额盈利能力的年限，即可计量商誉。

（3）计价账户论。计价账户论的详细表述是：商誉是指在企业合并交易或者价值重估中，企业总价值超过其现有账面资产价值的差额部分，它以“商誉”的科目或项目名称入账并在会计报表中列报。计价账户论认为商誉不是一项资产，而是一个需用复式记账的平衡机制来解释的轧差平衡账户，有时又可称为“递延借项”（Deferred Debit）。

2. 对商誉性质的评价

上述关于商誉性质的三种代表性观点各有其特点。相对而言，好感论语义性更强一些，它指出了商誉的经济性质，但是可操作性不强；超额盈利论的语义性和可操作性适中；计价账户论则几乎没有语义性，但是可操作性最强。由此可见，这三种观点的差异就在于对语义性和可操作性的权衡。但是，这并不意味着商誉可以像其他会计概念那样，只要对语义性和可操作性进行合理权衡即可得出一个可被普遍接受的定义，因为三种观点中的语义性，即使是好感论中的语义性都要打上一个大大的折扣——商誉的价值和它所依赖的、可单独辨认的其他有形或无形资产价值并不能令人信服地截然分开。比如，在好感论中，优越的地理位置意味着当地的土地更为值钱，良好的口碑往往依附于商标的价值，独占特权和管理有方则不应该依附于特定的资产（比如所谓的“商誉”）而更应是整个企业的一个属性。又比如，在超额盈利论中，假定投资者能将企业的总价值合理地分配于特定有形资产和无形资产及商誉之中，并认为有形资产和商誉之外的可辨认无形资产仅能获取正常的收益，而只有商誉能够产生超额收益，这种假定或理由显然有些牵强。

如此看来，单边放弃语义性而努力追求可操作性的计价账户论似乎更为合理。这种“合理性”还得到了关于“负商誉”（Negative Goodwill）问题讨论的援助。按照计价账户论的观点，负商誉可以被定义为企业合并时所取得的净资产的公允市价超过合并成本的差额，有时又可称为递延贷项（Deferred Credit）。但如果按照好感论或者超额盈利论，把商誉定义为企业一组不可确认的但又能从可辨认的资产中分离出来的有利属性，那么就很难想象“商誉”居然可能是负的。换句话说，倘若一家企业的价值真的要小于可分离资产的价值，则先前的所有者自然愿意将其分离出来，而不是将企业整体出售。

然而，在会计理论中，放弃会计概念的语义性将产生两个严重的后果：第一，因此而提供的相关会计信息无助于报表使用者的决策行为；第二，至少使得这类概念和其他追求语义性的概念无法溶于一体，建立概念框架并进而发展公认会计原则的努力也将付诸东流[①]。相应地，按照计价账户论定义商誉虽然在初次确认方面手到擒来（计价账户论本来就是按照初次确认来定义的），但是却为后续处理带来了无尽的烦恼：首先，关于（企业合并之后）自创商誉是否要确认的问题至今没有定论；其次，关于该计价账户的处理也有直接冲销法、分期摊销法、永久保留法和下推会计（Push - down Accounting）等多种方法之争；最后，关于负商誉，也并存着将其直接分摊至除长期有价证券之外的非流动资产价值直至余额作为递延贷项分摊至未来期间的收益，将其按照类似于长期债券投资折价摊销方法摊销，以及直接贷记留存收益或资本公积账户等多种理由。

总之，目前尚不存在普遍接受的关于商誉性质的定义，各种会计准则的相关规定大都遵从自己熟知的会计惯例或者武断的定义。

四、负债的性质理论

关于负债的性质，我们可以注意到以下两个现象：一是以会计规范组织为代表的会计学术界对负债的定义基本一致，均认为负债是可能导致未来经济利益流出的现时义务；二是实际上都把负债作为资产对应的或反向的要素来定义，继承

① 事实上，对商誉的定义困难几乎等同于对无形资产的定义困难。注意到前述资产定义中的物质观，可知无形资产是人们难以认知但又无法回避的领域。显然，在现代会计中，很难想象一组不包含无形资产的会计信息其作用究竟有多大。

了资产定义中的所有特征，如语义性等。鉴于会计概念的语义性问题在本节已有阐述，因此，接下来的讨论集中在这个概念的可操作性方面，尤其是其欠缺之处。

现有负债概念在可操作性方面的主要缺陷之一，便是没有区分负债（债权人权益）和所有者权益的界限。当然，如果能在所有者权益的定义上作出明确区分也是可行的，但问题是，几乎所有的关于所有者权益的定义（如前文所述）竟然反过来依赖于“不明确的”负债定义。习惯上，人们通常认为负债是有明确期限的、优先清偿的义务，而所有者权益是没有明确期限的、属于（债务清偿之后的）剩余索取权的义务，即对所有者而言是“风险投资”，很有可能“血本无归”。既然如此，那么就应该在负债的定义中加入类似于“期限明确”、“清偿优先”等有别于所有者权益性质的修饰词语。

现有负债概念在可操作性方面的主要缺陷之二，便是遗留了很大的关于义务执行的判断空间。众所周知，负债必须是一项强制性的义务或责任，且这种强制性的义务或责任常常源于财务文书、法律和合同之类的人类发明创造。但也有些负债包括那些因交易而发生的负债，这些负债是由公平义务（Equitable Obligation）或推定义务（Constructive Obligation）产生的。公平的义务源自道德或道义的约束，而不是因为习惯法或成文法的规定；推定的义务是在特定情况下成立、推断或悟出的义务，而不是因为与另一主体订立了协议合同或者因为政府的强制而产生。显然，公平义务和推定义务的执行缺乏法定约束力，但又可以像强制性义务一样采用相同的方式偿付。因此，如果没有在定义中区分各种义务的性质，那么就很可能扩大或者缩小负债的概念。或有负债的确认、计量或披露问题就是负债概念扩大的后果。许多人把诸如或有负债问题处理的复杂性归结于稳健性原则的难以把握，殊不知所有的会计原则问题都源自人们对会计要素的性质认知存在的欠缺。

五、资产与负债的分类理论

无论是从会计信息生成的系统性角度，还是从会计信息使用的有效性角度，都可以认为会计要素（首先是资产和负债要素）的进一步分类是必须的。通常认为，对资产和负债的分类主要取决于谁是可能的信息使用者以及它们需要什么样的信息。而关于信息使用者以及相关信息特征的界定是会计目标理论的主要内容。因此，资产与负债的分类理论，是会计理论中与会计目标理论密切相关的重要组成部分。资产与负债的分类理论主要阐述资产与负债分类的目的，现实中有四种观点：揭示偿债能力观；描述经营活动观；反映会计机制观；遵从计量属性观。以下，简要分述之。

1. 揭示偿债能力观

揭示偿债能力观是现有报表体系体现的要素分类观。在我们熟知的财务报表中，资产和负债通常是根据其偿付能力和流动性的大小按一定次序列示的。事实上，如此进行资产和负债分类的目的是财务报表的最初目的，它与最初资产负债表的重要地位有关。但是事过境迁，基于以下理由，这种分类方法日益遭受质疑：

第一，今天报表体系中的其他报表如收益表和现金流量表可能已经成为提供有关预测偿债能力的更好形式。

第二，债权人已经不是会计信息的首要使用者。随着社会经济的发展，企业规模的壮大，自有资金的份量变得越来越重要，在股份制企业中尤为如此。此时，以投资者为代表的利益相关者取代了单一的债权人成为信息的主要使用者。他们更关心企业的盈利能力，而不是企业的偿债能力。虽然企业的偿债能力与盈利能力密切相关，甚至特定资产清算收益也是企业收益在特定情况下的一种计量方式或者一种来源，但是并不能以偿债能力来涵盖盈利能力。

第三，按流动性进行的分类也不足以揭示企业的偿债能力，比如说根据流动性分类计算的营运资本比率容易受到会计师的操纵，无法确切知晓哪一个财务比率更能说明企业的偿债能力以及在有些行业中企业偿债能力的揭示较少地依赖于流动性的分类等等。

2. 描述经营活动观

按照描述经营活动的目的来对资产和负债进行分类是最具有语义性的，因为会计要素本来就是对会计对象的分类，而会计对象实质上就是企业的经营活动。采用这种方法有以下几个特点：

第一，资产和负债的分类依据是它们在企业经营活动中的作用，而不是它们的变现时间，因此可能打破时间性的界限。但在同一类项目中，可以考虑按照变现时间的长短进行排序。

第二，广义的经营活动分为投资活动和筹资活动两大类。投资活动又包括长期投资活动和营运活动；筹资活动又包括外部筹资活动和内部筹资活动（即股利分配活动）。这并不改变现有资产负债表的大体格式，即左边代表投资活动的净经营资产（相当于原来的“总资产”），右边代表筹资活动的净金融负债和所有者权益（相当于原来的“负债和所有者权益”）。相应地，利润表的大体格式也不变，只是将代表筹资活动的财务费用单列出来，而将营业利润还原为代表投资活动的经营利润，但经营利润扣除财务费用之后仍然与原来利润总额相等。

第三，营运资本项目（流动资产减去流动负债之后的差额）作为一个单独的项目来列示，因为它整体上与当期营运活动有关。

不过，如前所述，语义性较强的概念通常在操作性方面会遇到一些麻烦。对资产和负债项目分类而言，这主要是因为当前的报表格式（揭示偿债能力观）已经约定俗成，要改变列示方法，可能就不仅仅涉及现有报表中的二级报表项目①（如流动资产）的整块搬迁，而可能导致一个现有报表中的三级报表项目被分割。比如，按照描述经营活动观，现金项目就应该分为经营所需现金（属于投资活动）和投机所用现金（其本质是筹资的剩余，应以负值列示于筹资活动之下）。但倘要如此精细划分，则报表编制成本太高，报表使用者也将一头雾水——同一个现金项目为何要被肢解为若干个项目？此外，经营活动观亦与那些纯粹按复式记账原理来解释的所谓资产负债项目如递延项目发生冲突，因为这些项目与经营活动无关。

需要指出的是，描述经营活动观和前述“（模拟）管理决策论”的会计目标是一脉相承的。它们都关注会计应提供于管理决策有用的信息。对管理决策有用的信息间接地对所有利益相关者（即所有的用户集团）决策有用，因为所有利益相关者的决策都旨在利益最大化，而其利益的实现取决于管理者决策的正确与否。

3. 反映会计机制观

与描述经营活动观相反，反映会计机制观坚持的是会计概念的可操作性。反映会计机制观的出发点有两个：一是出于簿记程序的方便；二是报表使用者对收益的关注。反映会计机制观的主要做法是，对那些将要做借记和贷记收益处理的项目，同那些直接或间接引起现金流动的项目作一个明确区分。其中，前者为收入的递延借项和递延贷项，分别包括预付费用、厂房设备和存货（递延借项），以及提供特定商品或服务的义务（递延贷项）；后者是现金的递延借项和递延贷项，分别包括应收账款、有价证券等（递延借项），以及大多数负债（递延贷项）。

严格来讲，反映会计机制观是一种技术方法，而不属于理论范畴。其中最大的问题是，整个系统缺乏内在逻辑性。这一点，在本书中多有阐述。

4. 遵从计量属性观

会计要素的性质和会计要素的计量虽然是两个可以分开处理的问题，但是两者之间有着密切的联系——前者是确认的第一个条件，后者是确认的第二个条

① 一级报表项目就是会计要素，如资产。

件。因此，有人提出，可根据资产和负债项目的计量属性对其进行分类，这就是遵从计量属性观。遵从计量属性观的前提是，会计实务中存在多种不同的计量属性。如果只存在一种计量属性被强制使用，比如历史成本，那么遵从计量属性观和前述任何一种观点没有什么差别。但是事实上，在计量每一个项目时，由于所获得的证据、不确定程度以及与收益概念的联系程度不同，可以有多种不同的计量属性提供选择。比如，流动负债可以可变现净值为计量属性，而长期负债等则可以未来现金流量的现值为计量属性。因此，按不同的计量属性对资产与负债项目进行分类成为一种有意义的工作。

遵从计量属性观的优点在于能够对资产负债表及其与利润表、现金流量表之间的相互关系提供一个较好的解释。但是，遵从计量属性观也存在一定的缺陷，比如说，它可能导致那些持有传统观念的人，即使是老练的报表使用者产生误解。一般地，可以采用括号注释或者其他方法来充分揭示计价方法，并不一定要通过对资产和负债的分类来实现。但是，这样做又会增加会计人员的工作量，也同样难以避免误解的产生。

六、所有者权益的性质理论

与绝大多数会计要素不同，所有者权益通常不可以单独地定义和计量，它依赖于资产和负债的定义，即通常定义为“资产减去负债以后的净额，又称为净资产”。一般认为，如此定义是因为所有者权益与负债作为企业主体的义务有许多共同之处，故不得已而为之。但即便是承认会计要素的定义应该存在先后次序，上述定义依然明显不尽人意，因为它只涉及了所有者权益的计量而没有涉及到所有者权益的性质，也就是说缺乏理论概念应有的语义性。

关于所有者权益性质的讨论可见于各种不同的（所有者）权益理论，包括业主权论（Proprietary Theory）、企业主体理论或实体理论（Entity Theory）、企业理论（Enterprise Theory）、剩余权益理论（Residual Equity Theory）、基金理论（Fund Theory）等五种理论。以下，简要分述之。

1. 业主权论

业主权论认为，资产是所有者拥有的权利，负债是所有者承担的义务，而所有者权益就是权利减去负债这一义务后的净额。可见，所有者权益是一个直接归属于所有者的净财富概念。与此相关的会计方程式如下：

资产 - 负债 = 业主权益（或所有者权益）

不过，要理解净财富这个概念，还需要得到业主权论的下列观点的支持：

第一，企业没有强烈的主体性，是所有者可以在财富计量逻辑上轻易越过的一个客观中介。这种现象在独资或合伙企业中最容易解释，因为在这些企业中，管理者通常就是所有者。

第二，收入是所有者权益的增加，而费用是所有者权益的减少。它们在复式记账体系中可以直接增记或减记所有者权益账户。同时，利息、所得税、现金股利等都可以直接减记所有者权益账户，表示所有者权益的减少，而股票股利则只表示所有者权益之下的两个类别的转换。

第三，出于实物资本保全的考虑，所有者权益应以现时价值来计量。

一般认为，现行会计实务在很大程度上是以业主权论为基础的。业主权论在长期股权投资和企业合并财务报表的处理方面体现得更为明显。比如，权益法（Equity Method），包括改进的成本法（Cost Method），都认为子公司的收益（按属于母公司的份额）归属于它的所有者，即作为主要股东的母公司。又比如，按照母公司理论（事实上是业主权论在合并报表问题方面的另一种称呼），母公司和子公司应按照统一主体编报合并财务报表，且少数股东权益是一项负债。

应该说，业主权论与“私有财产神圣不可侵犯”以及财富所有者企图通过某种事业（比如企业主体）保持并增加其财富，这样一种流行观念或者资本主义立法精神有着极为微妙的关系。这种关系或许可以解释为什么业主权论是身处资本输出大国美国的 FASB 所坚持的权益理论。

2. 企业主体理论

虽然业主权论也承认应将企业主体与所有者及其他权益持有人的个人事务分离开来，但是企业主体理论体现得更为明显。企业主体理论把企业视为具有自己独立人格的存在主体。企业是所有权益持有人的权益监护人，对其权益负有经管责任或操持责任（统称如前所述的“受托责任”）。由此可见，所有者权益是企业的一种义务或责任。与此相关的会计方程式为：

资产 = 负债 + 所有者权益

更为详细的企业主体理论观点主要包括以下几点：

第一，所有者权益和负债处于相同地位，都是企业的资金来源渠道。它们之间的唯一区别是，负债是企业的特定义务，不受其他计价项目的影响；而所有者权益则是企业的剩余义务，易受计价程序的影响。举例来说，负债一般是有明确到期期限、本金及利息支付承诺的，而所有者权益则没有；相应地，资产重估增值一般计入所有者权益项目，负债价值则不变。

第二，收入是企业的净收益的增加。费用是企业的净收益的减少。收入和费用在复式记账体系中不可以直接增记或减记所有者权益。企业的净收益和留存收益并不一定或完全属于股东所有。股东所能得到的利益只能是投资价值的增加或者股利的宣布。但同股利一样，利息支出也应作为收益的分配而不应作为费用。

第三，出于报告受托责任的需要，资产计价的主要基础是历史成本。

在业主权论占压倒优势的情况下，企业主体理论在现代会计实务中也有所体现，比如：不确认负债的购买力损益而仅确认资产的持有损益（稳健原则下，通常是持有损失）；对既为职员又为股东的人员工资作费用处理；合并财务报表中的少数股东权益是所有者权益而不是负债等等。

事实上，企业主体理论和业主权论之间也有许多相通之处，只不过对企业主体的“独立”程度的看法不一，但是都无法否认所有者是企业利益的终极享有者，也无法否认企业对于所有者财富保值增值的重要媒介作用。有趣的是，在两者的相关会计方程式或会计要素命名中，“所有者权益”是业主权理论式的命名——代表股东主体（业主）的权益，而“负债”是企业主体理论式的命名——代表企业主体的义务。它们虽然阐述的角度不同，但实质指向的是同一个对象，因此可以融入同一个会计方程式①。

企业主体理论被德国的法律和惯例所采用。因此，它应该和德国文化中的某些特质有一定的关联性。限于篇幅，此处不再赘述。

3. 企业理论

企业理论是一个比企业主体理论更为广义的概念，该理论认为企业是一个为诸多权益持有者（利益相关者）的利益而从事经营管理活动的社会机构。企业理论认为的权益持有者包括股东、债权人、雇员、顾客、税收部门、政府等监管机构以及一般社会公众等。可见所有者权益不过是企业所承担的众多义务或责任中的一个。

相对于其他的各种权益理论，企业理论的一大特点是“增值收益”概念（Value - added Income）的运用。增值收益是一种经济收益，比现行会计实务中的净收益的计算面更宽，比如考虑了与更多权益持有者相关的外部成本、机会成本等，因此更能真实地反映企业的经营成果，更能真实地反映企业对众多责任的履行情况。增值表于20世纪70年代初期首先在英国公司年报中出现，其后逐渐被纳入欧洲各国报表体系。由于与国民经济核算体系中的财富概念基本相同，因此可以认为增值概念的运用将会促进宏观会计和微观会计的有机结合。不过，除此之外，企业理论的范围和应用还是较为模糊的。

一般认为，企业理论的出现源于人们对企业所负社会责任（比如注意环境保

① 注意上述两个方程式是同一个等式的两种形式。

护、协调劳资关系、促进社会和谐等等）关注的逐渐加深。

4. 剩余权益理论

剩余权益理论是介于业主权论和企业主体理论之间的一种理论，该理论认为所有者权益是资产扣除特定权益之后的剩余权益。相关会计方程式如下：

资产－特定权益＝剩余权益（或所有者权益）

因为特定权益包括债权人的求偿权和优先股股东的权益，所以，所有者权益实质就是普通股股东享有的权益。

一般认为，剩余权益理论的出现，是由于诸如优先股等兼有债务和权益性质的混合证券的出现导致了普通股东日益关注自身的权益“剩余”情况。这种关注表现为：普通股东利用清算价值（和剩余权益密切相关）的计价基础来预测未来的股利（包括清算股利）以作出正确决策。因此，在实务中，业主权论（包括部分企业主体理论）往往被用以编制财务报表，而剩余权益理论则往往被用以财务报表分析。

5. 基金理论

不同于业主权论强调所有者的主体地位，也不同于企业主体理论将企业人格化为一个经济和法定单位，基金理论将会计核算的对象界定为一个从事业务活动的单元（Unit），并不一定是盈利性的企业。这一业务活动单元的利益范围即所谓的“权益”称为基金。但之所以不称为“权益”而称为“基金”，是因为这种利益范围的性质表现为该单元使用资产的义务和限制，而不是利益范围设定人或某种“主体”的受益权限，且该利益设定人一般是虚位的或者广泛的产权代表人，比如政府机构或社会公众。相关的会计方程式如下：

资产＝对资产的使用限制

显然，基金理论所关注的是特定义务的履行情况，而并不关心收益的确定。计量收入和支出的目的是为了反映所得的收入是否在特定的期间按特定的目的被使用，并以此来监督特定义务的履行情况。

一般认为，基金理论特别适合于政府机构和非盈利性组织，比如高等院校、公立医院及其他公益组织。不过，在大型企业内部的某些特定方面，也可以运用基金理论，比如分店、分支机构的独立核算。

在计划经济时代，我国企业的会计也一直采用基金理论，要求资产的使用要专款专用。这样一来，资产被分为流动资产、固定资产和专项资产，相应地，设置了流动基金、固定基金和专用基金三个基金。这种做法对宏观经济管理有一定的积极作用，但不利于经济的发展。因此，在市场经济改革的进程中，基金理论很快被其他权益理论所取代。

七、所有者权益的分类理论

与其他会计要素分类的目的一样，所有者权益的分类也是为了向信息使用者提供对他们决策有用的信息。但是，所有者权益的分类也应该同时体现所有者权益的性质。一般认为，所有者权益分类的目的应该满足下列四种情况之一：可以揭示资本来源，或者揭示法定资本，或者反映股利分配所受的限制，或者反映清算分配所受的限制等等。

1. 揭示资本来源

这种观点认为，所有者权益应分为投入资本和留存收益两大类。其中，前者主要包括股本和其他投入资本（含投入资本溢余即资本公积、接受捐赠、重估增值等）两项；后者主要包括盈余留存和未分配利润两项。一般认为，这种分类的理由在于：它提供了有关公司历史发展过程的信息，而该信息有助于用户的相关决策。比如，决策者认为，一家主要靠内部生成资金（即利润留存）发展起来的企业和一家完全靠发行股票或发行债务取得发展资金的企业是有很大区别的，即使它们的资产总额及所有者权益总额都是完全相等的。

有人认为，上述理由并不在于理论，而在于迎合相关法律关于资本来源的规定。但事实上，如果相关法律是经理论严格推导形成的，那么就也可以认同这种理由的理论性。

不过，也有人指出，一旦将留存收益转作投入资本，那么资本原来的分类就消失了。但为此辩护的观点又认为，留存收益转增资本并没有损害资本来源的分类基础，因为此时留存收益已经变成了重新计量的投入资本，而“新”投入资本应与未来创造的留存收益相区别。

总之，按来源对所有者权益进行分类是最为传统也是目前最为流行的分类方式。它与占主导地位的两种权益理论——业主权论和企业主体理论之间不存在任何冲突，它既能体现所有者权益的范围，又能表示企业对所有者的义务。

2. 揭示法定资本

一般认为，对公司制企业进行法定资本的规定，是为了保障债权人的权益。公司制企业的成立以及在后续经营阶段必需的借款，都必须以一定的法定资本为基础，否则，公司的股票就不可能在股票市场上自由流通。因此，对所有者权益的报告首先是关注法定资本。由此，所有者权益应分为法定资本和非法定资本两大类。但是，基于以下两点理由，揭示法定资本被认为是没有必要的：

第一，在大型企业和盈利性企业，法定资本通常只占股东权益总额的很小比重。因此，债权人更注重企业的资产总额及其盈利能力对自身的保护，而不仅仅是法定资本。

第二，法定资本的确认存在不一致的做法。比如已认购股本，有些企业是法定资本，而有些企业不是。若企业发行无面值股票，则法定资本的确认更为困难。

为此，所有者权益的分类又回归到了上述传统的方式上。事实上，最初的股本就是法定资本。当然，留存收益转增资本后，股本将超过法定资本数额并掩盖后者。不过，只要法定资本不受侵蚀即股本只能转增不能调减，则法定资本的功能（如保护债权人权益等）即不受影响。

综上所述，可以认为这种分类方法与企业主体理论的关系更为接近。

3. 反映股利分配所受的限制

从字面上理解，这种分类方法是将所有者权益分为可用于股利分配的权益和不可用于股利分配的权益两大类。显然，这种分类方法是基于企业主体理论的，因为在业主权论下没有必要作出这些分类——所有利润及其留存收益都属于所有者，而在企业主体理论下，企业有理由从整个企业的角度出发决定分配现金股利的数额。这种分类方法的特点之一是能够揭示优先股所拥有的优先分配股利权的限制，比如在可用于股利分配的权益中指明属于优先股的部分。

需要指出的是，这种分类方法也是可以和传统分类方法即揭示资本来源的方法相兼容的。通常的做法是将传统分类中的留存收益划分为指定分配的（Appropriated）和非指定分配的（Unappropriated）两部分。相应地，我国现行会计实务中留存收益被分为盈余公积和未分配利润两部分，其中未分配利润可用于股利分配，盈余公积则主要用于转增股本。

不过，现实中仍然存在管理或财务政策方面的因素限制盈余公积即非指定分配的留存收益转增资本。对此，有人建议，在盈余公积即非指定分配的留存收益之下，再设置一个称为“转增资本的留存收益”或类似名称的项目。

4. 反映清算分配所受的限制

当企业清算的迹象越来越明显时，权益（含负债）的优先求偿权需要在财务报表中得到反映。此时，所有者权益按原始来源的分类就不重要了，而最相关的则是按清偿顺序所进行的分类。显而易见，按反映清算分配所受限制的分类方法是以剩余权益理论为基础的。

但是，众所周知，清算分配并不是企业所处的常态，或者说它就是一种“一次性状态”，因为清算之后企业不复存在。那么，按照一种非正常状态而规定一种分类方法，其适用范围自然有限。而且，就像上述反映股利分配所受限制的分类方法那样，这种方法也可兼容于“正常状态的”按原始来源的分类方法，即在投入资本中按剩余求偿权的顺序细分股本项目，如“更优先的”优先股本、优先股本、普通股本等，而在留存收益中也按这种顺序细分项目，只不过在企业清算时这些项目都已没有意义。

八、收入的性质理论

虽然由于收入对企业的重要性，在任何一个概念框架或会计准则中都有一个把收入视为基本会计要素的定义，但是这些定义都不能完全令人信服。其中，最大的问题是，收入的概念通常是与收入的计量、确认以及复式记账体系一并讨论，明显注重它的可操作性而忽略它的语义性。

收入概念的语义性体现在其英文单词“Revenue”（源于法语 Revenir）的含义中，其主要意思是“返还、归还”。因此，收入的基本含义应是企业将资源投入经营所收回的投资回报，且该回报通常（至少在主观意愿上希望）大于原来的投入。一般认为，AAA 的概念和准则委员会在 1957 年的定义，“收入是企业在某一期间给客户的以货币表述的商品或劳务的总量”，是比较符合上述语义性的。但是，语义性较强的概念通常欠缺可操作性。比如说，这个定义虽然指出了收入产生的根源是企业的经营行为（广义的投资行为），但是却没有说明收入的计量方法以及确认的时间（是某一时点还是某一时期）。

于是就产生了增加可操作性的收入概念，比如 FASB 的定义（见前文所述）等。对于那些批评该定义缺乏语义性的言论的辩护观点认为：收入要素是资产、负债和所有者权益等基本要素的派生要素，如果基本要素具有语义性，那么在其定义中运用基本要素等术语，可以保持一定程度的语义性。不过，对其可操作性，也有一些微词。比如，导致资产增加或负债减少的因素很多，而仅以此来判断收入的发生显然误差较大。又比如，在有些情况下，收入的陈报与销售时点或资产的实际流入并不同步。

但总之，无论是语义性较强的收入概念还是可操作性较强的收入概念，都认为收入应是来自企业的正常经营活动，它区别于产生于非正常程序（偶发事件）的利得。尽管关于正常活动和偶发事件的划分标准有些武断，但它依然有助于人们对收入有一个更好的认识，并有助于人们作出更合理的决策。至于收入的分类，可以根据正常经营活动的领域及其发生频率将其分为主营收入、副营收入和投资收益等。

九、费用的性质理论

在会计要素定义方面，已经形成的一点共识是，费用被作为收入的一个反向对应要素来定义。因此，与上述对收入定义的讨论相类似，费用概念的定义也是一个在语义性和可操作性之间进行权衡的过程。

费用（Expense）一词的含义通常通过用与之具有亲缘关系的成本（Cost）一词的含义来解释，而成本一词的标准定义是指“经济资源的牺牲”。由此可知，费用的基本含义应是企业将资源投入经营所发生的经济资源的牺牲即消耗，这种牺牲必然可以带来投资的收回（即收入），且该回报通常大于原来的投入即所发生的费用。一般认为，AAA 的名词委员会在 1957 年的定义，“广义的费用包括那些从收入中减除的所有已耗成本”，是比较符合上述语义性的。但是同样，这个定义虽然指出了费用产生的根源是企业的经营行为（广义的投资行为），但是却并没有说明费用的计量方法以及确认的时间（是某一时点还是某一时期）。

于是就产生了增加可操作性的费用概念，比如 FASB 的定义（见前文所述）等。对于那些批评该定义缺乏语义性的言论的辩护观点也认为：费用要素是资产、负债和所有者权益要素等基本要素的派生要素，如果基本要素具有语义性，那么在其定义中运用基本要素等术语，可以保持一定程度的语义性。不过，对其可操作性也有一些微词。比如，导致资产减少或负债增加的因素很多，而仅以此来判断成本的发生显然误差较大。因此，也难怪 APB 在其定义（与 FASB 的定义类似，但范围更大，包含了“损失”一词的含义）之后增加了五项举例说明的情况。

但总之，无论是语义性较强的费用概念还是可操作性较强的费用概念，都认为费用应是产生于企业的正常经营活动，它区别于产生于非正常程序（偶发事件）的损失。尽管关于正常活动和偶发事件的划分标准有些武断，但它依然有助于人们对费用有一个更好的认识，并有助于人们作出更合理的决策。至于费用的分类，可以根据它们与收入的配比关系分为直接配比费用（包括直接材料、直接人工及其他直接费用等）、间接配比费用（包括固定资产折旧费用、无形资产摊销费用等，又称“制造费用”）和期间配比费用（包括管理费用、销售费用等①）等三类费用。需要指出的是，如此分类对企业内部落实各职能部门的责任可能有所帮助，但不一定有利于外部使用者借以进行决策。一般认为，有利于相关决策的费用分类是根据费用行为特征（Cost Behavior）进行的分类，包括固定费用和变动费用等。但无论何种分类，都无法避免主观武断的因素影响，比如间接配比

① 会计实务中还包括财务费用。但是它属于投资活动，不宜与属于经营活动的管理费用等同时阐述。不过，它与管理费用等的会计处理类似——都是直接在当期利润中抵扣。因此，从会计实务而非会计理论的角度来讲，将它们归为一类也未尝不可。

费用的归类和混合成本的分解等等，其分类的标准往往侧重于可操作性而不是费用概念的语义性。

十、利润的性质理论

如前所述，利润（或称“收益”、“业绩”等）要素的定义也在于对语义性和可操作性的权衡。注重语义性的定义通常与资本保全概念相关联，如 IASB 的框架；注重可操作性的定义通常与语义性不强的收入及费用要素的定义相关联，如 FASB 的框架与中国的基本会计准则，其中 FASB 的定义相对而言语义性略强一些。习惯上，人们把这种权衡称为经济收益和会计收益之争。

1. 经济收益概念

经济收益的概念最早可见于亚当·斯密的名著《国富论》，称为“财富的增加”。而流传更广的经济收益定义是由英国经济学家希克斯（J. R. Hicks）给出的：一个人的收益是他在期末和期初保持同等富有程度的前提下可能消费的最大金额。对应到企业中，则企业的利润应是在期初和期末企业资本没有变化的情况下，企业本期可以用来消费或分配的最大金额。这个定义中的核心概念是“保持同等富有程度”。它引导人们在会计上发明了一个类似的名词——资本保全（Capital Maintenance）。所谓资本保全，是指只有在资本得到保持或成本得以补偿之后，多余的部分才可以确认为利润即收益。也就是说，利润是资本收益（Return on Capital）而不是资本返还（Return of Capital）。但是，资本概念本身又有财务资本概念与实物资本概念之分：财务资本视同投入的货币或投入的购买力，是主体净资产或权益的同义语；实物资本视同营运能力，可看作是以每日产出等为基础的主体的生产能力。如果财务报表使用者主要关心的是保全名义上的投入资本或投入资本的购买力，则应采用财务资本的概念；如果使用者主要关心的是主体的营运能力，则应采用实物资本的概念。由此产生了利润计量上的两个概念：财务资本保全和实物资本保全。

（1）财务资本保全。根据这一概念，在扣除了本期内对业主的分配和业主的出资之后，期末净资产的财务（或货币）金额必须大于期初净资产的财务（或货币）金额，才算赚得利润。财务资本保全的计量，可以采用名义货币单位或固定购买力单位，但不要求采用特定的计量基础（即历史成本等计量属性）。

根据以名义货币单位定义资本的财务资本保全概念，利润表示本期内名义货币资本的增加。因此，本期持有资产的价格提高①，通常称作持有利得。持有利

① 理论上，还应包括持有负债的价格变化。但在合同约束下，负债价格很少发生变化。

得在概念上是利润，但只有通过交易实现之后方可确认。持有损失的处理则依据稳健原则。

根据以固定购买力单位定义资本的财务资本保全概念，利润表示本期内投入购买力的增加。这样，在资产价格的提高中，只有大于一般物价水平增加的那一部分才能作为利润，其余增加部分只能作为所有者权益增加（按照 IASB 的规定，计入“资本保全调整”）。持有损失的处理同理，但同时依据稳健原则。

（2）实物资本保全。根据这一概念，在扣除了本期内对业主的分配和业主的出资之后，主体的期末实物生产能力（或营运能力），或主体期末达到上述实物生产能力所需的资源或资金，必须大于期初实物生产能力（或营运能力），才算赚得利润。实物资本保全的计量，要求采用现行成本的计量基础。

根据以实物生产能力定义的实物资本保全概念，利润表示实物资本在本期内的增加。所有影响主体资产和负债的价格变动，都应作为主体实物生产能力计量上的变动，属于所有者权益的一部分，而不应是利润。

2. 会计收益概念

会计收益的概念认为，收益主要是来自企业期间交易的已实现的收入和相应费用之间的差额。这种概念有如下几个特征：第一，它依赖于对收入和费用的定义，而收入与费用的定义又取决于对经济业务的性质判断以及实际发生与否；第二，它建立在会计分期的假设之上，且该假设比经济收益概念中涉及的会计分期假设更为重要，因为它影响到权责发生制下的费用计提问题，而后者仅仅是一个时间概念；第三，它倾向于历史成本计量；第四，它依赖于收入的实现原则以及收入与费用确认的稳健原则。可见，会计收益概念追求的是以利润信息为代表的会计信息的客观性、可验证性和可计量性。这一点不同于经济收益概念所追求的管理预测性。

需要指出的是，经济收益概念和会计收益概念之间存在着趋于一致的历史经验和未来趋势。会计学上的收益最初是资产负债表所表现的资产计价的结果，而现在大多数情况下则是以损益表中已实现的收入超过为取得这些收入而发生的费用来表述的。反过来，18 世纪的经济学家们把企业的收益看做是收入与为维持固定资产和流动资本所必须的费用之间的差额。这显然更接近现代的会计收益概念。而所有现代经济学家均将收益定义为资产现时价值的增加，这一定义则更像是最古老的会计收益概念。

因此，有学者认为，可以在保留会计收益概念可操作性的基础上，又按照经济收益概念对利润进行理论上的分类，包括：经营收益（含负收益即损失）、资产持有收益（含负收益即损失）和价格变动损益等。由此，在会计实务上按照当期营业观（Current Operating）或者综合收益观（All - inclusive Income）进行利润的确认和计量。其中，当期营业观只包括经营收益，另两类“收益”属于所有者权益；综合收益观则包括所有这三类收益。

综上所述，我们对会计要素理论总结如下：

第一，所有关于会计要素概念或定义的争议，都集中在语义性与可操作性孰轻孰重之上。

第二，基本要素如资产等的定义，应该更侧重于语义性。且其语义性可按要素的“基本性”顺序递减。该要素顺序是：资产、负债、所有者权益、收入、费用、利润及其他要素。而由基本要素分类而来的二级要素如无形资产等的定义，可以增加其可操作性，甚至纯粹运用会计机制如复式记账原理来定义。

第三，所有的概念框架都有自己的一套要素定义系统，包括即使是坚持折中道路的中国基本会计准则。这些定义虽然存在争议，但是都比较务实，可以生成于本概念框架内有效的会计准则中。

第十章　会计的国际协调与国际趋同

随着经济全球化和国际资本市场的发展，会计的国际协调与国际趋同成为近20年来会计理论界和实务界共同关注的热点问题之一。国内外学者对会计国际协调与趋同的讨论主要围绕以下问题进行：（1）会计国际协调与趋同的概念，即究竟什么是会计国际协调与趋同，它的本质特征是什么；（2）会计国际趋同对于各国的意义，即会计国际趋同是"本土化"，还是国际化或普遍化；（3）会计国际协调与趋同的目标及原则；（4）会计国际协调与趋同的措施及其结果。本章中我们主要对会计国际协调与趋同的相关问题进行探讨。

第一节　会计国际协调与国际趋同的含义

一、会计国际协调的概念

如何准确地概括会计国际协调的内在含义，目前理论界有多种不同的形式表述，其中最具代表性的有会计准则的国际协调、国际会计协调、国际会计惯例协调等。会计准则国际协调与国际会计准则协调两者既有区别又有联系。国际会计准则协调是指以国际会计准则（IAS）作为统一标准，衡量并消除各国会计准则与国际会计准则的差异，促使它们向国际会计准则靠拢的过程。国际会计准则协调化就是各国会计准则实现标准化的途径之一。会计准则的国际协调是指在没有先入为主的条件下，各国之间进行的会计准则的协调，这种协调是在平等、独立、自愿的条件下进行的，没有任何一方以居高临下的姿态推行某种标准的情况，协调各方通过沟通、谈判、协调，采取放弃、改进、接受、退让、提高、重建等方式来达到各国会计准则的协调。会计准则国际协调是一种多主体、多方向的协调，而国际会计准则协调则是单主体、单方向的协调，是国际会计准则委员会（IASC）向世界推广国际会计准则的工作；并且，从范围上来看，会计准则的国际协调包含了国际会计准则协调的内容，后者属于前者的一个组成部分（吴水澎等，2000）。

而国际会计惯例是指在特定阶段形成的，为适应国际贸易增长、跨国公司兴起、国际间投资活动的增加、资本市场全球化、会计服务国际化的需要，以协调各国会计标准以及会计政策为目的，在国际经济交往中为当前大多数国家公认并广泛采用或通行的会计惯例。如人们把借贷项金额分别列在账户的左边和右边，在大多数国家的资产负债表上，左方列示资产项目，右方列示负债和业主权益项目等。国际会计惯例的形成有两条途径：一是自发形成的，如习惯；二是通过制定或认可形成的，如惯例、标准等。但无论从哪条途径形成，都须基于大多数国家的共同确认。会计的国际协调实际上就是各国接受和遵循国际惯例的过程。

通过对会计准则的国际协调、国际会计协调、国际会计惯例协调这三个概念及其内在联系的扼要分析，我们认为：这三个概念都从一个侧面反映了会计国际协调的内涵。会计准则的国际化和国际会计协调化侧重于从标准和制度方面强调会计的国际协调，而国际会计惯例虽也涉及标准和制度层面的内容，但更多的是侧重于会计实务中形成的习惯、惯例的借鉴和运用。而会计的国际协调应是理论和实务协调的内在统一。因此，本书以下的论述中，将统一用会计的国际协调来涵盖会计准则的国际化、国际会计协调和国际会计惯例协调等概念所包含的意义。

那么，什么是会计国际协调呢？目前主要有以下几种观点：

协调是通过对会计惯例的变异程度加以限制从而增加其可比性的过程。标准化似乎意味着要推行一套更加严格而且范围更加狭小的规章制度（C. Nobes. R. Parker，1981）。

协调包括：一是认识不同国家的特性，并将它们与其他国家的目标进行调和；二是减少或消除障碍，以便取得能够接受的协调程度（A. Belkaoui，1985）。

所谓会计协调化，是指通过一些国际性组织或专门机构（包括政府和民间两方面），制定或认可采纳一些统一的会计准则或其他标准化文件，促进一定地区或世界范围内各国会计实务和财务信息的统一和可比的活动（常勋，1990）。

协调化是针对会计实务上不同的程度，制定出一定的范围，从而得以增加会计实务一致性的过程（王松年、钱嘉福，1990）。

协调就是对各国会计的差别建立各种界限或范围，增加其会计实务的和谐和共存的过程（杨绍纯，1987）。

国际会计协调有广义和狭义之分，广义的国际会计协调泛指缩小和协调各国会计存在的种种差异，狭义的国际会计协调是指对各国会计制度和会计准则的协调。一般认为，国际会计协调主要是指狭义的国际会计协调（彭及时等，1989）。

通过对上述定义的综合分析，我们可以对会计国际协调进行初步的概括，即协调旨在增进各国会计标准的趋同和可比性，限制各国会计标准的差异程度和差异范围，减少其内在的逻辑上的冲突，以寻求各国会计标准的统一性和逻辑上的一致性；协调应包括会计准则的协调和会计实务的协调；协调有一个逐步推进的过程，不可能一步到位，其最终的理想目标是标准化；协调与国家特色是相辅相成的，有国家特色才需要协调，也只有国家特色才是推动国际会计理论和实务不断向前发展的原动力。因此，协调不应被误解为要消灭特色，而是对特色的协调；一些国际性组织和专门机构（包括政府的和民间的）的积极活动将有助于会计的国际协调。

二、会计国际趋同的概念

自2001年4月国际会计准则委员会（IASC）改组为国际会计准则理事会（IASB)并宣称制定“全球会计准则”以来，会计国际趋同已渐渐代替了会计国际协调，人们将关注的焦点由“接轨”、“协调”转向了“趋同”。从此，会计的“国际趋同”在这些年中成了会计理论研究中的一个时髦术语。研究会计国际趋同问题，首先应当弄清楚会计国际趋同的含义，对会计国际趋同的概念作出界定。对于会计国际趋同的定义，国内学者有不同的解释，大体说来有以下三种：

第一种观点认为，趋同就是标准化、统一化，也即无论交易或事项在何处发生或披露，其会计处理和披露都是相同的，在世界不同的司法管制地区，相同的经济交易事项应使用一致的会计处理方法，这是合情合理的（裘宗舜、韩洪灵，2002）。这种观点实际上强调的是会计处理技术方法方面的趋同。会计在处理经济业务过程中确实存在多种可供选择的方法、程序，而在不同国家的会计准则和制度中，对会计处理方法、程序的选择是存在差异的。如果不加以统一，必然导致不同国家和地区对相同经济交易事项的会计处理不一致，以及会计处理的结果——财务会计报表所披露的会计信息缺乏可比性。这与当今经济全球化，资本、产品、信息日益全球流动的世界经济环境显然是不相适应的，从而必然要求会计技术方法的标准化、统一化。

第二种观点认为，趋同指的是收敛、缩小差距，现在不同，经过一段时间后逐步相同，最后消除差距。会计准则的趋同是指各国会计准则，在特定的时间内从不同逐步走向相同的收敛过程（陈毓圭，2005）。有人进一步解释说，趋同就是无限逼近或接近，类似于高等数学中的求极限——差异趋向于无穷小（王瑞龙，2007）。尤其就会计技术方法而言，趋同乃至未来的相同是会计作为一门国际上通用的“商业语言”应对全球经济一体化的必然选择。

第三种观点认为，趋同是多维度、多视角的动态过程。2005 年 9 月 2 日，财政部副部长王军在上海国家会计学院“现代风险导向审计论坛”上的演讲中将其概括为：第一，趋同是进步，是方向。趋同是协调的进一步深化，体现了国际经济一体化进程的要求。任何一个不想游离于国际市场之外的组织，都不能无视准则国际趋同这一发展趋势。这就需要共同努力，尽量寻求一致。第二，趋同不等同于相同。各国在经济环境、法律制度、文化理念以及监管水平、会计信息使用者和会计人员素质等方面存在着不同程度的差异，忽视各国国情，忽视会计审计发展状况和环境特点，趋同是难以实现的。第三，趋同需要一个过程。各国国情的差异决定了合作自愿性，需要积极且不断地研究新情况、解决新问题、创建新机制，努力追求符合国际效率、公平、主权和全球多样性发展要求的建设机制。第四，趋同是一种互动。趋同并不意味着单向运动。它是世界各个国家之间、各国与国际准则委员会之间、国际准则委员会与区域会计组织之间，多向进行的相互沟通、相互借鉴、相互认可。世界多样性的特点决定了互动是国际化趋同的客观规律。遵循它，就能更好前进。否则，就会影响效率或效果。这一观点一经提出就成为国内对会计国际趋同的最权威解释，并在业界广为流传。

上述对会计国际趋同概念的界定中，似乎或明或暗地隐含着会计的国际趋同与会计准则的国际趋同是不加区分的，在很多情况下几乎是同义语。所谓会计准则的国际趋同，是指不同国家的会计准则，随着经济全球化的发展，在资本市场的国际化和贸易的国际化日益发达的基础上，相互吸收、相互渗透，从而趋于接近，甚至趋于一致的现象。其表现是在国内会计准则的制定和实施过程中，越来越多地涵盖国际会计的普遍实践与惯例，并积极参与国际会计准则的统一活动等。它的内涵主要体现在以下几个方面：

1. 会计准则的国际趋同不排除会计准则的差异性

当今世界，随着经济全球化趋势的深入发展和科学技术的突飞猛进，生产要素在国际间优化组合，产业转移速度不断加快，全球资本市场每天有数以兆计的资金流动，各国的投资者们希望企业能够按照统一的标准提供财务报告，以便作出正确的决策，降低信息不充分和不可靠而产生的交易成本和风险。为此，世界上主要资本市场都在积极探讨并努力实现向一套全球公认的会计准则的趋同。但各国的会计准则却由于政治、经济、历史等方面的原因尚存在很大的差别。比如：收益确认方面，尽管大多数发达国家采用反映全面收益的“资产负债观”，但在世界上有些国家仍有采用“收入费用观”或部分“资产负债观”的；由于社会制度不同，在社会主义制度下，强调“公有制”的主体地位和主导作用是会计准则的制度基础。而在资本主义国家强调“私有财产的神圣不可侵犯”的绝对法律地位，则构成了其会计准则的法律制度基础。

根据马克思主义哲学原理，趋同与差异是对立统一的，没有差异无所谓趋同，而趋同是差异发展的方向，是新事物对旧事物的否定，是“扬弃”。故差异与趋同是相比较而存在，相斗争而发展的，否定任何一方面都是错误的。从静态上来看，各国会计准则既有差异性的一面，又有共同的一面；从动态上来看，各国会计准则的差异性内容随时间的推移而不断扩大，体现了会计准则的多样化，而各国会计准则的内容随时间的推移其共同性不断增多，则体现了会计准则的国际趋同。因此，我们把国际会计发展过程中出现的这种现象界定为“会计的国际趋同”，但这并不否认各国会计准则的多样性或差异性。

2. 会计准则国际趋同不等于“世界会计准则大同”

会计准则国际趋同的概念只揭示各国会计准则中共同性内容不断增多的运动过程，但从中并不必然引申出会计准则国际趋同的终极状态是世界会计准则大同这一结论，会计准则国际趋同并不意味着会计准则终将实现世界统一。在我国，会计准则是会计法规体系的构成内容之一，具有国家法规的性质。马克思主义认为，法律和国家一样，也是一种历史现象，终将走向消亡。法律的消亡有其自身的规律，当法律在世界范围内消亡之时，是否实现了全球统一的问题，就像国家在世界范围内消亡之时是否已形成一个世界政府一样，这不是法律趋同化问题，同样也不是会计准则国际趋同化问题。

3. 会计准则国际趋同是一个矛盾的统一体

可以说，会计准则的国际趋同是一个矛盾的统一体，是一个相反相成的过程，是一个悖论，但这又是一个合理的悖论。第一，会计准则国际趋同的内在矛盾是一个客观事实，无论它看起来多么匪夷所思，它都是合理的，用黑格尔的话来说就是“凡是存在的都是合理的”。第二，会计准则国际趋同的这种内在矛盾是必然的，在会计准则国际趋同的背景下，即使是开放程度最高、承认或标榜与国际会计准则完全趋同的国家，其会计准则也不可能完全没有本国的胎记；反之，在最保守的国家也不可能没有会计准则国际趋同的痕迹。第三，会计准则国际趋同的这种矛盾有利于会计事业的进步，任何事物本身就是多样性的统一，多元一体化也好，一元多体化也好，都应当是事物发展的真谛。既然会计准则国际趋同本身所包含的矛盾、对立或悖论是合理的，那么它就不是人们通常所理解的矛盾或悖论，而是哲学上所说的二律背反，所以我们说，会计准则的国际趋同是一个二律背反。

第二节 会计国际化的过程：会计国际协调

一、会计国际协调的目标及方式

从理论上说，会计国际协调可以有两种不同的目标，美国著名国际会计学家乔伊（Frederick D. S. Choi）和缪勒（Gerhard G. Mueller）概括指出，会计的国际协调实际上可以有两种思路：一是标准化，就是要制定和实施全球统一的会计准则来取代各国的会计准则。这一思路又有一些不同的观点，如“绝对相同性”，即要求全世界通行一套会计准则和一个报表体系与格式；“环境相同性”，即推崇在类似环境条件下的统一会计与报告模式，但可保留不同环境条件之间会计制度的差异，又可称为“有限的统一”。二是协调化，协调化不同于标准化，因为它并不要求以全球统一会计准则取代各国的会计准则，但是协调化要求各国会计准则通过不断的协调能求同存异，增进共同的内涵，逐步缩小不同会计准则制度之间的差异，提高不同国家会计实务和财务报告的可理解性和可比性。

从理论上来说，标准化更有利于达成国际间会计报告的协调目标，但在实际操作上面临一些至少在目前及今后相当长一段时间内无法克服的难题。由于各国的政治、经济、文化背景、法律制度等因素的制约，绝大多数国家的政府都不愿意放弃或出让本国会计准则的制定权。因此，单一的标准化的会计准则缺乏现实可行性，以至于有些著名的西方会计学者，如 R. K. Goeltz 在 International Accounting Harmonization：the Impossible（and Unnecessary）Dream？一文中认为的，会计的国际协调（指标准化）是一种可望而不可及的幻想。当前的努力应当是积极推动各国会计制度（标准）的趋同化（J. M. Rivera，1989）。

会计国际协调的方式主要可分为以下几类：一是单边协调和多边协调。所谓单边协调，是指在协调双方中，其中一方以另一方的会计准则为标准而采取协调措施，向它看齐靠拢。所谓多边协调，是指两个以上的协调方分别采取不同的协调措施，使各国准则趋向一致；或各方同时采取协调行动向某一既定目标靠拢。在多边协调的过程中，需要设立一个相当权威的机构（例如政府间机构）来负责建立协调标准，协调各方利益，处理协调事务等事宜。二是主动协调和被动协调。所谓主动协调是指在没有任何的外界压力或影响下，一国根据自己的利益需要而自动采取的协调行动。所谓被动协调是指在外界压力下，如果不采取协调措施就会失去某种利益而不得不产生的协调行为。

二、会计国际协调的机构及其协调过程

会计国际协调中作用最大的机构是成立于1973年的国际会计准则委员会(IASC),该组织成立以来通过一系列的努力与变革，取得了国际会计准则的制定权和国际上日益广泛的支持，使其制定的国际会计准则取得了重要的地位。先后公开支持IASC的组织包括世界银行、国际货币基金组织、巴塞尔银行监管委员会、世界贸易组织（WTO）、联合国经合组织（OECD）、亚太经合组织、国际证券交易所联合会、国际财务分析师协会等。

在国际会计准则委员会（IASC）的存续期内，其所开展的会计国际协调工作大致经历了以下三个过程：

(1) 1973~1989年以前，这段时期属于寻求各国支持阶段。IASC在最初制定会计准则时，由于兼顾各国会计法规、经济环境和法律体系等方面的差异，会计协调比较困难，准则几乎包容了各国会计实务，在许多会计问题上允许在多种备选方案中选择，IASC因而遭到国际社会对其准则质量的非议。

(2) 1989~1994年，这段时期属于提高财务报表的可比性阶段。1989年公布了准则草案第32号（ED32）《财务报表可比性》。其基本内容是：在已公布的国际会计准则中，对于同一会计事项，尽量减少可选择的处理方法。对于有些会计事项，在短期内必须保留多种选择方法时，则规定“倾向性的处理方法”和“可选择的方法”，同时废除某些认为不可取的方法。1990年7月，将原有的“倾向性处理方法”提法改为“基准处理方法”。

(3) 1995~2000年，制定核心准则阶段。1995年，IASC与证券委员会国际组织（IOSCO）达成协议，要求IASC完成一套核心准则，经证券委员会国际组织审核通过后，将此准则作为跨境上市和筹资时编制会计报表的依据。到2000年时该核心准则项目已基本完成。1997年，国际会计准则委员会成立了常设的准则解释委员会，负责对现行国际会计准则可能产生歧义的方面进行解释。

而证券委员会国际组织（IOSCO）则因其对国际会计准则委员会的强有力的支持，成为在会计国际协调中发挥作用仅次于国际会计准则委员会的政府间国际组织。1993年，IOSCO向IASC提交了一份5大类40个项目的核心准则制定清单。IASC积极配合IOSCO“核心准则”的制定和颁布，于1995年6月与IOSCO达成协议，依照1993年IOSCO拟定的项目清单，制定一套核心准则。至2000年，IASC完成了全部40项核心准则，并在同年5月17日由IOSCO批准了其中的30项核心准则。由于IOSCO是政府间的国际组织，具有较高的权威和强制力，它的推荐和支持将促使跨国公司在国际市场上投资和筹资时率先采用国际会计准则来编制会计

报表，对推动会计国际协调起到不可限量的作用。另外，由于各国都把跨国公司视为一流公司，那么一流公司采用的会计准则当然是一流的会计准则，由于谁也不愿意把自己归入到二流准则中去，这样一方面可以引导和示范各国的大公司甚至中小企业积极遵循国际会计准则，从而扩大国际会计准则的适应范围；另一方面也有利于积累经验，便于国际会计准则委员会制定出更具操作性的会计准则。我国新的统一的《会计企业制度》于2001年1月1日暂在股份有限公司范围内执行，其思路与国际会计准则委员会的工作思路如出一辙。因为股份有限公司特别是上市公司是我国的“跨国公司”，其首先执行统一的《企业会计制度》，同样能起到引导和示范作用，有利于在中国范围内逐步统一执行《企业会计制度》。

此外，区域性的国际经济组织对会计的国际协调也发挥了积极的作用。由于相邻的国家不仅在地理上容易相互沟通，而且在政治、经济、法律以及文化等因素上，亦有较多的相似之处。因此，建立区域性的统一的会计模式，其阻力比较小。如欧洲共同体（EU）就积极推动成员国内部的会计与报告的协调化，特别是它通过欧洲共同体理事会发布了一系列“共同体指令”，分别就公司企业的法律、税收、会计和报告等方面作出规范，要求各成员国通过修订、制订各自的相关法律予以采纳执行。

EU在1978年发表了第4号共同体指令《协调关于有限责任公司年度财务报告的各成员国法律》，非常详细地列示了企业年度报告需列示的统一的会计报表种类与格式，即需披露的信息内容和报告方式以及会计报表编制需遵循的基本会计原则。该指令在1991年获得全部15个成员国法律的确认与采纳。此外，EU还发布了第7号共同体指令《合并报表及关联企业》（1997年），第10号共同体指令《上市公司的跨国合并》（1985年），第11号共同体指令《分部经营的信息披露》（1989年）等其他共同体指令，来协调成员国之间的会计与报告实务。

在北美，美国、加拿大以及墨西哥三个国家的会计师协会也制定了2～3个会计合作方案，为会计区域性的统一奠定了良好的基础。南美的巴西、阿根廷也正在构建一套会计区域协议。东盟诸国也在组建经济共同体，这一地区的会计协调也将提上议事日程。所有这些都表明：会计国际协调的发展趋势是以国内统一会计标准为基础，以区域协调为基本途径，由此逐渐向世界范围的协调过渡。当然会计的区域协调也有可能带来负面影响，一旦国际上几个大区域间的利益冲突不可调和，将会给未来的国际会计协调带来更大的困难。因为区域性会计模式一旦形成，其势力将比一个国家的还大，协调可能更加困难。当然也有另一种可能，在寡头竞争条件下，为了瓜分市场，占据有利的竞争优势，避免两败俱伤，区域间较容易就会计协调达成一致，但这是一种寡头间的妥协，它是以牺牲中小国家的利益为代价的。因此，中国要想在会计国际化竞争中维护自己的利益，必须积极参与国际及区域性会计组织，发表自己的观点，寻求别国的理解和支持。

三、会计国际协调的原则及其与各国特色的关系

（一）会计国际协调应遵循的基本原则

1. 坚持会计的国际协调与本国实际相结合，在维护国家利益的前提下，加速推进国际化战略

会计作为一门国际通用的商业语言，技术性固然是其最本质的特征。但会计作为经济管理的重要工具，同样打上了国家、社会的烙印，无视它的国家性、社会性，同样无助于会计国际化战略的加速推进。同时，推进会计国际化战略并不是要否定本国已经取得并已经证明为行之有效的会计理论成果和实践成果。会计的国际化和国家化既对立又统一，又可以在一定条件下互相转化。例如：美国的公认会计准则在很大程度上是自行其是，反过来国际会计准则委员会又要充分考虑美国的会计准则。这是因为美国的会计准则比国际会计准则更详细具体，更具有操作性。因此，各国在制定和完善自己的会计准则制度时，对于本国有生命力、有个性的准则同样应坚持，以便在国际会计准则体系中占有一席之地，体现自己的利益所在，不能因与国际惯例不符而一概排斥。

2. 逐步推进原则

推行会计国际协调战略只能采用折衷、调和、逐步推进的战略。第一步：把原有会计制度中被实践证明行之有效的、又与国际惯例相一致的，先以准则的形式予以确立，以实现从形式到内容上与国际惯例的协调；第二步：对那些明显与国际会计准则相背离，严重影响国际会计交流的内容，要下决心采用国际惯例；第三步：采用先易后难的策略，先解决阻力小、困难小的，然后再集中力量解决疑难问题；第四步：成熟一个，采用一个，逐步逼近。

3. 统一性和灵活性相结合的原则

会计国际协调的终极目标是要求各国最终归于统一的会计标准，但统一的标准不应简单的、狭隘地理解为唯一的、单一的标准。其次，会计国际协调也不是要求各国机械地照搬国际会计准则，而是灵活地、有选择地、甚至创造性地运用，这样才能推动会计理论不断向前发展。

4. 统一性和可比性相结合的原则

采用统一的会计标准固然是理想而又方便的捷径，但离现实差距太远，只能作为奋斗的目标，而提高各国会计准则之间的可比性，增加其透明度（即各国应

将相关的、新的会计准则，制度，解释，行政命令或对现有规章的修改等，至少应在它们生效前一定时间内予以公布），则更具现实意义。

5. 协商、发展的原则

国际会计准则的草拟、制定、发布、实施是一个动态的过程，同时也是一个不断变化、发展、完善的过程。这里所说的完善、发展实际上包括了不断地考虑、吸纳像中国这样的发展中国家的实际情况。现在众多国际组织都对发展中国家制定了特别的条款，国际会计准则委员会作为国际性组织，理应在这方面作出努力。同时，发展中国家也应利用各种官方和民间途径，积极主动地把本国成熟的会计成果向各国介绍，求得共识，并努力使之为国际会计准则所吸纳。因此，进行会计的国际协调，不应简单地理解为接轨、求同，也应主动出击，从协调、交流中掌握主动权，确立自己应有的地位。

（二）会计国际协调与各国特色的关系

"特色"不等于"差异"。"特色"虽然也表现为差异，但其总是对不同方面的特定一方而言的，一般含有"赞誉"之意。因此，一国会计的特色是指该国会计理论、方法及会计管理体制等方面特有的"长处"之表现。并且，这些独特之处应符合以下条件：第一，必须产生于该国特有的会计环境，故意标新立异并非特色；第二，与世界上现有的其他会计和方法相比，能更好地适应该国环境和表现环境的特点，能更好地满足人们对会计的需要；第三，不妨碍本国与国际间的经济交往（李孟顺，1996）。

下面结合我国的实际情况来深入分析这个问题。我国的会计环境无疑具有独特之处，但这仅是我国会计与国际会计惯例存在差异的原因，而不能成为我国会计必然具有特色的理由。我们之所以强调会计的国际协调，必须以尊重中国特色为前提，其原因在于中国会计环境中的某些独特性必须要有独特的会计理论和方法与之相适应，而国际会计惯例对这些独特环境缺乏适应性。与西方主要资本主义国家相比，决定我国会计中存在特色的会计环境因素主要包括：

1. 政治因素

主要包括以下两点：一是会计接受政府的指导程度在我国比西方国家要高；二是国家行使行政管理职能和进行综合平衡要求会计提供的信息范围更广泛，指标更具体。这两种政治因素对会计的影响主要体现在会计政策的制定、会计方法的选择及会计管理体制上面。

2. 法律因素

目前，法学界一般把法律制度分为两大类：一类是普通法制度；一类是法典罗马法制度。前者起源于英国，其特点是成文法量少，法院拥有对成文法的解释权，并据此颁布许多条例作为成文法的补充。后者的成文法量大且详尽。从我国的立法和司法实践可以看出，我国属于法典罗马法系，这就决定了我国的法制建设将对会计事务的发展起到决定性作用。

3. 文化因素

一个国家长期积累形成的传统文化道德素养构成该国特有的文化特征，而各国不同的文化特征对该国公民所起的行为规范作用是极其明显的。本书借鉴何斯德（hofstede）制定的一套文化模式，用于研究我国的文化特征对会计的影响。何斯德的文化模式确定了四种被认为足以反映一个国家文化特色的社会特性：一是崇尚个人主义还是崇尚集体主义；二是权力距离的大小，即人们对机构组织、权力分配的接受程度；三是对不明朗因素反应的强弱；四是阳刚相对阴柔，即人们对男女性别差异的看法，也表现为一个社会的文化。通过对这四个基本特征的具体分析，我们可以简要归纳出中国文化道德的基本内涵及对会计的深远影响。

（1）中国是一个崇尚集体主义的国家。社会结构具有较强的凝聚力，人们的家庭意识、集体意识、民族意识、国家意识在中华民族几千年的文明史中得到了巩固和发展，并成为中华民族得以生息发展的主要精神力量。这种典型的集体主义文化，反映在会计上，就是要有统一的会计制度、统一的会计法律，对会计名词的定义、会计科目、账簿的设置，会计核算方法、记账规则的选择，会计报表的设置，会计信息的传递、披露等作出统一规定，并以国家立法形式或财政部门以政令方式强制实行。

（2）根据何斯德的权距理论，我国是一个权距较大的社会。在这种权距很大的文化背景下，人们习惯于按上级的意志办事，按国家的法律、法规、制度办事。因此，在这种会计文化背景下，比较适宜于通过立法，由政府对会计事务进行管制。这一点，已被我国的会计发展史所佐证。这也从另一个侧面说明了，在中国特有的文化背景下，想要模仿英美等国通过行业自律组织来管理会计事务，是很难行之有效的。

（3）根据何斯德的文化模式，以对不明朗因素反应之强弱来判断，我国属于对不明朗因素反应较强的社会。其文化特征表现为：人们希望社会机构能够维系社会应遵循的惯例，人们对观念和行为有一套特定的看法，不易接受与众不同的人和想法，对无法规和没有既定的社会标准感到无所适从，深感不安。这种文化特征和前述的权距较大的社会特征是一脉相承的。它对会计文化的影响表现为，不注重个人的专业判断，不强调行业的自我约束，凡事皆希望由法律、法规、制度来规范和约束，事事希望有章可循。对具体的会计处理过程中遇到的新事物，缺乏应有的灵敏和果断处理的能力，总希望寻求外在力量的帮助。在这种文化背景下，中国的会计法律、会计准则、会计制度的制定必须详细、周全，不能只作原则性规范，否则将会引起会计信息的极大混乱。

（4）根据何斯德的文化模式，我国属于阴柔社会。其文化特征表现为：不论男女，态度温和。人们重视人际关系，谦虚、关怀和同情弱者。在会计文化上则表现为乐于采取比较保守和稳健的原则，对未能确知的损益持稳健态度，对会计信息严守秘密，这在私人企业表现得尤为明显。

从以上分析可知，由于各国特殊的政治、法律、文化及其他经济因素，决定了各国会计在国际协调过程中，必须充分体现各国“特色”，而不应为了片面追求国际协调而舍弃自身特色。因为，毕竟只有带有特色的会计理论和方法，才能更好地适用于本国国情，更有利于实现各国会计的最终目标。也只有各国把最具“特色”的会计理论和方法贡献给国际社会，才能使国际会计准则永葆新鲜和活力，并在兼顾各国利益的前提下，逐步实现会计的国际协调。

第三节　会计国际化的初步结果：会计国际趋同

自2000年以来，IASC进行了重大改组。1999年，IASC决定重组并投票选出7人组成的托管会提名委员会，2000年5月选出负责筹集资金、任命人员和日常监督的托管会成员并通过了重组决定和新章程。其后，托管会相继任命了重组后的IASC理事会（IASB）的主席和14名理事会成员。2001年，准则咨询委员会（SAC）和常设解释委员会（SIC）也分别重新委任，IASC被全面重组。

会计国际趋同这一概念的出现，是自2001年4月国际会计准则委员会（IASC)改组为国际会计准则理事会（IASB）后，国际会计趋同逐渐取代国际会计协调的结果。IASB提出的战略目标全面展现了会计准则全球趋同的规划前景。根据2002年7月IASB修订的《国际会计准则委员会基金会章程》，IASB的目标是：（1）本着公众利益，制定一套高质量、易理解且强制性（enforceable）的全球（global）会计准则，这套准则要求财务报表和其他财务报告中的信息高质量、透明且可比，有助于世界各种资本市场的参与者和其他信息使用者进行经济决策；（2）促进这些准则的使用和严格运用；（3）积极与国家准则制定机构合作，促使国家会计准则和国际财务报告准则高质量的趋同。很显然，IASB已经使IASC这一会计准则协调者的使命终结，取而代之的是使IASB作为强制性全球统一会计准则的制定者，并明确树立起会计准则全球趋同的目标。事实上，当有越来越多的国家认同采用 IFRS（国际财务报告准则）时，会计准则国际趋同的步伐已走得越来越快。客观地讲，会计准则作为确认、计量和报告经济交易与事项的准绳，并非在国际化与国家化之间存在着非此即彼的选择，两者也不是井水不犯河水的绝对对立。倡导会计准则的国际趋同，可谓是一种创新，是对传统的"国际化"与"国家化"概念的强烈挑战，有意无意之间形成了第三种道路。

但是，必须清楚地看到，在会计国际化进程中，无论是国际会计准则委员会的改组过程，还是改组后的组织架构，抑或是其改进的应循程序和当前的发展战略等方面，无处不体现着会计准则制定的政治程序性质，始终围绕着准则制定的决策权并涉及各方的利益冲突。因此，可以预期的是，在国际会计准则制定的过程中，利益斗争将长期存在，政治化程序不可避免，而最终的会计国际趋同必将是各方利益之争的均衡结果。下面，就我国会计国际趋同问题进行扼要阐述。

一、我国会计国际趋同的影响因素

如上所述，会计国际趋同是一个二律背反的矛盾统一体。它不是一边倒地由一个国家的会计准则完全接受或照搬国际会计准则，而是博弈和选择的结果。在这种博弈和选择的过程中，存在正反两方面的因素同时起作用，即存在推动会计国际趋同的积极因素和阻碍会计国际趋同的消极因素。

改革开放 30 年，我国迎来了经济全球化进程的外部经济环境，中国经济持续稳定发展，已经成为世界经济的重要组成部分；中国企业正在以日益增强的技术和产品优势进入国际市场，有些已经初具跨国企业的能力和实力，对推动世界经济发展也发挥着重要的作用。但是，必须看到，30 年的改革开放，一方面使中国积极参与国际市场，逐步融入到经济全球化的进程中，推动了中国经济和社会的现代化进程，中国已经成为国际市场和世界经济发展中一个负责任的、日益发挥着积极推动作用的国家和巨大的经济实体；另一方面，我国对国际市场和世界经济运行的规则和惯例还缺乏了解，更缺乏熟悉和掌握国际市场规则和惯例的人才，包括会计准则制度在内的国内法规制度与国际惯例尚有差距，在国际规则的制定中鲜有发言权，这既严重影响了我国经济进一步融入世界经济，更与我国作为经济大国的地位不相符。为了谋求对这种状况的改变，促使我国会计积极向国际规则和惯例靠拢。我们认为，以下因素在较大程度上促进了我国会计准则制度的国际趋同。

1. 资本市场全球化促进了我国会计准则的国际趋同

资本市场全球化是经济全球化的一个重要内容和重要表现。随着区域和全球资本市场的形成，大量的资本在国际间流动，国际性筹资和投资活动日益增多，越来越多的公司在国际资本市场上筹集资金。与此相适应，我国企业纷纷走向海外资本市场进行融资，进入新世纪后，我国已经成为世界第一大外资引进国（曹荣湘，2003）。公司遵循所在地融资资本市场既定的信息披露规定，认为提供财务报告是确保资本市场正常运作的重要手段和基本要求之一。然而，由于按我国会计准则制度编制的财务报告与海外资本市场的要求存在一定的差异，信息可比性较低，我国公司必须按照所在融资地资本市场的规定重新编制财务报告。这不仅不利于投资者有效地利用信息，阻碍企业进行跨国融资，而且增加了公司进行信息披露的作业量和融资成本。为了缩小我国会计准则与国际主要资本市场所遵循的会计准则的差异，使得按照我国会计准则编制的财务报告能为国外资本市场所接受和承认，并且能够降低国内公司的信息披露成本，必然要求我国的会计准则制度与国际准则趋同。所以说，资本市场的全球化客观上促进了我国会计准则与国际会计准则的趋同。

2. 国际贸易的发展推动了我国会计准则的国际趋同

在国际贸易中，贸易双方都需要了解对方的财务状况、经济实力、资信水平等，会计信息作为贸易双方达成贸易协定的重要媒介，其质量的高低尤其是会计信息的透明度和可比性直接影响着贸易活动的正常开展。据有关资料显示，我国企业在国际贸易的反倾销诉讼中，因败诉而遭受的损失超过96.6亿美元，其中会计准则未能与世界对接，以及缺少熟悉国际财务报告准则的会计人才，成为不可忽视的原因（张连起，2006）。我国新会计准则颁布前的会计准则制度的差异是国际贸易往来的一大障碍。为了加快信息交流，为企业的国际贸易往来提供良好的信息支持，减少或者逐步消除“国际通用商业语言”上的障碍，化解贸易争端，我国会计准则必须与国际趋同。

3. 吸引外资是我国会计准则国际趋同的原动力

不言而喻，改革开放和吸引外资推动了我国会计向国际惯例靠拢的改革。因此，可以说，吸引外资是我国会计国际趋同的原动力。尤其是自20世纪90年代以来，外商对华投资发生了重大变化：由以往的以新建企业为主转变为以收购、兼并国有企业为主；从合资合作经营转变为独资经营；投资目的从利用资源转向抢占市场（曹荣湘，2003）。随着外商投资方式和目的的变化，我国国有企业的资产面临被侵蚀的严重隐患。在国有企业被外商兼并、收购以及合资合作过程中，大批国有资产严重流失（张碧琼，1999；文军，1999）。与外商投资方式转换不相适应的是我国在准则制度建设上的严重滞后。在此期间，我国尚未制定企业合并会计准则，实务中主要参照财政部颁布的《企业兼并有关会计处理问题暂行规定》、《合并会计报表暂行规定》和《关于执行具体会计准则和〈股份有限公司会计制度〉有关会计问题的解答》。而在以上市公司为代表的国内企业合并中，主要采用了将被美国乃至大多数国家取消的权益结合法。企业合并的会计方法使用具有较大的随意性，以致有学者认为“是一种制度之外的默许行为”（陈信元、董华，2000）。由此可见，随着合并方式的创新，尤其是换股合并的出现，原有的行政性规定已逐渐不能适应经济发展的要求。因此，无论是为了有效地规范外商的兼并、收购行为，还是满足国内企业合并的需要，都有必要尽快制定我国的企业合并会计准则，实现与国际会计准则的趋同。

4. 新的经济事务的不断出现给我国会计准则的国际趋同提出了要求。随着我国社会主义市场经济制度的基本确立，改革的不断深入和对外开放的不断扩大，经济生活中新事物不断涌现，既有的会计准则制度已不能与之相适应，这也给会计规范提出了新的课题。如近年来高科技公司不断兴起，科技研发是该类公司的主要价值所在，如果研发费用完全不能资本化，其科技成果在规模产业化之前将无法体现账面价值，甚至导致起步时的连续亏损，这将不利于鼓励科技创新。因此，对这类经济生活中的新兴业务，我们可以大胆借鉴国际上成熟的会计处理规范，与国际会计准则保持高度趋同。

由于各国在经济环境、法律制度、文化理念以及监管水平、会计信息使用者和会计人员素质等方面存在着不同程度的差异，在会计国际趋同过程中还必须考虑本国的社会经济环境状况。我国当前正处于社会转型期，有其独特的社会经济环境。因此，我国会计准则的制定只能是在考虑我国实际情况下与国际会计准则趋同。这实际上就是会计国际趋同的制约因素，这些因素的存在，使得我们在处理某些交易或者事项时，在是否直接采用国际财务报告准则及其相关原则上处于两难境地（冯淑萍，2004）。根据对已有文献的分析归纳，我们认为至少有以下因素制约了我国会计的国际趋同：

1. 我国资本市场中会计信息真正的需求者的缺失对会计国际趋同的制约

目前我国正处于市场经济的发展、完善阶段，各种市场要素尚不成熟，市场主体行为也缺乏理性，因此，目前我国会计信息的主要需求主体——政府、投资者、债权人、会计师事务所还不是真正基于市场的需求主体（蒋尧明、罗新华，2003）。中国会计信息使用者的构成和对会计信息的需求、关注程度和角度与发达市场经济国家尚存差距。在成熟的资本市场中，财务报告的目的是为会计信息使用者提供决策有用的信息，并围绕这一目标设计一套有助于企业提供具有相关性和可靠性特征的会计信息的财务报告准则体系。由于在我国的资本市场中，大多数上市公司都是国有控股公司，国有股“一股独大”的现象严重，国有股的所有者缺位；作为“散户”或“股民”的小股东缺乏投资经验和财务会计知识，无法依据公司财务报告提供的会计信息进行投资决策；机构投资者尚不成熟及其与之相适应的财务分析机构还有待发展。资本市场的这种状况使得我国的会计管理层——会计准则的制定者担忧，按照一般市场机制要求设计的会计准则恐怕难以达到其预期目标（冯淑萍，2004）。因此，会计信息的真正需求者的缺失在一定程度上制约了我国会计准则的国际趋同。

2. 我国特殊的法律环境因素对会计国际趋同的制约

会计准则属于制度层面的范畴，一国的会计准则应与本国的法律制度相适应，法律环境是影响会计国际趋同的重要因素。以企业业绩评价和考核为例，我国现行的法律法规环境与国际财务报告准则应用所要求的法律环境还存在一些不一致。根据我国公司法和相关证券法规的规定，在对公司发行股票、配股和增发股票、暂停股票上市和终止上市等方面进行评价和监督时都特别倚重于利润指标，形成了利润至上的法律环境。这不仅使得利润成为人们关注的焦点，而且也使得如何真实、公允地在财务报告中反映利润信息变得十分关键。国际会计准则理事会（IASB）的财务报告准则中采用了全面收益表，全面收益表将向信息使用者提供综合收益信息，而不再直接提供净利润（净收益）信息。由于我国现行许多法律法规都规定以净利润作为业绩衡量指标，要在收益确认上与国际会计准则趋同或一致，并应引入全面收益表，但目前还存在着很多法律、法规上的障碍。

3. 我国市场经济的完善程度对会计国际趋同的影响

依据马克思主义原理，经济是基础，制度是为经济服务的。会计准则属于制度层面（我国会计准则是会计法规体系的有机构成部分），是为经济组织及其经济活动服务的。因而经济因素是会计（准则）国际趋同的决定因素。因此，在会计准则的国际趋同中，处于不同经济发展阶段的国家是有选择性的。由于我国发展市场经济的历史还很短，社会主义市场经济制度还有待完善，要素市场建设还需进一步加强，按照发达经济国家的市场环境制定的国际会计准则，其有些规则与我国当前的经济环境还不相适应。例如，关于公允价值在会计准则中的运用问题，由于我国要素市场还在建设和完善之中，缺乏活跃的生产要素交易市场，以市场交易价格为主的公允价值难以取得，这就制约了我国公允价值的广泛运用。虽然国际财务报告准则要求广泛运用公允价值，以充分体现相关性的会计信息质量要求，但中国准则强调适度、谨慎地引入公允价值（刘玉廷，2007）。

4. 我国会计人员的素质状况对会计国际趋同的制约

目前我国会计准则的国际化进程较快，而会计实务的前进步伐缓慢，这主要是因为我国会计人员素质参差不齐，再加上近年来会计准则变动较大，很多新的与国际惯例接轨的准则并没有被广大会计人员很好地吸收和运用，会计人员的整体素质亟待提高（李江萍，2006）。我国会计人员的整体素质、职业判断能力以及对国际财务报告准则的理解等还存在差距。因此，我国的会计准则无论在用语，还是体例上都应照顾会计人员的习惯，保持一定的中国特色。

二、我国会计国际趋同的进程及取得的成果

如上所述，会计准则国际趋同的提出是进入新世纪以来国际会计准则委员会（IASC)改组为国际会计准则理事会（IASB）后的产物。回顾改革开放30年来我国会计改革和会计国际化所走过的历程，有两个不得不提的概念，一是中国会计与国际接轨，二是会计的国际协调。可以说，我国会计发展到今天，是从改革开放初期与国际会计接轨，到中期的国际会计协调，再到近期的会计国际趋同这样一路走来的。我们可以把这一过程划分为以下三个基本阶段：

1. 中国会计与国际会计的接轨时期（1978～1993年）

1978年，党的十一届三中全会拉开了我国改革开放的序幕，党和国家的各项事业迎来了发展的春天。这一时期，我国的经济体制发生了很大变化，传统的计划经济体制逐步向社会主义市场经济体制转变，企业成为独立的商品生产者和经营者，国外的资金开始流入我国，外商投资企业由“珠三角”地区向全国蔓延，而我国的企业也开始进入国际市场。经济的发展，外商投资企业的建立，对改革我国计划体制下的会计制度，建立与国际会计惯例接轨的会计制度提出了要求。1985年，财政部发布了《中外合资经营企业会计制度》，在会计要素及其确认、计量和财务会计报告等若干方面借鉴了《国际会计准则》的规定，为吸引外资、扩大开放奠定了重要基础。

1988年，财政部成立会计准则研究组，开始全面研究国际会计准则及制定我国会计准则的思路。1992年，小平同志南巡讲话解决了姓“社”还是姓“资”的根本问题，为我国建立社会主义市场经济扫清了思想障碍。财政部在总结《中外合资经营企业会计制度》的基础上，发布了适应市场经济要求的《企业会计准则》，同时颁布了《企业财务通则》、十三项分行业的企业会计制度和十项企业财务制度（简称“两则”、“两制”）。“两则”、“两制”的出台对我国会计改革具有里程碑式的意义。它实现了会计记账方法的统一，全部采用国际通用的借贷记账法；采用了国际通行的会计平衡公式，使我国独有的会计平衡公式成为历史；吸收了国际会计惯例中会计基本假设、会计原则、会计要素、财务会计报告体系等概念，使我国的会计基本实现了与国际的接轨。

2. 中国会计的国际协调时期（1993～2006年）

自1993年“两则”、“两制”实行后，一直到2006年，我国会计进入到与

国际会计准则相协调的时期。这一时期，我国会计改革主要围绕着为了适应我国资本市场发展的需要来展开。1997 年财政部发布了我国第一个具体准则：《企业会计准则——关联方关系及其交易的披露》，到 21 世纪初共陆续发布了 16 个具体准则。这些准则，在很多会计处理方法上均是与国际会计准则协调的结果，如收入的确认、中期财务报告的编制原则与现有的国际会计准则基本一致。但这些准则的制定方式都是“救火式”的，较为被动滞后，并且这样制定会计准则在逻辑体系上也存有缺陷。这引起了会计理论界和实务界的思考和讨论，为我国会计准则与国际会计准则趋同奠定了基础。在此期间加入 WTO 对我国会计准则与国际会计准则的协调影响最为重大。为了适应加入 WTO 的需要，1999 年财政部又对《会计法》进行了重新修订，明确了相关人员的法律责任。2000 年财政部借鉴国际会计准则，制定并颁布了新的《企业会计制度》，该制度与国际会计准则在技术层面上基本相同。

3. 中国会计的国际趋同时期（2006 年～　）

2006 年 2 月，财政部颁布了新会计准则（以下简称“新准则”），2007 年起已在上市公司执行。改革完成后的会计标准由一项基本准则、三十八项具体准则和会计准则指南三部分组成。基本准则在整个准则体系中起统驭作用，主要规范会计目标、会计基本假定、会计基本原则、会计要素的确认和计量等。具体会计准则分为一般业务准则、特殊行业的特定业务准则和报告准则三类。一般业务准则主要规范各类企业普遍适用的一般经济业务的确认和计量，如存货、固定资产、投资、无形资产、资产减值、借款费用、收入、外币折算等准则项目。特殊行业的特定业务准则主要规范特殊行业中特定业务的确认和计量，如石油天然气、农业、金融工具和保险合同等准则项目。报告准则主要规范普遍适用于各类企业通用的报告类的准则，如现金流量表、合并财务报表、中期财务报告、分部报告等准则项目。新准则的实施将有力地规范会计工作秩序和会计行为，提高我国会计信息质量，满足投资者、债权人、政府等利益相关者对会计信息的需求，维护社会公众利益。本次改革的目标是，建立完整的会计准则体系，从形式上实现与国际趋同，同时更多地采用公允价值计价，进一步在实质上与国际趋同，可称为会计的第二次革命。

我国会计的国际趋同取得了可喜的成果，主要体现在以下几方面：

1. 我国的会计准则在许多重大方面实现了与国际财务报告准则的趋同

我国于 2006 年 2 月 15 日颁布的会计准则体系在许多重大方面实现了与国际财务报告准则的趋同。具体体现在以下几个方面：在《资产减值》中，第一次引入了“资产组”的概念和商誉减值测试的方法；在《存货》中，取消“后进先出法”；在《投资性房地产》中，导入公允价值计量模式；在《每股收益》中，诠释了基本每股收益和稀释的每股收益；在《合并财务报表》中，取消了比例合并法以及按重要性原则确定合并范围的做法；在《生物资产》中，界定了公益性生物资产的确认标准；在《石油天然气开采》中，要求采用成果法对勘探支出进行资本化等等。尤其是《金融工具确认和计量准则》、《金融资产转移准则》、《套期保值准则》、《金融工具列报和披露准则》等金融工具会计准则的首次亮相，为我国会计准则与国际财务报告准则的趋同弥补了以下空白：一是将衍生金融工具表外业务表内化；二是采用金融工具的公允价值与实际利率摊余法反映市场因素和时间价值；三是用减值测试的未来现金流量折现法取代当下适用的“五级分类法”；四是收益和损失不再反映在报告期末，而是立即确认，从而使盈余管理的空间进一步缩小。

2. 我国会计准则的国际趋同得到了国际会计准则理事会的认可

2006 年 2 月 15 日，国际会计准则理事会主席戴维·泰迪爵士在北京中国会计审计准则体系发布会上的讲话中指出：“中国企业会计准则体系的发布是促进中国经济发展和提升中国在国际资本市场中地位的非常重要的一步。企业会计准则体系的发布和实施，使中国企业会计准则与国际会计准则理事会（IASB）制定的国际财务报告准则（IFRSs）之间实现了实质性趋同。同美国和日本一样，中国承诺与国际财务报告准则趋同。”由此可见，我国的会计准则得到了国际会计准则理事会的认可。

3. 我国会计准则实现了与部分国家和地区会计准则的等效

2006 年 2 月发布的中国会计准则与国际财务报告准则实现趋同后，财政部就开始研究并启动与那些实施国际财务报告准则的国家和地区的会计准则的等效工作。2007 年，内地与香港双方就会计准则等效问题举行了多次技术会谈，一致表达了等效的共同愿望和加快等效进程的态度，并最终于 2007 年 12 月 6 日签署了联合声明，宣布内地企业会计、审计准则分别与香港财务报告准则、审计准则实现等效。2007 年底，我国会计准则与美国、日本、加拿大等国会计准则一起成为欧盟首批予以接受的准则，这是欧盟基于我国会计准则建设、国际趋同以及有效实施情况作出的公正评价，也是对我国近年来会计准则建设与平稳实施情况、会计国际趋同及等效工作的认可。这对配合我国企业“走出去”战略，促进对外经贸发展等无疑具有重要的现实意义。

三、我国会计国际趋同未来努力的方向

由以上分析可知，实现我国会计准则规范的国际趋同势在必行，是大方向。

但是，在看到会计准则国际趋同的同时，我们也要清醒地认识到我国会计准则与国际财务报告准则还存在差异，正是这些差异的存在，决定了我国会计准则的国际趋同将是一个漫长的过程。“路漫漫其修远兮，吾将上下而求索”，探索未来会计国际趋同之路是十分有意义的。我们认为，我国未来会计国际趋同应从以下几个方面努力：

1. 在会计国际趋同中最大限度地维护中国经济的安全

我们必须清醒地认识到，实现中国会计准则的国际趋同不是目的，目的是要在趋同中为我国企业争取到好的国际融投资环境和贸易环境，降低国际融投资和国际贸易等经济活动的成本，简而言之，就是要在趋同中谋求好处，否则还有什么趋同可言。但需要指出的是，会计准则的国际趋同是经济全球化的产物，而经济全球化的本质是市场经济和市场规则的全球化。有学者认为，经济全球化实际上是向全球强制推行以美国为首的西方大国所制定的国际经济法规和规则，这使发展中国家往往处于不利地位；经济全球化势必对发展中的经济主权和经济体系造成冲击（肖文韬、万君康，2000）。会计准则的国际化不仅是技术问题，其背后的实质实际上是各国（尤其是发达国家）的利益之争。会计准则国际趋同，实际上就是全球向美国以及欧盟等主要发达国家的会计准则趋同。会计准则建设的意义远远不只在于准则本身，会计标准直接影响着国家经济全局与相关大政的制定。任何制度安排都有特定的利益导向，英美乃至其他一些发达国家致力于国际会计准则的趋同目标非常明显，就是为资本市场上的投资者服务，通过向世界各地渗透其包括会计规则在内的金融制度安排，从而便利其输出金融资本（周华、戴德明，2006）。因此，我国在参与会计准则的国际趋同中，必须重视国家的经济安全问题。

2. 积极参与国际会计准则的制定，变被动趋同为主动趋同

在当今的会计准则国际趋同中，我国基本上是会计国际规则的追随者。多年来，中国会计一直致力于主动投入到国际准则的“怀抱”，在向国际准则靠拢的路上快速奔跑，与国际准则“接轨”成为会计学术界与实务界的“口头禅”，呈现出一边倒的、被动接受国际会计准则规范的趋同局面。基本上是国际会计规则的执行者，而非制定者，这与我国的政治经济地位和经济实力的提高极不相称，也与我国的经济利益要求不符。要积极地充分利用我国已加入国际会计准则理事会的机遇，一方面要尽快熟悉国际会计规则，另一方面要加强与成员国的合作，冷静处理摩擦与争端，积极反映我国的经济要求，以该组织中最大的发展中国家的地位维护发展中国家的利益，争取在 IASB 中发挥更大的作用。这样，变被动式的会计国际趋同为主动式的会计国际趋同。

3. 加快新准则实施后的制度调适

我国的新会计准则已经实现了与国际财务报告准则的趋同，与原有的会计准则制度相比，在许多重大方面发生了巨大变化。当前，摆在我们面前的关键问题是：会计准则的执行者如何适应这一制度的变化？如何协调国内会计规则和政策与会计国际趋同之间的关系？如果企业在会计准则执行中不适应会计准则国际趋同的发展，就有可能出现制度性的“劣币驱逐良币”效应，或抵御不了会计准则国际趋同对本国会计制度的冲击，导致会计信息质量反而下降的不利局面的出现。必须指出，我国 2006 年 2 月颁布的与国际会计准则基本趋同的《企业会计准则》与以往会计准则制度的出台一样，都是政府借助行政力量，在较短的时间内实现新准则的颁布、实施，这无疑充分发挥了我国利用行政手段推动会计变革的优势。但是，与以往新出台的会计准则制度不同的是，本次颁布实施的会计准则不单是在会计处理规则方面发生了变革和完善，而且在会计观念上发生了重大变化，如公允价值、资产组等国际会计准则中通用概念的采用，必然带来我国会计观念的变化。而观念的变化却非一朝一夕就能完成的，需要一个漫长的过程，并经会计职业界作出艰苦的努力才能实现。因此，在新会计准则的实施中，必须采取强有力的措施，使新会计准则的执行者尽快适应变化了的会计准则制度。

第十一章 基于资本市场的若干会计理论问题研究

第一节 上市公司会计信息披露及其有效性

一、上市公司会计信息披露的有效性与资本市场中的会计研究领域

按照美国会计学会（AAA）前主席比弗（W. H. Beaver，2002）的归纳，20世纪90年代以来，关于上市公司会计信息披露有效性的研究主要集中在五个领域：市场效率（Market Efficiency）、费森—奥尔森模型（Feltham - Ohlson Modeling）、价值相关性（Value Relevance）、分析师行为（Analysts' Behavior）以及随意性行为（Discrctionary Behavior，指利用现行会计准则的选择余地进行会计处理的行为，或称“盈余管理”）。前两个领域是人们考察会计信息在资本市场中发挥作用的基础平台（Basic Platforms），后三个领域是将会计结构和个体行为结合起来的应用研究。

（一）市场效率

市场效率是一个重要的研究领域。大多数关于财务报告的规范都基于这样一个观点：一旦公司的会计数据可以公开获得，那么会计信息的含义就会得到普遍接受，并反映在证券价格中。如果市场的效率不高，那么财务报告及其披露就不是很有效，至少从能够充分反映会计信息的股价上可以看出这一点。会计信息生产者随之面临的问题是，修改数据列报的方法能否弥补上述市场非有效的缺陷。

如果投资者在有效市场中进行交易，那么他们可以完全依靠或者相信市场，因为价格反映了一系列丰富的组合信息，包括财务报表信息。他们不需要直接处理所有的信息。换句话说，投资者成为这些信息的间接受益者，他们甚至都不需要认真分析这些信息。有效的资本市场也对资源分配和生产效率产生积极的影响，因此，市场效率成为最早的研究领域之一也就不足为奇了。

市场效率受到研究者们青睐的另外一个原因是：如果他们可以将“市场效率”这一概念加入到自己的研究模型中，那么他们就能借以引出一系列不同的、有价值的推论。市场效率的假定会影响研究者对事项研究（event study）的窗口时常作出选择，而研究者对超额报酬（Abnormal Return）的评估要在这些研究窗口中进行。研究者们还发现，市场效率也会影响证券价格与会计数据之间的内在关系。

人们曾一度认为，只要使得会计数据可以公开获取，市场效率这一问题就可以得到解决。早期的资本市场研究大多支持市场有效的观点。根据 Ball&Brown（1968）、Beaver（1968）的研究，他们都分析了证券盈余公告后（投资者）的行为，最后得出了初步结论，即市场效率接近实证结果。早期的研究，如 Archibad（1972）、Ball（1972），对会计方法的变化进行了分析，也得出了类似的结论。Beaver&Dukes（1973）还分析了会计方法之间的差异，认为在有效的市场中，市场价格的表现比较稳定。

后来，学者们重新对资本市场进行了研究。有人认为，至少在以下三个领域中资本市场的效率不高，这三个领域分别为：盈余公告后的漂移现象（Post - Earning Announcement Drift）、市值与账面价值比率（M/BV）及其优化形式和会计关联的问题（Contextual Accounting Issues）。

1. 盈余公告后的漂移现象

最早指出涉及会计数据的市场效率可能无效的领域是盈余公告后的漂移现象。一些研究（Foster et al，1984）发现了盈余公告后漂移现象产生的原因。之所以能够发现盈余公告后漂移现象的原因之一是：相对于早期使用的每周或者每月收益数据而言，每日报表数据的可获取性使得模型检验更具有解释力。Bernard&Thomas（1989，1990）将盈余公告后漂移现象的研究推向了顶峰，他们的研究论文被视为该领域的杰作，他们所提出的研究方法也被视为经典。在研究中，他们一直用对比的方式来解释问题，比如，将交易成本和潜在风险因素（omitted risk factors）进行比较。他们的研究结论清晰地导出了关于市场效率本质的另一个假设，并且认为后续的超额报酬大量积聚于后续的盈余公告日附近。Abarbanell&Bernard（1992）提出了新的观点，他们从这个问题入手，即部分盈余公告后的漂移现象是否产生于对盈余预测的分析行为以及会计数据处理的缺陷。由此，他们得出两个重要的结论：

第一，分析师的预测低估了盈余的连续性，并且基于分析师的预测误差是系列相关的。如果分析师能够有效地处理信息，那么预测误差的期望值就为零，并且相应的系列相关性也为零。

第二，这一结论可以部分地解释盈余公告后的漂移现象。我们并不期望分析师的行为能够成为唯一的解释，因为盈余公告后的漂移现象适用于小型公司，而大中型公司则一般不适用。Bartov et al.（2000）认为，机构持股也是一个重要的解释变量。此外，Bhattacharya（2001）得出了这样的结论：低收入、信息来源少的投资者及交易规模等也是解释变量之一。这些研究表明，市场效率与信息和金融中介的作用之间有着重要的联系。

相对于市场有效性的其他研究因素而言，比如市值与账面价值比率（M/BV）等，对盈余公告后漂移现象的研究更让人信服，因为盈余变化与预测误差之间的系列相关性很低。越高的系列相关性会越发让人们怀疑该变量是一个已经被市场定价但却又被忽略的因素。

2. 市值与账面价值比率（M/BV）及其优化形式

市场效率的第二个研究领域以市值与账面价值的计价比率（market - to - book ratio，又称"市净率"）为基础，将超额报酬与组合策略结合起来考虑。两篇早期的研究论文来自 Fama&French（1992）、Lakonishok et al.（1994）。他们认为，市净率与未来盈余之间的负相关关系较为显著而持续，但这种关系不能用传统风险变量来解释。这是一个颇有争议的研究领域：Fama（1991）等研究认为，市净率能说明一些不明朗的定价因素；随后，Fama&French（1992）建立了一个三因素定价模型，其中就包括市净率。因此，关于市场效率的最新研究控制了市净率变量，但最后仍然发现了关于超额报酬的证据。

后续研究通过准确计算市场价值与内在价值之比（market - to - value，M/V）来优化对市净率的分析。起初，将市价与账面价值计价比率作为市场非有效性的度量因素这一做法引起了大家的争论，因为市价既不能反映一些已经在账面价值得到反映的一些因素，又可能包括了一些与基本价值无关的因素。比如，市净率较高的股票同时就是那些价值被高估的所谓"热门股票"。Frankel&Lee（1998）、Dechoul et al.（1999）的研究都运用 Feltham - Ohlson 建立的模型来预测内在价值，它以账面价值、盈余及分析师的盈余预测为基础。两者都得出这样的结论，即相对于一般的市净率比率而言，市场价值与内在价值之比（M/V）与高额未来超额报酬的联系更为紧密。这些价值估计能代替基本价值，以此更好地识别出被高估或者被低估的股票。与上述对盈余公告后漂移现象的研究类似，这里所讲的超额报酬一般适用于小市值股票。

3. 与会计关联的问题

前述两个领域都有一个明显的特征，即它们都不需要对如何编制财务报表有所了解，只局限于对盈余和账面价值的一般处理。会计研究者的优势在于：他们熟知会计制度、报告标准和会计数据的构成，并且能够将三者很好地融合。最新的一些研究表明，市场效率是以财务报告的某些特性为依据的。

Sloan（1996）取得了一定的研究成果，他利用我们所熟知的一个主要特性——权责发生制会计来进行研究。其文章的主要内容如下：①对“一贯性”的检验，即保持盈余预测过程中对应计项目和现金流组成的比重设定，与估价模型中对应计项目和现金流组成的比重设定两者之间的一致性；②对取决于应计项目的投资组合策略的检验。Sloan（1996）认为资本市场高估了应计项目的持续性，而低估了商业活动中现金流量的持续性，因为应计项目的评估具有不确定性，而且应计项目容易被管理和操纵。Xie（2001）也支持上述观点，他认为Sloan 研究的这种错误定价行为很大程度上是因为超常的应计收益。

然而，并不是所有的应计项目均与超额报酬有关。例如，Beaver&McNichols（2001）认为增加的披露内容（比如企业的财产意外保险损失等）使得应计项目对于投资者而言更加透明，同时也表明会计政策变化引起的应计损失与未来超额报酬无关。

（二）Feltham – Ohlson 模型

人们普遍认为资本市场研究是经验研究（或实证研究），而不是理论研究。Feltham – Ohlson 模型（下文均简称 F – O 模型或 F – O 方法）的建立却是一个例外。在过去的十多年中，某些学者试图发展一门“会计理论”学科，比如努力使用会计数据来正式表示价值（即证券的“真实价值”或内在价值）。F – O 模型正是这些研究的重要成果之一。

1. F – O 模型的主要特征

F – O 模型的特征之一在于它的一系列假设，这些假设包括：估价模型假设，即假设股权价值和未来预期股利的现值相等；净剩余关系（clean surplus relation）假设以及部分线性信息动态模式（some form of a linear information dynamic）假设。Feltham 和 Ohlson 以这些严格的假设为基础，探索了该模型的一些实际应用。与早期的研究试图将会计数据和股权价值联系起来的努力不同，F – O 方法既不研究会计信息理论，也不研究会计计量理论，它研究的是以会计数据的形式来表现的股权价值，比如市场价值和预期的超额报酬。该研究主要依据预期股利的现值以及净盈余关系假设。

F – O 方法在会计系统的许多重要功能方面发挥了作用，比如净盈余、账面价值、收益、暂时性收益、谨慎性和递延性确认等。Feltham&Ohlson（1995）、Zhang（2000）对 F – O 模型做了调整，允许采用线性信息动态模型处理“其他信息”。因此，模型有助于处理目前已知的并反映在股价中的、但是滞后性的信息。为了丰富线性信息动态模型，Feltham&Ohlson（1996）提出了折旧理论，该理论很好地区分了保守会计的两个内容，即加速折旧和净现值为正的项目。Ohlson（1999）将收益划分为永久性收益和暂时性收益，他明确了这两个概念之间的相关性以及收益的持续性，并说明了它们如何影响收益估价。Barth et al.（1999）对线性信息假设做了拓展，加进了一些可变因素，比如不同形式的收益、现金流和应计项目等，用以解决更多的会计问题。

2. F－O 模型的运用

F－O 方法引起了学者们对实证研究的兴趣。Frankel&Lee（1998）、Dechow et al.（1999）运用它来预测市场的有效性，成为实际应用的典范。他们均将账面价值和盈余结合起来研究，要么直接使用 F－O 模型，要么适当修改后再使用。其他的实证研究，比如 Barth&Beaver、&Hand&Landsman（1999）、Myers（1999）等，则主要是对 F－O 模型的直接测试。

3. 对 F－O 模型的批评

批评之一：F－O 模型没有大量使用会计数据。这一点类似于资本资产定价模型（CAPM）。F－O 模型并不试图使用大量的会计数据，它只是为以会计数据的形式表现价值提供了一个框架。这个框架将已公布的会计数据与股票估价联系起来，将相关会计结论加入到这个框架之后，研究者们可以预测出会计数据与价值是如何相关的。

批评之二：该模型没有考虑信息不对称问题，因此，F－O 框架内的会计数据没有得到战略性质的运用。可以肯定的是，大多数财务报告问题源自人们没有关注信息的不对称问题而同时经营者又热衷于“管理”会计数字。例如，对分析师的行为以及企业经理人员的随意行为（Discretionary Behavior）的研究证实了信息不对称和盈余管理的问题。然而，F－O 研究只是一个开始，它正处于模型发展的初级阶段。若将信息不对称和有战略用途的会计数据加进去研究，将有助于建立这样的一个模型，即在非战略设定的情况下，将价值评估与会计数据联系起来。此外，并不是所有的会计问题都存在信息不对称现象。大多数研究是在非战略设定的条件下来研究价值评估和可公开获得的会计数据之间的关系，比如价值相关研究。诸如 F－O 方法类似的框架，有助于解释估价模型的原理及其运用。

4. F－O 模型的前景

F－O 模型也试图推动会计理论的发展。许多会计术语，比如“收益”（income）一词，与经济学和金融学中所使用的术语相似，这并不是巧合。事实上，人们本来可以用其他名称来定义收入和支出的差额，但是实际上并没有这样做。之所以选择这些会计术语，是因为收益理论已经表明收入和支出的差额是公司业绩的衡量标准。因此，人们很自然地将研究重点放在公司净收益及其与价值之间的关系上。

实证研究往往通过 F－O 框架并运用相关的会计理论来引导实证预测，这些理论涉及现金流量与应计项目之间的区别、公允价值或养老金的性质等。它们内容丰富，可以帮助填补 F－O 研究的空白。一旦这些理论与模型能很好地结合，那么它们就为实证研究提供了坚实的理论基础。F－O 模型的主要应用之一便是价值相关性。

（三）价值相关性研究

价值相关性研究自 20 世纪 90 年代以来一直是实证研究的主要领域。Holthansen 和 Watts（2001）提出了 54 个价值相关性研究，其中只有三个在 1990 年前出版。价值相关性的研究探讨了作为因变量的证券价格和一组会计变量之间的联系性。会计数字如果被表明是与因变量即股票价格显著相关的，则可称之为“价值相关”。按照最一般意义上的定义，价值相关性的研究有很长一段历史（Miller and Modigliani，1966）；但是这一术语到 20 世纪 90 年代初期才被普遍使用（Easton et al. 1993）。Ohlson 的文章（1995，1999）中也使用了“价值相关性”这一术语，符合实证研究的一般范式。和其他研究领域相比，价值相关性研究还是有争议的（Holthansen and Watts 2001；Barth，Beaver，and Landsman 2001）。

1. 价值相关性研究的特点

价值相关性研究主要有两个特点：

第一，与本书讨论的其他四个研究领域不同，价值相关性研究要求在会计机构、会计准则及其具体特点、报告数字方面有深入的了解。这些知识包括既定目标的财务报告，使用标准的准则制定者，依据的具体准则并详细说明如何根据某一标准构建会计数字（养老金报告是一个很好的例子）。在价值相关性研究中运用会计知识，生动地说明了会计研究者在研究股权价值和会计数字之间关系的相对优势。第二，信息的及时性并不是首要的问题。虽然价值相关性研究包括事项研究（event study），但是它还主要包括检验股票价格水平（levels）和会计数据之间的关系。信息的时间性是事项研究设计首要关注的问题。事项研究关注报表公布日前后较短时窗内的股价反应。它们确定财务报表的公开披露日期，并研究事项公布日前后的价格变动（通常采用市场交易规模调整后的收益变化百分比形式)。与事件研究相对应，水平研究（level study）确定价值驱动因素——它可能在比事项研究所假定的更长时期里影响着股票价格。举例来说，价格可能在宣布日之前就已反映了信息的作用。价值相关性研究的特点是，在某一时点上反映诸如资产、负债、收入、费用和净收益等一套会计变量对市场价值的影响。因此，价值相关性研究不涉及及时性的问题。

2. 价值相关性研究的理论基础

价值相关性研究的理论基础是估价理论和那些帮助研究人员预测会计变量与股票市场价值之间关系的相关会计观念（contextual accounting arguments）的结合。目前主要有三种类型的估价模型。最早的模型是 Miller 和 Modigliani（1966）创立的收益（单一）决定型模型（earning - only approach），即公司价值是未来永续的收益的现值。Landsman（1986），Barth（1991）和 Barth 等（1996）采用的是资产负债表法。前面讨论过的 Feltham - Ohlson 模型认为，公司价值是净资产账面价值的线性函数与预计未来超额报酬的现值。价值相关性的研究很大程度上依赖于账面价值和收益方法的有机结合（Barth，Beaver，Landsman，2001）。

但是，公司价值估计的假设只说明了问题的一个方面。价值相关性研究通常包含相关的会计观念，并以此预测会计变量和市场价值之间的关系。例如，预测养老金资产和义务能像企业的资产和债务一样被纳入公司价值的定价模型，就是基于 FASB（及其他组织）所提出的会计思想，这种思想指出了特定福利计划下公司和雇员之间所订立的养老金合同的经济实质（Landsman，1986）。同样的例子来自关于金融工具的公允价值如何被纳入公司价值模型的理论。虽然目前还缺乏统一的会计理论以至于对研究人员（和其他人员）产生了阻碍，但是研究人员可以使用相关的会计观念来帮助预测会计变量的市场价值。

3. 价值相关性研究尚未解决的问题

影响价值相关性研究结论的一些尚未解决的问题包括：市场效率、计量经济学问题和财务报表的其他目的。其中，市场效率的影响较小，因为即使市场是无效的，价值相关性研究的结果也还是相当重要的。而计量经济学问题是会计研究领域的常见问题，并不为价值相关性研究所独有或者对价值相关性研究影响更大。并且，价值相关性研究可以通过改变研究设计来转移这些问题。至于应该探索哪些其他目的财务报表以完善价值相关性的研究，Watts&Zimmerman（1986）认为，订约目的的财务报表（Accounting for contracting purposes）① 是一个很好的

① 订约目的的财务报表是指满足特定报表需求者的财务报表，它区别于现有的通用目的的财务报表。

研究课题。

（四）对分析师行为的研究

1. 分析师行为研究的基本思想

另一个关于上市公司会计信息披露有效性的主要研究领域是分析师们的预测能力和其适用的公司范围。分析师的行为对会计研究是很重要的，因为分析师们是使用和解释会计数据的主要信息中介（Schipper，1991）。因此，证券的价格反映了他们的分析结果。由于大部分谨慎的投资者可能没有时间、技能或资源去分析和解释财务报表，因此，分析师的行为是使会计数据得以在证券价格中反映的一个重要方式。有效的市场信息处理同样能改进证券价格的有效性。低效率或有局限性的市场信息处理，或者资本市场不去借鉴其他方面的综合信息来规避分析师对信息处理的有限性，那么价格则很可能没有充分反映财务报表数据。因为分析师们能够使用丰富的、公开提供的数据，所以将他们的预测结果引入估价研究（比如，经由 F－O 模型）是一个很自然的方式。

研究分析师的预测历史相当久远（Brawn，1993）。从某些方面来看，可以说它的前身就是关于时间序列收益的研究文献（Ball and Watts，1972，Beaver，1970）。早期的时间序列模型文献侧重于最准确地预测收益。通过对其过程的研究，我们可以得到一些关于会计数字一般特征的信息（例如，收益的季节性特征及其邻近季度影响）。此外，研究人员可以将源自这些模型的收益预期应用于其他形式的研究（例如，我们可以将收益预测误差用于证券回报的研究）。对收益预测而言，分析师的预测数据应为首选数据，因为它们反映了丰富的信息系统而不仅仅是简单的过去时间系列收益（past earnings series）的随机游走。

2. 分析师行为研究的一些成就

许多先前的研究结论认为，分析师的预期是较为乐观的（O'brien，1988），尽管这种偏袒性的乐观倾向经过了世俗化的收敛。偏袒性的乐观倾向程度与承销商有着密切的关系。与承销证券相关联的投资公司所雇用的分析师通常有着更为乐观的收益预测。而分析师（最初乐观）的预测往往在证券发行的这一年里会向下修正。具备更好预测能力的分析师一般有更高的生存几率，即一直从事这个职业而不至于改行（Clement，1999）。

分析师的预测甚至比最好的统计模型的表现还要优异，这并不奇怪，因为分析师可以使用比收益的过去时间系列模型更为丰富的资料。不过，把两者结合起来的模型比单独使用分析师的预测，其效果要好得多。这表明分析师的预测不能反映过去时间系列模型所拥有的所有信息（Brown at el.，1987b）。基于分析师预测的预测误差是系列相关的，同样说明了分析师的预期没有充分反映所有可用信息（Dechow at el.，1999）。这方面的证据也表明分析师低估了收益的持续性。

这些发现表明：分析师的行为基本上符合他们自身的利益，即使资本市场能对这些行为进行充分调整。然而，如果资本市场不能揭开这些人为的偏向性并且表现得没有效率，那么分析师的预测将欺骗性地增加它们（对于股票价值）的统计显著性。资本市场似乎反映了“幼稚的”分析师所预测的价格。这些发现似乎（至少部分地）说明了超额报酬与市值/账面价值（M/BV）及市值/基本价值（M/V）战略之间的关系（Dechow&Sloan，1997）。分析师的预测适用于有更多的机构投资者（O'brien，1990）和有更多无形资产的公司（Barth at el.，2001）。

3. 分析师行为研究尚未解决的问题

第一类尚未解决的问题是，关于分析师行为研究，研究人员需要更好地了解对分析师预测行为的动机。特别是为什么分析师会形成有偏袒性倾向的预测？即使有大量证据表明这种偏袒性倾向与承销商有密切而明显的联系，但事实上依然存在对这种偏袒性倾向的多种解释。这种偏袒性倾向是有意而为的，还是体现了自我选择？为什么分析师错误地估计了收益的持续性？为什么分析师的预测没有充分反映所有可用信息？

第二类尚未解决的问题是，关于分析师行为变化和作用过程的研究。分析师会随时间而有长进吗（Clement，1999）？同时，资本市场在处理分析师预测时，是否也会随时间而有长进？还有，如果分析师考虑到要在其所效力的公司之间分配其“努力的效果”时，那么他该如何决策（即对谁偏袒更多些或者更少些）？此外，分析师行为如何应财务报表环境变化而变化？比如，Barth at el.（2001）发现，分析师预测更多地适用于未入账无形资产较多的公司。更多的相关问题包括：还有什么样的其他财务报告功能比较重要？分析师的预测是被什么样的机制纳入市场价格的？为什么分析师的错误预测会导致证券的错误定价？为什么市场价格似乎没有针对上述分析师预测的规则进行充分的调整？

第三类尚未解决的问题是，如何确定除了会计数据之外的其他资料对分析师预测的影响。从更广泛的范围内系统地看，分析师们的预测是内源性的，是外生变量的功能延伸。其他信息的范围非常之大。当然，重要的是至少确定一些主要的外生变量来解释分析师的预测。Joos（2000）等对非财务指标，如法定人口、渗透比率、专利、美国 FDA 的批准、集中度以及市场份额等进行了探索，以帮助预测未来的收益并解释价格。但这些信息都已经反映到分析师的预测里面去了吗？

（五）对操纵性应计利润的研究

管理层可以通过在会计数字上采取随意性行为来改善或损害财务报表的质量。随意性行为包括自愿性盈利预测、自愿性信息披露、会计处理方法的选择和对应计项目的估计。随意性行为中的会计处理方法选择是最为常见的，习惯上被称为“盈余管理”。

1. 盈余管理的动机

盈余管理的动机分为两大类：机会主义或信号传递。一般认为，后者是良性动机而前者不是。盈余管理的动机涉及补偿合同、债务契约、资本市场定价、税收、诉讼和监管行为（Watts&Zimmerman，1986；Beaver&Engel，1996）。每个动机构成一个广泛的类别，包含了各种具体行为。例如，资本市场的影响包括管理层试图影响股票的发行价格、股票期权的发行条件或价值、以及管理层持有证券的销售价格。

这些动机可以是相互排斥而存在的，也可以是相互加强而存在的，往往难以分辨出其中的首要动机（Healy et al.，1999）。例如，资本市场和补偿合同可能会同时导致管理层夸大收益的陈报。因此，许多研究人员在无法分辨盈余管理之根本动机的时候，代之以判断随意性行为是否与某些公司的特征有关，比如财务困境、规避损失、收益平滑化和报表清洗（big baths）等。

2. 随意性行为研究的方法与结论

如前所述，有许多原因导致经理人员实施随意性行为。研究人员使用以下几种主要的方法来分辨盈余管理：典型的随意性行为（比如 Jones，1991），检验报告盈利分配的非连续性（比如 Burgstahler et al.，1997），随意性行为的具体账户模型（account－specific model）（比如 Beatty et al.，1995），以及这些方法的组合模型（比如 Beaver，2000）。

管理层进行盈余管理，是为了避免损失和盈余下降，以及避免其结果低于分析师的预期。发布盈利预测的公司则往往倾向于进行盈余管理以迎合分析师的预测。盈余管理似乎是广泛存在也比较容易被发现的，至少如同现有的技术可以预计的那样。银行业的贷款损失准备金和保险业的政策损失储备似乎是最容易被“管理”的两个主要的账户。比如说，对银行部门，资本市场把额外贷款损失准备金看做是好消息，而不是坏消息，这一点与对预计贷款损失的随意性报告的信号解释是一致的。特别地，财务状况更强的银行往往传递出表明自己能够承受利润下降打击的信号。而在保险部门，政策损失储备的发展是与盈余管理相吻合的产物（Beaver et al.，1998）。此外，研究表明，资本市场的定价能够区分一个应计项目中的随意性部分和非随意性部分。最后，需要指出的是，应计项目管理只是盈余管理的一种形式而已。其他的盈余管理方式包括套期保值活动和改变的研发支出。

3. 随意性行为研究的关键问题

随意性行为研究的关键问题在于：确定能够代表随意性应计项目和非随意性应计项目的变量或调节变量。在 Jones（1991）的模型中，销售收入是代表非随意性的流动性应计项目的变量，而资本支出是代表非随意性的非流动性应计项目的变量。当然，这是一个应用很狭隘的模型。调查研究具体部门的应计项目，如贷款损失准备金，通常使用特定部门的变量，如不良贷款，以增加精确度，去衡量非随意性的组成部分。

确定能够代表随意性应计项目的变量是一个不小的挑战。通常情况下，研究者用非随意性变量去倒挤应计项目，得到的剩余部分即为随意性部分（比如 Jones 的模型）。当然，如果不能充分分辨非随意性部分，那么就意味着倒挤计算的剩余部分既含有随意性部分又含有非随意性部分，进而导致研究者对这两个组成部分的错误估计。一般来说，能够代表随意性应计项目的明确的调节变量，如收益或者负债，都是通用的。这些通用变量适用于许多公司的特点，它使得估价模型中的随意性应计项目的系数具有足够的解释力。

4. 随意性行为研究尚未解决的问题

随意性行为研究尚未解决的最大问题是，现有的确定随意性应计项目的方法效率都不高。进一步来说，Dechow at el.（1995）通过实证模拟发现的证据表明，关于随意性行为的研究模型都不具有足够的解释力。但是，大多数实证研究又都发现盈余管理是确实存在的。更有甚者，许许多多的盈余管理方式不仅仅被研究者所发现，而且还被资本市场所认同。

为什么研究模型的解释力很弱却又能据此轻易地发现盈余管理方式的存在？因为人们的常识是，有效的盈余管理方式应该是难以被觉察的。类似的问题是，为什么使用即时数据而不是未来数据可以相对容易地发现盈余管理方式的存在？是管理层的行为很幼稚吗？反过来说，盈余管理实现了它不可告人的目标了吗？或者，随意性行为是否就是不完全市场中合约签订的一种自然而然的事情？随意性行为的存在可能是心照不宣的但却又无法通过合约来规范。力图消除随意性行为的动机和成本目前尚不明确。因此，随意性行为可能是一个均衡的结果，尽管不是一个“最好”的解决方案。

这些问题大大提高了研究人员误判的可能性，即发现疑似盈余管理但实质上根本不是盈余管理的行为——它是其他的因素（other factors）。倘若如此，这些

“其他因素”又为何物？有学者（McNichols，2000）发现了证据，认为随意性行为和经济增长是相互关联的，而且对应计利润的错误定价可能就是“魅力股票”现象（比如，对预期高增长股票的错误定价）的化身。她还特别指出，没有包含长期盈利增长的总应计利润模型可能会产生错定的解释变量并可能造成误导的论断。也就是说，先前的研究中发现的差异行为可能和企业的业绩特征（比如，增长性）有关，而不是与盈余管理的差异动机有关。

二、资本市场中会计研究的两大流派

以上简要阐述了资本市场中会计研究的五大领域。国内有一些学者（如汤云为、陆建桥，1998）认为，前两个领域即“基础平台”——市场效率和 F－O 模型衍生了两大研究流派：信息观（Information Perspective）和计价模型观（Valuation Model Perspective）。鉴于这两大流派对我国资本市场中的会计理论研究走向有着一定的引导作用，所以本书拟对两者的会计思想渊源、主要研究模型及其发现与启示再进行简要的评论。

（一）信息观

1. 信息观的思想渊源

尽管对其具体的服务对象还存在一定的争议，但是普遍认同会计应向信息使用者提供对其决策有用的信息。由于身处高度发达的资本市场环境，因此 FASB 在继承其先行者的基础上很自然地将主要信息使用者定位为：投资者或潜在投资者。投资者使用会计信息的基本目的是进行正确的投资决策，而进行正确的投资决策则是为了获取高于市场平均利润（或基于此计算的必要报酬，如根据资本资产定价模型确定的正常报酬）的超额报酬（Abnormal Return）。因此，信息观的主要思想是，研究会计信息对于股票定价进而对投资者所获报酬的作用，反过来评价会计本身（主要是会计准则方面）的意义。

一般认为，信息观的早期倡导者是 Ball&Brown（1968）和 Beaver（1968）。Ball&Brown（1968）对年度报告中的盈余数字与股票价格之间的关系做了实证研究，发现能获得超额盈利的（即“好消息”）公司，其股票投资者即能够获得超额报酬，反之亦然。这一方面说明股票价格已经反映了公司的盈余信息，另一方面也说明投资者能够使用公司的盈余信息来调整对公司股票的定价。总之，会计数字对信息使用者是有信息含量的。Beaver（1968）从另一个角度也验证了公司财务报告信息披露对股票价格的影响，他发现在公司年报披露的当周，其股价的波动幅度和交易量均显著地高于其他交易周，说明投资者在投资决策时使用了公告的会计信息。

或许是由于早期研究者的视野局限，也或许是由于美国资本市场当时的良好效率表现，信息观有一个重要的假设前提，即市场是有效的。有效市场假说认为：股票价格反映了会计信息所代表的公司经济价值，但并没有揭示会计信息是如何转换到股价中去的。在随后的数十年里，信息观一直占据了资本市场中会计研究的主导地位。

2. 信息观的主要研究模型

为了验证会计信息（以盈余数字为代表）与股票价格之间的关系，信息观主要采用价格模型（Price Model）和报酬模型（Return Model）两种方法。由于价格模型较难通过异方差检验（Kothari&Zimmerman，1995），并且逐渐演变成了计价模型观主导的价值相关性研究模型，所以信息观的主要研究模型是报酬模型，其基本方程式如下：

$$AR_t = \alpha + \beta \times UCE_t + \varepsilon_t$$

其中，AR_t 表示超额报酬；UCE_t 表示非预期的盈余变动（Unexpected Changes in Earnings）；β 表示非预期的盈余变动对投资者获取超额报酬的影响，又称为“盈余反应系数”（Earnings Response Coefficient，EOC）。

对该模型的检验集中在两点：第一是模型整体解释力的强弱，即 adj - R^2 的大小；第二是盈余反应系数的高低。对模型的检验而言，模型中的解释变量 UCE_t 的确定关系重大。一般有四种测算方法：一是用当年的盈余作为预期盈余的估计数，即假设当年盈余中不包含暂时盈余（Transitory Earnings），且未来盈余是当年盈余随机游走（Random Walk）状态下的产物；二是用当年盈余扣除暂时盈余即永久盈余或持续盈余（Permanent Earnings）作为预期盈余的估计数；三是用时间序列预测未来盈余；四是用财务分析师的盈利预测数作为预期盈余的估计数。

3. 信息观的发现与启示

信息观下的研究者（如 Lev，1989 等）发现，上述模型的 R^2 并不理想，且盈余反应系数也远低于预期值。为了真正检验股价与盈余信息之间的关系，研究者在改变自变量的计算方法以及增加控制变量方面作出了努力，如此以来，得到了大量具有较强实践意义或理论意义的研究成果。总而言之，包括以下三点：

（1）明确了财务分析师及其盈利预测信息的作用。认为，财务分析师对于资本市场的健康发展具有积极作用，但同时不能忽视对其进行有效监管。

（2）寻找了盈余信息与经营现金流量信息的重要性特征。研究（Sloan，1996 等）发现，总的来说，盈余信息相对于经营现金流量信息而言，和股价之间有更大的相关性，但在某些特定类型的公司中，经营现金流量信息的相关性更大。因此，现存权责发生制的会计模式值得坚持，而现金流量信息也不可完全偏废。

(3) 发现了盈余信息或应计利润（Accruals）各构成项目的信息价值。比如，流动性应计利润（Current Accruals）和非流动性应计利润（Noncurrent Accruals），随意性应计利润（Discretionary Accruals）和非随意性应计利润（Nondiscretionary Accruals）的信息价值存在差异。这些发现，有助于准则制定者在规范企业的会计选择方面作出判断。

不过，信息观下解释变量的改进并不能解决模型本身设计上的问题。比如，后来的研究者发现，股票价格不仅反映了会计信息，还反映了噪音交易者（Noise Traders）的“噪音”，以致出现了市场反应过度等异常现象。这些表明资本市场并没有像人们假设的那样有效。如此，促进了研究者对股票内在价值问题的重视，这也导致了计价模型观的应运而生。

（二）计价模型观

1. 计价模型观的思想渊源

前已述及，资本市场中的会计研究有一个终极任务，那就是会计信息对股价、投资决策、及投资者所获报酬的积极作用是否存在？从这个意义上讲，计价模型观和信息观有着相同的思想渊源。不过，具体而言，计价模型观的最终成型受到了以下两个因素的强力推动：

第一，信息观的固有缺陷阻碍了它的解释力。信息观以资本市场有效为前提，主要研究以盈余信息为代表的会计信息对股票价格的作用，其结论是验证会计信息的作用及对现行会计信息进行甄别和取舍的重要依据。但是，如果资本市场是无效的或者效率不高，那么信息观的相关结论就将大打折扣。因此，需要发展一种对市场效率依赖不强的研究方法。

第二，Ohlson（1990；1995）以及Feltham&Ohlson（1995）等针对资本市场中股票计价模型的研究，取得了突破性进展。通过这些模型可以合理解释会计信息是如何对股票价格产生作用的，也就是明确了股票的内在价值是怎样的。进而将该内在价值和实际价格相比较，就可以判断实际股价定价的合理性，反过来也可以解释市场是否有效的问题。如此，就可以在绕开市场效率的情况下研究会计信息的有效性。

2. 计价模型观的主要研究模型

计价模型观的研究模型以F－O模型为雏形。F－O模型认为，股票的内在价值（M）应等于股东权益账面价值（BV）与未来预期股东权益净利率（ROE）扣除股东权益资金成本（r）之后的折现值之和，其方程式如下：

$$M_0 = BV_0 + \sum^{n} \frac{(ROE_t - r)}{(1+r)^t} \times BV_t$$

上式中的 $BV(ROE-r)$ 就是剩余收益（Residual Income，RI）或经济附加值（Economic Value Added，EVA）。对这个模型的检验主要是验证它所估算出来的各期股价（M_t）和实际股价（P_t）相差无几，检验指标包括：M_t/P_t 应趋近于1；M_t/P_t 的方差应该很小；M_t/P_t 应该可以迅速恢复其均值；M_t/P_t 与公司未来盈利能力正相关。

依据F－O模型，可构建计价模型观的“更一般研究模型”[①] 如下：

$$P_i = \alpha + \beta BV_i + \gamma RI_i + \varepsilon_i$$

模型中因变量 P_i 是公司年报公布了足够长的一段时间之后（比如第五个交易日，其时信息已被市场充分消化）的股票价格。对该模型的检验集中在该模型的解释力方面：模型的解释力越强，说明实际股价偏离其内在价值越小，实际股价定价越合理，市场效率越高；反之亦然。同样，对模型的检验而言，对模型中的解释变量的确定关系重大。但所幸的是，该模型的解释变量比较容易计算：账面价值（BV）可直接从资产负债表中获得，而预期股东权益净利率（ROE）可以根据时间系列预测及随机游走模型或者财务分析师的一致预测数来估算（Ohlson，1997）。

相对于信息观的研究模型或实践中的估价模型（比如市盈率模型），计价模型观的上述模型有两大特点：第一，它既考虑了过去累积的盈利能力（已包含在BV中），又考虑了未来的盈利能力（即预期的ROE及RI），从而不会像其他模型那样依赖于某一年度的盈利信息作出评价，因此其评价结果也应该较为平稳、长期和准确；第二，它可以避免谨慎性原则进而随意性行为（或称盈余管理）对企业某一年盈利扭曲的影响，理由同样是因为该模型对盈利能力的全面关注。运用谨慎性原则进而随意性行为可以影响企业一期的盈余，但在未来都将充分转回。

3. 计价模型观的发现与启示

对计价模型观的研究发现主要有以下三个方面：

---

① 这个模型一般被称为价值相关性研究模型，但是价值相关性研究是“F－O模型的主要运用”。也就是说，一般意义上的价值相关性研究包括许多研究模型，但是基于F－O模型的研究才是现代意义上的价值相关性研究。

（1）检验F－O模型是否成立。Ohlson（1997）等发现，各期的M_t/P_t之值的确在1上下波动，并与公司未来盈利能力正相关。因此，F－O模型是成立的。

（2）考察（内在）市值/账面价值（M/BV）与股票报酬之间的关系。如果M_t或者P_t很不合理时，仍然直接检验F－O模型是否成立显然意义不大。因此，有学者通过比较（内在）市值/账面价值（M/BV）与市盈率（P/E）或与（实际）市值/账面价值（P/BV）对股票报酬的解释力，来检验F－O模型的合理性。并且为了提高统计检验的准确性，一般还将这些变量变形为其倒数即BV/M、E/P、BV/P等进行回归分析。研究发现（Kim，1997；Frankel&Lee，1996等），BV/M对股票报酬有更显著的解释力，且时间越长，估价越准。这些结果同样也能支持F－O模型的合理性。

（3）分析"更一般研究模型"的解释力大小。研究发现（Ashbaugh&Olsson，2002等）在伦敦西亚克（SEAQ）国际资本市场上上市的非美国公司的股票估价，其中依据美国会计准则编报信息的最适用的经济附加值模型是上述"更一般研究模型"，而依据国际会计准则编报信息的最适用的盈余资本化模型是市盈率模型。

根据上述研究发现，计价模型观能够胜任检验会计信息是否有用的研究任务。尤其是因为计价模型观对市场效率没有要求，所以其结论可能比信息观的结论更具说服力。此外，计价模型观还有一个特别的实践功效，那就是它所验证的股票计价模型可以为股票投资者实际操作所用。

不过，就其理论研究意义而言，与信息观一样，计价模型观只能努力解释"会计信息是否有用"这一基本问题，却不能回答现有准则下会计信息是多余还是不足，以及会计准则制定是坚持"统一性"还是坚持"灵活性"这两大务实的问题。一般认为，这两大务实问题更适合规范研究。

（三）会计信息的管理决策有效性：财务政策选择问题研究

1. 管理决策有效性的研究意义

之所以提出研究会计信息的管理决策有效性，是基于以下几点理由：

第一，可以作为计价模型观的一个自然发展。计价模型观作为信息观的发展，旨在解释会计信息是如何作用于股票价格的。而管理决策有效性研究作为计价模型观的发展，旨在进一步解释企业价值是如何基于会计信息进行管理而创造出来的。

第二，可以使会计信息的有效性落到实处。外部投资者使用会计信息进行决策所获得的报酬有两大组成部分：资本利得和股利分红。资本利得的获取需要投资者的投机行为，且只是市场价值在投资者之间的重新分配而并不增加市场价值的总和。股利分红的获取以市场价值的增加为前提，它依赖的是投资者实实在在的“投资行为”。如果会计信息能够有效促进企业价值进而市场价值的增加，那么就可以认为会计信息的有效性落到了实处。

第三，可以为会计信息生产者与使用者的顺利对接，进而消除信息不对称以及随意性行为寻找证据。信息不对称及随意性行为是信息使用者对信息有效性评价的一个借口，同时也是信息制造者达到盈余管理目的的一个手段。消除信息不对称以及随意性行为的方法之一，便是促使生产者与使用者使用相同的会计信息，其关键在于使用者能够知晓并且监督生产者所制造的会计信息（同时就是他们自己使用的信息）。而了解信息生产者使用信息的程序（即利用会计信息的管理决策程序）是这种监督有效的前提。

第四，可以作为会计目标理论发展的对应研究课题。前面在第四章第三节中，已经论述了会计目标理论的发展之一就是“管理决策论”，即会计信息能够满足投资者通过模拟经营者进行管理决策的需要。如此，研究会计信息的管理决策有用性就成为一个相应的课题。

第五，至少是会计研究的一个应有的组成部分。这是因为，即使缺乏一定的重要性，至少经营者也是会计信息的主要使用者之一。

2. 管理决策有效性的基本研究设计及其初步结论

在信息观盛行的时代，很少有人研究会计信息的管理决策有用性。更确切地说，研究者通常只会研究某一具体的管理行为对企业业绩的影响，而不会将其系统化并且提升为会计信息的管理决策有用性研究。我们认为，管理决策有效性的基本研究设计应该包括以下三个方面或三个层次的研究假设，如图 11 -1 所示。

在这些研究假设中，企业增长速度又被称为“可持续增长速度”，是指实际或预计的销售增长率与对应的可持续增长率的差异。而可持续增长率是指企业在下一个年度，保持本年度销售净利率、总资产周转率、负债比率和留存收益比率不变且不增发新股的条件下，销售所能增长的最大比率。

企业财务战略是指企业一定时期中为实现一定的财务目标、针对企业财务活动而进行的系统地、概括地并以明确的财务比率（分别为销售净利率、总资产周转率、负债比率、留存收益比率及新股发行数量等）标识的财务决策活动，主要包括筹资战略、投资战略、营运战略（含成本战略和营销战略）、分配战略和并购战略（含剥离和分立战略）等五个子财务战略。其中，前面四个子财务战略是一般的财务战略；并购战略是特殊的财务战略。

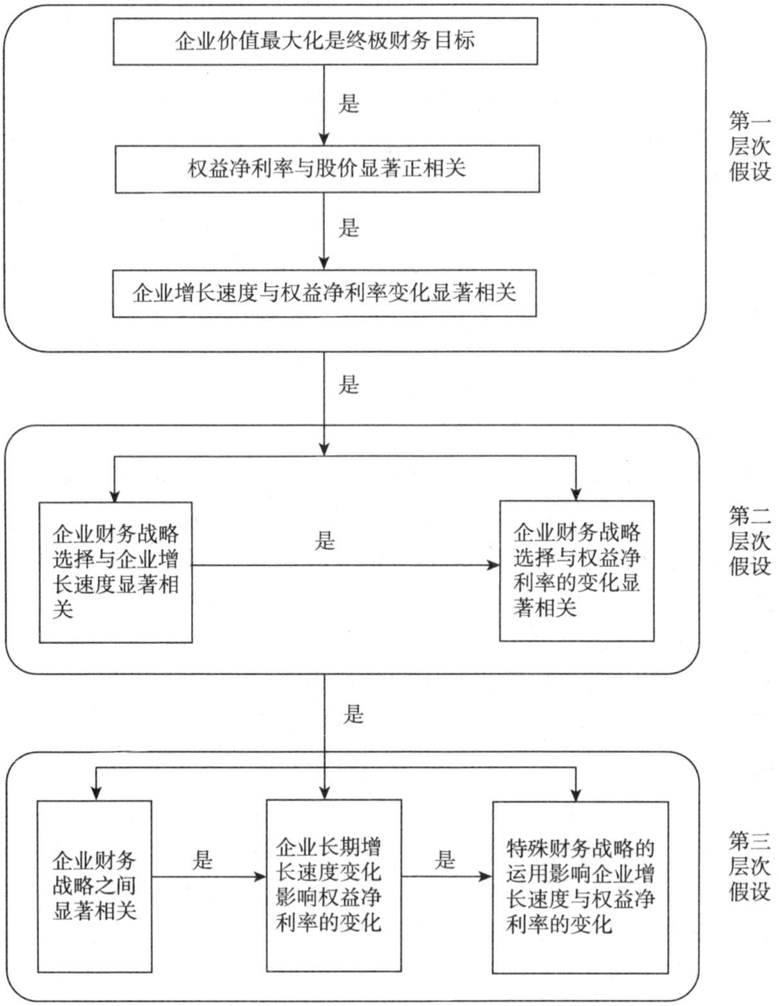

图 11-1 会计信息管理决策有用性研究的假设树

总之，本研究设计的目的是检验以四大财务比率即主要会计变量为代表的、系统的财务战略选择对企业价值的作用，而企业价值又包括三个层次的变量：股价、权益净利率和企业增长速度。因此，本研究设计可以被认为是研究会计变量与股票价值之间的关系——也就是信息观与计价模型观的研究目的所在。其中，第一层次假设中的第二个假设“权益净利率与股价显著正相关”则严格按照价值相关性研究（前面已述及，它是 F-O 模型即计价模型观的主要运用）来设计。

曹玉珊（2005，2006，2007，2008）根据1994～2003年连续存在的中国上市公司样本，对上述研究假设进行了回归分析，结果全部证实了这些假设。由此可以认为，现行准则下的会计信息对管理决策进而股票价格是有效的。但是，就管理决策而言，曹玉珊（2005，2006，2007，2008）研究发现，中国企业总体上热衷于“无效的高增长”，即实际增长率大大高于可持续增长率而权益净利率逐年下降。这些研究及其发现一定程度上揭示了企业是如何利用会计信息进行管理决策的。

第二节 我国上市公司会计信息失真及其成因剖析

从上面的阐述中可知，上市公司披露的会计信息与投资者的投资决策、债权人的信贷决策、对企业经济价值与社会价值的评价、政府对微观企业的监督和管理、对企业经营管理者的业绩评价等都密切相关。因此，上市公司披露的会计信息的质量，不仅影响到与企业有利益关系的投资者、债权人等群体的经济利益，而且影响到整个国家的经济秩序和社会秩序，影响到资本市场的有效性。我国著名会计学家杨时展提出的“天下欲乱计先乱，天下欲治计乃治”的精辟见解，警示我们必须高度重视上市公司披露的会计信息的质量问题。

会计信息必须真实地反映企业的财务状况、经营成果和现金流量情况，这是对会计的基本要求，我们一直把真实性作为会计工作的“生命”。在西方，“真实与公允”被当做现代会计的一项基本原则。我国新修订的《会计法》，要求会计提供的信息必须“真实、完整”。国际会计准则委员会在其制定的《编报财务报表的框架》中，规定企业对外提供的财务报表必须具备“可理解性、相关性、可靠性、可比性”四个基本质量特征，并把“可靠性”作为四项质量要求的核心。在现实中，可靠性集中体现于“如实反映”中。可见，会计信息失去了真实性，那无异于会计的消亡，而不真实的会计信息，除了危害经济与管理之外别无它用。正因如此，我们才对会计信息的真实性予以了充分的关注，并向会计信息的使用者就其真实性作出基本承诺。而会计信息之所以为社会各界广泛重视并运用，也完全是由于社会各界对会计诚信予以了充分的信任和肯定。诚信成了会计的立身之本，朱镕基总理的“诚信为本”道出了会计的真谛。然而，我国上市公司披露的会计信息失真现象却大量存在，其对我国市场经济特别是资本市场的建设与发展的制约效应，已经日益显现。因而，有效解决会计信息失真问题，成为我国会计界、经济界乃至我国政府面临的重大课题。

会计信息失真是与市场经济相伴而产生的，它的存在有一定的理性基础，但更多的是人为的结果。科学分析会计信息失真的成因，对探求治理会计信息失真的对策至关重要。由于我国目前正处于市场经济发展的初级阶段，适合于市场经济良性运作的各种制度、要素尚待建立完善，这样导致会计信息治理的外部环境呈现某种程度的紊乱，从而也给寻求会计信息失真的原因带来一定的困难。本节将紧密结合我国的现实，梳理并牢牢抓住当前影响我国会计信息质量的主要因素，进行深入分析。我们认为，现阶段导致我国会计信息失真的主要因素有以下几个方面：

一、从会计学的理论属性分析，会计学不是一门精算科学，会计信息的真实性是相对的、动态的

应当承认，我国目前上市公司提供的会计信息失真绝大部分属于违法、违规性失真，即是由相关利益主体在利益驱动下违背会计法律法规、准则制度，而人为操纵的结果。但不可否认，由于会计学理论和方法的固有局限性，人的知识的相对性，其认知的有限理性，再加上会计对象本身存在着大量的模糊性和不确定性，最终导致依据会计标准生产的会计信息只能是相对真实性，标准性失真或制度性失真在所难免。

1. 会计信息的真实性与“失真”的判断标准

会计信息“真实”与“失真”是一对对立的概念，要判断会计信息是否失真，首先必须弄清真实性的含义。现代汉语字典将真实解释为“跟客观事物相符合，不假”。的确，“客观事物”是客观存在的，但人类认识的客观事物，实际上是人类对“客观事物”的认识，而不同的人对同一“客观事物”的认识可能存在差异，因此也就不存在大家一致认可的“客观事物”，因而它就无法直接充当判断会计信息是否具有真实性的标准。退一步讲，即使存在大家一致认可的“客观事物”，但与“客观事物”的符合仍有一个程度问题，100%的符合是完全的真实，那么90%或50%以上符合是否是真实呢？因此，真实还有一个弹性区间，会计通过“观念总结”所反映的客观事物落在弹性区间内，可以认为这种反映是真实的或比较真实的，否则是失真的。但不管反映如何逼真，反映的结果与反映的对象终究是不同的。这就如同照相，不管摄像设备如何先进，摄像技术如何高超，如何进行艺术加工，甚至照片比本人更加光彩照人，但照片永远不可能“真实”如人，最多只能是艺术的真实。这样一来，我们是否可以得出这样的结论，当衡量会计信息真实与否是以客观事实作为唯一标准时，会计信息的真

实性只能是相对的、逼近的。

会计信息从哲学层次上讲属于意识范畴，是观念上或主观上的东西，主观能否真实地反映客观以及在多大程度上真实地反映客观，取决于许多方面的因素。因此，用客观事物直接作为衡量会计信息是否失真的依据，在现实社会中明显缺乏可操作性，于是人们试图去探索、寻求能近似地充当客观事物标准的替代物。这样，会计标准就应运而生了。所谓标准是衡量事物的准则，当某些事物本身合乎准则，可供同类事物比较核对时，这些事物就成为标准。如国际上通常把格林威治天文台发布的时间作为国际标准时间，我国则把北京时间作为国内的标准时间。可见作为标准，首先应是对客观事物的反映；其次，标准同样也是主观见之于客观的产物，是人为的结果。标准因不同的区域、不同的国家、不同的参照物，可以有不同的标准。即可以有国际标准、区域标准，也可以有国内标准，甚至行业标准、企业标准。会计标准作为会计系统反映特定对象的行为准则，同样是人造系统，同样也可以有不同的表现形式，如国际会计准则、国际会计惯例，会计法律、法规、准则、制度等。会计标准要想真正成为衡量会计信息是否失真的依据，必须满足一个基本的前提条件，即会计标准必须最大限度地逼近客观事实，能够成为客观反映同类事物的参照系。但遗憾的是，会计标准作为一个人为制造的秩序，其第二性的本质决定了它一定不可能与客观事实相吻合，原因就在于客观事物转变为会计标准的过程中存在着偏差，这种偏差主要是由知识的相对性和人的有限认知性所造成的。

知识具有时间的相对性和主体的相对性（柯武刚、史漫飞，2000），知识永远是特定于某一具体时间的，是演化选择的结果。人们会根据其所处的环境和所经历的经验加工其所获得的知识，并对其进行检验。大多数有用的新知识是边学边干的产物，它们是由无数不同的人在分散化的试错选择或突发性的重大创新过程中获得的（吴联生，2002）。因此，某一特定时间下的知识不仅有赖于先辈们的知识积累，也有赖于当时人类的实践。而人类的实践是无止境的，知识的积累也是无止境的，且每个人获取知识还有一个成本约束问题。因此，学习成为每个人的终生行为。正由于此，人类因存在“知识缺陷”，而不可能具备全智全能的理性行为，完全理性是不符合人类实际存在的状态的，而有限理性则是据此提出的更加符合人类实际的假设。西蒙（Simon，1978、1979）不但提出了“人是有限理性的”这一光辉思想，而且区分了程序理性和结果理性（或实质理性），而当人们依据会计标准提供会计信息时，其理论依据就是源于程序理性而不是结果理性。当人们就会计标准制定权进行谈判并作出合约安排时，人们实际关注的不是这一安排能达到一个什么样的完美结果（实现目标），而在于这一安排是大家

（至少是大多数）共同认可的，是遵循大家都能接受的决策规则与程序作出的，这是程序理性的思想。正是在这一理论的指导下，各国在制定会计标准时大都遵循了程序理性思想，即会计标准的制定程序应是各方均能接受的，而不论按此程序制定出来的会计标准能否确保某一目标的实现，能否满足信息用户的真正需要。会计信息的真实性并不体现在它自身是多么“真实”，而在于它是否依据该国公认的会计规则及其合约制定权进行加工处理，如果是是，那就是“真实”的。

可见，把会计标准（我们假定这个标准是程序理性的结果）作为衡量会计信息是否真实的依据，是无法全面反映和有效满足广大信息用户对会计信息真实性的理解和需求的，其原因有三（吴联生，2002）：（1）客观事物是一个动态的过程，它始终处于动态变化的过程中；（2）能够对会计实践进行真实表述的会计知识，部分已经在现实中存在，另一部分尚未在现实中存在；（3）已经在现实中存在的与此相关的有用知识存在于会计理论界和会计实务界的所有人的头脑中。由于组成制定会计标准的人员同样是有限理性的，他们不仅不可能具备尚未在现实中存在的知识，而且他们也不可能具备所有与此相关的已在现实中存在的会计知识，更不可能及时、准确、全面地了解不断变化的会计实践。因此，由他们及其机构制定的会计标准不可能真实地反映会计实践，那么，会计信息的标准性失真也就在所难免了。

由此，我们可以得出本部分的结论：由于客观事物是不断变化发展的，而人的知识是相对的，其认知是有限理性的，因此，当人们不能直接用客观事物作为判别会计信息是否失真的标准时，只能用会计标准作为判别会计信息是否失真的间接依据，而制定会计标准的理论依据是程序理性，而非结果理性，这就决定了依据这种会计标准生产出的会计信息，其真实性只能是相对于标准的真实性，而绝不可能是针对客观事物的真实性，也不可能是针对广大信息用户实际需要的真实性。

2. 从会计学的理论属性分析，它不是一门精算科学，会计信息失真在所难免

1494 年，意大利数学家 Luca Pacioli 的《算术、几何、比及比例概要》（也译《数学大全》）一书在威尼斯出版，标志着近代会计的开始，同时也为现代会计奠定了本质基础。在这部著作中，会计被视为数学问题的一部分，并将其用于对大量数据的整理。Luca Pacioli 精湛的数学知识以及在会计处理中的大量运用，使近现代意义上的会计从诞生的时候起，就被赋予了其高贵的血统——会计与数学有着天然的联系，Luca Pacioli 运用数学逻辑构筑了复式簿记的基础。因此，从

会计学的方法属性来看，它是一门以数学的逻辑关系为计量原理的科学，它通过一定的规则取得代表货币单位的数字，再将这些数字按一定的数学原理和数学法则转换成数据，而且结果可以无限精确。从这个角度上看，会计学是和数学相关联的一门自然科学。但是，从会计学的理论属性来看，它研究的对象是企业的经济活动，目的是为了提供决策有用的信息，从而达到社会资源的最佳配置，从这个角度上看，会计学和经济学、管理学的终极目标是一样的，会计学的很多思想、理论及概念和方法实际上就是从这些学科中借鉴过来的。根据会计学研究对象和研究目的分析，它应该归类于社会科学。与自然科学不同，由于社会科学的研究领域是社会的某一侧面或某一部分，对它的研究不能通过实验，不能用实践来认识和揭示事物，而对事物的定性研究难免受到人们的价值取向、道德标准和不同的意识形态、宗教信仰、文化背景等诸多因素的影响，对事物的定量研究要通过假定、估计、预测、判断，研究者对其所作结论的检验相当困难。这样对事物的认识难免带有模糊性。会计作为经济管理的组成部分，属于社会科学的范畴，因此，同样具有模糊性，不是一门精算科学。但如果我们把会计学的这两种属性结合起来看的话，会发现方法属性和理论属性的冲突。会计系统中每一个数据的计算都是在严密的数学规则下进行的，而某些支持数据的数字来源却往往是经济学中一些概念的货币化，经历了一系列的估计、判断的过程，这就使得某些数据的产生不是依赖于客观世界的真实，而是来自于主观世界的意识和经验，概略与严密这两种互相矛盾的属性糅和在一起构成了会计学科的基本特点，即以精确的数字运算形式计算来自于估计和判断的数字关系。

一个企业的生产经营活动，用会计报告“观念总结”出来，不仅需要一系列的假设，还必须依据一定的标准来进行，即使如此，会计报告也不可能100%地绝对“真实”。控制论大师N. 威纳说过，任何一种实践的结果都“必须得到对世界某一部分的理解和控制，而世界的任何实际部分都不可能这样简单以致不用抽象就能为人们所理解和控制。所谓抽象，就是用一种结构上类似但比较简单的模型来取代所研究的世界的一部分”。会计作为一种管理实践，其目的是理解和控制再生产过程，现实的再生产过程五花八门，纷繁复杂。出于对经济效益和经济利益的追求，会计以价值抽象来总结和控制再生产活动。用“资产 = 负债 + 所有者权益”，“利润 = 收入 - 费用”这两个模型来体现企业生产经营活动的过程和结果，因而是一种科学的抽象。但在这个科学的抽象过程中，会发生一系列的偏离和误差，从而导致会计信息的不真实。这种“可能偏差”集中反映在六个方面：（1）价值运动在数量与时间上可能偏离实物运动，使价值运动信息与客观经济活动产生了“可能偏差”。这是一种客观偏差，会计只能认识并揭示这种偏差，但不能消除这种偏差。（2）客观的价值运动与价值运动信息反映在载体过程所产生的偏差，表现为原始凭证的虚假。虚假的原始凭证主要有两种形式：一是价值运动是客观的，但反映它的载体——原始凭证是不真实的；二是原始凭证是真实的，但它反映的价值运动是虚拟的，我们常见的真发票、假事项就是典型的例子。（3）会计确认偏差。会计对综合经济信息的确认和计量，受确认标准、计量方式及会计人员职业判断的影响，使纳入会计系统"原始信息"的内容和范围与客观存在的综合经济信息产生偏差。（4）会计信息加工偏差。第一，会计信息的产生是以一系列的假设、判断、估计为前提，由于假设、判断、估计在精确性上的固有缺陷，必然导致由此产生的会计信息与实际的偏差。第二，会计信息是通过一定的会计方法加工处理形成的，由于会计方法的多样性和可供选择性，决定了即使是同一个会计事项，由于采用不同的会计方法而得出不同的信息产品。第三，会计信息是一种再生信息，由于对其加工处理的程序复杂多样，时间过程长，且要经过多人合作，人机合作，加上相关的监督体系薄弱，使因技术性因素和人为因素导致会计信息失真的现象日益增多。第四，由于各利益集团的矛盾客观存在，加上信息的不对称，企业经理人员利用会计政策选择权，以经理人员利益最大化为主导目标，这样提供的会计信息必然带有很大的利益偏向。（5）会计报告偏差。会计报告的内容、范围、数值及说明，由于报告主体主观判断不准及利益驱动，加之信息需求者对信息的需求各异，使之与客观经济活动或会计记录或信息需求产生偏差。（6）会计信息理解偏差。在会计信息海洋里，使用者由于主观和客观的原因，没有全面理解会计信息而对客观经济活动形成不正确的认识，从而作出次优甚至错误的决策（杨雄胜，1996）。

正是由于会计不是一门精算科学，因此，会计学家们一直在致力于提高会计计量和报告的精确性，并把客观真实性作为会计本质的直接体现。罗伯特·H. 蒙哥马利在美国会计师协会 1937 年的《主席报告》中曾明确指出："我们的职业（会计师）一直有一个信念，即必须用探求说明事实真相。我们必须坚持这一信念，并为之实现而持续奋斗。"我国著名会计学家葛家澍也认为："对会计核算在理论上的基本要求，就是如实反映经济活动的真相。"（1999）但尽管如此，会计信息失真问题依然是会计理论工作者和实际工作者孜孜以求、渴望解决的现实难题。

3. 会计信息的真实性是相对的、动态的

（1）会计对象的不确定性和模糊性决定了会计信息的真实性只能是相对的。不确定性是指事物的发展结果有多种可能性。按经济学的观点，不确定性意味着在既定环境状态下人们的主观概率分布处于离散状态。不确定性包含两个方面的含义：一是与概率事件相联系，其出现的结果有稳定的概率。此时，可以用随机变量的方差来定义该变量的不确定性，并描述其大小，即通常所说的风险。二是与概率无关，是一种没有稳定概率的随机事件。经济不确定性按产生的原因又可以分为外生不确定性和内生不确定性，前者指生成于某个经济系统之外的不确定性，后者指生成于某个经济系统自身范围之内，影响系统操作绩效的不确定性。模糊性是指在对事物进行判断时所进行的“亦是亦非”抑或“似是而非”的不明确判断。此时，对事物的性质很难断言其归属。无论是模糊性，还是不确定性，都是事物所固有的客观属性，它们都可以使得人们在认识事物时难于甚至不能作出准确、唯一的判断。模糊性是对事物确认上的不确定性，而随机性是对事物各种可能发生结果的不确定性。因此，模糊性表现在事物发生的结果上是单一的和确定的，但这种结果却是不清晰的和模糊的；而不确定性表现在事物发生的结果是清晰的，但在多种可能的结果中到底发生哪一种结果却是不确定的（唐有瑜，1998）。模糊性和不确定性是客观事物所具有的特征的本质体现，它们是客观存在的，因此在经济生活过程中，同样存在着大量的模糊性和不确定性，反映在会计对象上，主要表现为会计主体的价值运动存在许多不确定性、或有事项和未来事项，许多的处理需要会计人员去决定和裁决。例如决定固定资产折旧的因素有原值、使用年限、清理费用和残值，这四个因素中有三个在计提折旧时是未知的，需要会计人员去判断和估计，究竟有多大的准确性，要通过未来许多不确定性的因素来决定。另外对费用的预提、摊销、递延；某些支出是资本性支出还是收益性支出；某一项资产是作为固定资产合适还是作为低值易耗品更合适；某项费用是直接费用还是间接费用；对某些收入收回可能性的未来确认；债权、存货的变现能力等反映企业某一时点的财务状况的指标和某一时期财务成果和财务状况变动的指标，都需要会计人员作出某种程度的人为估计和判断。

由于会计对象存在着诸多的模糊性和不确定性，加之会计信息系统本身是一个人造系统，会计理论体系与方法体系是建立在一系列假设、判断、推理、可选择性的基础上，这些都决定了会计信息的真实性只能是相对的。“当系统的复杂性日益增长时，我们作出系统特性的精密而有意义的描述能力将相应降低，直到达到这样的阀值，一旦超过它，精确性和有意义性将变成两个几乎相排斥的特性。①”会计信息不可能十分精确，只能相对真实，只要这种“相对性”是在使用者能承受的阀值内，就被认为是允许的，但一旦因为人为“粉饰”而使会计

① 付元森等：“浅论会计的精确性和模糊性”，《山西财经学院学报》，1990 年第 5 期。

信息的“相对性”超过使用者所能承受的阀值时，那么这样的会计信息就不再是模糊的，而只能是失真了。

（2）会计信息的真实性只是相对于过去事项而言的，它对未来事项往往无能为力。会计信息能否具有较大的信息含量，不仅反映了会计信息的市场功能，反映了会计信息的生命力，而且对所有的相关利益主体将产生直接的影响。或者说，它在一定程度上影响着市场的有效性。会计信息是决策的基础，这就决定了会计信息的功能不单纯是对已有生产经营活动的“观念总结”，更需要对经营活动的运行状态及可能的发展趋势进行反映，以提供系统、全面、完整的会计数据。会计数据具有很强的离散性，离散性意味着这些数据集是对经济活动各个部分和各个环节之间的内在联系的描述，反映的是投入——产出的相对变化及其变动规律。因此，投资者及其管理者必须掌握来自不同信息源的会计数据，才能对投资环境及市场潜力作出合理的判断，或者说，孤立的会计数据往往不能产生其导向作用，会计信息的使用者所要求的是能全面反映经济活动各方面状态的会计数据集。但传统的会计理论所强调的是对已经发生的生产经营活动结果的总结，这种总结是对经营活动变动规律的反映，是决策活动必不可少的工具。但决策活动最显著的特征，是对未来投资活动的筹划或规划，是一种包含有预期的经济行为，这就是说，如果会计数据仅仅局限于对以往经营过程的简单描述，便会形成会计数据信息的历史性与决策活动的未来性之间的不对称。未来事项由于受现在和未来各种必然和偶然因素的影响，它的发展变化是模糊和不确定的。虽然人们努力探讨各种预测方法，试图尽可能准确地预测，但只要我们将会计预测结果与实际发生情况进行比较就不难发现其准确性是值得怀疑的。同时会计本身是反应性的，导致会计信息与实际情况间存在“时滞”现象，当用户使用有关信息努力作出判断时，未来情况的发展可能大大出乎其预料，远远超出了会计信息可能提供的预测结论。引人注目的“安然事件”就是一个很好的例子。安然的大多数业务是基于“未来市场”的合同，虽然签订的合同收入将计入公司现时财务报表，但在合同履行之前并不能给安然带来任何现金流入，合同签订的越多，账面数字和实际现金收入之间的差距就越大。由于经营业务的不确定性和金融工具的多元化，在现有的会计原则下，账面利润的人为可控因素实在太多，职业判断的空间很大，再加上安然还有不少虚假收入和利润，最终于2001年第二季度突然亏损，且亏损巨大，不得不于2001年12月2日申请破产，成为美国有史以来最大的一宗破产案，其股票价格也从2001年初最高的90.75美元一落千丈至破产时的50美分。投资者投资的是一个公司的未来，而不是现在，更不是过去；公司内含价值的基本决策变量绝不是账面盈余，而是公司未来获取自由现金流量的规模和速度。公司实实在在地获取现金的能力是价值评价的基础，也是资本风险回报的前提（汤谷良，2002）。而目前的会计信息含量恰恰只反映了会计主体过去的经济事项，现有的会计标准也只对过去事项进行规范，而对未来事项缺乏起码的衡量标准。我们现在所说的会计信息真实，实际上只是就过去事项而言的，对未来事项往往无能为力。

会计信息是会计主体（包括会计人员）对客观经济活动的“观念总结”，从哲学角度来讲，意识对存在的反映受主体条件的制约，也与主体所运用的工具和方法相关联。由于会计主体的素质、能力、经验、品德等具有明显的主观色彩，会计准则、制度、程序、方法等会计标准也是主观见之于客观的东西，属于第二性的范畴，再加上会计对象存在着大量的模糊性和不确定性，处于不断变化之中，会计信息反映的只是某个时期和某个时点的经济活动情况，它可能与当时的客观环境是比较适应的，但随着环境的改变，过去真实的信息也会成为历史。正是从这个意义上讲，会计信息的真实性是相对的。

二、政府规范的欠缺与会计信息失真

如果将现代市场经济环境下的人和主体一般性地界定为“逐利的理性经济人”，那么他们的行为模式主要取决于该项行为所可能产生的经济后果。而某项行为的经济后果又在相当程度上由当时的制度安排所决定。“制度可以定义为社会中个人所遵循的行为规则”（林毅夫，1994）。换言之，是某一时期的社会制度安排决定了人们的行为方式，将这一基本推论用于会计信息的提供行为与会计信息的质量分析中，可以认为提供会计信息的行为与当时社会的制度不可分离。如果一定时期的制度安排鼓励提供高质量的会计信息，并对实施这种行为的主体给予奖励，则市场上普遍提供的会计信息质量应当能令人满意；反之，如果市场不奖励、甚至惩罚提供高质量会计信息的主体，那些提供虚假会计信息的主体又能获得不菲的收益，则市场上普遍流行的会计信息的虚假成分必定居多（刘峰，2001）。

制度“是一个社会的游戏规则，或者更规范地说，是人为设计的约束，用于界定人与人之间的交往”。社会制度通过惩罚手段限制或禁止某项行为，通过奖励手段鼓励或诱导某项行为，从而实现预先设定的制度目标。我国政府是制度的主要提供者和制度执行的主要监督者，而政府在提供、监督与会计信息治理有关的法律制度时存在的缺陷，成为会计信息失真的重要的制度原因。

1. 会计准则制定的不完全性导致会计信息失真

（1）美国经济学家威廉·H. 比弗认为，会计标准的制定从本质上看是平衡各利益关系人之间的经济后果的社会选择的结果，是政府平衡社会效益与社会公平的结果。会计准则作为一种合约，它的制定不再是纯技术性的，而是各利益相关方相互间多次博弈的结果，是一种不完全的合约。“经济学从来不认为任何事物、行为或制度有绝对的价值，它所追求的最佳境界是不同事物、不同行为或不同制度间的均衡点”（盛洪，1995）。会计准则也是如此。在会计准则制定过程中，各利益相关方都根据自己的特殊利益或从自己所处的特殊地位出发，提出各自的要求，当博弈参与者的行动规则趋于一致，并成为公认的博弈规则时，会计准则也随之产生。但这里的会计准则制度仅指狭义的、正式的制度安排，而广义的制度安排既包括正式制度，也包括非正式制度，两者应相辅相成。我国在制度建设方面有两大明显特色：一是三权高度统一于政府，使政府职能非常强大，正式制度绝大部分是政府职能的产物，尤其是重要的制度约束，完全由政府行使制定权；二是非正式制度，是指人们在长期交往中自发形成并被人们无意识接受的行为规范，主要包括价值道德规范、风俗文化习惯、意识形态等（金雪军、章华，2001）。我国最典型的非正式约束便是儒家文化，提倡“尊君”、“谦屈”，这是一种典型的以上下等级为标志的君权文化。受之影响，人们形成了“习惯于按照上级要求办事，遵从政府意愿，对自身权利争取意识不强”的社会心理。在以上两大制度建设特点的共同作用下，形成了我国会计准则供给过程中这样一种博弈格局：政府作为博弈的一方，其本身是“有自己效用函数的‘经济人’，其效用主要表现在准则制定上的垄断权与权威性”（唐松华，2000）。我国政府职能异常强大，这种“垄断权与权威性”更强。于是，会计准则供给过程中的博弈成为一种在政府强权下的博弈，政府之外的博弈各方又抱着上述那种普遍的“社会心理”，造就最终的均衡状态是一种非真实意愿下的均衡状态。也就是说，利益相关者可能因为畏惧权力，存在敢怒不敢言的心态，表里意愿不一。因此，虽然在我国会计准则制定过程中，也应通过向各省、自治区、直辖市和计划单列市财政厅（局）以及国务院有关业务主管部门印发征求意见稿，在 CASC 网站和其他主要媒体上公布，召开座谈会、研讨会等形式，向社会广泛征求意见。让各利益相关者参与，体现民主性，但这种“民主性”往往流于形式。

其次，这种政府强权主导下的会计准则供给，更易导致政府机制失灵，突出表现为以下三点：一是政府所获得的经济信息受政府本身的信息传导机制和政府本身的判断能力的限制，导致政府决策失误；二是政府机构的低效率，即政府机构本身因缺乏竞争导致低效率；三是政府干预容易导致寻租行为，产生特殊的利益集团，通过特殊利益集团的寻租行为影响会计准则的有效供给，从而影响在该准则规范下的会计信息供给质量。同时，会计准则作为一种正式制度，其制定实施过程和实施效果都会受到非正式制度的制约、影响或推动。非正式制度为正式制度提供了产生、生存和成长的社会土壤。正式制度和非正式制度的亲和力愈强，就愈易被遵守、实施；反之，就会造成正式制度的无效或执行不力。而我国目前会计准则的供给模式模仿 FASB 和 IASC（IASB）的痕迹非常明显，存在简单移植正式制度的倾向，但由于这种简单移植来的正式制度不能很好地与我国以传统儒家文化为核心的非正式制度相融或融合程度不高，从而导致正式制度的无效或低效，这也是为什么我国目前的会计准则（制度）与国际会计准则的趋同性已达到非常高的程度，而会计信息供给质量却依然比较低下的主要原因之一。

最后，会计准则制定者为了在利益相关方之间求得平衡和使交易费用最小化，会以放宽准则中对一些经济业务的会计处理的选择空间为代价，即赋予企业一定的会计政策选择权。此外，由于会计准则制定与会计实践之间存在着一定的时滞，即会计准则的制定常常落后于会计实践的发展和经济行为的创新，因而在实践中常常会出现企业的会计处理无法可依的现象，这也为会计政策的选择提供了空间。会计政策的选择权应安排给企业管理当局，因为他们比准则制定机构拥有更多的企业信息，决策速度也更快，从而可以提高效率，降低代理成本（唐松华，2000）。但也客观上增大了企业会计信息操纵的空间，管理者在机会主义的驱使下，利用制度约束的不完备，选择有利于自身的会计处理程序和方法，这在一定程度上影响了会计信息的真实性和可信性。

（2）以规则导向为主要基础的准则制定模式也在一定程度上影响了会计信息的真实性。从 2001 年 10 月份起，美国相继出现了安然公司、施乐公司、世通公司、默克公司等一系列重大会计造假案，引发了世人对美国以规则导向为主要基础的会计准则制定模式的质疑和批评，以及该模式对会计信息真实性产生的负面影响。集中表现在以下几方面：①GAAP 制定过多的界线检验和定量标准，它们最终会被会计人员作为判断依据，并仅仅遵循这些表面上的界线规则和定量标准，而不是注重判断的精神实质，并诱使会计人员养成一种“核对清单”的心理，即他们不是承担起确定财务报告是否充分、公允地反映和实现了会计准则所包含的目标的责任，而是可能机械地应用规则并只对会计处理是否被 GAAP 所禁止或达到了 GAAP 中的界线边界标准进行确认，最终以规则基础导向下的界线标准成了会计操纵者心目中的一个明显的“靶子”，或构造交易的路标，便于其伺机通过交易策划来规避准则，这样的准则通常只能产生虚幻的可比性。原因是，落在同一界线两侧的交易事项通常很相似，会计人员却作出了截然不同的会计处理。如 SFAS NO. 13 有关租赁会计准则的文献包括 16 份财务会计准则委员会的公告和解释，9 份技术公报和 30 多份紧急问题工作组公告，而且对区分经营租赁和融资租赁提出了4项精确条件。这些详尽规则在为会计人员提供会计处理依据的同时，也引发了针对规则、“规划”交易的财务操纵行为，并使这些形式上遵循规则而实质上背离原则的交易能以准则允许的方式处理。这次安然事件中倍受指责的“特殊目的实体（SPE）”，也是利用GAAP的详尽规定操纵财务报告结果的典型。②GAAP赋予了太多的规则例外，从而导致对于具有类似经济实质的交易或者事项，其会计处理却截然不同，从而影响会计信息的可比性，进而影响会计信息的质量。③面对经济业务的日趋复杂，准则制定经济后果的日趋明显及美国民事诉讼浪潮的高涨，迫使GAAP制定的准则变得越来越具体、详尽，并附之于越来越多的解释和操作指南，这容易造成准则应用中的复杂性和不确定性。GAAP除了给出某一对象或交易事项的会计处理和财务报告必须遵循的准则外，还力图考虑到准则所用的所有可能情况，并将这些情况对准则的运用具体化为可操作的规则。所谓所有情况，既包括适用准则的情况，也包括不适用准则的例外。为了对具体准则予以说明，准则中还包括大量的解释和操作指南。可以说，例外、解释和操作指南是规则导向会计准则的显著特点。同时，为了防止因准则疏漏而被钻空子，或及时堵塞新发现的漏洞，GAAP必须不断地补充新的更详尽的准则和指南，这种制定者和操作者之间规范和规避的游戏，最终使准则陷入越来越复杂、越来越难以理解的恶性循环，使以此为基础编制的会计报表成为只有圈内人士才“看得懂”的专业报表，使会计报表的有用性发挥不了应有的作用。而更致命的是“人的灵活性使得会计准则的详细程度永远都不可能阻止那些被设计得隐匿信息多于披露信息的财务构造。当准则制定者准备堵塞被会计师发现的漏洞时，他们往往总是落后几步”。“过分详尽的准则不仅成了欺诈的指南，而且成了一套现成的辩护词”（SEC，2003）。而过于详尽和面面俱到的信息披露反而模糊了更重要的信息，使财务信息甚至成为数据的“垃圾桶”。安然披露了大量的信息垃圾，如仅报表附注就长达16页。安达信的CEO Berardino在“我对安然审计的反思”一文中有这样的描述，“反思我们的会计准则，就像税法一样，为了把一门艺术变成科学，会计准则不仅在数量上与日俱增，而且也变得越来越复杂。在这个过程当中，我们一直在鼓励这一种技术的、立法的路线，而这一路线却使得我们更关注所报告内容的形式而不是实质。安然就是这方面很典型的一个案例，其如此正宗地用了会计标准却使得投资者更难于理解业务的真相”（谷祺、姜英兵，2002）。

我国会计准则（制度）的制定主要借鉴了美国模式。因此，美国以规则为导向制定的准则给会计信息供给质量带来的负面影响在我国也同样存在，有的方面甚至更甚于美国，规则性失真因此成为我国会计信息失真的重要原因。

2. 政府行为不规范引起的会计信息失真

当中央政府开始由过去对国有企业的过分偏爱，向逐渐公平地对待国有经济和其他经济成分的转化时（这点已在中国共产党的十六大报告中得到确认），从理论上说，在对待会计舞弊问题上，表明中央政府的态度是明确反对的，因为它并没有自己特殊的利益，没有纵容会计舞弊的利益冲动。

但地方政府在企业会计舞弊行为中却扮演着十分复杂的角色。一方面，作为一级政府，它要行使监管的职责，有发现和制止任何舞弊性行为的倾向；另一方面，作为地方政府，毕竟又有自己的地方利益，地方官员的升迁机制常常与本地经济是否能有良好的发展具有直接的关系。这两个角色既具有一致性又存在冲突，这在客观上使地方政府存在与中央政府进行策略性博弈的某种冲动。地方政府常常对本地企业特别是国有及控股公司给予很高的期望，尤其是希望上市公司有一个好的业绩，以实现在资本市场上筹集更多资金的良好愿望。为此，它们常常在公司上市时投入很大的人力和物力。在公司上市审批制下，一些地方官员还亲自为企业跑指标（在核准制下，这种现象虽有所改善，但未得到根本改变）。上市公司常常采用的包装上市、非规范资产重组、非规范关联交易、会计操纵以至虚假的财务报告等提升公司业绩、改变公司形象的手段背后，往往与当地政府的监管不力甚至视而不见有直接的关系，个别地方政府对会计舞弊表现出了一种十分“宽容”的姿态，这一点可以从已经暴露的上市公司会计舞弊案中得到佐证（綦好东，2002）。

其次，由于政府与经营者在企业经营上的信息不对称，作为占有信息较少的政府为监督管理占有信息较多的经营者制定出的政策往往不完善、不合理，使经营者在机会主义的驱动下制造“合法”的虚假会计信息。曾经实行的“剥离与模拟政策”，即通常所说的“包装上市”，就是一个明显的例子。依照这个政策，一个企业只要通过将劣质资产、大部分负债、夕阳产业及其相关的成本、费用和潜亏“剥离”出去，便可轻而易举地模拟成盈利企业。这就促使大量公司通过“虚拟”会计信息来争取上市机会，而这又给今后的股市留下了隐患，如造成了大量的关联交易，大股东长期占用上市公司资金等，其结果是又为继续会计造假提供了机会。

再次，具有官员身份的经理人的大量存在，也是会计舞弊不可忽视的一个因素。长期以来，我国大部分国有企业经理人不是来自于市场，而是由党政部门委派。这些被委派到国有或国有控股企业去的经理人本身就是政府官员。这种官员经理人的大量存在，一方面导致了他们所追求的目标具有很大程度的非商业倾向，具有获得政绩的强烈欲望；另一方面，在我国长期存在的那种只要自己不贪污、不受贿，就犯不了大错误的观念仍然较严重地存在着，这一观念也成为这些官员身份的经理人为会计舞弊行为开脱的借口（綦好东，2002）。

3. 我国有关法律规范对会计信息造假惩治不力，也在一定程度上纵容了会计信息造假行为

对一个理性行为人来说，是否发生会计造假的败德行为取决于他对预期败德收益与预期败德成本的比较，如果预期败德成本大于预期败德收益，败德行为则不会发生。而预期败德成本是败德成本与败德行为被发现的概率的乘积，所以，预期败德成本的高低取决于败德成本的高低，即败德行为承担的法律后果的严重性，和被发现的可能性，即会计监管机制的有效性。如果法律法规制定得不当，败德成本会相应降低，会计监管就会弱化，败德行为发生的可能性也就会较大。而对于我国现行的法律规范体系，至少存在以下三大缺陷，不利于对会计信息质量的监督。

（1）过于倚重行政责任、刑事责任的法律功能，忽视了民事责任的救济功能。民事责任、行政责任、刑事责任是法律责任的三种方式，各有分工、各有侧重，构成完整的体系。刑事责任和行政责任重在打击和遏制违法和犯罪行为，剥夺其进一步实施违法犯罪的条件，恢复正常的交易秩序；民事责任重在消除违法犯罪行为的后果，使侵害人和受害人之间已经失衡的经济利益关系得以恢复原状，使受害人的经济利益得到救济，由此实现法律的公平与正义，体现补偿与制裁的双重功能（吴弘，2001）。在对证券市场会计信息虚假陈述行为的制裁中，只有民事责任具有对受害人提供充分救济的功能，这种功能是刑事责任和行政责任所不可替代的，缺少民事责任的法律责任制度无法实现对受害方的补救，也就谈不上真正的公平与正义。在发达的市场经济国家，特别是美国，让会计信息虚假陈述者最为胆颤的不是刑事诉讼和行政处罚，而是中小投资者提起的民事诉讼。而我国现行法规对会计信息虚假陈述者的惩处过于倚重刑事处罚和行政处罚，忽视民事处罚救济功能的现状，在一定程度上助长了会计信息的造假行为。

（2）民事诉讼法律规范的前置条件，抑制了民事责任救济功能的充分发挥。2003年1月9日，最高人民法院发布了《关于审理证券市场因虚假陈述引发的民事赔偿案件的若干规定》（以下简称《1.9规定》），要求法院受理和审理因虚假陈述引发的证券市场上的民事侵权赔偿案件。《1.9规定》的颁布标志着我国正在逐步建立和完善证券市场民事侵权赔偿责任制度，从“状告无门”到“有条件审理”，使投资者可以针对虚假陈述者的不法侵害行为提起民事诉讼，这将对上市公司、证券公司、会计职业界甚至整个会计体系产生强大的震撼作用，对当前日益猖獗的会计信息造假行为产生明显的阻碍作用。但是《1.9规定》给出

了一些前置条件：即只受理已被证券监管部门、财政部、其他行政机关以及有权作出行政处罚的机构作出处罚决定生效的案件，或已被人民法院认定有罪的、作出刑事判决生效的案件；只受理在信息披露中进行虚假陈述的民事索赔案件；不接受集团诉讼；只有直辖市、省会城市、自治区人民政府所在的城市、计划单列市或经济特区的中级人民法院可以受理此类案件，并由被告所在地的人民法院管辖，从而大大限制了被诉讼对象，延缓了诉讼的时效性，增加了诉讼成本，限制了赔偿责任，从而在很大程度上降低了法律的威慑效应，也在一定程度上削弱了通过民事责任的救济功能抑制会计信息造假的作用。

（3）会计信息虚假陈述民事诉讼的现实困难，影响了民事责任在治理会计信息失真中的巨大作用。《1.9 规定》的颁布只为法院审理证券市场因虚假陈述引发的民事赔偿案件扫清了法律上的障碍，但如何正确有效地审理此类案件，还面临着许多理论上和技术上的难题。突出地表现为：如何协调会计界与法律界在对会计信息虚假陈述认定这一核心问题上存在的巨大分歧；会计信息虚假陈述民事赔偿损失如何合理认定、计算和分摊；如何克服现行单独诉讼和共同诉讼的缺陷；如何建立包含多种形式的诉讼争端解决机制；如何建立会计信息虚假陈述民事赔偿保障机制，以免在司法实践中出现侵害人无财产可赔，或受害人只能获得少量赔偿甚至得不偿失，从而使民事赔偿成为一纸空文的尴尬境地。而证券市场虚假陈述民事赔偿案件的社会性特点，也促使人民法院在审理此类案件时必须谨慎从事，这也是为什么《1.9 规定》颁布至今，各级法院已受理 1 000 多件虚假陈述民事诉讼案件，但只有大庆联谊（600065）等少数案件作出了判决的根本原因。会计信息虚假陈述民事诉讼的现实困难，影响了民事责任在治理会计信息失真中的巨大作用。

三、会计制度信誉基础的破坏与会计信息失真

会计是一种制度安排，信誉是会计制度安排的基础。良好的制度安排是确保会计信息质量的硬条件，诚实的信誉基础则是确保会计信息质量的软条件。而信誉危机导致会计制度的信誉基础遭受严重的破坏，突出表现为会计职业道德的失范，进而引发大面积的、持续的会计信息失真现象。因此，如果说制度安排的欠缺是导致现阶段会计信息失真的直接的、根本的原因的话，那么，信誉基础的破坏则是导致现阶段会计信息失真的间接的、基础性的原因。

首先，会计制度（会计法律法规、部门规章、准则制度的总称）的不完全性需要信誉基础来弥补。会计行为的经济性和社会性决定了会计行为本身就需要制度约束和规范，这就是“正式的会计制度”。但是，正如新制度经济学所证明

的，法律制度并不是合同得以执行的唯一制度安排。经验表明，即使是会计准则制度最发达的国家，会计制度的不完备性也是通常存在的状态。现实中，会计制度的不完备性主要表现为制度疏漏、制度笼统、制度繁杂、制度偏离现实、政策不确定等方面。会计制度的不完备性必然导致当事人（制度制定机构、企业管理层、会计人员和注册会计师）把剩余部分留给“隐含契约”。而隐含契约的实施主要是靠当事人的信誉来维持的。从这个意义上说，制度的不完备性和隐含契约是信誉存在的前提条件，而信誉则是隐含契约实施的基础（李向阳，2000）。不完备的会计制度只有在得到信誉、道德等非正式制度支持的情况下才能有效运作。“心照不宣”的信誉即使在形式上是非正式的，但其功能与正式制度一样具有“强迫性”，它诱导人们在正义与非正义、合理与不合理之间作出适当选择，以弥补正式制度的缺失（李心合，2002）。如果没有信誉、道德作基础，那么，不完全的会计制度将成为会计信息失真的制度原因。

其次，信誉是会计制度的基础，会计制度的制定和执行离不开信誉。首先来看会计制度的制定。从理论上分析，会计行为涉及企业利益相关人的经济利益，因此，作为规范企业会计行为的会计制度的制定过程，实质上就是协调、均衡企业利益相关人的利益以及企业利益与社会利益的过程，这个过程只有能够取得各种利益相关人的信任才能正常进行。为使会计制度的制定能够取得各类利益相关人的信任，各国不仅强调会计制度（会计准则）制定机构的独立性，而且还要注意机构成员的广泛代表性和会计准则制度的立场中立性，及制定程序的公正性、公允性。从会计制度执行的角度来看，如果当事人（特别是公司管理层、会计人员和注册会计师）重视自己的信誉，会计制度一旦制定，无须动用强制手段，当事人一般也会自觉执行。这是因为，不执行会计制度导致的信誉损失比不守信誉导致的信誉损失要大得多。即使动用法律的强制力来维护会计制度的执行，会计制度的执行效果也与当事人是否重视信誉有关（李心合，2002）。

目前，直接导致我国会计制度的信誉基础遭受破坏的信誉危机主要表现在以下几个方面：

1. 企业信誉的破坏

会计信誉危机实质上就是企业管理层的信任危机。这是因为，公司会计行为的“名义主体”是会计人员，但“事实主体”却是企业高级管理层，他们具有控制会计政策选择、控制会计信息编制与披露的权利。因此，《会计法》、《企业会计制度》均明确规定单位负责人对本单位的会计工作和会计资料的真实性、完整性负责，对单位会计信息的失真承担主要责任。从实践来看，企业会计造假也大多与高级管理层的授意、指使和强令有关。企业高层管理者在企业会计行为中的“事实主体”地位，使得会计信誉危机事实上（或近似于）就是企业管理层的信任危机。理论上说，管理者个人信誉并不等同于企业集体信誉，但管理者特别是高层管理者在企业治理结构中的特别地位，使高层管理者的信誉在一定程度上又是企业集体信誉的代表。因此，会计信誉的问题实质上又是企业信誉的问题。换句话说，只有企业的信誉得到了高层管理者的重视，高层管理者才会重视会计的信誉；只有具备了企业信誉的存在条件，会计信誉的确立条件才会成熟（李心合，2001）。但是，要使企业及其管理当局追求信誉，必须具备一定的条件。张维迎（2000）提出了企业作为信誉载体的三个必备条件：第一，企业必须有真正的所有者，从而使人人能够真正从剩余价值的角度关心企业信誉价值和监督雇员的欺骗行为；第二，企业的所有权必须能有偿转让，以使所有者有实现企业信誉价值的途径，进而调动所有者维护其信誉价值的积极性；第三，企业的进入和退出必须自由，否则，不讲信誉的企业就不能被有信誉的企业所淘汰。对照这些条件，张维迎将中国企业普遍不讲信誉的原因解释为产权不清、无形资产不能自由合理交易、对民营企业的不稳定的政策、地方保护主义等。在这里，张维迎特别强调了企业所有者的权力明晰及其充分运用对确保企业追求信誉价值的重要性。但遗憾的是，在当今社会的企业经济关系中，企业所有者的权力正在弱化，即公司的实际权力已逐渐转移到作为代理人的经理手中。会计诚信原则产生于委托代理关系较为确定的时代。社会一旦进入了只有代理人而没有委托人的契约关系时代，原有的会计诚信实现机制就遇到了挑战。在委托人十分明确的时候，总会有一股持之以恒的力量来督促会计履行诚信原则；而高度自由流动的委托方则会非常冷漠地对待会计诚信原则的履行状况，有时甚至希望会计丧失诚信原则，从而博取个人的利益。道理显而易见，委托方确定不变，他们必须关心会计的诚信，因为这事关他们的明天；委托方高度自由流动，他只关心今天自己的利益，因为明天他可能不再是委托方了。显然，会计作弊往往是有利于今天的委托方，正因为如此，会计诚信原则的缺失在某种程度上获得了委托方尤其是控股委托方的默认（杨雄胜，2002）。会计诚信正是在这样的背景下逐渐缺失的，会计造假也随之开始大行其道。而中国恰恰是一个较为典型的不存在确定委托方契约关系的国家，因为在目前的中国产权制度下，委托方事实上是不存在的，只存在一些委托方的代表者（代理人），这就不难理解为什么目前我国许多企业，尤其是上市公司普遍存在控股股东和经营者合谋来侵害中小投资者的利益，就是因为中小投资者没有自己的委托人，无法对管理者作出有效的监督。而“用脚投票”只能是事后的无奈选择，单个投资者根本无法、也不愿意对管理者进行监督，总是寄希望于搭便车行为，这无形中助长了代理人的造假行为。因此，目前我国许多企业信誉的破坏源于现代社会新型的契约关系：没有委托人的契约关系，而这种没有委托人的契约关系，恰恰助长了代理人会计造假的动机。

2. 社会信誉的破坏

会计诚信源于社会诚信，会计诚信包含于社会诚信，会计诚信只是整个社会诚信的一个缩影，是对社会诚信的一个侧面的反映。因此，会计诚信与社会诚信紧密相连，而社会诚信的缺失是与资本主义市场经济的垄断特征密切相关的。法国著名学者费尔南·布罗代尔（1985）认为："市场受竞争制约，那些进行的交换是平等的，而资本主义制造和利用垄断局面。弄虚作假是这个结构的特征之一，资本主义不会在任何弄虚作假面前退缩。资本主义是个作弊的机制。"可以这样认为，西方市场经济哺育了会计诚信原则，但是西方资本主义又对会计诚信原则产生了严重威胁。所以，市场经济发展到目前阶段，会计尚未达到足够诚信的程度，会计诚信原则会时常受到各种因素的干扰，而会计至今恰恰又尚未具备真正完全抗御各种干扰的能力。会计诚信的时而缺失，正是市场经济还未进入自由竞争阶段的一个标志（杨雄胜，2002）。

目前我国正处于向社会主义市场经济的过渡时期，尽管中国的传统文化非常强调诚实和信誉，我们的老祖宗孔子早在2000多年前就提出了以"仁"为核心的一整套学说。他在《论语·里仁》里讲到："苟志于仁也，无恶也。"而实现"仁"的要求是要具备"恭、宽、信、敏、惠"五种品德。在《论语·阳货》中，他指出，"恭则不侮，宽则得众，信则人任焉，敏则足以使人"。"人无信不立"，"去食，自古皆有死，民无信不立"，"人而无信，不知其可也"。诚信是为人处世、社会交往、治国理财之根本要求。所以，孔子把信列为四教（文、行、忠、信）和五德（恭、宽、信、敏、惠）的组成要素。西汉的董仲舒将信作为"三纲五常"的重要组成部分，提出"仁、义、礼、智、信"是"五常"之道，是当权者应该具备的五种良好品质。因而，诚信就成为人们普遍遵守的伦理道德规范要求。但中国传统文化中普遍存在的以个人信诺、洁身自好为基础，缺乏自下而上、广泛的法律制度约束的诚信和信誉。"在中国，一切信任，一切商业关系的基石都明显地建立在亲戚关系或亲戚式的个人关系上面，因而缺乏对个人关系圈以外的'外人'的普遍信任"（福山，1992）。孔子之道，以中庸与人为本，"看中庸和谐，坚持中道，是渗透中华民族文化肌体每一个毛孔的精神"（李宗贵，1998）。人们在为人处事时，无论是亲朋好友、左邻右舍，还是同学、同事、商业伙伴之间的关系的协调、平衡，均以和为贵，注重"人情"、"面子"，社会关系网在交易经商等交往中作用巨大，以至于在某种程度上超越法律制度安排。中国传统文化中的这种诚信道德很容易受到商业社会的冲击。正如美国经济学家

W. 阿瑟·刘易斯（1994）所指出的：在市场经济中，人们"不再生活在一个义务以身份为基础的社会里，而是进入了一个义务以契约为基础，而且一般又以与没有家庭关系的人的市场关系为基础的社会。这样，以前一直非常诚实的社会可能变得非常不诚实"。商业社会破坏了旧的道德关系，而"新标准并不是系统地或有权威性地引进来的。它只能逐渐地、局部地引进。新观念与旧观念不协调地混合在一起"。新旧道德的断层是变革转型时代社会特有的痛苦和景象（李心合，2001）。于是，与垄断资本主义伴随而生，在西方发达资本主义国家尚且时隐时现、尚未彻底解决的会计诚信问题，在中国目前这一新旧道德断层的变革转型时期，终于非常明显地暴露出来。最典型地表现是：市场经济恢复了物质利益原则的应有地位和作用。物质利益原则在国家法律允许的范围内，已经成为经济发展的动力。但是物质利益原则也表现出其本身所固有的两重性。在建立市场经济体制的过程中，人们在追求物质利益时，个人主义、利己主义、享乐主义等意识抬头，爱国主义、集体主义、全心全意为人民服务的思想削弱，致使社会上一些丑恶现象频现，生活在其中的人们包括会计人员的价值观念、价值取向，也会发生同样的变化。所以人们在分析会计信息失真原因时所讲的"利益驱动"就是这种价值观念变化的一种负面效应。例如，在面临下岗失业和违反原则做假账的两难选择中，多数会计人员选择了按单位负责人的意见做假账，表现了追求最基本的自身经济利益，反映出会计人员职业道德的失范（韩传模、郝景昭，2002）。

再如，市场经济要求会计准则赋予企业一定的会计政策选择的"道德自由空间"，以避免会计制度因统得过死而严重损害会计信息的真实性，提高会计信息的相关性。但"道德自由空间"是把双刃剑，把握得好，就可以提高会计信息的相关性；把握得不好，恰恰为企业会计造假提供了合法的外衣。如前所述，由于我国整个社会的诚信问题存在较大欠缺，加上公司治理机制的不完善，因此会计政策选择的"道德自由空间"自然成了企业管理当局恣意会计造假的"自由空间"。这也就是2001年颁布的《企业会计制度》约束、规范企业会计政策选择权的理由所在。

因此，在目前这个新旧制度激烈冲突、人们的思想观念激烈动荡，整个社会的诚信面临困惑的大背景下，孤立地讨论会计的诚信问题会显得苍白无力。而要从根本上解决会计信息失真问题，还有赖于市场经济体制的逐步完善及整个社会诚信风尚的逐步形成。

3. 会计职业道德的失范

道德被认为是一种行为规范，即约定俗成制约人的行为准则。会计职业道德是会计人员在办理会计事务过程中所遵循的行为规范。它在长期的会计实践过程中逐渐形成和发展起来，并体现出约定俗成的公认性及为特定社会经济服务的历史性。会计职业道德的实施是以行为人自觉的道德承担为基础的，尽管它也借助于社会舆论的批评、谴责和行业内部的纪律处分等外在力量，但更依赖于行为人的道德自律，亦即从其作用机制上看，它是一种他律和自律相结合的规范，但他律最终是通过自律起作用的，只有当外在的被动他律变成行为主体内在的自觉自律时，道德规范的力量才能从根本上得以发挥。但正如上文所阐述的，由于我国目前企业信誉和社会信誉的欠缺，无法形成促进会计人员自觉遵守职业道德的良好外部环境，而行业自律机制的不完善，更加剧了会计职业道德的失范，具体表现为以下几个方面（韩传模、郝景昭，2002）：

（1）少数会计人员会计职业道德败坏、沦丧，主动违法犯罪。有的会计人员个人利益膨胀，故意伪造、编造、隐匿、毁损会计资料，监守自盗，利用职务之便贪污、挪用公款，以身试法。如某事业单位会计许某，在其担任会计兼出纳的10年，利用各种各样的手段贪污公款7 272万元，是建国以来该省最大的一宗经济案件，许某已被判处死刑。这种严重的违法犯罪行为虽然是少数会计人员所为，但也的确反映出在改革开放后的市场经济条件下，会计队伍中确有一些人职业道德沦丧，最终走上了犯罪的道路。

（2）相当一部分会计人员会计职业道德严重欠缺。具体表现为：

①违反实事求是、客观公正这一会计职业道德规范中最重要的道德规范，造成较大范围的会计信息失真。围绕这一问题的焦点集中在当单位负责人授意会计人员提供虚假会计信息时，会计人员是否应坚持实事求是、客观公正的职业道德规范。根据韩传模、郝景昭2001年对天津市1 166名不同行业和不同层次的会计工作者（其中高级会计师26人，会计师188人，助理会计师和会计员688人，其他会计人员264人，收回有效答卷1 085份）进行调查，调查结果表明：居然有占83.13%的会计人员认为应按单位负责人意见掩盖问题，应付社会和国家有关部门的监督检查，从而舍弃起码的职业道德原则。而有的会计人员甚至主动出谋划策、配合做假。这份调查材料虽然时间较早，但也在一定程度地反映了会计人员在客观公正、依法办事方面不能坚持原则，是会计职业道德的严重缺欠。

②不熟悉法规，遵纪守法的意识淡薄。不少会计人员缺乏职业理想和敬业精神，不关注、不学习会计法规，就更谈不上遵纪守法，依法办事了。有的会计人员思想上竟然没有会计职业道德的概念，这是现实中会计职业道德思想基础的严重扭曲。在调查中，居然有11%的会计人员认为不存在会计职业道德规范，只

是在人们的信念之中。另有20%的人认为存在会计职业道德，但不知道是在哪里规定的。可见，有三成的会计人员对法规的熟悉和了解是模糊的。

③缺乏钻研业务，精益求精的精神。现实中不少会计人员缺乏基本的业务素质，对会计准则、会计制度知之甚少，专业技术能力较差，职业胜任能力明显不够。业务素质的低下，还表现在工作中缺乏精益求精的精神，记账不符合规范，账簿混乱、账账不符、报表挤数的现象，在不少单位是司空见惯的。实践中由于会计人员业务不熟，而出现会计信息失真的情况并不少见。这些都大大降低了会计工作效率和会计工作质量，违背了职业道德的要求。

会计职业道德的现状及其所面临的困境，不仅影响了会计工作的质量和水平，也严重影响了会计信息质量。

4. 注册会计师职业道德的缺失

独立审计制度是市场经济社会查错防蔽的一种有效机制。注册会计师担负着过滤会计信息风险、确保会计信息质量、降低会计信息识别成本的重任，被誉为“经济警察”。但在现实会计舞弊案件中，注册会计师又常常难脱干系。分析其原因主要有两方面：一是注册会计师限于自身的审计能力确实不能查处的舞弊行为。现代审计广泛运用抽样审计技术，抽样判断本身就会存在审计风险。这就是说，客观上存在着注册会计师不能完全发现舞弊的必然性；二是明知公司舞弊，注册会计师不予以揭露，甚至与公司串通一气，合谋舞弊，出现“小偷与警察”合作的悲剧（綦好东，2002）。但遗憾的是，从美国发生的安然、世界通讯、施乐、默克，法国的维旺迪，到中国的郑百文、银广夏等财务丑闻中，“小偷与警察”的合作是导致这些财务丑闻频繁发生的主要原因。因此，对于注册会计师的服务质量问题，须从注册会计师职业道德方面寻找原因。中注协前任秘书长丁平准同志（1996）亦认为，“当前，注册会计师执业质量问题主要是职业道德问题，专业技术相对而言是次要的问题”；财政部前副部长张佑才也曾指出，“对注册会计师行业来说，职业道德是灵魂、是生命力”。

中国的注册会计师之所以会产生职业道德的信任危机，主要源于以下两方面的原因：

（1）我国目前的法律制度和信用制度尚不健全。①经济利益的驱动。目前我国的会计师事务所竞争十分激烈，而且随着我国加入WTO的深入，国外的知名大会计师事务所，特别是五大会计师事务所（现在是“四大”）已进入我国的咨询、服务行业，我国的会计师事务所将面临日益强大的压力，在这种情况下，出现造假的现象也就不足为奇了。②造假者所付出的代价太低。我国的《刑法》、《民事诉讼法》、《注册会计师法》、《证券法》及最高人民法院近期发布的有关司法解释中对于注册会计师造假都有明确的规定。如《刑法》规定，中介组织人员故意提供虚假证明材料罪，轻者判5年，重者判5至10年，并处罚金。但长期以来，监管部门对发生违规违法行为的会计师事务所的处罚力度不够，绝大多数处罚还停留在罚款、停止执业资格的层面上。有法不依，执法不严，处罚力度不够，无疑助长了一部分职业道德不高的事务所及其人员的投机冒险，使其敢于对法律置若罔闻，顶风作案，从而在客观上助长了造假的泛滥。③监管力度明显不足。以湖北立华会计师事务所为例，其协同造假的5家上市公司并非是在同一时间出现违规行为，却屡屡得逞，并且事务所可以顺利通过证券执业许可证年审。虽然《注册会计师法》和《刑法》、《证券法》、《1.9规定》、《关于审理涉及会计师事务所在审计业务活动中民事侵权赔偿案件的若干规定》（最高人民法院2007年6月11日颁布）等法律及司法解释对注册会计师审计报告虚假陈述有明确的处罚规定，但至今很少有会计师事务所及注册会计师因虚假陈述或重大失职，向受损失的投资者作出民事赔偿。更严重的问题是：一些受过处分的注册会计师至今还活跃在行业第一线。

（2）以下一些制约因素的存在，使注册会计师难以对企业的虚假会计报告作出严格的审计和把关。①我国的上市公司质量普遍不高。如前所述，我国的上市公司极大部分由国有企业改组而来，持续盈利能力相对较弱，上市公司盈余管理以至虚假陈述的倾向非常强烈。在这样的情况下，注册会计师在执业过程中要独善其身，保持应有的职业独立和公正，就必然会面临来自被审单位的强大压力。②事务所本质上不独立。众所周知，中国的许多会计师事务所是从原来挂靠在各个政府部门的内部审计机构脱钩而来的。这种“脱钩”从1997年底开始启动，到1999年，各会计师事务所从形式上开始独立，但其与原挂靠单位之间的“血缘关系”却难以一刀两断。因此，本质不独立，也就使注册会计师失去了安身立命的根本，难免被他人所操纵和利用。③会计师事务所的组织形式也是产生信任危机的主要原因之一。国际上会计师事务所主要有独资、普通合伙制、有限公司制、有限责任合伙制等四种组织形式。国外的会计师事务所大都是采取有限责任合伙制形式，各合伙人对事务所的行为负连带责任。我国的会计师事务所多实行有限责任制而非有限责任合伙制，这不利于从组织架构上减少会计师的违规行为。由于有限责任制以合伙人所认购的股份对会计师事务所承担有限责任，承担的责任明显小于有限责任合伙制下合伙人以各自的财产对事务所的债务承担连带责任，这大大弱化了注册会计师的责任意识和风险意识，在一定程度上诱使注册会计师为了在激烈的竞争中能够赢得主动，稳定客户，提高市场占有率而放弃注册会计师执业准则，甚至铤而走险，与被审单位合谋造假。

注册会计事参与会计舞弊，或对会计舞弊视而不见，必然导致注册会计师行业社会公信力的下降，其后果首先是该行业成本（包括显性成本和隐性成本）的加大，其次是使会计造假失去了一支强有力的社会监督力量，在一定程度上助长了会计信息失真，并最终导致整个社会成本的增加。

四、公司治理结构失衡、公司管理系统失效与会计信息失真

会计作为企业管理系统的一部分，它与上市公司的管理结构和治理结构是密不可分的。在一个管理有序、治理完善的企业中，会计必然运作良好，它为企业内部、外部决策者提供可靠、相关的会计信息。相反，那些提供虚假会计信息的企业一般都在企业管理上比较薄弱，缺乏有效的公司治理结构。因此，会计信息失真的深层次原因在于我国许多企业缺乏完善、健全的公司管理系统和有效的公司治理系统。

公司治理与管理是存在紧密关系的两个方面，按柯克兰和瓦提克（Cochran and Wartick）的研究结论：公司治理与公司管理之间的潜在冲突是构成公司治理问题的内容之一，因此公司治理的目标就包括协调公司的治理和公司的管理。治理与管理的区别依赖于经济学上定义股东与管理者关系的企业理论模型：股东拥有企业但不参与经营管理，股东通过选举董事会作为他们在公司决策中的代理人来监督经营者的行为。据此，公司治理被认为与公司的内在性质、目的和整体形象有关，与该实体的重要性、持久性和诚信责任等内容有关，而公司管理则更多地与具体经营活动有关。同时，公司治理和管理又是密不可分的。公司治理和管理都可能直接对公司管理运作过程产生影响，但在通常情况下，公司治理系统主要是通过影响公司管理系统来达到间接影响公司管理运作的目的和提高公司的管理效率与管理效益的。鉴于公司治理与公司管理这种交叉关系，国外有学者指出，应该将公司治理与公司管理综合起来加以研究。

公司治理由内部治理机制和外部治理机制构成。内部治理机制在不同的治理模式下各具特点，以我国为例，主要由股东大会、董事会、监事会及管理层治理构成。一般情况下，内部治理是公司治理的主体。一方面，它利用企业管理当局披露的会计信息对企业管理者进行约束和激励；另一方面，因为内部治理机制的特殊性，它有义务保证企业的会计信息系统向股东大会、董事会、监事会及外部利益相关者披露全面、系统、及时、准确的会计信息。外部治理机制主要包括资本市场、产品市场和经理市场、审计市场等外部力量对企业管理行为的监督。资本市场起着沟通资金提供者和企业间的信息，在企业间配置资源的作用。资本市场上的决策者主要是中小股东和债权人，由于他们不直接监督经营者，因此，要

求公司向他们提供详细、可靠的财务报表信息，要求证券市场管理者制定公平交易规则，来规范会计信息的编制和披露。产品市场对企业的治理是通过企业与供应商和顾客之间的“纵向竞争”来实现的，而要有效实现这种“纵向竞争”，企业必须向产品市场提供准确、全面、及时的会计信息。在有效的经理市场上，企业经理是一种特殊的人力资本，其价值取决于市场评价，市场评价的标准除了知识、经验以及诚信度之外，还有一个关键因素就是经理任期内的经营绩效。而经营绩效又主要是通过企业反映财务状况、经营成果、现金流动状况的财务会计信息表现出来的。审计市场的作用主要是通过注册会计师的审计鉴证活动，以增强除责任方——公司之外的预期使用者对鉴证对象信息的可信赖程度，并以此为手段督促公司提供高质量的会计信息。综上所述，现代财务会计制度的建立与完善，完全可以看作是会计对现代企业治理逐步健全完善而作出的一种积极响应。

公司管理系统由三部分组成：一是企业战略目标与决策系统；二是企业组织结构与组织管理系统；三是企业文化与价值系统。从控制角度来看，在公司管理系统中，决策体制、管理组织体制、管理规程与制度以及会计、审计系统等构成了公司管理的自我调控机制，对企业管理行为形成了内在的和制度化的约束。但公司管理的自我调控机制主要是指企业的会计系统和内部审计系统，它也是公司内部治理和外部治理的信息基础（杨惠敏，2000），三者处于一种互动的状态。任何一方的失衡或失效，都会影响另一方的有效运作。目前，我国上市公司中普遍存在的公司治理结构失衡和管理系统失效，恰恰是导致会计信息系统不良运作，最终导致会计信息失真的根本性原因。具体表现为以下几个方面：

1. 委托——代理机制下的现代企业，会计容易成为企业管理当局操纵盈利，谋求自身利益最大化的工具

第一，剩余索取权与剩余控制权分离导致股东和管理者的目标利益差别而存在激励不相容，是管理者会计舞弊的动因。公司作为一系列契约的集合体，其契约具有不完备性特征，即不可能在契约中把参与契约成员的所有权利和义务都规定下来。由于委托——代理契约存在“漏洞”，便产生了剩余索取权和剩余控制权的问题。由于剩余索取权与剩余控制权的分离，管理者在委托——代理制度安排下，利用其专业技术和组织知识以及其公司中的合法权威，获得了一种难以制约的权力，从而导致剩余索取者即所有者（或公司董事会）往往无法控制公司，加上公司巨大化中的层级增多，使某些重要岗位上的管理者的行动得不到应有的观察和监督，这种情况为管理者进行内部控制、盈余管理、非法操作、会计舞弊及以权谋私提供了条件。

公司会计信息系统的设计本来是所有者为实现其自身对公司剩余索取权的最

大化而设立的对代理人的外在监督。然而，这种监督的作用是有限的，代理人为了隐藏、转移一部分剩余价值，或者为了粉饰自己本来极差的经营业绩，甚至掩盖经营过程中的严重失误或失职，完全可能通过自己内部控制人的“权威”来强迫会计人员或与会计人员合谋，以盈余管理甚至会计舞弊来达到自己的目的。

第二，信息不对称为公司管理者实施并掩饰盈余管理甚至会计舞弊提供了便利条件。在知识存在差别的情况下，委托者和代理人在信息上处于非对称状态，委托者很难对公司的经营目标提出确切的要求。即使委托者有可能对代理人提出尽可能确切的经营目标，但因管理信息的非对称分布，代理人凭借自己对公司的管理权威，从而取得信息获取上的有利地位。在这种情况下，如果管理者具有借助于盈余管理甚至会计舞弊实现自己机会主义的动机和欲望，盈余管理甚至会计舞弊就会发生。

第三，盈余管理甚至会计舞弊是股份公司委托——代理契约制度安排下潜在道德风险的显性化。在委托——代理安排下，如果仅仅以权利的分立和保护来看待委托者与代理人之间的交易，那么交易契约过程就能被视为交易双方如何更好地运用法律武器（包括合同）来进行的一种博弈。在博弈中，隐瞒实情、设置圈套等都被认为是理性的。但是，如果把博弈中的这一套设计引入到委托——代理契约交易中，就可能为掩盖商业信息、实施盈余管理甚至会计舞弊等机会主义行为创造条件。委托——代理过程中的契约交易，不仅需要权利的分立和保护，而且需要建立一种契约的责任伦理。与权利法律的外在约束不同，契约责任伦理是当事人依照对有关契约责任的共识，建立自己的内在约束，从而控制和消除交易中的机会主义行为。前已述及，由于委托人和代理人的目标利益函数的差别而存在激励不相容，代理人会通过隐藏行为谋求自身利益最大化而从事损害委托人利益的活动，甚至委托人与代理人共同利用不对称信息条件，借助于“剩余控制权”，通过会计舞弊等非道德行为损害第三者利益，以在更大程度上实现自身对公司的“剩余索取权”。在此情形下，利益受害者因此而承受的过度风险就是代理人及其同谋者的道德风险，其实质是信息分布不对称情况下收益与费用成本不般配而引发的非道德的经理行为。会计舞弊是公司委托——代理契约制度安排下潜在道德风险的显性化（谢朝斌，2000）。

2. 我国上市公司普遍存在大股东“一股独大”的现象，破坏了公司治理结构的内在制衡机制

我国证券市场的最初发展与国有企业需要大量资金解困有密切关系，政府企图通过证券市场筹集大量的社会闲散资金来支持国有企业改革，这一目的与西方国家将资本市场作为实现资源有效配置的场所有根本性的区别。这样导致的结果

是，我国上市公司中普遍存在发起人（控股股东）处于绝对控制地位的问题。大股东的控制权主要通过向上市公司的人事委派或者集团公司与上市公司之间的高管人员兼任等途径来保障控股权的实现。由于大股东的绝对控股地位，造成了上市公司中“一股独大”的普遍局面。大股东的绝对控制地位以及这种特殊的人事安排很容易产生大股东侵犯中小股东利益以及内部人控制问题。由于大股东通过人事安排实现绝对控制权，继而产生两类代理问题，第一类是大股东与中小股东之间的代理问题，第二类是大股东委派或者以另外方式产生的高管人员的内部人控制问题。第一类代理问题将严重侵害中小股东的利益，是我国目前上市公司中最大的公司治理问题和代理问题；第二类代理问题将侵害所有股东的利益，但在大股东绝对控制的现状中，依附于第一类代理问题。股权分置改革虽然在一定程度上可以减轻大股东“一股独大”的程度，但由于上市公司与生俱来的代理问题，导致许多公司上市以后经营业绩持续下降，经营状况每况愈下（朱红军，2000）。为了保持上市或配股资格，维护上市公司声誉，会计信息就自然成了达到上述目的的最佳工具。

3. 我国上市公司缺乏维护中小股东利益的有效机制

由以上分析可知，我国的股份公司大部分是由国有企业改制而成的，其股权结构具有股权过度集中、国有股所占比重过大、机构股东欠缺等不足，并由此带来了对中小股东权益维护的有限性。

（1）阻碍了中小股东治理权的行使。“用手投票”和“用脚投票”是股东参与公司治理的两种方式。“用手投票”主要是通过选举权、投票权来进行公司治理。由于我国的国有股占绝对主导地位，广大的中小股东因所持的股份过少，无法以“用手投票”来体现自己的意志。尽管证监会近几年来通过采取网上投票等一系列措施来扩大中小股东的投票权，但依然无法改变控股股东控制“用手投票”机制的现状。“用脚投票”主要是通过股票的自由转让和透明的控制权市场来对公司进行治理。股东通过自由的买进和卖出股票来影响股票价格，从而来约束经营者的经营行为。在我国，由于国有股过度集中、所占比例过高且自由流通受到严格限制，使得公司在证券市场中的可流通股比例过小。即使中小股东们全部出售手中股票，对股价的影响也是有限的。即使因股东出售股票对股价产生了很大影响，以任命形式而产生的经营者也不会面临被解雇的风险。所以，股东通过“用脚投票”对公司治理所产生的作用是微乎其微的。

（2）缩减了维护中小股东利益的手段。在成熟、有效的资本市场中，公司控制权的竞争常常是防止经理人员损害中小股东利益的最后手段。如果公司经营业绩下滑，公司股票价格下跌，就会为他人收购提供契机。在外部接管的潜在威胁之下，经营者不得不努力提高经营业绩，增加股东的收益。控制权能够转移的前提是有分散或相对分散的股权结构。在股权过度集中的情况下，即使公司股票价格下跌，如果收购目标的大股东不出售股票，收购就不会发生。即使大股东出售了股票，收购者也极难有购买过多股份的实力。过度集中的股权结构本身就为控制权的转移设置了壁垒。这意味着除行政性的强迫外，我国国企上市公司的控制权几乎不会发生转移，中小股东也无法期望通过控制权的转移来约束经营者，维护自身的利益。

由于中小股东无法正常行使公司治理结构赋予自己的权利，从而在一定程度上放纵了控股股东通过会计造假来谋取私利的行为。

4. 我国上市公司的多数董事会在某种程度上已经"形骸化"

这种"形骸化"主要表现为以下几个方面：（1）过度强调监督功能，而忽视决策功能。在实际中董事会成为权力角逐的场所，一些人为了控制董事会，甚至不惜损害公司和股东的利益。而对董事会应承担的义务人们则较少提及，甚至决策失误也没有有效的惩罚措施。（2）董事会成员缺乏独立性。我国上市公司中内部控制度（即内部董事人数/董事会成员总数）过高，外部董事对公司的约束机制还很不健全，部分公司尚没有外部董事。（3）董事会结构单一，董事责任不明确。一些上市公司至今还没有建立明确分工的专业委员会，已经建立了专业委员会的公司，所建立的委员会也有较大差异。特别是对董事会结构产生较大影响的审计委员会，目前尚有许多公司没有建立。（4）董事长与 CEO 兼任比例过重。目前我国企业中董事长和总经理兼任是较为普遍的现象，这不利于对高级管理人员的有效监督。由于我国多数公司董事会的"形骸化"，削弱了公司治理结构中董事会应有的决策和监督功能，从而为经理主义的泛滥大开了方便之门。

5. 我国上市公司监事会职能的弱化也是导致会计信息失真的重要原因

监事会监督职能的有效发挥是公司监督机制的重要组成部分，它在公司"三权"制衡中起着重要作用。但遗憾的是，我国公司的监事会存在明显不足，主要表现为：（1）人员素质较低，结构不合理。与董事、高层管理人员相比，监事会成员文化程度较低，职称较低，较少拥有履行职责所必需的专业知识，再加上监事持股较少，外部监事占比偏低，从而削弱了监事进行监督的积极性和有效性。（2）监事会发挥职能作用需要具备一系列的软硬条件，如拥有独立的对其负责的审计部门，拥有获取信息的畅通渠道，拥有充足的经费及较高的报酬，股东和公司成员的支持等，但目前我国公司在这些方面尚有明显欠缺。员工对监事会在公司治理结构中监督职能的有效发挥持怀疑态度，期望值较低

（李维安，2001）。再加上监事会监督一般属于行政性监督而非市场性监督，主要是事后监督而非全程监督，这些因素都制约了监事会在公司治理结构中强有力的制衡作用的发挥，从而为董事会、管理层操纵会计信息提供了方便之门。

6. 我国上市公司内部管理特别是内部控制制度的弱化是导致会计信息失真的直接原因

1992 年，COSO 委员会提出《内部控制——整体框架》报告。COSO 委员会提出，内部控制是由企业董事会、经理层和其他员工实施的，为营运的效率效果、财务报告的可靠性、相关法令的遵循性等目标的达成而提供合理保证的过程。其构成要素应该来源于管理层经营企业的方式，并与管理的过程相结合。具体包括以下几个方面：（1）控制环境是指对建立、加强或削弱特定政策、程序及其效率产生影响的各种因素，具体包括企业的董事会，企业管理人员的品行、操守、价值观、素质与能力、管理人员的管理哲学与经营观念，企业文化，企业各项规章制度、信息沟通体系等。企业控制环境决定其他控制要素能否发挥作用，是内部控制其他要素发挥作用的基础，直接影响着企业内部控制的贯彻执行以及企业内部控制目标的实现，是企业内部控制的核心。（2）风险评估。企业必须制定目标，该目标必须和销售、生产、财务等作业相结合。为此，企业也必须设立可辨认、分析和管理相关风险的机制，以了解自身所面临的风险，并适时加以处理。（3）控制活动。企业必须制定控制的政策及程序，并予以执行，以帮助管理层“为保证其控制目标的实现，其用以辨认并用以处理风险所必须采取的行动已有效落实”。（4）信息和沟通。围绕在控制活动周围的是信息与沟通系统，这些系统使企业内部的员工能取得他们在执行、管理和控制企业经营过程中所需的信息，并交换这些信息。（5）监督。整个内部控制的过程必须施以恰当的监督，通过监督活动在必要时对其加以修正。COSO 委员会同时提出，企业所设定的目标是一个企业努力的方向，而内部控制组成要素则是为实现或达成该目标所必需的条件，两者之间存在直接的关系。每一个组成要素适用于所有的目标类别，每一个组成要素也与每一个目标有关。对于任何企业或企业中的任何部门，内部控制都极为重要（吴水澎等，2000）。但目前我国公司普遍存在内部管理，特别是内部控制弱化的现象，具体表现为：管理者的利己主义和机会主义倾向严重，董事会、监事会权力虚置，各岗位、职务分工与内部牵制削弱，风险意识不强，信息沟通不畅，缺乏强有力的内部审计监督机制和经常性的监督控制活动，再加上外部环境的复杂化，这些因素的综合作用使内部管理制度在经理强权主义的威慑下形同虚设，会计信息自然成了管理者任意摆布的玩物。

五、有效需求主体的缺失与会计信息失真

以上我们主要从上市公司会计信息生产的角度来分析会计信息失真的原因。事实上，会计信息对于不同的利益相关者而言是一种权利的体现，一旦利益相关者发生利益冲突时，会计信息“面纱”后蕴藏的各项权利便显现出来。真实的会计信息可以反映一个企业特定时日的财务状况、特定期间的经营成果和现金流量情况，因此，可以作为企业产出的替代变量，企业管理当局追求会计信息这个替代变量，供远离企业日常经营管理的利益相关者了解情况，并据此作出有利于自己的决策。这就衍生出利益相关者的信息需求和管理当局信息提供之间的供求关系。会计信息的作用正是在于企业能够降低利益相关者决策过程中面临的不确定性，从而达到改进决策效用，促进社会资源趋利性流动，实现社会福利的最大化目标（杜兴强，2002）。因此从本质上说，会计信息质量的形成过程是外部利益相关者——用户的需求质量与内部利益相关者——管理当局的供给质量经过多次博弈，实现某种利益均衡的过程，也是会计信息需求质量与供给质量双向逼近的过程。因此，在会计信息的质量生成和报告过程中，如果一味顾及供给方的利益，并单纯从供给角度来分析研究会计信息的质量问题，必定会招致需求方的不合作、抵制甚至反对，最终使会计信息的“真实性”失去使用价值。因为从使用者的角度来说，任何根据程序理性生产出的会计信息，即使其结果——会计信息产品完全符合程序理性的要求，但只要它不符合结果理性的实质，对使用者来说都是不符合质量要求的，都是“失真”的。因此，我们在探讨会计信息质量问题时，必须考虑信息用户的实际需求。

会计信息与一般商品不同，一般商品的供给者从商品的供给中可以得到经济利益。所以，其有创造需求和引导需求的主动性，供给的创新与需求水平的提高共同成为商品市场发展的动力。会计信息在目前主要呈现出公共产品的特征（主要是就上市公司而言），供给方不能从信息的供给中得到直接的经济利益，甚至不能补偿信息披露的成本。所以，信息供给缺乏创造需求、引导需求的主动性，而经济发展所产生的信息需求则在日益推动会计的创新与发展。

从理论上讲，会计信息供给与需求作为矛盾的统一体，它们在相互作用的过程中共同决定着会计信息的质量，任何忽视需求质量的行为，都不可能形成令用户满意的供给质量。但需求作为一种制衡力量，要想在质量形成过程中发

挥应有的作用，必须具备以下要素：形成以市场为导向的强有力的需求团体，形成通畅、便捷、高效的信息反馈机制，合理的信息取得成本和补偿，以及适当的供给质量。只有当这四个要素同时具备，并相互磨合形成合力时，需求对信息质量的形成才会发挥巨大的反作用。但我国目前的现实却令人失望，我国目前尚未形成真正的会计信息市场需求主体；会计信息反馈渠道不畅，制约了需求者主张保护自身利益的积极性；信息的无偿取得，打破了供给质量与需求价格之间的内在制衡机制，削弱了需求方对会计信息质量的追求和监督；而信息质量的普遍、相对低劣，反过来又抑制了有效需求市场的最终形成。限于篇幅，本书将重点探讨第一个问题，即有效市场主体缺失对会计信息真实性的影响。

会计信息使用者是会计信息需求市场的主体，会计信息市场是否有效，关键取决于使用者的行为是否遵循了市场运行的一般规则，是否真正成为市场环境下的能动主体。使用者是否成为会计信息市场的有效主体，其判别标准有四个：（1）使用者对信息需求内在动力的大小。当主体所有权明确，产权边界清晰，并能人格化时，相关利益主体出于对自身利益的考虑，必然对企业的会计信息极为关注，具有渴望准确、及时了解企业会计信息的强烈冲动。（2）使用者的成熟程度。会计信息只有被使用者阅读、理解并被作为决策的依据时才能发挥效用，而会计报表的信息只是“对于那些于企业的经济活动有合理程度的知识，而又愿意用合理的精力去研究信息的人士，信息（才）应当是可以理解的”（美国财务会计准则委员会，1992），也就是说，会计报表的天然使用对象是那些拥有适当的财会专业知识和企业管理知识，又愿意用合理的精力去研究会计信息的人。这个限制条件决定了会计信息使用者——主要指个人和机构本身必须相对成熟。（3）使用者群体影响力的大小。只有当使用者成为自觉的信息消费者，为了共同的利益能自觉地走到一起，能采取一致的行动，提出自己的见解，并能通过有效的途径反映自己的观点，成为一支足以与信息生产者抗衡的力量时，信息需求者才能成为制约供给质量的强大的反作用力量。（4）信息需求方的力量均衡。从理论上讲，在有效市场竞争条件下，供给质量和需求质量首先经过各自的充分竞争达到自身的均衡，然后最终实现供给质量与需求质量的均衡。这时的会计报表信息应是信息供给方和需求方均能接受的信息，是程序理性和结果理性完美结合的结果，是均衡信息。信息需求方要达到均衡状态下的信息质量，其前提是需求各方的力量要均衡，即只有当弱势群体能通过联合选出自己的利益代言人，或法律赋予其正当权益不受侵犯时（实际上这是成熟市场的客观要求），弱势群体才能形成某种与强势群体相抗衡的力量。但事实上即使是西方发达的资本主义国家，目前也没有完全形成这种均衡，这就是为什么美国的信息披露偏向于股票投资者的要求，而日本的会计信息披露则更多地体现了债权人的要求，原因就在于美国的股票投资者是信息需求者中的强势群体，而日本则是债权人处于强势地位。由于信息需求方力量的不均衡，必然导致信息供给的不均衡，从而最终损害部分消费者的利益，也最终影响需求对供给的正反馈作用的发挥。

下面结合我国的实际，分析我国上市公司提供的会计信息的主要需求主体——政府、投资者、债权人、会计事务所等①缺乏对真实会计信息需求的内在机理。

1. 政府作为最大的会计信息需求主体，在市场经济中的多重角色制约了其成为真正的信息需求主体

政府在市场经济特别是在财务会计规范方面的作用是无可争辩的，尤其是我国实行的是一种政府主导的、渐进的经济改革模式，政府是会计改革的“第一推动力”，这一点是无可非议的。问题是我国政府在会计信息系统管理中的角色太深太广。政府作为国民经济的宏观调控者，它需要统一的、符合国民经济核算要求的信息，因此它是会计信息最大的使用者；同时作为国有银行和基金的管理者，政府也是信息的主要使用者；通过财政部会计司、证监会、税务总局发布的一系列法规、制度，政府又是会计信息的监管者；作为国有企业的所有者，政府又是会计信息的提供者；政府审计在审计市场中的领导作用及民间审计与政府审计中千丝万缕的联系，使政府又成为信息可靠性的保证者。市场经济的基本原则是：各市场主体依据各自的利益独立运作，并在“无形的手”的作用下达成某种利益的均衡，这是市场有效的表现。政府力量（有形的手）只有在市场失灵时才介入。而我国政府目前的多重角色使其顾此失彼，不可能成为真正的会计信息需求主体。具体表现为：

（1）政府经济职能与行政权力兼容的交叉重叠性特征决定了政府在对市场行使经济调控职能的同时，不可避免的会融入行政干预的色彩，从而产生政府经济行为的非市场依托性、政策法规的模糊性以及相互之间缺乏稳健性、配套性和

---

① 管理当局也是广义的信息需求者，但由于公司治理结构的不完善，他们实际上处于对日常生产经营的绝对控制地位，并通过会计政策选择权的利用，生产有利于自己的会计信息。因此，相对于会计信息需求者的身份，他们更符合生产者的身份。而会计师事务所及注册会计师在会计信息生产过程中起着审计鉴证的作用，是生产过程的附加和延伸，与其他需求者相比，他们似乎应归类于生产者。但就企业管理当局这个真正的生产者而言，他们其实也是信息需求者——他们以企业生产的会计信息作为自己的工作对象。因此，本书把前者界定为信息供给者，而把后者界定为信息需求者。

层次性等复杂现象。其次，政府虽然在宏观调控和规范市场经济秩序方面有着不可替代的作用，但是，会计信息失真直接危害的并非是政府官员的利益，他们对会计信息质量的关心，主要是出于工作职责的需要。由于制度原因，“数字出官”，“官出数字”的效应普遍存在，政府官员在一定程度上还可能因虚假信息受益。因此，政府部门及其官员出于自利动机，会与企业合谋，共同提供虚假会计信息，甚至强制或暗示企业提供预定的数据，这样，政府部门在宏观经济管理中不可能真正成为真实会计信息的需求者。

（2）政府作为国有企业所有权的代表，理应凭借会计信息监督、评价经理人受托责任的履行情况。但由于国家所有者只是一个虚置的概念，它没有其他人格化的组织或个人来代为行使所有者职能，尽管国有资产管理部门及其派出的监事会等能代表国家对国有资产的保值、增值状况实施监管，但由于他们既不是国有资产的所有者，又不拥有剩余索取权，因此，缺乏根本的利益机制和动力机制。尤其致命的是国有企业的剩余索取权的不可替换性，“又必然使资源的决策权和对其他要素所有者的监督权产生相当大的相机选择权”（张军，1994），也就是说，在所有权与经营权接近彻底分离的情况下，政府作为国有企业的所有者，缺乏对经营者有效监督的利益机制和动力机制。因此，它不可能真正成为真实会计信息的需求者。

（3）财政部会计司、证监会作为会计信息市场的主要监管者，他们当然希望生产者提供真实的会计信息，以免因虚假信息引发资本市场危机，导致整个市场经济秩序的紊乱。但财政部会计司和证监会作为政府的职能部门，他们的主要职责是贯彻执行中央政府的方针政策，如财政部曾经推出的国有股减持，实际上就是贯彻执行中央政府方针政策的具体举措，后因引发资本市场的激烈动荡而暂停。证监会为切实履行“发挥证券市场功能，支持国有企业改革发展”的中央宏观调控政策的需要，不得不对资本市场上曾经流行的“包装上市”、“捆绑上市”等明显的会计信息操纵行为睁一只眼闭一只眼，这种上市前的过度包装，必然影响上市后会计信息质量的提高。因此，由于财政部、证监会的多重角色决定了他们也不可能大胆地去履行自己的监管职责，切实追求真实的会计信息。

2. 我国资本市场也没有形成对真实会计信息的需求主体

资本市场的信息需求者主要包括大股东和中小股东。从理论上讲，大股东作为战略投资者，他最迫切需要真实的会计信息，以便自己作出战略决策。但由于我国公司治理结构的特殊性，一般都有作为发起人的大股东，由于股东大会按照股东持有的股份进行表决，因此，如果法律没有保护中小股东的特别条款，拥有股份50%以上的大股东便可以在任何时候、任何条件下绝对地控制公司。因此，在大股东的绝对控制之下，董事会与股东大会的效果是完全等价的，董事会完全按照大股东的意愿履行决策职能。在大股东或控股股东事实上成为公司内部控制人的情况下，大股东或控股股东已从外部信息需求者蜕化成为内部会计信息的生产者。因此，他已不再是严格意义上的信息需求者。当然，随着资本市场的日趋成熟，股权分置改革的不断深入，股份的日趋分散化，会在一定程度上削弱大股东的控股地位，再加上资本市场上敌意收购者的存在，代理权的争夺，所有这些都会对公司管理层施加压力，以兼顾中小信息需求者的利益。但不管怎样，始终改变不了大股东是会计信息的幕后操纵者而非真正信息需求者的本质。由于大股东能利用自己的管理优势，生产有利于自己的会计信息，当然他就不可能有积极性去扮演另一个信息需求者的角色，这样真正的资本市场上的信息需求者只剩下中小股东（投资者），而中小股东的投机性偏好决定了他们不可能成为真正的信息需求者。

在资本市场上，中小股东大多是投机者，他们投资的目的是为了获取短期的资本利得，通过股价的波动获取差价。因此，他们对能导致股价剧烈波动的内幕消息的关注高于对会计信息真实性的关注，这必然导致对会计信息内在需求的不足。其实，中小投资者的投机行为是针对现实资本市场作出的无奈而又理性的选择。随着企业规模的扩大和投资者的分散化，中小投资者的出资额在企业中所占的份额逐渐下降，甚至微不足道，所有者（股东）实际上已经被和平“剥夺”了企业所有权，尤其是剩余控制权，他们不可能也不愿意参加由大股东控制的股东大会，因此，这不符合成本效益原则，也不可能影响公司的会计信息生产过程。因为管理当局在信息生产过程中占有明显优势，中小股东不愿意耗费人力物力与管理当局就会计信息进行讨价还价。或许可行的方案是，希望借助集体的力量寻求共同的行动来维护自身的利益，但这一方案又由于昂贵的交易费用而几乎不可能。于是中小投资者只有幻想其他股东去积极行使监督权利，而自己“搭便车”，但当所有中小投资者都这样想时，结果只能是一个：无人行使对管理当局控制权的监督，而任由其恣意操纵。这样，中小股东唯一理性的行为是采取各种关系和手段套取大股东或公司的内幕消息，从中获取投机收益。如果连这一条都做不到，无奈的中小股东要么悄悄退场，要么任人宰割，连想“诉苦”的门都很难迈进，因为最高人民法院2002年1月15日发布的《关于受理证券市场因虚假陈述引发的民事侵权纠纷案件有关问题的通知》及2003年1月9日发布的《关于审理证券市场因虚假陈述引发的民事赔偿案件的若干规定》都给出了四个前置条件：只受理已被证券监管部门作出处罚决定生效的案件；只受理在信息披露中进行虚假陈述的民事索赔案件；不接受集团诉讼；只有在直辖市、省会城市、计划单列市和经济特区中级人民法院可以受理此类案件。这必将大大延缓起诉的时效性，增加诉讼成本，使中小股东根本无力或者不愿起诉。

从理论上讲，专业用户（包括证券公司、证券投资咨询公司、证券投资基金以及其他机构投资者）是资本市场重要的会计信息需求者，他们拥有资金、信息、技术、人才等方面的相对优势，在会计信息市场上扮演着信息分析专家和信息传播者的双重角色。但由于我国资本市场尚不成熟，相关法律又不健全，致使专业用户利用自身优势与管理当局狼狈为奸，恣意操纵会计信息的生成和报告，利用媒体恶意散布虚假信息，坑害中小投资者。在这里专业用户不但不能起到净化和正确引导信息市场的功效，反而成为提供虚假会计信息的帮凶。

3. 作为最大的债权人——银行也不是真正的信息需求主体

我国的金融体系是依托四大国有商业银行建立起来的，国有银行资金成了国有企业生存的生命线。银行出于债权能否按期收回的考虑，必须对企业的信用状况进行评估。根据我国银行通用的“企业信用等级评定表”，银行主要考察以下因素：经营者素质；经济实力（包括净资产、固定资产净值、在建工程、长期投资）；企业资金结构；企业经营效益（包括销售应收账款比率、存货周转率、净利润率、产权利润率）；企业发展前景（袁步英、王东生，1995）。对这五个方面指标的考察评价绝大部分是需要依据真实的财务会计信息才能进行的，因此，从理论上讲，银行当然是真实会计信息的需求者。但从实际情况来看，国有银行同样存在国有企业的通病，再加上金融工具单一、利率管理僵化、风险意识淡薄，缺乏合理的信用风险控制机制，政府行为严重等，致使银行在发放贷款之前和发放贷款之后，不可能真正依据会计信息来作出决策，而会计信息质量的低下更加剧了这种趋势。这样，银行作为企业最大的债权人也不可能成为真实会计信息的需求主体。

4. 会计师事务所并没有形成一种自觉拒绝虚假会计信息的机制

（1）到目前为止，我国会计信息的审计需求主要是由政府创造的，而非市场的内在要求。无论是上市公司财务报表审计，还是企业验资、国有企业年检、外商投资企业财务报表审计、外汇年检等，这些服务的主要需求部门是政府管制机构，而非真正的市场。因此，获得这些政府主管部门的认可并“取悦”于他们是会计师事务所取得市场份额的关键。

（2）作为审计产品购买方的企业，其对审计服务的需求同样是因为政府管理机构的要求而产生的，产品质量的高低对他们的利益没有边际意义上的影响，他们最需要的是价格低廉、“麻烦”较少又符合“口味”的审计服务，高质量的审计服务可能反而会导致自身市场份额的下降①。

（3）我国注册会计师和会计师事务所的激励约束机制尚存在许多缺陷。著名会计学家瓦茨与齐默尔曼在《实证会计理论》一书中用契约理论解释了外部职业审计。他们指出，必须存在各种机构与契约机制以刺激审计师保持独立和抵制经理人员的压力，这些机构和契约机制包括审计师的信誉、职业协会、会计师事务所的组织形式以及大型的会计师事务所等。通过这些机构和契约机制将有效保证注册会计师及其事务所在执业过程中保持充分的独立性和公正性，提高执业质量，扩大执业信誉，以最终实现提高整个服务报酬的目标。但目前我国的会计师服务市场尚缺乏这种机构和契约机制。原因主要包括以下几个方面：①尚未建立注册会计师通过发现和报告违约行为的业绩树立相应的信誉，从而增加审计服务需求，提高服务报酬的良性运行机制。瓦茨与齐默尔曼认为，注册会计师是否报告经理人违约行为取决于他们权衡报告与不报告违约行为的得失，注册会计师报告违约行为的结果是经理人员可通过更换注册会计师来使注册会计师丧失与特定用户有关的“准租金”现值（即由于审计业务的初始成本大于嗣后成本而使注册会计师可望收回的未来的服务费与成本之间的差额），但另一方面，注册会计师可通过这种发现和报告违约行为的业绩树立相应的信誉，这种信誉一旦树立起来，就可增加社会对注册会计师报告的需求，他们整体的服务报酬就会增加，作为注册会计师个人的未来收入现值也会增加。相反，如果注册会计师选择不报告而被市场发现，注册会计师的独立性比预期的差，注册会计师的信誉就会下降，他的未来服务收入现值也随之下降，注册会计师将蒙受损失。这样，通过这种机制与市场的力量，注册会计师的信誉就成为注册会计师独立性的附加约束力。而目前我国注册会计师的这种信誉机制尚未建立起来。②注册会计师协会在减少单个注册会计师树立信誉的代价与为投资者提供有关注册会计师的独立性和职业能力等信息方面未起到应有的作用。③会计师事务所广泛采用的有限责任形式削弱了注册会计师之间相互监督的内在动机，而会计师事务所规模偏小，单个客户更换会计师引起的

① Defond，Wong，Li 实证研究表明，随着独立审计准则的发布，审计质量不断提高，一些执业标准较严的大会计师事务所的市场份额下降，而执业标准相对较宽的小事务所的市场份额上升；李树华也论证了我国大会计师事务所的市场份额有逐年下降的趋势。分别参阅 Defond，Wong，Li：The impact of improved auditor independence on audit market concentration in china，Journal of Accounting and Economics. 2000，28；李树华：“审计独立性的提高与审计市场的背离——来自中国证券市场的实证证据”，上海财经大学博士论文，1999 年。

“准租金”损失越有可能大于未能报告违约行为而造成的对事务所声誉与审计收入的影响，合伙人之间的相互监督机制就越不可能有效发挥作用。④注册会计师及其事务所的执业业绩与其信誉之间没有建立起有效的信息传输机制，使注册会计师付出高昂代价维持的独立性和公正性不能给他们带来信誉的增加和未来服务收入的增加，却使其由于报告违约行为所丧失的“准租金”收入大于其不报告违约行为对本人审计收入的影响，从而打破了信用行为与良好经济后果之间的内在平衡，也就不可能起到张维迎所说的“用‘庙’的声誉约束‘和尚’的行为”的作用①。

（4）注册会计师提供低质量的审计服务没有重大法律诉讼的风险，从理性角度出发，注册会计师更愿意提供低质量的审计信息。

（5）从前面的论述中我们可以推断出，目前我国的会计信息市场并不需要真正高质量的审计服务。

这五个方面的因素决定了我国的会计师事务所不可能真正成为真实会计信息的需求主体。

我国经济体制改革的目标是建立完善的社会主义市场经济体制，市场经济的本质决定了市场机制是实现资源优化配置的基础性手段，而资源的优化配置是通过市场主体的理性行为来实现的。而市场主体的理性行为又有赖于高质量的、真实的会计信息。目前我国正处于市场经济的发展完善阶段，许多市场要素尚不成熟，市场主体行为也缺乏理性。因此，至今未形成真正基于市场的会计信息需求群体，从而失去了一支能有效监督上市公司会计信息供给质量的需求力量，这迫使会计理论界和实务界面对日益泛滥的会计信息失真，不得不更多的依赖于生产过程控制和政府监管来治理信息失真，而不能有效利用市场力量来抗衡。但市场经济的本质要求更多地体现“私法治理”精神，即每个主体充当自己的警察，保护自己的利益。因此，培育真正意义上的会计信息市场需求主体，是有效治理会计失真的必然选择，也是市场经济走向成熟的客观要求。只有在此基础上有针对性加强对会计信息设计质量保证体系、符合性质量保证体系、有效性质量保证体系的建设，再辅之以必要的政府监管和社会监督，才能真正从生产和需求环节确保会计信息质量。

---

① 张维迎认为：“如果个人的利益取决于组织的价值，组织的价值依赖于它的信誉”，那么，“社团的这种信誉资本使得个人有积极性加入社团，并为维护社团的声誉而努力”。同时，“社团成员个人的不当行为会损害社团整体的声誉，从而损害每个社团成员的个人利益，社团组织就有积极性对行为不轨者实施内部惩罚。”因此，信誉越好的会计师事务所，其成员维护事务所信誉的积极性则越高，所受的约束就越强。

第三节 加强对上市公司会计信息披露的监管

一、上市公司会计信息的基本特质决定了披露监管的必要性

如前所述，目前我国上市公司存在着较为普遍的会计信息失真现象，而会计信息是有经济后果的，不同会计信息的披露决定了经济利益在不同企业利益相关者之间的分配，会计信息披露的背后反映的是企业的利益相关者博弈所形成的均衡。虽然基于代理成本理论和信号传递理论，企业管理当局存在自愿披露的动机，但是我们发现，企业的所有权越分散，会计信息的公共物品特性就越强，而上市公司的所有权是最分散的，所以上市公司披露的会计信息主要表现为公共物品特性。公共物品如果单纯由市场提供，就会出现供给不足，因此，政府监管（在本章中，监管与管制是同一含义的概念，有时混合使用）有助于提高会计信息供给的数量和质量，上市公司提供的会计信息需要政府监管。不仅如此，上市公司会计信息的特殊商品特性也决定了它需要管制和监督，会计信息属于“经验商品”，也就是只有在购买使用之后，才能够评价商品效用的商品①，这类商品不仅时效性极强，私人缔约成本极高，而且保护产权尤其困难。所以，如果由政府提供会计信息披露监管则更具成本效益优势，政府替代企业的其他利益相关者与企业管理当局签订一份“公共契约”——监管契约，强制上升公司按照通用的会计准则披露统一的会计信息，可以从整体上提高会计信息的数量和质量，降低市场交易成本。

二、上市公司会计信息披露监管的需求分析

1. 投资者对上市公司会计信息披露监管需求的分析

投资者是监管的需求主体之一。投资者是资本市场中会计信息披露的需求者（随着我国证券市场的日益成熟，投资者必将成为真正意义上的信息需求者），一旦市场失灵，他们将是最大的受害者。

① 通常我们所购买的产品都是调查商品，也就是在购买之前，就已经可以得出对该商品的效用评价，然后再决定是否购买此商品。

首先，会计信息披露有效[①]监管有利于降低投资者的个体信息搜集和鉴证成本。由于社会化分工的专业化程度很高，一般投资者个体私人搜集相关信息是不经济的，投资者个体搜集和鉴证会计信息不仅受到投资者个人的知识水平和时间、精力等方面的约束，而且从整个市场来看，个体重复搜集和鉴证信息是整个社会资源的无谓浪费，通过会计信息披露的有效监管有利于提高会计信息供给的质量和数量，同时还有利于减少重复搜集和重复鉴证的社会成本。

其次，对会计信息披露的有效监管可以减少企业管理当局与投资者之间的信息不对称。分工和专业化水平的提高在带来社会生产效率提高的同时，会计信息的生产者与会计信息的使用者之间的信息不对称程度也在提高，企业管理当局利用其信息优势有可能损害投资者的利益，造成交易费用提高、市场资源配置能力下降，而会计信息披露的有效监管有利于减少企业管理当局与投资者之间的信息不对称，让投资者能利用信息更有效地选择企业、监督企业，减少企业管理当局的机会主义行为对市场效率的损害。

再次，会计信息披露有效监管有利于降低投资者之间的信息不对称程度。通过会计信息披露的有效监管，可以减少企业的选择性披露行为，使公开披露的相关信息等量、等质、等时地在投资者之间分布，有助于减少资本市场中的欺诈行为和操纵行为，更能有效地维护市场竞争的公平性。

但是，投资者对会计信息披露监管的需求要在一定的条件下才能表现出来。第一，投资者应当善于充分利用财务报告，不仅能够读懂财务报告，并且能够据此作出合理分析和判断，有助于其投资决策，投资者自身的知识结构很大程度上决定了他读懂财务报告并充分利用相关信息决策的能力。就我国的情况来看，个人投资者最关注企业的现时盈利能力，其决策依据主要是定期报告和技术面分析；而机构投资者更关注企业的成长性，他们更依赖专业性调研报告。但是总体而言，我国会计信息披露的利用效率是非常低的。第二，投资者作为监管需求的主体，应当有足够的激励去寻求监管。监管是一种公共物品，投资者普遍希望搭便车，希望分享监管带来的收益而不愿意分摊监管带来的成本。比较而言，对企业投资较大的利益集团更有激励去寻求监管，因为监管给他们带来的收益通常大于监管成本，而对于分散的个人投资者则希望搭便车，因为分散的个体寻求监管的成本太高。所以，实际上对企业投资较大的利益集团是寻求监管需求的主体。第三，不同类型的投资者都应当受到切实的保护，有足够的力量去影响监管，那

---

① 只有有效监管才是投资者需求的，这个有效性体现在两方面：监管是公平保护所有投资者切身利益的；监管实施后的交易费用小于实施前的交易费用。

么，这样的监管才能成为均衡各方利益的调节器。如果监管不能够体现企业的利益集团博弈之后的均衡，那么，必然有不能因监管而获得收益的投资方离开市场，这时，市场就容易出现融资功能下降，甚至导致市场衰退。

2. 会计信息供给者对会计信息披露监管的需求分析

上市公司的企业管理当局是会计信息的供给者，理论上讲，上市公司出于信号甄别的（screen）的动机，也会主动寻求会计信息披露监管，因此，上市公司也是监管需求的主体之一。上市公司的企业管理当局为了有效地降低代理成本，解除受托责任或是为了降低筹资成本，保持对企业的控制地位，将有激励向市场传递信息。但是，当不好的上市公司发出信息噪音时，投资者就需要花费大量资源去甄别。而且由于信息不对称所导致的逆向选择与道德风险，投资者有时无法区分投资失败是来自于市场的不确定性还是来自于企业管理当局的败德行为，投资者一旦发现信息甄别的成本远远大于信息使用的成本时，就会放弃甄别，从而导致混同均衡（Pooling Equilibrium）市场形成，并最终导致市场效率的丧失。上市公司为了避免资本市场中“劣币驱逐良币”的现象发生，可以从以下几种方式中选择（比弗，1999）：（1）经营好的企业试图采取非理性的行动来传递其较高质量的信号，该信号传递行为的效率将受到模仿信息传递行为的干扰，而且，除了传递的高成本之外，没有其他激励可言。（2）管理当局会将他们的披露系统置于某一独立机构的监督和鉴证之下，从而产生审计服务的需要。（3）管理当局向股东提供担保，如果最终发现有隐瞒不利信息的情况，他们愿意接受惩罚。第一种行为是完全依赖市场的自发性调节，上市公司通过大量公开信息提升企业的市场价值，通常情况下，企业提供的是披露收益大于披露支出的信息。然而会计信息存在外部性，因此依赖市场机制，会计信息的供给总是小于需求，非管制状态下，企业一味地迎合投资者信息甄别的需求而大量披露信息，其成本非常之高，是一种得不偿失的非理性行为；第二种行为将产生审计的需求，但前提是要保证中介机构的权威性和独立性，否则，审计难以确认会计信息的真实性和合法性，审计也就失去了意义；第三种行为将产生强制性会计信息披露监管的需求。实施强制性会计信息披露监管之后，实质上是加大了经营不善公司的会计信息的造假成本，迫使他们在造假成本高于造假收益时不得不披露真实信息。对于经营好的公司而言，管制减少了市场噪音，就等于是降低了披露成本。因此，经营好的公司将有需求监管的动机，愿意按照通用的会计规则披露会计信息，将自己与经营不善的公司区分开来。

会计信息供给者的监管需求也要在一定的前提之下才能表现出来的。第一，市场必须能真正对上市公司的企业管理当局形成压力，企业的市场价值应当与企业管理当局的利益密切相关，企业管理当局才会为了降低代理成本、降低筹资成本、增加企业价值而向市场传递信息，并主动寻求管制来降低投资者的信息甄别成本。第二，遵循监管规范的成本应当小于不遵循监管规范的成本，不遵循监管规范的上市公司应当受到严厉的惩戒，惩戒应当有足够的震慑力，足以大量减少类似事件的发生，而遵循监管规范的上市公司一定程度上可以减少诉讼风险。否则，如果监管不能分离出经营好与经营差的公司，则监管无效，那么上市公司也不会产生主动寻求监管的需求。第三，资本市场中，经营好的上市公司应当多于经营得不好的上市公司，这样才有可能形成寻求监管的集体行动。换而言之，如果市场上大多是经营不善的公司，则不可能形成寻求监管的集体行动，市场只能是处于混同均衡状态。第四，监管应当通过合理的政治程序保护投资者利益，通过一定的制度安排，使得投资者有能力与企业管理当局讨价还价，充分博弈，形成均衡。否则，监管如果不能体现投资者的利益保护，而是倾向于企业管理当局的利益一方，那么监管依然无效，将会导致投资者的退出、市场规模缩小，监管就失去了意义。

在我国的证券市场中，绝大部分上市公司由国有企业改组而来，企业还是沿袭了原有的公司治理结构，市场既不能对上市公司产生收购压力，也不可能对企业管理当局产生替换的威胁，市场与企业管理当局的薪酬和职业生涯几乎没有什么太大的关联。因此，市场对企业管理当局产生寻求管制的激励非常小。而且，即使是在新的《会计法》实施之后，还是少有企业管理当局为会计信息失真承担刑事责任和民事责任，企业管理当局大多数受到的是行政处罚，处罚数额与上市公司的会计造假数额相比微乎其微，真正受处罚的大多是上市公司，而这种处罚最终还是落到投资者身上，因此，监管很难对有造假需求的企业管理当局产生足够的震慑力，而不造假的上市公司也难以产生寻求监管的动机。再者，从制定监管规范的制度安排来讲，由于缺乏相应的机制来鼓励投资者积极参与制定监管规范，投资者难以通过相应的渠道积极主张自己的权利，投资者与企业管理当局难以就会计信息披露监管展开充分的博弈，这是导致我国会计信息披露监管过度和会计信息披露有效监管不足并存的重要原因之所在。

所以，从目前的情况来看，我国证券市场中的会计信息披露监管基本上是政府主导下的监管，基于以上分析，激发投资者和企业管理当局主动寻求监管的需求使之成为寻求监管的行动主体，并通过相应的制度平台建设，使企业的利益相关者就所需求的监管展开充分的博弈，并在此基础上综合其博弈结果，才能够提供适度的会计信息披露监管。

三、上市公司所寻求的会计信息披露适度监管的成本效益分析

政府是上市公司会计信息披露监管的供给主体，只有上市公司和机构投资者与中小股东都存在监管需求，才可能达到监管供给与需求的平衡。政府所提供的适度的证券市场监管，从保护投资者利益的角度来讲，就是要使投资者能得到数量更多、质量更高的信息，降低投资者的信息甄别成本，减少投资者对欺诈的预期，增加投资者的交易剩余；但同时又不能监管过度，监管过度会造成信息超载，既无谓地加重了企业的会计信息披露负担，投资者又无法加以充分利用，最终超载信息的费用还是要落到投资者身上。因此，政府如何提供适度的会计信息披露监管，可以从因监管而发生的成本和监管所带来的效益两方面加以比较和分析。

1. 监管收益分析

会计信息披露监管的收益主要体现为投资者对市场欺诈及市场失灵的预期减少所带来的投资总额的增加。会计信息披露监管主要体现为一种“公共契约”性质，它主要是作为低效率私人契约的替代，通过有效的会计信息披露监管，可以减少资本市场的信息不对称，从而增进市场资源配置效率。然而，我们单纯比较会计信息披露监管成本或是监管收益，反对或支持会计信息披露监管是没有多大的意义的，我们更需要关注的是管制状态下的信息成本与非管制状态下的交易成本孰低，交易成本越低，利用市场机制配置资源就越有效。

2. 监管成本分析

政府实施会计信息披露监管所增加的交易成本大体上可以分为显性成本与隐性成本两大类。

会计信息披露监管的显性成本又可分为三大部分：监管制度的组织成本，包括监制机构成立费用、监管规范的制定及执行费用、相关培训费用等；监管制度的实施成本，包括监管机构调查事件、搜集相关资料以及实施相应的查处措施并建立和维护相关的档案系统等方面所发生的成本；监管制度的后续支出，包括监管机构为了完成既定的管制目标、提高管制的效率效果而发生的研究交流活动的费用等。可见，成本很容易观察到，但也很容易招致各方攻击，例如，美国的SEC在安然事件之后要求国会为他们增加经费，SEC的预算已经高达77 600万美元，自1986年以来，证交会的经费增加了145%，远高于通货膨胀率和美国经济的增长率，也高于联邦政府其他任何部门预算的涨幅。

会计信息披露监管的隐性成本包括来自三个方面的很难看见的、也很难估量的成本，而且这些成本都相当大。其中，第一方面的成本就是“信息不对称”

所带来的成本，例如道德风险。由于制度方面或者其他方面的变化而引发的私人部门行为的变化，进而产生有害的而且往往是消极的活动。例如证券市场管制会造成人们放松正常的谨慎标准，管制本来旨在减少风险，但实际结果往往适得其反。在不受管制的市场中，人们往往是反复评估、多方权衡之后再投资的，但在一个受到严格管制的市场中，个人和企业以及其他投资机构认为，政府会把好上市公司会计信息披露质量关，而且相信政府为了稳定经济、稳定市场，在适当的时候会采取一定的手段托市，管制有助于提高证券的流动性和证券价格；但是，从另一方面来看，政府对投资者的过度保护反而会降低投资者的甄别能力，反而放大了投资的风险，一旦风险发生，则市场信心与政府的信誉同时下降。

第二方面的成本即是合规成本。合规成本是指被监管者为了遵守或符合相关规定而必须额外承担的成本，例如管制实施后，各个企业必须结合本单位的实际情况，贯彻执行会计准则、会计制度、披露规范以及相应的法律法规，培训相关人员所花费的成本；各会计师事务所和上市公司针对所应遵守的会计准则以及尚未出台的会计准则及披露规范所花费的游说成本，以及因为受到会计信息披露管制影响引发的诉讼成本和契约重新谈判成本等。

第三方面的成本是社会净福利的损失。由于在存在监管的情况下，企业筹资必然要为受到管制支付一定的费用（例如强制性审计），而且，即使是在没有欺诈的情况下，企业也必须承担管制成本，甚至会计信息披露管制有可能使企业改变其筹资、投资、生产经营决策，使得企业不愿承担风险而丧失市场机遇。投资者也是会计信息披露管制成本的承担者，因为管制经费来自于公共税收，投资者也是纳税人，所以，管制成本的发生是整体社会福利的净损失。

政府作为管制供给主体，不仅应当充分考虑管制所带来的收益和成本，而且，还应当考虑管制所体现的各方利益的均衡。根据以上论述，上市公司应当是监管的寻求主体，所以，政府所提供的适度监管，还应当是上市公司所寻求的监管。下面就上市公司寻求会计信息披露的适度监管进行探讨。

上市公司筹资资金的方式有公募和私募两种，通过私募方式筹资，企业价值增加少，但不必履行会计信息披露义务，而通过公募成为公众公司则可以获得许多益处，但是必须根据资本市场信息披露管制规则履行会计信息披露义务，而企业披露会计信息是会为企业招致一些额外成本的。因此，企业必然要比较会计信息披露的成本效益，决定是否通过成为上市公司来筹集企业所需资金，并履行披露和持续披露义务。

企业公开上市最主要的好处就是可以大幅增加企业的价值，筹集企业发展壮大所必需的资金用于扩大企业的经营业务，开拓新市场，进行新产品的研制与开发，增加企业的市场份额，购买必要的生产设备或是增加原材料及库存等，不仅如此，企业公开上市还可以改善企业形象，使企业筹资更容易、筹资成本更低，还更容易产生政治方面的影响力。

但是，企业披露会计信息所招致的成本是影响企业是否决定成为上市公司的重要因素之一。企业因披露会计信息所招致的成本主要可以归纳为两类：一类是显性成本，另一类是隐性成本。因披露会计信息所导致的可以观察、可以计量的成本属于显性成本，因披露会计信息所导致的不容易观察、也不易计量甚至不一定发生的不确定性成本则属于隐性成本。

1. 显性成本。显性成本包括两大类：第一类，会计信息生成的成本，即会计信息汇总及处理的成本；第二类，会计信息的审计成本及公告成本。会计信息汇总与处理乃是企业日常管理的一部分，主要是指企业会计循环中确认、计量、记录、报告所发生的成本，实际上随着企业信息化程度的不断提高，企业的会计信息生成成本在不断下降，无论是管理会计信息还是财务会计信息，其获取成本均不断降低，因此，会计信息披露所需的生成成本几乎是可以忽略不计的。另外，企业对外公告的财务报告必须接受会计师事务所的审计。因此，会计信息披露还会发生鉴证成本——审计成本，企业对外公告时还必须支付公告费用，而这也是会计信息披露所必须发生的成本。

2. 隐性成本。隐性成本难以确认也难以计量，而且不易观察。执行会计信息披露管制规范有可能导致企业的竞争劣势，竞争对手或交易伙伴如果利用企业披露的会计信息调整经营战略或谈判策略，将使企业在竞争中处于不利地位，这些因为披露而使企业处于竞争劣势的会计信息有：技术和管理创新的信息，研究与开发项目的信息披露、企业经营计划改进及创新管理模式的运用等；企业的前瞻性信息如市场开发目标、企业发展战略规划以及企业面临的机遇与风险等；企业管理会计信息如成本控制方式、同行业经营绩效信息等。而且由于会计信息的契约刚性，会计信息披露对企业经营者产生的刚性约束有可能引起法律责任，例如企业未能达到其公告的预测盈利目标，有的可能要受到证券监管机构的处罚甚至承担相应的法律责任，而且失信于投资者产生信用成本的损失，继而引起企业市场价值的下降。

上市公司成为寻求管制的主要行动主体有利于管制的执行，但是，每个上市公司的盈利能力不同，因此，他们所寻求的会计信息披露管制标准也不同，而政府提供的会计信息披露管制标准只能是唯一的。披露管制标准太低，不利于投资者信号甄别，容易形成无效披露管制；披露管制标准太高，资本市场中符合条件的可交易公司太少，容易造成可交易公司稀缺，人为地扭曲了资本市场的供给需求，不利于充分发挥资本市场的融资功能。因此，会计信息披露的适度管制应当是综合市场中大多数企业的披露水平，而且还需综合考虑企业其他利益相关者的利益保护。

因此，既要使企业筹资成功，又要使企业管理当局具有足够的激励去努力，完全披露就不可能是管制的目标，因为它会损害激励企业当局努力的积极性；但是如果没有信息披露管制，那么，企业当局就会选取一个对其自身有利的无效披露水平，可能导致企业管理当局筹集不到所需的资金，因此，我们可以得出以下结论：

1. 为了投资者利益最大化，披露管制的目标是在保证企业当局有足够激励的同时使披露最大化，管制当局应当综合考虑市场中的所有企业的激励性披露水平的上限，确定可运用于整个市场有效披露管制的最佳点，会计信息披露管制水平太高容易造成市场缩小，会计信息披露管制水平太低容易造成无效披露和管制失败。

2. 企业管理当局攫取的成本是一个非常关键的因素，攫取的成本越高，企业管理当局披露得越充分，最终越有利于投资者决策。所以，会计信息披露管制是一个综合治理的过程，不仅仅是需要会计规范、审计规范，而且需要法律规范等的综合治理，要加大企业管理当局的造假成本，就必须加强管制机构的惩戒力度，使得企业管理当局攫取的成本越高，隐瞒的信息越少，市场才能得到更多的有效信息，因而市场就更加有效。

3. 如果我们假设监管的目标并非投资者利益最大化，而是股东 A 方的利益最大化，那么政府管制目标函数与企业当局的目标函数是一致的，而企业当局为了自身利益最大化，将会选择一个最低的披露水平，花费了管制成本而又不能增加披露水平，因而这种管制是无效的。所以，要实施以企业管理当局为管制寻求主体的会计信息披露管制，还应当兼顾保护投资者等其他目标，通过适当的制度安排实现企业利益相关者的充分博弈，在此基础上才能建立起各方共同寻求的适度的会计信息披露管制制度。

四、上市公司会计信息披露监管的制度安排

研究会计信息披露监管的制度安排离不开对自律性管制、司法管制和公共管制的特点及其产生并发挥作用的背景的分析。在会计信息披露自律性管制约束力不强、权威不够的时候，人们很自然地要借助于法律的权威和司法管制，但法律内在的不完备性和司法管制被动式执法的特点导致执法不力、管制不足，因而在客观上需要一种执法内容和执法方式上的补充，从而导致了对公共管制的需求。

作为一种正式的制度安排，强制性会计信息披露监管由公共管制机构和司法管制机构共同执行，由国家强制力保证其实施，那么，会计信息披露管制的立法权、执法权如何在公共管制机构和司法管制机构之间分配才更有效率呢？什么时候需要将部分会计信息披露管制的立法权和执法权向公共管制机构分配呢？会计信息披露管制的制度安排离不开对市场背景的分析，市场经济的发达程度、法律完备程度、技术变革程度等因素决定了会计信息披露管制供给的制度安排的效率。

（一）不完备法律理论与会计信息披露制度的效率安排

法律（代指所有的正式规范体系，包括法律、法规、规章、条例等）是不完备的（Incomplete Law Theory）（卡塔琳娜·皮斯托、许成钢，2002），法律的不完备是由法律的根本性质所决定的。一方面，法律的不完备源自于法律存在空白，法律有时不能处理特定的损害行为，因为不可能将所有可能造成损害的行为都准确无误地在法律中详细规定，法律越明确越有利于执法，就越不可避免地造成遗漏；另一方面，法律的不完备是由于法律条款的开放性质即法律的边界未能清晰地加以限定造成的，所以很难区分法律创立与法律解释之间的界限，即使是狭义的法律解释也会含有剩余立法的因素。因此，无论是在大陆法系国家还是在判例法系国家，法律条款的开放性都将导致执法的自由裁量权增加；再者，环境的变迁造成了法律的相对不完备性，环境的变化造成法律执行并发挥效力的背景发生变化，使得过去适用的法律在现在不再适用。法律的不完备是内生的，因为法的关键特征就是一般性[①]和平等性，要使法律真正完备，除非都采用“个案法”，个别问题个别处理，但是“个案法”实施成本很高，而且难以体现法的公正性，有悖于法制原则，因而有时法律是故意设计成不完备的、宽泛的、相对长时间适用的法律。法律的不完备性是导致执法不足和执法不力的根源，即使是运行良好的司法制度也不可能解决所有可能导致损害的问题，执法不力将造成法律阻吓失灵，弱化法律威信，影响市场机制充分有效地发挥作用。

法律的不完备无论是在大陆法国家，还是在判例法国家，都是普遍存在的，这使得执法者必须根据环境变化的情况，解释现有法律并将其推而广之于其他的新案例，这种权力被称为“剩余立法权”。社会经济和技术革命的变化程度影响到法律的完备程度，而法律的完备程度以及剩余立法权在立法者、法庭、公共管制机构之间的最优分配，决定了法律制度实施的效率和效果。

---

① 法的一般性是指法应当是静止的，要长期适用于数量众多的对象。

（二）对自律性管制、司法管制、公共管制特点的比较分析

按照本书的定义，司法机关执法被称为司法管制（监管），政府行政机构执法被称为公共管制（监管），而企业以及行业机构执行的是自律性规范，被称为自律性管制（监管）。司法管制和公共管制作为一种正式制度安排，具有法律上的强制力，而自律性管制作为一种非正式制度安排，又是正式制度实施的基础。

自律性管制的特点表现为它是一种普遍存在。以企业自律性管制为例，14世纪英国商人联合体的规则里就要求簿记要受到成员的审阅，15世纪的Hudson's Bay公司制度中规定公司存在向股东披露的义务（许成钢，2000），行业自律性会计信息披露管制的典范当属伦敦证券交易所以及ASB（会计准则委员会）。多年来，英国证券市场高度自治的管制模式一直堪称世界上自律性管制的典范，就是今天也有许多公司在强制性会计信息披露之外，还履行自愿性会计信息披露义务，可以说几个世纪以来，会计信息披露自律性管制从来没有间断过。自律性管制的另一个重要特点表现为：自律性管制主要是从企业个体利益或是行业利益的角度出发的，自律性管制的标准主要是出于保护自己、提升形象等需要而制定实施的，有时为了避免国家的直接干预，自律性管制的标准甚至高于强制性管制的标准。例如，19世纪末，英国伦敦证券交易所建立的披露标准已经超出了当时《公司法》的要求，因此，自律性会计信息披露管制经常表现为一种正的外部性——社会效益的提升。总体而言，自律性管制的约束力比司法管制与公共管制相比要弱很多，是不具备强制力的。但是，自律性管制所依据的非正式制度是正式制度产生并发挥作用的基础，所有正式制度都是在非正式制度的基础上形成的，并且以法律、法规、条例、规章等形式固定下来，由国家的强制力保证其实施，强制性会计信息披露制度也正是在自律性的会计信息披露上形成的。正式制度与非正式制度之间联系紧密，而且具有相互替代性，正式制度的移植成功与否取决于移植环境中非正式制度的基础，缺乏基础的制度移植难免出现“淮南为橘，淮北为枳”的结果，中国上市公司会计信息披露所出现的问题与缺乏非正式制度基础是分不开的。中国实行市场经济改革短短20来年，无论是企业制度还是行业管制，少有会计信息自律性管制出现，国有企业的产权无法人格化使得企业自律性管制缺乏激励，即使是在产权结构多元化之后。但由于相当比例的国有股权不能流通，上市公司还是缺乏会计信息披露自律性管制的制度基础，继而影响了强制性会计信息披露制度实施的效率效果。

从司法管制的特点来看，法庭被设计成被动式的执法者，而恰恰是法律的不完备以及法庭被动式执法的特点妨碍了法庭执法的有效性。所谓被动式执法，是指法庭被设计为中立的裁判者，当且仅当诉讼程序启动之后才能行使执法权及剩余立法权，法庭本身不能发起调查，因为这样将削弱其中立性及公正性。法庭被动式执法的缺陷具体表现为以下几个方面：其一，法庭执法只有在损害发生并有国家或私人起诉之后，才能创立或执行法律。当损害不是很严重但比较普遍，而当事人又没有足够的激励去起诉时，法庭是无能为力的，只能是任由这种损害影响市场效率，而一旦当事人提起诉讼时损害可能已经比较严重了，这时再由法庭执法必然表现为一种效率的损失。其二，在经济转型、技术重大变革期间，执法环境变化比较大、速度比较快，法律的不完备程度增高，法庭执法的公正性及其效果越来越受到质疑。Glaeser 与 Shleifer（2002）在《监管型政府的崛起》一文中谈到，美国公共管制兴起的根本原因在于司法腐败，在 19 世纪末出现的经济商业化和工业化过程中，企业规模越来越大、力量越来越强，个人或小企业一旦受到大企业损害时，由于控辩双方力量对比越来越悬殊，使个人和小企业不太可能通过私人诉讼（即司法管制途径）就其所受到的损害有效地向大规模的企业索取赔偿，所以，政府介入市场监管是对普通法遭到破坏的一种有效回应。其三，法律的不完备将造成法律阻吓失灵，基于行为人对法律的理解偏差，法律阻吓失灵有可能表现为阻吓过度，或是阻吓不足。对于法庭而言，也可能表现为执法过度，或是执法不力。其四，法律变更的成本相对较高，因为立法者面临许多制度约束和高成本以及一系列冗长的程序，因此，他们不太能够轻易调整规则以适应环境变化。

公共管制主动式执法的特点有助于改善执法不力的局面。公共管制是一种主动式执法，公共管制机构只要观测到相当程度的损害后，不需要有人提起诉讼就可以行使调查、取证和行政处罚等权力，各国的公共管制实践证明，将剩余立法权和主动式执法权分配给公共管制的实施者可以改善高度不完备法律下执法失灵的问题。公共管制的优势首先表现为效率优势和灵活性方面，公共管制机构在事前、事中、事后都能针对预计的损害行使立法权并有效执法。其次，公共管制的实施者比法官有更强烈的激励去进行高代价的调查与查证活动并实施处罚，这种激励来自于对其职业生涯的考虑。相对而言，法官地位更为独立，因而难以驱动。再次，实施公共管制的范围远比司法管制的范围狭窄，但公共管制的实施者较法官更加专业化，因此，公共管制比诉讼能更有效地代表受损害方的利益，公共管制的影响类似于共同诉讼，特别是在没有共同诉讼法律制度的环境中显得尤其重要。最后，公共管制是事前预防性的，而诉讼是在损害发生之后进行的，专业化的公共管制实施者降低了鉴别违法行为的成本，而且通过公共管制发现违反行为的可能性高，并且罚金低于法律处罚。所以，公共管制易于被违法者接受（当然前提是要司法惩罚远远高于公共管制的惩罚），由于其执法的灵活性和高效性，公共管制在一定程度上有效地抑制了更高社会成本的产生（即进一步损害的发生）。

（三）会计信息披露监管制度的效率安排

当国家处于经济环境变化不大、重大技术变革较少的时期，对法律的完备程度影响较小，而当国家处于经济转型期间和企业技术变革比较重大的期间，法律的不完备程度增高。法律的不完备程度以及一国经济的市场化程度、资本市场的功能定位等诸多因素决定了会计信息披露管制形式——司法管制、公共管制、自律管制制度安排的效率差异。在市场化程度高、法律高度不完备的情况下，如果损害行为能加以标准化并且可以减少损害持续下去所产生的外部性，公共管制在管制的效率效果上优于司法管制，即使是出现了公共管制过度，也可以通过司法管制来纠正；但是在市场化程度不高、法律高度不完备的情况下，公共管制失灵与公共管制寻租是司法管制难以遏制的，公共管制与司法管制双重失灵所带来的是无谓的社会成本增加。所以 Glaeser 和 Shleifer（2002）认为，市场经济的发育水平决定了何时产生公共管制：在低法律水平和社会秩序的经济环境中，政府应该减少经济干预和市场管制，从而可以避免腐败和寻租所造成的不必要社会成本增加；在中等程度法律水平和秩序体制内，公共管制恰好能低成本发现违法行为，并适中地处罚违法行为，可以有效地避免对司法的破坏；在高法律水平和秩序的社会，应该依赖司法管制而不是公共管制，美国 20 世纪 70 年代开始的放松管制说明司法水平的不断提高降低了对公共管制的需求。Glaeser 和 Shleifer 的结论是，公共管制行为何时产生以及公共管制的效率效果取决于一个国家的法律水平、市场秩序和市场化程度。

对上市公司会计信息披露监管制度的安排，需要考虑的一个重要因素是企业所处经济环境的市场化程度，市场化程度和资本市场功能定位决定了会计信息披露监管的目标定位、监管实施的行动激励以及监管制度安排的效率效果。市场化程度高的环境中，企业专业化程度不断提高、企业规模不断扩大，企业所有权分散程度提高，所有权流动性提高，会计信息供给者的个体理性目标（个人利益最大化）与企业集体理性目标（企业价值最大化）背离，会计信息披露是降低代理成本、降低资本市场信息不对称程度、提高市场资源配置效率的重要手段，因而资本市场中的会计信息披露双重管制（即会计管制与证券市场管制）既是会计信息需求者所寻求的管制，也是会计信息供给者所寻求的管制，其管制目标主要是为了提高会计信息的公允性。在市场化程度较高的地方，会计信息披露管制既不乏自律性会计信息披露管制的非正式制度基础，又有强制性会计信息披露管制的正式制度安排，投资者、会计信息披露管制方与被管制方都有足够的激励去寻求对自己最有利的管制制度安排，管制的制度安排最终体现为企业各方利益集团的利益均衡。因此，当一国经济由计划经济向市场经济转型后，资本市场中企业会计信息披露的对象扩展到社会全体，国家不再是会计信息披露的唯一对象，与此相对应的是企业其他利益相关者也应当享有相应部分的会计规则制定权。因此，一般制度安排是由国家代表企业管理当局之外的企业利益相关者，享有一般通用的会计规则制定权和监督权，企业管理当局享有相当的剩余会计规则制定权。但是，在中国这个特定的资本市场，由于2/3的股权并不上市流通（在股权分置改革后流通股所占比例有较大幅度的提高），中小投资者没有足够的激励，也没有足够的能力去影响企业会计规则制定权，通过实施有效的会计信息披露管制来切实地保护自己的利益，而中介机构就更没有能力了。与此同时，政府是企业的大股东，但国家的所有权又无法人格化，而且政府还是管制的供给者，地位不够独立，因此也难以寻求适度的管制。由于市场环境变化巨大，相应的法律法规及制度的不完备程度提高，企业管理当局所享有的剩余会计规则制定权及实施权无限扩大，甚至到了滥用的地步。所以，一股独大、会计造假风行的局面迟迟难以得到有效的改善。与其他成熟的资本市场优化资源配置、分散市场风险的目标相比，我国资本市场还肩负着深化国企改革、优化公司治理结构等多重目标，而这也是导致资本市场功能异化、会计信息披露有效管制不足的重要原因。

对会计信息披露管制的制度安排，需要考虑的另一个重要因素是法律的完备程度以及公共管制的专业化能力及其利益代表性。资本市场中的信息不对称所造成的损害一般都具有强烈的外部性，而且信息造假、信息操纵等手段具有一定的类似性。因此，哪种管制制度安排更能体现利益的代表性和专业管制能力，哪种管制制度安排就具有更高的效率。法律法规的建设总是滞后于实际情况的发生，想要有效地规范会计信息披露的质量，要么从现有的自律性管制与司法管制出发，不断完善自律性管制规范与相关法律；要么从改善立法、执法方式入手，建立一种更具弹性和更具效率的管制模式。而一开始英美两国均倾向于细化会计信息披露的法律规范，“例如1848年后，为确保投资资本完整性，英国和美国的立法机关均制定了只能从本期收益和留存收益中发放股利的法律。法庭还裁定，股东在有资格享受现金股利之前，公司对未来经营活动应设立准备金；特别是在确定利润时应设置坏账准备、折旧以及一般资本准备。在利特尔顿看来，这些判决从某种意义上来讲，是集会计原则之大成的替代物，是对当时流行的较好的会计方法进行鉴别并给予公认的一种手段”（迈克尔·查特菲尔德，1989）。但是，法律的制定和实施是有刚性的，法律越详细越有利于执法就容易造成遗漏，而且法律难以随时根据实际情况适时地修改。所以，环境变化越快，法律的不完备程度就越高，执法难度就越大。针对执法不足的情况，美国率先通过立法设立公共管制机构（SEC），将实施会计信息披露管制的有关剩余立法权及其相应的主动式执法权赋予 SEC，使之成为一个半立法、半司法、半行政的机构，SEC 又将会计规则制定权赋予 FASB，FASB 的成员构成既具代表性又具有相当的专业背景，因而在某种程度上解决了 SEC 实施公共管制的专业化问题及利益代表性的问题，同时，SEC 的立法背景使其管制的权威性得到有效保证。英国长期以来一直以高度自律的管制方式自诩，近年来也表现出公共管制加强的趋势，究其根本原因，还是因为不仅需要会计信息披露管制的专业化能力，而且需要兼顾会计信息披露管制的利益代表性和管制的权威性。

（四）转型期中国上市公司会计信息披露监管的特点

1. 监制主体结构性差异——独立的民间监管机构的缺失

中国上市公司会计信息披露监管主体在层次上与其他国家相差无几，但是最主要的特征表现为缺乏公共管制机构的延伸——独立的民间监管机构。相对世界上发达的证券市场而言，中国证券市场的规模发展迅速，2003 年流通市值仅占国民生产总值的 9% 左右，而且市场中 90% 以上的上市公司是国有企业改制后上市的，而发展到目前为止，我国的证券市场已发展到仅次于美国的世界上第二大证券市场。从企业利益相关者的角度来看，通用的会计规则制定权掌握在政府部门，剩余的会计规则制定权完全掌握在企业管理当局手中，企业的其他利益相关者的利益难以得到充分体现，从管制的集团利益论来看，缺乏中小投资者参与寻求管制。从管制的公共利益论来讲，更是无法体现所有利益相关者的利益。从目前的状况来看，政府部门执行的会计信息披露监管有利于政府部门直接管理和控制企业，有利于实施国家宏观经济管理目标。但从行动激励因素来看，由于国有产权所有者缺位，而且国有产权通过层层代理，其信息不对称程度提高，政府完全拥有通用的会计规则制订权难以充分实现其效率效果，尤其是当经济转型过程中企业环境变化剧烈、政府实施的会计信息披露管制不完备程度增高的时候，企业管理当局很容易钻会计信息披露管制规范不完备的空子，利用剩余的会计规则制定权（或者干脆就是赤裸裸地违法造假）和一股独大的优势侵害企业其他利益相关者（甚至包括国家这个最大的股东）的利益，劣化资本市场的资源配置效果。而且，政府部门在资本市场中的角色地位表现为既是参与者（最大的股权所有者），又是游戏规则制定者，难以体现其独立性和公正性。虽然由政府完全享有会计信息披露管制规则制定权有利于贯彻政府意志、实施宏观调控以及综合实现政府总体目标，但是从证券市场的长远发展来看，保护投资者（特别是保护中小投资者）才是证券市场监管的第一要义，也是证券市场发展壮大的根本，会计信息披露监管必然要综合体现对企业各方利益集团的保护，这个总方向应当是确定无疑的。但是从中国证券市场发展的现状来看，证券市场监管保护投资者、实现资源优化配置的目标不可能一蹴而就，必须综合考虑法律环境对产权的保护、股权的分散与全流通、企业发展规模与筹资需求、金融管制特点以及会计学科的特殊性、会计制度信誉基础的培育、有效需求主体的培养等诸多因素，才能逐步建立起有利于证券市场发展的、充分体现企业各方利益集团利益的会计信息披露监管体系。因此，非常有必要强化公共管制职能，实现政府监管和民间自律性监管的优势互补，在适当的时候，推出公共管制的延伸——独立的民间监管机构，而政府有必要在证券市场监管和会计监管中发挥主导性作用。

2. 监管主体职能差异

根据会计信息披露监管的司法监管、公共监管和自律性监管这三个层次的划分，各国会计信息披露司法监管的职能都是非常相似的，只不过在执法权力分配上各个国家有所侧重。然而根据前面的分析，法律是不完备的，单纯依赖司法管制容易造成执法不力和司法管制软约束。尤其是在经济转型和发生重大技术变革期间，法律的不完备程度提高，各个国家的经济发展及技术变革情况不同，因而司法管制的效率效果取决于非正式的制度基础以及法律不完备程度的高低。所以，正式制度安排取得效率的关键是各国对非正式制度基础的综合考虑与对法律不完备情况的切实分析，如何针对本国资本市场的实际情况引导建立非正式制度基础，以及如何有效地将部分剩余立法权和主动式执法方式赋予公共管制机构来提高管制的效率效果，具体到会计信息披露监管，就是如何建立企业会计信息披露的行动激励以及会计信息披露自律性监管的非正式制度基础，以及如何更有效地发挥正式制度安排中的司法监管和公共监管职能，如何通过向公共管制机构合理分配剩余立法权和赋予主动式执法方式来改善会计信息披露监管的效率效果。监管主体的职能差异主要包括以下几个方面：

（1）公共管制差异。各国会计信息披露的公共管制主体授权不同，因而在管制职能和管制方式上存在相当大的差异，美国的公共管制模式比较具有代表性，广为日本、加拿大等国借鉴。下面主要将我国的会计信息披露公共管制主体与美国的公共管制主体加以比较。

美国实施会计信息披露公共管制的主体为美国证券交易委员会（SEC），SEC不仅在会计管制方面而且同时在证券市场管制方面被赋予了最高权力，囊括了所有的会计信息、披露规范①的制定权和监督权，而且它直接受命于美国国会，不受其他行政部门的干预，是立法导向型公共管制模式的代表。1934 年的美国《证券交易法》规定，“SEC 负责实施证券发行及交易有关的法令及会计准则的制定”，出于各种考虑，SEC 最终并未直接参与会计准则的制定，而是自己保留监督权和否决权，将会计准则制定权赋予了民间职业团体，鼓励民间职业团体充分利用其专家优势在会计准则制定方面起主导作用。虽然制定会计准则的民间机构经历了由会计程序委员会（CAP）、会计原则委员会（APB）、财务会计准则委员会（FASB）的多次变更，但 SEC 一直表示了它的支持。例如，SEC 以法律文告的形式在《会计系列公告第 4 号》中表明了对 FASB 这一民间组织的支持，具体内容包括：①按照没有得到权威性支持的会计实务编制的报表以及报表中的附注和其他信息都将被认为是具有误导性的。②委员会与上市公司就某一具体情况应采用的会计方法存在异议时，其基本标准是上市公司是否遵守了权威性的规定。在这里，证券交易委员会认为，具有实质性权威的标准就是财务会计准则委员会公布的原则、准则和实务。在过去的几十年中，SEC 对 FASB 制定的会计准则仅仅行使了非常有限的几次干预。SEC 还以发表《会计系列公告》（ARS）等方式指导上市公司编制财务报表所应遵循的会计方法、报告形式和内容。此外，SEC 还公布了大量有关会计事项和会计规则的说明。

根据我国《会计法》总则第七条的规定，国务院财政部门主管全国的会计工作，《证券法》总则第七条规定，证券监督管理机构依法对全国证券市场实行集中统一监督管理。证券市场监管主要是由中国证监会执行，而披露监管是中国证监会实施证券市场管制的核心；全国的会计监管均由财政部来执行，因此，在我国实施会计信息披露管制的机构主要是中国证监会与财政部两个部门。证券监督管理委员会成立伊始隶属于国务院证券委，只是国务院证券委的一个下属副部级监管机构，1998 年 4 月的机构改革将国务院证券委与证监会合并成国务院直属正部级事业单位——中国证券监督管理委员会，其机构由三部分组成：派出机

① 根据《萨班斯——奥克斯利法案》，PCAOB 有权制定审计准则，或是直接采用 ASB 的审计准则。

构、内部职能部门与直属事业机构。从会计信息披露管制职能的划分来看，证监会的总体职能是：建立统一的证券监管体系，对证券期货监管机构实行垂直管理；加强对证券期货监管，提高信息披露质量；加强对证券期货市场金融风险的防范和化解工作；负责组织制定有关的证券市场的法律、法规草案。证监会相应的披露管制职能为“对监管过程中遇到的会计、财务、资产评估问题提供咨询”，“按国家统一规定的会计、财务制度，拟订证券期货业及上市公司的会计财务实施管理办法，还必须报财政部审定后才可执行”，“按规定监管证券期货机构执行国家的会计、财务规定并实施财务和离任审计”。而财政部的职能被定位于“拟订和贯彻实施会计法令、规章制度和《企业会计准则》，制定和监督执行总预算、行政和事业单位分行业的会计制度”，因而一系列的会计规范如《企业会计准则》、《具体会计准则》和《企业会计制度》等均由财政部会计司制定并颁布，会计规范制定及其执行监督还是以财政部为主导的。可见，在会计信息披露管制规范体系制定的分工中，证监会负责制定披露规则，而会计规则和审计规则以及企业会计制度都由财政部制定，中国证监会的监管范围与美国 SEC 相比要小许多。与美国《证券交易法》明确授权 SEC 制定和实施管制政策相比，我国的两个监管部门存在着行政分工，但是披露监管与会计管制确实难以分离，证监会披露监管规范的出台有时先于财政部会计管制规范的出台（例如公积金的补亏顺序问题，披露规范出台先于准则出台），而且根据最新的司法解释，中国证监会的判决还可以在法庭上被援引作证，不仅如此，中国证监会的判决还影响到会计理论的发展（例如证监会的处理决定使得“资产增值只有在交易发生之后才能确认”的观点引入会计理论，具体参见渤海集团 1996 年案）。虽然就目前情况而言，双方的工作还比较协调，但从长远来看，披露管制与会计管制不可分离，因此有必要从机构设置入手，理顺双方的关系，进一步加强双方的公共管制合作。

（2）自律性管制差异。在我国上市公司会计信息披露监管制度的安排中，缺乏自愿性会计信息披露的行动激励，导致企业缺乏自律性管制的制度安排，而且与发达国家发展了几百年的资本市场相比，我国的证券市场尚处于发展之中，具有足够影响力的企业的各方利益集团还未形成，中介机构也不发达，因此，我国的自律性管制与国外发达资本市场的自律性管制相比，还存在着较大的差距。

中国证券业协会作为行业性自律组织，根据《证券法》第一百六十四条的规定，其职责为协助执行证券法律法规，维护会员的合法权益，制定有关行业规则等，但它很少以自己的名义公开对会计信息披露管制的规范及其执行发表意见；证交所自律规范——上市规则中仅仅对信息披露的基本原则作了一个描述性的陈述，并规定对违反规则规定的上市公司处以责令改正、内部通报批评、公开罚款以及30万元以下的罚款或是停牌等处分，但是证交所缺乏对外公开披露管制案例的处罚结果，工作缺乏必要的透明度。我国的会计师事务所原来都挂靠政府部门，在会计准则和会计制度的制定过程中仅处于从属地位，很少以自己的名义公开发布对管制规范的意见或解释，即使是脱钩改制之后还是如此。根据2002年11月15日财政部19号文《财政部关于进一步加强注册会计师行业管理的意见》、《财政部关于理顺注册会计师行业管理体制的实施方案》与《关于终止委托中国注册会计师协会行使的行政管理职能的通知》（以下简称19号文件），财政部以“不利于深化会计监管工作和不利于提升行业协会的自律服务功能”为由，决定将原委托中注协行使的对注册会计师行业监管的行政职能收归财政部门行使，并从文件下发当日起实施，中注协从即日起停止使用财政部文号发文。该文件的出台进一步削弱了民间会计组织的行业自律性管制能力，一些行政职能被划走：批设会计师事务所、证券、期货等业务许可证的年检及对注册会计师注册情况备案、对审计准则的审批、《注册会计师全国统一考试办法》的制定、修订等由会计司负责，对会计师事务所、注册会计师的监督检查和行政处罚，由监督检查局负责；条法司则负责行政处罚事项的听证、行政复议等。被剥离这些行政职能后的中注协，主要业务将为拟定执业准则、注册会计师作为协会会员的注册和管理、组织全国注册会计师考试和继续教育、对会员进行监督检查等，失去了处罚权的中注协，其自律性管制的空间进一步缩小。

我国在实施经济改革的同时，相应的会计改革主要采用的是政府主导下的被动式改革，与其他国家的会计信息披露管制制度顺向生成不同的是，我国的会计信息披露管制制度变迁体现为被动式、渐进式、诱致性变迁，是自然选择与理性选择合力作用的结果，具有典型的“路径依赖”特征。一方面，我国会计信息披露管制制度变迁是由上而下的、政府主导下的制度变迁，是逆向生成的过程（伍中信，2001），缺乏市场自律性规则演变成为正式规则的顺向生成的土壤。因而会计信息披露管制的非正式制度基础非常薄弱，企业缺乏会计信息披露的动机，中介机构很不发达，也缺乏足够的力量去进行会计信息披露管制。另一方面，由于存在路径依赖，政府目前还是最大的投资者和最权威的管制机构，由于中央政府强干预主义的意识形态，全部或大部分会计信息披露管制规范制定权归中央政府所有，而且，对会计制度的遵守和执行情况的监督处分权也基本上由政府享有，两者都是沿袭了原来的制度安排。政府主导下的会计信息披露管制制度安排有利于政府利用其强制力在较短的时间内制定和实施管制规则，但由于制度的刚性和政府地位的不独立，导致公共管制的运行成本与变革成本增加，特别是在经济转型期间，管制规范的不完备程度提高，政府机构受到人员与经费等条件的限制，无法一一查处违规行为，因而上有政策下有对策、假账屡禁不止的现象很难杜绝。究其根本原因，还是缺乏政府管制（即公共管制）的非正式制度基础，即缺乏企业自律性管制和行业自律性管制。但就目前的情况来看，一股独大导致市场无法对企业管理当局产生压力，企业缺乏寻求自律性管制和行业管制的激励。所以，政府管制的主导性地位还是必须坚持的。但从长远来看，还是应当充分利用市场的力量，激发企业寻求自律性披露管制的激励，充分利用企业自律管制和行业管制的力量，共同治理我国资本市场中出现的会计问题。

五、转型期我国会计信息披露监管的改进设想

在我国实施社会主义市场经济改革的大背景下，社会经济体制的变迁促使了会计监管制度的变迁，然而会计监管制度的变迁远远落后于其他制度的变迁，是属于被动式、从属式的制度变迁。同样，资本市场的出现及快速发展，使其发挥着越来越大的资源配置作用，资本市场管制不断强化也是一个服从于我国经济体制改革总体目标的被动式制度变迁。总体而言，我国会计信息披露监管制度的变迁是适应社会经济体制变迁的被动式变迁，会计信息披露监管制度安排必须服从于社会主义市场经济改革的总方向和总体安排。因此，我们应当从市场建设、会计信息披露监管规范建设和会计信息披露监管机构建设这三个方面入手，综合治理会计信息披露。

（一）加强市场建设

1. 要正确定位资本市场功能目标，以保护投资者和实现资源优化配置为主要方向。在经济转型期间，有许多目标必须均衡，如国有资产保值增值、国有企业的社会责任、投资者利益保护等等，如何界定我国资本市场的功能目标是实施有效会计信息披露监管、优化资本市场资源配置功能的关键，会计信息披露监管的市场环境建设首先应当从资本市场的目标定位入手。

会计信息披露监管是会计监管与资本市场监管的交叉领域，会计监管的目标与资本市场监管的目标应当是统一的，“保护投资者利益”才是资本市场发展和壮大的根本。所以，会计监管的目标和资本市场监管的目标应当统一于“保护投资者利益”。然而，一直以来，中国证监会处于非常矛盾的位置。一方面，它是市场的监管主体，其监管的核心就是信息披露，信息披露监管目标就是要提高资

本市场中信息的质量和数量，使之更有利于投资者决策，并且严厉地惩罚违规者，继而达到提高资源配置有效性的目标。但另一方面，证监会又是政府的职能部门，需要执行中央政府的宏观经济政策，例如，中国证监会在 1997 年第 3 号文《关于做好 1997 年股票发行工作的通知》中明确指出，“1997 年股票发行应当重点支持关系国民经济命脉、具有经济规模、处于行业排头兵地位的国有大中型企业，特别要优先鼓励和支持优势国有企业通过发行股票收购兼并有发展前景但目前还亏损的企业，实现资产优化组合，增强企业实力”（刘峰，2001）。中国证监会的矛盾地位使得它很难正确地定位其监管目标，也难以实施有效的会计信息披露监管。

证券市场有助于深化国有企业改革，但是这种帮助不应该单纯体现于保护国有企业的低成本融资，而应该体现为对国有企业的激励和让国有企业更好地创造业绩。多维的管制目标不仅不利于管制主体的职能协调，同时也不利于责任的划分和管制效果的充分发挥。所以，只有将资本市场保护的中心转移到投资者（特别是中小投资者）身上来，在司法管制方面通过降低诉讼门槛、强化上市公司的民事责任等手段维护投资者利益；在公共管制方面以保护投资者为目标，充分发挥公共管制的效率优势和专家优势；在自律性管制方面通过各种中介组织的作用让投资者成为企业经营绩效的有效监督者，综合各个层次管制力量形成以保护投资者为中心的监督上市公司经营的合力，才是治理资本市场中会计信息披露问题的根本。

2. 逐步建立多层次的产权交易市场以及与其相适应的多层次会计信息披露监管规范，形成多层次会计信息披露监管竞争的格局，利用管制竞争，逐步挤去企业业绩包装中的泡沫。我国的产权交易市场竞争是非常不充分的，一方面，储蓄利率一降再降，巨大的居民储蓄急需要转换化成资本；而另一方面，社会公众参与公开募集资金的渠道也比较单一，只有上交所和深交所，因而在企业上市总量控制的情况下，企业上市成为一种稀缺资源，因而资本供大于求的现象非常显著。企业公开上市既然是一种低成本筹资的捷径，而上市的标准又非常刚性，因而客观上促成了企业为了达标而包装上市，会计信息失真也就在所难免。因此，为了缓解资本供大于求的矛盾，应当制定一个较为完整的中长期计划，逐步扩充投资渠道，建立多层次的产权交易市场，对不同层次的市场实施不同层次的会计信息披露管制，充分利用管制竞争，充分发挥各层次管制的力量，综合提高管制的有效性。

从我国资本市场的建立情况来看，1988 年 4 月，深圳开展股票柜台交易，到 1990 年年底，总交易额已由 1988 年的 400 万元猛增到 1990 年的 17.6 亿元，目前已发展成为世界上第二大证券市场。然而，分散的柜台交易和证券商自营的弊病开始逐渐暴露，虽然是按照国际通行的办法编制了简单的财务报告（蒋义宏，2000），但是监管主体和监管职能及其法律依据难以落实。因此，各方对于股票交易的激烈争论一直没有停止。直到1990年上交所获得人民银行批准成立后，深交所于开业7个月后的1991年7月才获准正式成立。上海的股份制企业集资始于1984年，1985年1月工行上海市静安区办事处才开始柜台交易，直到1990年11月得到中国人民银行总行批准后，才组建了上海证券交易所，1990年12月19日上海证券交易所开始正式挂牌营业。自此，两个全国性股票交易中心的格局形成。与发达国家的核心资本市场形成模式相比，发达国家成熟资本市场的核心交易市场是在各个区域性的市场建立之后逐步形成的。以美国为例，纽约证交所（NYSE）和纳斯达克（Nasdaq）虽然占据了90%左右的股票市场交易量，但是还有大量的地区性交易市场如BSE、CHX、Phlx、PSE等存在，而且交易非常活跃。而我国的上交所和深交所这两个核心资本市场是在政府主导下建立的，一直以来，地方性的产权交易（特别是国有资产产权转让）不活跃，地方性的会计信息披露监管制度也很不健全，因此有待进一步规范。

关于建立多层次产权交易市场的问题，十六届三中全会就有人提出了这种观点。但是市场的目标定位、监管制度安排和发展进程一直没有明确。直到2004年1月，国务院国有资产监督管理委员会、财政部公布的《企业国有产权转让管理暂行办法》中规定：企业国有产权转让应当在依法设立的产权交易机构中公开进行，不受地区、行业、出资或者隶属关系的限制①。而2004年2月《国务院关于推进资本市场改革开放和稳定发展的若干意见》中，国务院首次就发展资本市场的作用、指导思想和任务进行全面明确的阐述。这些规定和意见的出台对于规范发展地方性产权交易，缓解国有企业向核心资本市场的筹资压力，降低企业上市过程中进行业绩包装的激励都具有非常积极的意义，但是这些意见和办法都比较原则性，在具体操作当中，多层次市场应该有几层？市场监管主体和市场监管规范应当如何落实？这些都成为悬而未决的问题。

因此，我们认为，从资本市场的长远发展来看，发展多层次产权交易市场的同时，应当建立起适应于各层次交易市场的相应层次的管制规范。第一层是所有企业都应当遵守的基本会计信息披露管制规范；第二层是区域性的会计信息披露管制规范；第三层是创业板市场适用的会计信息披露管制规范；第四层是主板市场适用的会计信息披露管制规范。从第一层到第四层，会计信息

① 实施范围不包括金融企业和上市公司。

披露管制规范应当是层层递进式的、越来越严格的。从 Miller（1999）等的研究可以发现，更严格的市场管制将带来更高的市场价值，然而对于不同的企业规模，所分摊的管制成本却并不一样。所以，不同层次的管制规范有利于将不同规模、不同经营能力的企业区分开来，更有助于投资者信号甄别，形成不同层次间的管制竞争，并从总体提高管制的有效性。实施多层次会计信息披露监管，不仅能减轻政府控制上市额度的压力，还能增加各种企业的直接融资渠道，并且是从根本上引导投资需求、降低企业业绩包装激励的有效途径。

3. 深化国有企业产权制度改革，改善公司治理结构，从根本上释放出企业各方利益集团对于会计信息披露监管的切实需求。公司治理结构是一种对工商业公司进行管理和控制的制度体系，包括内部治理和外部治理两部分。内部治理是指由股东会、董事会、监事会和经理人四方形成的管理与控制体系，内部治理就是要均衡这四个方面的关系；外部治理包括外部市场治理机制（公司控制权市场与职业经理人市场）、外部政府治理机制（政府对一、二级市场的管制）以及外部社会治理机制（如中介机构的信用机制）这三个方面。我国的上市公司一股独大的治理模式，使得内部治理机制难以发挥作用，而来自外部的社会治理力量主要来自政府，形式比较单一，而且又受到资金、人员条件的约束，难以充分发挥作用。因此，要从根本上治理会计信息披露所出现的问题，首先需要从公司内部治理机制入手，充分发挥公司治理结构中各监督主体的作用，并重点完善会计组织机构及运行机制。符合公司治理要求的会计组织结构是从会计组织机构设置、权责安排、人员配备、会计控制中心定位等方面来确定股东会、董事会、监事会、经理层等不同权力主体之间关系的制度安排。将会计组织机构纳入公司治理框架的具体要求是：（1）对股东会、董事会、经理层等权力主体设置不同的权力边界，形成对会计组织机构分权与制衡的格局。（2）在法律框架内，按照公司治理结构设计会计组织结构，应建立所有者层次和经营者层次会计组织。所有者层次会计组织代表所有利益相关者的利益，例如股东会委派财务董事、财务监事或财务总监，主要债务人列席董事会，董事会中建立财务委员会、审计委员会或内部控制委员会、设立独立董事等。经营者层次的会计组织主要为经营者控制资金流、物流、信息流服务，为履行其经营管理责任发挥作用。独立董事或外部董事代表弱势群体利益，对大股东或内部人形成制衡（朱星文，2004）。同时，在法律上提高对中小股东的保护标准（例如实现累计投票制），通过他们对董事会的有效制约实现对企业管理当局的有效制约，充分发挥中小股东对会计信息披露质量的监督作用。在外部治理方面，政府管制的主导作用不可或缺，但同时还应当充分发挥来自市场的力量，与外部市场治理机制和外部社会治理机制形成合力，综合治理会计信息披露中出现的问题。只有充分发挥自律性管制、公共管制、司法管制的合力，才是综合治理我国资本市场会计信息失真、提高市场资源配置效率的根本之道。

（二）加强会计信息披露监管规范建设

1. 适度调整实质性审核的刚性标准，并逐步过渡到尽量减少实质性审核标准

在现在的资本市场中，对发行资格管制、发行价格管制、配股资格管制和退市管制作出适当调整，将更有利于实施更有效的会计信息披露监管。发行制度的改进可以从以下几个方面入手：（1）修改现行股票的发行定价方式。目前来看，发行定价以利润为中心，指标比较单一，可以同时适当增加现金流量标准，参照整个市场中特别是同行业的现金流量水平，制定相应的发行价格。长远来看，应当不断建立健全主承销商制度，逐步过渡到由市场确定发行价格。（2）修改原有的上市标准，将国有企业改制运行 1 年后方可上市的要求过渡到世界通行的做法，即要求所有股份公司成立 3 年以上方可上市。（3）配股和增发的条件也应当适当地与企业的经营现金流量挂钩，而不再以利润为唯一的刚性指标。（4）可以增加规定，让连续 3 年经营现金流量为负值的企业退市。（5）将原规定 2 年连续亏损特别处理、3 年连续亏损退市，可修改为连续 2 年累计亏损超过累计税后利润特别处理、连续 3 年累计亏损超过累计税后利润退市。（6）取消宽限期的做法，让企业 3 年连续亏损期满直接退市，加大企业重新上市的成本，使其与新要求上市的公司一样，在同一标准下公平竞争。

2. 不断完善会计规范和披露规范

客观地说，近些年来，我国主板证券市场中的会计规范和披露规范有了很大的改进，例如《关联方关系及其交易的披露》准则、《资产重组》准则等一系列准则出台，在很大程度上减少了企业管理当局利润操纵的空间。但是，我们还应该看到，还有一些地方有待进一步完善。例如，上市公司资产剥离是造成日后关联方交易的关键，虽然颁布了《关联方关系及其交易的披露》准则，但是资产剥离会计处理包括属于国际会计准则 35 号所指的“终止经营”范围，即对子公司、分公司和经营的行业或地区分部的出售，而我国尚未出台关于终止经营业务的规范，更没有要求将终止经营业务与继续经营业务的信息加以分别揭示。我们认为，将终止经营业务分别揭示更有助于投资者决策，但相关的会计规范和披露规范还有待进一步完善。不仅如此，随着经济业务的发展，会计规范和披露规范

又有许多方面出现了空白地带，例如当前证券市场中的企业购并、股票期权计划、衍生金融工具等，会计上如何处理和披露都缺乏详尽的依据。因此，这些空白地带都应该逐步填补起来。另外，各层次会计信息的披露监管规范也有待进一步建立和完善起来。我们应当看到，会计规范和披露规范建设是一个长期的过程，需要我们不断加以改进。

3. 改进注册会计师对上市公司会计信息披露的强制性审计制度

改进注册会计师对会计信息披露的强制性审计制度可以从以下几个方面入手：改进选聘注册会计师事务所的方式，扩大中小股东行使选聘注册会计师事务所的权力，按照账户确定股东选择注册会计师事务所的投票权（即一户一票制），并通过相应的制度限制大股东的投票权，以此来削弱企业管理当局对选聘会计师事务所的控制权；切实加强注册会计师同业互查，改进注册会计师定期轮岗制度，不仅审计企业的签字注册会计师必须定期更换，而且辅助会计师也必须相应地定期更换，更换过程中，对发现的重大问题（即公认的、足以影响审计结论的问题）必须根据相应的管制规范加以有效查处，必要时可将部分罚金作为对发现问题者的奖励，籍此鼓励同业互查；制定相应的规范，强化对企业在网上披露会计信息的审计，使注册会计师对企业在互联网上披露的会计信息与其他指定媒体上披露的信息同步作出合理保证；限制注册会计师事务所对同一审计对象同时提供审计服务和咨询服务，以此提高审计的独立性。同时，构建内部审计与外部审计的"联合治理"机制。索耶在《索耶内部审计》一书中提到"联合治理"（joint audit）的概念，他提出内部审计师和外部审计师形成联合审计团队，当双方的资历能力都得到认可后，互相接受对方的审计工作结果。内部审计和外部审计不仅可以因此减少重复劳动，提高审计效率，更关键的是还可以"形成一个治理联盟，通过共同治理确保企业内部控制的健全和有效，共同加强企业全面风险管理，双重保证公司财务会计信息披露的真实、可靠"，从而实现内部审计与外部审计联合治理的效果"（朱星文，2004）。

4. 不断完善相关的会计信息披露法律规范

（1）会计信息披露法律规范之间有冲突的地方急需加以协调。随着我国市场经济体制的逐步确立、国企改革不断深入以及世界经济一体化进程的加速，《公司法》已经有许多地方与现行的法律和规章制度发生了抵触。例如《证券法》已经明确规定股票公开发行采用核准制，而1999年修改后的《公司法》里却依然规定，股票发行必须经国务院证券管理部门批准，即审批制。从市场长远发展来看，实质性审核应当减少，政府管制的角色应当定位于监督，即当好裁判员。再如证监会在《关于进一步规范股票发行有关工作的通知》中规定："自

2004年1月1日起，发行人首次公开发行股票并上市，应当自设立股份有限公司之日起不少于三年，除了国有企业整体改制设立的股份有限公司。”这意味着，证监会鼓励整体上市，但是今后国有大中型企业在分拆上市时，其盈利不能连续计算。然而，这个规定却凌驾于《公司法》之上，《公司法》第一百三十五条规定：国有企业上市的条件为“原国有企业依法改建而设立的，或者本法实施后新组建成立，其主要发起人为国有大中型企业的，可连续计算（盈利）”。因此，我们认为，法律和法律之间的冲突（如《会计法》和《公司法》《企业法》之间的冲突）以及法律和法规之间的冲突（如证监会的通知与公司法的冲突等）都应当合理协调，一些不适应社会主义市场经济发展的法规应当坚决放弃，否则将令执法者无所适从。

（2）要建立健全虚假陈述民事赔偿制度，加强投资者保护。2003年1月9日，《最高人民法院关于审理证券市场因虚假陈述引发的民事赔偿案件的若干规定》出台，它是我国与民事赔偿案件有关的第一个系统性司法解释，对我国证券民事赔偿机制真正进入司法实践阶段具有非常积极的意义。但是，该规定的法律依据主要是《民法通则》、《证券法》、《公司法》、《民事诉讼法》等，对于什么样的会计信息属于虚假民事陈述没有具体说明，而《会计法》、《企业会计制度》也没有关于会计信息虚假陈述民事责任的基本规定。因此，如何保证会计信息虚假陈述民事赔偿案件审理的公正性、合理性存在法律上的空白。会计不是一门精确的科学，然而，确认会计信息是否属于虚假民事陈述对于划分相应的法律责任以及如何实施赔偿又是至关重要的。因此，非常有必要建立法务会计鉴定制度，建立法务会计鉴定技术标准，规范法务会计人员的资格认证，以提高执法的合理性和公正性。而且，在适当的时候，可以推出集团诉讼①的方式，强化司法的效力及其震慑力，减轻投资者特别是中小投资者的负担，更有益于众多投资者利用民事诉讼保护自身的合法权益。我国还可以借鉴美国和日本等国通行的做法，建立上市公司虚假陈述民事赔偿基金、证券公司投资者补偿基金（我国已经在规划，不久即将出台《证券公司管理条例》）和注册会计师投资者赔偿基金，让虚假陈述的不同责任人共同通过该类基金补偿受到损害的投资者，以达到从法律上震慑虚假会计信息的各类责任人的目的。

---

① 集团诉讼是指一个人或者几个代表人，为了全体集团的共同利益，代表权益受到损害的所有集团成员提起诉讼，法院对集团所作出的判决不仅对直接参加诉讼的集团当事人，而且对没有参加诉讼的主体都具有一定约束力的一种诉讼制度，它主要是指围绕公共经济利益产生纠纷而形成的经济公益诉讼。

（三）会计信息披露监管主体的机构重构

1. 在制度安排上强化自律性组织的自律性管制

自律性管制是强制性管制的制度基础，因此，自律性管制应当在强制性管制的框架内，充分利用市场对自律性管制产生的激励，通过相应的正式制度和非正式制度安排，充分发挥自律性管制的作用。从会计师事务所的组织形式来看，由于现行法律框架难以突破，在1999年会计师事务所脱钩改制的过程中，为了避免合伙制（即人合组织形式）所带来的风险，全国绝大多数会计师事务所均改制为有限责任公司（即资合组织形式）。但是，会计师事务所是两权高度合一，采用公司制将不利于公司治理，股权过分集中，则小股东利益难以保证，股权过分分散又不利于提高决策的效率，而且有限责任也不利于强化注册会计师的风险意识、保护投资者利益。因此，适当的时候，在相关法律上可以推出有限责任合伙的组织形式，使得每个执业合伙人仅对其自身的执业活动负无限责任，而不对其他合伙人的行为负责，让所有的合伙人都可以参与企业的管理。这样，既可以强化注册会计师的风险意识，又可以通过这种资合加人合的组织形式，促进会计师事务所的合理竞争和做大做强，通过市场的竞争压力强化会计师事务所的自律性管制意识。

2. 建立公共管制的延伸——准政府独立管制机构

根据前文对各国公共管制趋势的分析，建立公共管制的延伸——独立的民间管制机构成为不同会计信息披露管制类型国家加强会计信息披露公共管制的共同趋势，独立的民间管制机构具有准政府管制机构的特点，是政府管制职能和民间自律管制职能的优势互补。在中国，会计信息披露监管是证券市场监管和会计监管的交叉领域，而证券市场监管和会计监管又分属证监会和财政部，为了更好地协调两者的职能，更充分地发挥两者监管的独立性和效率优势，我们认为，应当建立准政府独立监管机构，在证监会和财政部的共同指导和监督之下，授权由会计执业界、会计专家、证券界、银行界、保险界、律师界等方面的人士组成的准政府独立监管机构——会计信息披露监管基金会，辅助政府机构制定、执行会计信息披露监管，而证监会和财政部享有对基金会的监督权、管制规范否决权和管制意见的否决权。该基金会的运作经费来源于参与基金会的成员单位，主要包括上市公司、注册会计师协会、证券业协会等所缴纳的年费，其部门设置如图11－2所示。

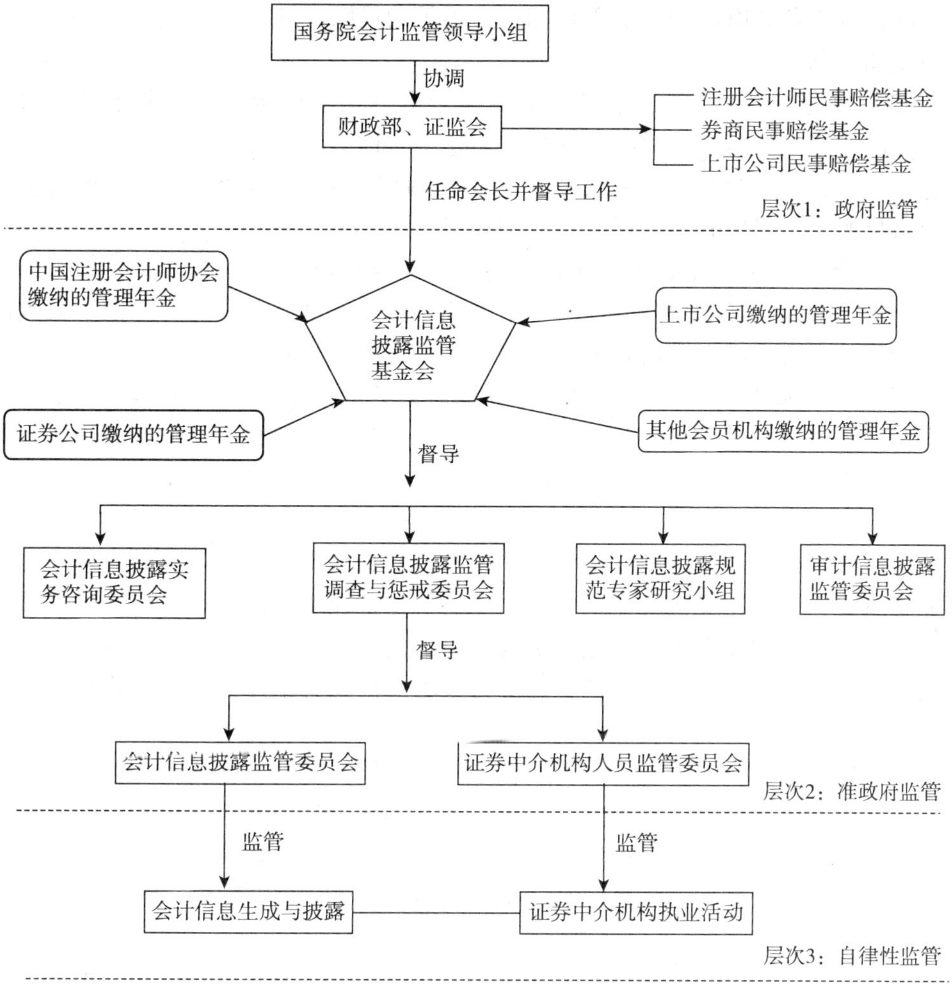

图 11－2 会计信息披露监管机构设置图

将会计信息披露监管机构的设置为三个层次主要是出于以下几点考虑：

（1）监管是以政府为主导的，符合我国的基本国情。由国务院牵头，协调财政部和证监会的监管职能，有利于避免政出多门，避免了重复监管所造成的管制资源浪费，也有利于权责对等。

（2）通过监管层层授权，政府授权给准政府独立管制机构——会计信息披露监管基金会，既可以充分调动企业各方利益集团参与寻求有效监管的积极性，又可以提高政府部门实施监管的独立性，利用企业各方利益集团充分博弈的结果，既可以避免政府部门经费不足和人力不足的局限，又可以通过博弈体现各方利益集团的利益。

（3）政府授权给会计信息披露监管基金会一定的权限，将有利于减少会计信息披露监管中的信息不对称，减少因信息不对称所导致的监管失灵。一旦会计信息披露监管基金会监管不力或是监管过度，政府监管可以予以纠正，政府管制避免直接监管，将更有利于提高政府的权威。

（4）会计信息披露实务咨询委员会、会计信息披露规范专家研究小组的设立，有助于形成会计信息披露监管规范的统一认识，避免不同监管标准所导致的监管矛盾，更有利于提高监管的权威性和监管的效率、效果。

（5）民事赔偿基金可以由财政部和证监会共同掌管。如果法庭对民事赔偿作出了判决，则可以由财政部和证监会从各类基金里分别支出，更有利于实现司法管制的独立性。如果认可了会计信息披露监管基金会的处罚决定，罚金也可以从这里支出。

实施有效的会计信息披露监管，作为正式的制度安排，司法监管和政府监管都非常重要，但是在经济转型期间，法律的不完备程度提高，因而充分发挥政府监管的效率优势和专家优势就显得更为重要。而要实施有效的政府监管，单单依靠政府行政机关的力量是不够的，因为行政的规模是有限度的，受到人员、经费等客观条件的制约，政府行政机关无法实施完美、有效的监管。所以说，政府监管与自律性监管应当结合起来，政府在管制当中发挥主导性作用，充分调动各方利益集团参与寻求监管的积极性，充分发挥各方利益集团的信息优势，使政府从事无巨细的繁杂监管事务当中解脱出来，将更有利于发挥政府监管的独立性和权威性，实施更加有效的上市公司会计信息披露监管。

主要参考文献

1. 瓦茨、齐默尔曼著，黄世忠等译：《实证会计理论》，中国商业出版社 1990 年版。

2. 阎达五：《会计理论专题》，中央广播电视大学出版社 1985 年版。

3. 财政部会计司：《国际财务报告准则 2008》，中国财政经济出版社 2008 年版。

4. 财政部会计司：《企业会计准则讲解准则（2006）》，人民出版社 2007 年版。

5. Zeff. S. A.：The Rise of Economic Consequences，Journal of Accountancy，December，1978.

6. Rappaport，A.：The Impact of Accounting Standards – Implications for the FASB，The Jouinal of Accountancy，May，1977.

7. Hawkins，D. M.：Financial Accounting，the Standards Board and Economic Development，one of 1973 – 1974 Emanuel Saxe Distinguished Lectures in Accounting，Published by the Bernal M. Baurch. College，City University of New York，1975.

8. H. I. Wolk，and M. G. Tearny. Accounting Theory：A Conceptual and Institutional Approach. 4th ed.，P. 5.

9. （美）财务会计准则委员会，娄尔行译：《论财务会计概念》，中国财政经济出版社 1993 年版。

10. 汤云为、钱逢胜：《会计理论》，上海财经大学出版社 2004 年版。

11. 伍中信：“受托责任论——会计本质理论的重新确认”，《会计研究》，1996 年第 11 期。

12. 肖正再、石永昌：“关于受托责任论和决策有用论的评价”，《社会科学家》，2006 年第 1 期。

13. 《会计目标》课题组：“对我国会计目标定位的思考”，会计研究，2005 年第 8 期。

14. 梁爽：“会计目标与会计环境的逻辑关系剖析”，《会计研究》，2005 年第 1 期。

15. 杨有红、吕学典："论财务会计目标层次化与具体目标多元化"，《会计研究》，1998 年第 4 期。

16. 张天西："网络财务报告：XBRL 标准的理论基础研究"，《会计研究》，2006 年第 9 期。

17. 吴联生："会计目标：信息需求论"，《财会通讯》，2001 年第 8 期。

18. 加布里埃尔·哈瓦维尼、克劳德·维埃里：《经理人员的财务管理》，机械工业出版社 2000 年版。

19. 葛家澍、张金若："FASB 与 IASB 联合趋同框架（初步意见）的评价"，会计研究，2007 年第 2 期。

20. R. K. Stoney, Revenue Realization, The Accounting Review, April 1959, P. 238.

21. R. j. Chanbers, Accounting Evaluation and Economic Behavior, 1966, P. 128.

22. R. R. Sterling, Elements of Pure Accounting Theory, The Accounting Review, january, 1967, P. 62 –73.

23. 李爽、王晓永："面对二十一世纪的美国会计"，《会计研究》，1996 年第 1 期。

24. 刘兴云等："中西企业会计比较研究"，《会计研究》，1996 年第 6 期。

25. 陈毓圭："围绕信息需求 改进企业报告"，《会计研究》，1996 年第 5 期。

26. J·M·朱兰：《质量控制手册（上册）》，上海科技文献出版社 1989 版。

27. 陈今池：《现代会计理论》，立信会计出版社 1998 版。

28. IASC：《关于编制和提供财务报表的框架》，中国财政经济出版社 1992 版。

29. Seal W B. 1993. Accounting , Management Control and Business Organisation ; an Institutionalist Perspective. Aldershot ; Avebury Ashgate.

30. Herbert Simon 著，黄涛译：《西蒙选集》，首都经贸大学出版社 2002 版。

31. 罗尔斯著，何怀宏、何包钢、廖电白译：《正义观》，中国社会科学出版社 1988 年版。

32. 肖泽忠："大规模按需报告的公司财务报告模式"，《会计研究》，2000 年第 1 期。

33. 谢德仁："会计信息的真实性与会计规则制定权合约安排"，《经济研究》，2000 年第 5 期。

34. APB. 1970. Statement No. 4: Basic Concept and Accounting Principles Underlying Financial Statements of Business Enterprises, 10. Par 145.

35. ASB. 1999. Statement of Principles for Financial Reporting. Appendixz2. Par. 11 – 12.

36. Davison, S., Stickney, C. P., Weil, R. L., 1979. Accounting: The language of Business, 4th edition, Thomas Horton and Daughters, Inc.

37. FASB. 1978 – 1985. Statement of Financial Concepts.

38. FASB. 1984. Statement of Financial Concepts. Par. 67.

39. George H. Sorter. 1969. An 'Events' Approach to Basic Accounting Theory. [J]. The accounting Horizon. 138 – 148.

40. IASC. 1989. Framework for the Preparation and Presentation of Financial Statement.

41. Maurice Moonitz. 1961. Accounting Research Study No. 1. , op. cit, 22.

42. Depository Receipts', Journal of Financial Economics, 51: 103 – 123.

43. Paton, W. A., 1938, Esstienals of accounting.

44. Paton w., 1940, Littleton, A. C., 1940, An Introduction To Corporation Accounting Standards.

45. Steven M H. Wallman, 1996. The future of accounting and financial reporting part two: The colorized Approach, Accounting Horizons. June. 138 – 148.

46. Yuri Iriji. 1979. Theory of accounting Measurement. 35.

47. 汤云为、钱逢胜:《会计理论》,中国财经出版社 1998 年版。

48. 葛家澍、林志军:《现代西方会计理论》,厦门大学出版社 2001 年版。

49. 葛家澍:《会计学导论》,立信会计图书用品社 1988 年版。

50. 葛家澍、余绪樱:《会计学》,四川人民出版社 1995 年版。

51. 于玉林:《基础会计学》,中央电大出版社 1996 年版。

52. 文硕:《西方会计史》,中国商业出版社 1987 年版。

53. (美)财务会计准则委员会,娄尔行译:《论财务会计概念》,中国财政经济出版社 1993 年版。

54. 葛家澍:《市场经济下会计基本理论与方法研究》,中国财政经济出版社 1996 年版。

55. 裘宗舜:《财务会计概念研究》,立信会计出版社,2001 年版。

56. 李若山:"国际会计的协调及未来发展",《会计研究》,1996 年第 10 期。

57. 刘明辉等："会计服务国际化"，《会计研究》，2000 年第 7 期。

58. 李孟顺："谈中国会计的国际化"，《会计研究》，2002 年第 1 期。

59. 李孟顺："会计的国家特色初探"，《财会通讯》，1996 年第 3 期。

60. 蒋尧明："九十年代中国会计改革的核心：推行国际化战略"，《当代财经》，1993 年第 12 期。

61. 蒋尧明："论中国特色与会计改革"，《当代财经》，1995 年第 1 期。

62. 蒋尧明："正确认识会计的国际协调"，《当代财经》，2002 年第 8 期。

63. 陈毓圭："会计审计准则国际趋同化发展及其对策研究"，《财会通讯》，2005 年第 10 期。

64. 王瑞龙："接轨·协调·趋同——我国会计改革的路径及成因剖析"，《会计之友》，2007 年第 8 期（下）。

65. 裘宗舜、韩洪灵："国际准则委员会重组前后目标及结构之比较"，《上海会计》，2002 年第 6 期。

66. 王军："牢记社会责任，推动国际趋同，加快完善审计准则体系"，《中国注册会计师》，2005 年第 10 期。

67. 曹荣湘：《经济全球化与中国安全》，社会科学文献出版社 2003 年版。

68. 张连起："嬗变、方略与特质：中国会计准则的趋同语境"，《财务与会计》（综合版），2006 年第 2 期。

69. 张碧琼：《经济全球化：风险与控制》，中国社会出版社 1999 年版。

70. 文军："论经济全球化与中国经济安全"，《云梦学刊》，1999 年第 3 期。

71. 冯淑萍："中国对于国际会计协调与趋同的基本态度和所面临的问题"，《财务与会计》，2004 年第 1 期。

72. 蒋尧明、罗新华："有效需求主体的缺失与会计信息失真"，《会计研究》，2003 年第 8 期。

73. 刘玉廷："中国企业会计准则体系：架构、趋同与等效"，《会计研究》，2007 年第 3 期。

74. 李江萍："会计准则国际趋同的进程及对我国的启示"，《上海立信会计学院学报》，2006 年第 3 期。

75. 肖文韬、万君康："经济全球化进程中国家经济安全问题初步研究"，《科技进步与对策》，2000 年第 9 期。

76. 周华、戴德明：《会计制度与经济发展》，中国人民大学出版社 2006 年年报。

77. 陈信元、董华："企业合并的会计方法选择：一项案例研究"，《会计研究》，2002 年第 2 期。

78. Abarbanell, J. and V. Bernard. 1992. Tests of analysts' overreaction/underreaction to earnings information as an explanation for anomalous stock price behavior. The journal of Finance 47 (July): 1181 - 1027.

79. Aboody, D., and B. Lev. 1998. The value - relevance of intangibles: The case of software capitalization, ——, M. E. Barth, and R. Kasznik. 1999. Research 36 (Supplement): 161 - 191.

80. Ball, R., and P. Brown 1968. An empirical evaluation of accounting income numbers. Journal of Accounting Research 6 (Autumn): 159 - 178.

81. Ball, R. 1972. Changes in accounting techniques and stock prices. Journal of Accounting Research, Empirical Eresearch in Accounting: Selected Studies (Supplement): 1 - 38.

82. Ball, R., and R. Watts. 1972. Some time series properties of accounting income. The Journal of Finance 27 (June): 663 - 681.

83. Barth, M. E., W. H. Beaver, and M. Wolfson. . 1991. Relative measurement errors among alternative pension asset and liability measures. The Accounting Review 66 (July): 433 - 463.

84. Barth, W. H. Beaver, and W. R. Landsman. 1994a. Fair - value accounting: Evidence form investment securities and the market valuation of banks. The Accounting Review 69 (January): 1 - 25.

85. Barth, W. H. Beaver, and W. R. Landsman. 1994b. Fair - value accounting for banks'investment securities: What do bank share prices tell us? Bank Accounting and Finance7 (Summer): 13 - 23.

86. Barth, M. B. Clement, G. Foster, and R. Kasznik. 1998. Brand values and capital market valuation. Review of Accounting Studies 3: 41 - 68.

87. Beaver, W. 2002. Perspectives on recent capital market research. The Accounting Review 77: 453 - 490.

88. Francis J. & K Schipper. 1999. Have financial statement lost their relevance? Journal of Accounting Research 37: 319 - 352.

89. Frankel, R., & C. Lee. 1998. Accounting valuation, market expectation and cross - sectional stock return. Journal of Accounting and Economics 25: 283 - 319.

90. Ohlson, J. 1995. Earnings, book values and dividends in equity valuation. Contemporary Accounting Research 11: 661 - 687.

91. Ashbaugh, H. & P. Olsson. 2002. An exploratory study of the valuation properties of cross - listed firms' IRS and U. S. GAAP earnings and book values. The Accounting Review 77: 107 - 126.

92. Dechow, et al. 1995. Dedecting earnings management. The Accounting Review 70 (April): 193 - 225.

93. Fama, E. 1991. Efficient capital market Ⅱ. The Journal of Finance46 (December): 1575 - 1617.

94. Felthem, G. A. , and J. A. Ohlson. 1995. Valuation and clean surplus accounting for operating and financial activities. Contemporary Accounting Research 11 (Spring): 689 - 732.

95. Kothari, S. P. 2001. Capital markets research in accounting. Journal of Accounting and Economics31 (September): 105 - 231.

96. Landsman, W. 1986. An empirical investigation of pension fund property rights. The Accounting Review 61 (October): 662 - 691.

97. Myers, J. 1999. Implementing residual income valuation with linear information dynamics. The Accounting Review 74 (January) 1 - 28.

98. O'Brien, P. 1988. Analysts' forecasts as earning expectations. Journal of Accounting and Economics10 (January): 53 - 83.

99. Sloan, R. 1996. Do stock price fully reflect information in accruals and cash flows about future earnings? The Accounting Review 71 (July) 289 - 315.

100. Watts, R. L. and J. L. Zimmerman. 1986. Positive Accounting Theory. Engelwood, Cliffs, NJ: Prentice Hall.

101. Xie, H. 2001. The mispricing of abnormal accruals. The Accounting Review 76 (July): 357 - 373.

102. 曹玉珊："企业增长速度的评价与中国上市公司的证据"，《经济管理》，2005 年第 24 期。

103. 曹玉珊等："企业可持续增长的财务战略研究"，《经济管理》，2006 年第 8 期。

104. 曹玉珊："企业增长速度的成因与中国上市公司的证据"，《当代财经》，2007 年第 4 期。

105. 曹玉珊："并购战略的增长动机及其财务效应分析"，《经济管理》，2007 年第 20 期。

106. 曹玉珊："企业财务可持续增长效率的源泉分析"，《商业经济与管理》，

2008 年第 2 期。

107. 曹玉珊:《可持续增长速度导向的企业财务战略选择问题研究》，经济科学出版社 2008 年版。

108. 林毅夫:《财产权利与制度变迁——产权学派与新制度学派译文集》，上海人民出版社 1994 年版。

109. 刘峰:“制度安排与会计信息质量”，《会计研究》，2001 年第 7 期。

110. D. North, 1990. Institutions, Institutions Change and Economic Performance, Cambridge University Press.

111. 盛洪:《中国的过渡经济学》，上海三联书店 1995 年版。

112. 金雪军、章华:“制度兼容与经济绩效”，《理论经济学》，2001 年第 8 期。

113. 唐松华:“企业会计政策选择的经济学分析”，《会计研究》，2000 年第 3 期。

114. Seal, w. B. , 1993. Accounting, Management Control and Business Organisation: an Institutionalist Perspective, Aldershot: Avebury Ashgate.

115. SEC, 2003. SEC Study on Adoption by the U. S. Financial Reporting System of a Principles – Based Accounting System.

116. 谷祺、姜英兵:“会计信息复杂性与财务估价修正”，《会计研究》，2002 年第 6 期。

117. 张军:《现代产权经济学》，上海三联出版社 1994 年版。

118. 吴弘:《中国证券市场发展的法律调控》，法律出版社 2001 年版。

119. 柯武刚、史漫飞著，韩朝华译:《制度经济学：社会秩序与公共政策》，商务印书馆 2000 年版。

120. 吴联生:“会计域秩序与会计信息规则性失真”，《经济研究》，2002 年第 4 期。

121. 王世定:“会计的真实性与〈会计法〉”，《财会通讯》，2000 年第 4 期。

122. 杨雄胜:“会计本质再认识”，《会计研究》，1996 年第 11 期。

123. 唐有瑜:“会计信息失真的技术性因素：不确定性与模糊性”，《财会月刊》，1998 年第 9 期。

124. 姚立中、任鹏:“论会计信息的模糊性与失真”，《厦门大学学报》，1998 年第 2 期。

125. 罗正英:“现代企业制度与会计信息含量”，《会计研究》，1999 年第 6 期。

126. 汤谷良："安然破产挑战公司财务经营理念"，《会计研究》，2002 年第 2 期。

127. 唐国平、郑海英："会计、企业、市场经济：会计信息失真的广角透视与思考"，《会计研究》，2001 年第 7 期。

128. 杨雄胜："会计诚信问题的理性思考"，《会计研究》，2002 年第 3 期。

129. 綦好东："会计舞弊的经济解释"，《会计研究》，2002 年第 8 期。

130. 宋宇阳："试论我国证券集团民事诉讼的改革与完善"，人大复印资料《诉讼法学、司法制度》，2002 年第 7 期。

131. 李心合："儒家伦理与现代企业理财"，《会计研究》，2001 年第 6 期。

132. 刘易斯：《经济增长理论》，上海人民出版社 1994 年版。

133. 李心合："会计制度的信誉基础"，《会计研究》，2002 年第 4 期。

134. 福山：《信任：社会美德与创造经济繁荣》，商务印书馆 1992 年版。

135. 李宗贵：《中国文化概论》，中山大学出版社 1998 年版。

136. 李向阳：《企业信誉、企业行为和市场机制》，经济科学出版社 2000 年版。

137. 张维迎："法律制度的信誉基础"，《经济研究》，2002 年第 1 期。

138. 韩传模、郝景昭："会计职业道德的失范与重塑"，《会计研究》，2002 年第 5 期。

139. 田昆儒、苏亮："关于我国会计职业道德建设的思考"，《现代财经》，2002 年第 6 期。

140. 黄震："试论注册会计师信任危机的原因及对策"，《财务与会计导刊》，2002 年第 8 期。

141. 杨惠敏："公司治理、企业管理与会计信息系统"，《会计研究》，2000 年第 6 期。

142. 谢朝斌："股份公司会计舞弊及其制度防范"，《会计研究》，2000 年第 5 期。

143. 朱红军："大股东变更与高级管理人员更换：经营业绩的作用"，《会计研究》，2002 年第 9 期。

144. 李维安：《中国公司治理原则与国际比较》，中国财经出版社 2001 年版。

145. Cochran，philip P. and steven L. Wartick. Corporate Governance：a literature review USA. Financial Executives Research Foundation，1988：4—5.

146. 吴水澎等："企业内部控制理论的发展与启示"，《会计研究》，2000 年第5期。

147. 吴水澎等："论改进我国企业内部控制"，《会计研究》，2000年第9期。

148. 张维迎：《产权、政府与信誉》，三联书店（第五版）2000年版。

149. 杜兴强："会计信息产权的逻辑及其博弈"，《会计研究》，2002年第2期。

150. 晓远："浅论会计信息披露的供给理论"，《会计研究》，1998年第6期。

151. 陈建文："当前国内会计体系的"中国特色"何在?"，《会计研究》，2000年第2期。

152. 陈信元等："我国会计信息环境的初步分析"，《会计研究》，2000年第8期。

153. 刘峰、林斌："会计师事务所脱钩与政府选择：一种解释"，《会计研究》，2000年第2期。

154. 蒋义宏、李东平："会计信息失真：投资者视角与经营者视角"，《证券市场导报》，2001年第3期。

155. 袁步英、王东胜：《金融信贷》，南开大学出版社1995年版。

156. 蒋尧明："有效需求主体的缺失与会计信息失真"，《会计研究》，2003年第8期。

157. 蒋尧明："治理会计信息失真的重要环节：需求方——投资者的利益保护"，《财经问题研究》，2001年第11期。

158. 蒋尧明："会计信息失真与会计学的本质"，《财经研究》，2003年第6期。

159. 蒋尧明："政府规范的欠缺与会计信息失真"《当代财经》，2005年第8期。

160. 蒋尧明：《会计信息质量保证体系研究》，江西人民出版社2004年版。

161. 罗尔斯著，何怀宏等译：《正义观》，中国社会科学出版社1988年版。

162. 西蒙著，黄涛译：《西蒙选集》，首都经贸大学出版社2002年版。

163. 葛家澍、林志军：《现代西方财务会计理论》，厦门大学出版社1993年版。

164. 葛家澍："什么是会计理论——规范会计理论的一种观点"，《会计研究》，2000年第10期。

165. 吴水澎：《中国会计理论研究》，中国财政经济出版社2000年版。

166. 葛家澍等：《市场经济条件下会计基本理论与方法研究》，中国财政经济出版社 1990 年版。

167. 葛家澍："财务会计概念框架研究的比较与综评"，《会计研究》，2004 年第 6 期。

168. 葛家澍："建立我国财务会计概念框架的总体设想"，《会计研究》，2004 年第 1 期。

169. 埃尔登·S. 亨德里克森著，王澹如等译：《会计理论》，立信会计出版社 1987 年版。

170. 利特尔顿著，林志军等：《会计理论结构》，中国商业出版社 1989 年版。

171. 朱元午："会计信息质量：相关性和可靠性的两难选择"，《会计研究》，1999 年第 7 期。

172. 陈国辉："关于会计信息质量特征"，《财政监察》，2002 年第 7 期。

173. 蒋尧明："会计信息的质量特征及其在网络环境下的实现"，《当代财经》，2001 年第 9 期。

174. 王开田：《会计规范理论结构》，中国财政经济出版社 2001 年版。

175. ［美］威廉·J. 小布鲁斯著，陆正飞译：《会计精要》，东北财经大学出版社 1998 年版。

176. 蒋尧明："走向知识经济时代的会计创新"，《财经问题研究》，1999 年第 2 期。

177. 李敏："虚拟公司对传统会计的挑战"，《北方经贸》，1999 年第 3 期。

178. 陈卫星："知识经济与会计创新"，《会计研究》，1998 年第 10 期。

179. 陈国辉著：《会计理论研究》，东北财经大学出版社 2001 年版。

180. 爱德华 L. 格莱泽 & 安德烈·施莱弗：《监管型政府的崛起（比较 2.）》，中信出版社 2002 年版。

181. 威廉·H. 比弗：《财务呈报——会计革命》，东北财经大学出版社 1999 年版。

182. 卡塔琳娜·皮斯托、许成钢：《不完备法律——一种概念性分析框架及其在金融市场监管发展中的应用（比较 3）》，中信出版社 2002 年版。

183. 蒋义宏：《市场经济发展与会计制度改革》，东北财经大学出版社 2000 年版。

184. 刘峰：《会计理论》，中国财政经济出版社 2003 年版。

185. 刘峰：《制度安排与会计信息质量：转轨时期财务与会计问题研究》，

中国财政经济出版社 2001 年版。

186. 迈克尔·查特菲尔德：《会计思想史》，中国商业出版社 1989 年版。

187. 许成钢：《证券市场信息披露法律监管》，法律出版社 2000 年版。

188. 伍中信等：《产权理论与中国过渡会计学》，科学技术文献出版社 2001 年版。

189. 朱星文："公司治理与注册审计委托模式选择"，《中国注册会计师》，2004 年第 9 期。

190. Miller, Darius, 1999, The Market Reaction to International Cross – Listings: Evidence from.

191. Glaeser, Edward and Andrei Shleifer. 2002. ; legal Origins. Quantity Regulation. American Economic Review Papers and Proceedings. 91, 431 – 345.